Routledge
Taylor & Francis Group

国家社科基金重大项目（22&ZD314）资助

国际体育传播译丛
主编：魏伟　副主编：杨珍

体育、媒介与重大事件

Sport, Media and Mega-Events

[美] 劳伦斯 · A. 文内尔（Lawrence A.Wenner）
[美] 安德鲁 · C. 比林斯（Andrew C.Billings）　主编

魏　伟　主译

中国传媒大学出版社
·北京·

中文版序言

如果说在探寻体育重大事件的过程中可以学到什么,那就是所谓"重大"的概念是相对的。在美国,一个拥有百万人口的城市是一个大都市;在中国,那就不值一提了。同样,在体育运动中,"大赛事"可能对其他人来说是一个非实体——当然,对许多不参与或不感兴趣的国家来说也是如此。因此,《体育、媒介与重大事件》一书恰好处于全球经济不景气的时代。所有的事件都吸引了数以百万计的群体的注意力,然而,正是特定的某些人群与每一章的内容高度相关。

对于来自中国的新读者来说,书中的有些章节可能是其熟悉的领域;对于其他章节所介绍的运动,中国读者可能处于了解一些核心规则的初始阶段。总之,是媒体和宏观的融合使得每个运动项目都引人入胜,值得大书特书。我们认为,这本书的作者队伍确实是无与伦比的,而且,这些章节覆盖了相当多的国际人口。我们对能够将这些不同的信息传达给中国读者很感兴趣,并感谢魏伟博士在为大家译介这些信息时做了大量的工作。

劳伦斯·A.文内尔
安德鲁·C.比林斯

译者序

体育媒介化

从传统意义上来看,体育传播(新闻)研究具有较为明显的边缘属性。它既是体育学研究中的“其他”学科,也是新闻传播学研究中的“其他”学科。[①] 但随着21世纪10年代媒介化研究的逐渐兴起,这种状况在国际学术界似乎正在发生根本性的转变。从体育学的视角来看,与全球化、商业化相提并论的媒介化在体育资本中所占的比重已经令人刮目相看。以奥运会和世界杯的受关注度和收益为例,国际奥委会官方发布的报告显示,2018年平昌冬奥会的市场收入中,73%为电视转播权费用,18%来自奥林匹克TOP计划,其他收入和其他权利分别占5%和4%;全球电视观众达到19.2亿人次,占世界总人口的28%左右。[②] 2016年里约夏奥会的市场收入中,74%为电视转播权费用,18%来自奥林匹克TOP计划,其他收入和其他权利各占4%;全球电视观众达到52亿人次,占全球电视总人口的99%。[③] 如果考虑到奥林匹克TOP计划和其他权利中有很大一部分也是来源于泛体育媒介化的强大吸引力,那么,体育媒介化在奥运会市场收入中的占比将会更加惊人。根据国际足联公布的官方数据,观看2018年俄罗斯世界杯的家庭电视受众达到32.62亿,户外和单一数字媒体受众达到3.1亿,合计35.72亿。[④] 如果以单次观赏为单位来计算的话,那么,俄罗斯世界杯

---

① 魏伟.重访体育新闻学研究的基本特性[J].成都体育学院学报,2019,45(1):21-22.

② IOC.International Olympic Committee marketing report PyeongChang 2018[EB/OL].[2021-01-25]. http://iocmarketingreport.touchlines.com/pyeongchang2018/18-1:18.

③ IOC.International Olympic Committee marketing report Rio 2016[EB/OL].[2021-01-25]. https://stillmed.olympic.org/media/Document%20Library/OlympicOrg/Games/Summer-Games/Games-Rio-2016-Olympic-Games/Media-Guide-for-Rio-2016/IOC-Marketing-Report-Rio-2016.pdf#_ga=2.72905811.1997411761.1587174412-661366093.1573392338:18.

④ FIFA.More than half the world watched record-breaking 2018 world cup[EB/OL].[2021-01-25]. https://www.fifa.com/worldcup/news/more-than-half-the-world-watched-record-breaking-2018-world-cup.

的总观赏人次突破了500亿。

体育媒介化带来的直接和间接效益甚至开始直接提升体育传播(新闻)研究在体育学和传播学研究中的影响力。传播学研究的两大国际组织——国际传播学会(ICA)与国际媒介和传播学研究学会(IAMCR)于近几年相继成立了体育小组,国际体育研究组织和体育类学术期刊中体育传播研究的比例也在逐渐提升。在一定程度上,体育媒介化理论的提出让体育中的一部分内容能够突破意识形态的壁垒,超越国际政治、经济、文化等领域,成为全世界关注的焦点。体育媒介化研究有望逐渐去边缘化,成为体育学研究的重要内容。另外,当代体育也在不断提升媒介化发展的程度,让媒介化研究的重要性得到彰显。体育逐渐接近媒介化和传播学研究的核心内容。

近半个世纪以来,在国际传播学界,实证主义的质性研究和量化研究占据主导地位。这不仅体现在国际学术期刊和学术会议中实证主义研究占据压倒性优势上,也体现在这类研究对于世界各国和地区传播学界的深远影响上。缘于欧洲的媒介化研究却将传播学研究引入另一个轨道,"媒介化转向"正成为传播学研究的重要趋势之一。其标志性事件是2008年国际传播学会时任会长、英国学者索尼娅·利文斯通(Sonia Livingstone)所作的《万事万物的中介化》(*On the Mediation of Everything*)这一主旨报告的发表。利文斯通指出,"中介化"(mediation)是"影响现代生活多个层面的新的、互动的、网络化的传播方式"①,实际上等同于随后学术界普遍使用的"媒介化"(mediatization),论文的中文摘要便将主题译为"一切皆是媒介化的"。自此,以北欧和德国学者为代表的媒介化研究学派开始登场,媒介化研究成为当前欧洲传播与社会研究中的一门"显学"。②

"媒介化"词语辨析

从媒介化研究的进程来看,媒介化研究学派比较注重传播学的批判思维传统,与哲学和文化研究的联系较为密切。"媒介化"一词出现的时间虽早,但由于之前的媒介化与今天的媒介化在内涵和外延上不同,因此,真正意义上的传播学媒介化转向开始的时间相对较晚。

---

① LIVINGSTONE S.On the mediation of everything:ICA presidential address 2008[J].Journal of communication,2009,59(1):1-18.

② 戴宇辰.走向媒介中心的社会本体论?:对欧洲"媒介化学派"的一个批判性考察[J].新闻与传播研究,2016(5):48.

“媒介化”的历史变迁

“媒介化”一词早在20世纪70年代末便已出现，但那时的媒介生态显然与20世纪90年代中后期随着全球化与商业化发展开始勃兴的媒介环境不可同日而语。因此，真正意义上的“媒介化”进程是在20世纪末21世纪初兴起的。学者们的密集研究表明，媒介化研究日趋成为当代传播学领域的重要组成部分，是“媒介力量重要性的增长点”①，也日益成为一种“无处不在的媒介研究”的新兴力量②。王琛元认为，媒介化经历了变迁、敏感性概念和范式三个发展阶段。③ 德国学者温弗莱德·舒尔茨(Winfried Schultz)将媒介化与传媒所引发的社会变迁相关联，用延伸、替代、融合和适应四种方式来定义媒介化④，探究了媒介化在宏观层面的社会影响。丹麦学者克劳斯·布鲁恩·延森(Klaus Bruhn Jensen)用布鲁默式的界定性和敏感性来区隔媒介化理论，从制度化、霸权、社会结构化、技术动量和嵌入式传播等层面探讨了媒介化理论的概念化方式。⑤ 专司媒介化研究的丹麦学者施蒂格·夏瓦(Stig Hjarvard)的理论源于英国社会学家安东尼·吉登斯(Anthony Giddens)。他提出，媒介化是文化与社会的主要组成部分之一，是媒介逻辑匹配的过程。⑥ 德国学者安德烈亚斯·赫普(Andreas Hepp)的媒介化理论延伸到行动者网络理论、现象学社会学、符号互动论和社会建构主义等领域，他认为媒介对于人类传播的作用是塑造，由具象化和体制化两个部分组成。⑦ 挪威学者努特·伦德比(Knut Lundby)在制度化和社会建构的基础上，将传统的媒介环境学理论纳入媒介化理论，使媒介化理论成为具有一定时空跨度的系统研究。⑧ 侯东阳和高佳从物质化、制度主义和社会建构主义三个维度对媒介化理论进行梳理。其中，制度主义包含媒介作为独立的制

---

① LIVINGSTONE S. Foreword: coming to terms with ‘mediatization’[C]//LUNDBY K. Mediatization: concept, changes, consequences. New York: Peter Lang, 2009: ix.

② HJARVARD S. The mediatization of society: a theory of the media as agents of social and cultural change[J]. Nordicom review, 2008, 29(2): 105-134.

③ 王琛元.欧洲传播研究的“媒介化”转向:概念、路径与启示[J].新闻与传播研究,2018(5):5.

④ SCHULTZ W. Reconstructing meditization as an analytical concept[J]. European journal of communication, 2004, 19(1): 87-101.

⑤ 延森.界定性与敏感性:媒介化理论的两种概念化方式[J].新闻与传播研究,2017(1):113-125.

⑥ 夏瓦.文化与社会的媒介化[M].刘君,李鑫,漆俊邑,译.上海:复旦大学出版社,2018:21.

⑦ HEPP A. Mediatization and the ‘molding force’ of the media[J]. Communication, 2012, 37(1): 1-28.

⑧ LUNDBY K. Introduction: mediatization of communication[C]//LUNDBY K. Mediatization of communication. Berlin: De Gruyter, 2014: 5.

度、媒介逻辑以及直接与间接媒介化三个层面,社会建构主义包括元过程、塑型力和媒介化对社会的建构过程三个方面。① 这一系列研究为媒介化的“全面登场”奠定了坚实的理论基础。

媒介化与中介化的区隔

由于“媒介化”(mediatization)一词在英文中与“中介化”(mediation)同源,加上“媒介化”一词以前经常与“中介化”混用,因此,部分研究者在后期梳理文献时比较容易将二者混淆。媒介化与中介化的差异也是学者们的聚焦点之一。英国文化传播学学者罗杰·西尔弗斯通(Roger Silverstone)在《论中介与传播的社会学》(*The Sociology of Mediation and Communication*)中指出,大众传媒的勃兴与大众社会的形成相辅相成,其扭曲了人际交往这一基本社会过程的原有形态;中介化与媒介化在此基础上意义相通,两者密不可分。② 他认为,中介化是审视制度化的传播媒介所涉及的符号在社会生活中流通的过程③,其信息传播技术的驯化理论(domestication)实际上成为媒介化理论的重要支柱。利文斯通认为“mediatization”是一个奇怪的词,因此她坚持使用“mediation”来指代媒介化。她认为媒介化是日常实践和社会关系由中介技术和媒介组织所形塑的元过程,中介化是两个互相区分的元素、成分或过程之间的连接。④ 英国学者尼克·库尔德利(Nick Couldry)认为媒介化是一个更为宏观的概念,但其无法提供长于中观和微观考察的中介化带来的传播的复杂性。⑤ 唐士哲认为中介化仅彰显媒介成为广义上重要的社会环境的代理者,媒介化侧重于媒介形式如何“介入”当代生活的不同层面,特别是建制化的社会实践。⑥ 他将媒介化与全球化、商业化并举,视其为可影响社会建构的元过程,视角较为宏观。潘忠党的梳理恰恰相反,他认为媒介化是一个单一线性的历史演变机制,突出媒体淡化机

---

① 侯东阳,高佳.媒介化理论及研究路径、适用性[J].新闻与传播研究,2018(5):27-45.

② SILVERSTONE R.The sociology of mediation and communication[C]//CALHOUN C,ROJEK C,TURNER B.The Sage handbook of sociology.London:Sage,2005:188-207.

③ SILVERSTONE R.Media and morality:on the rise of mediapolis[M].Cambridge:Polity,2007:109.

④ LIVINGSTONE S.On the mediation of everything:ICA presidential address 2008[J].Journal of communication,2009,59(1):1-18.

⑤ COULDRY N.Mediatization or mediation? Alternative understanding of the emergent space of digital storytelling[J].New media and society,2008,10(3):373-391.

⑥ 唐士哲.重构媒介?“中介”与“媒介化”概念爬梳[J].新闻学研究,2014(秋季):26.

制；中介化的概念更加开放，更突出机制。[1] 德国学者约格·杜尔施密特（Jörg Dürrschmidt）甚至认为中介化与媒介化之争是英语与斯堪的纳维亚语支和德语两个独立的话语社群之间的一场较量。[2] 郭恩强从西美尔、吉登斯和波斯特有关中介化思想的社会思想史角度梳理了中介化与媒介化的关联，提供了更为宽广的研究思路。[3] 徐桂权和雷丽竹在考察了兴盛于美国和加拿大的媒介环境学、法国的媒介学以及欧洲大陆的媒介化研究之后，认为三者之间有着密不可分的关联，可以作为互联网时代"泛媒介"现象的不同理论支撑。[4] 综上所述，媒介化与中介化之间并非单纯的线性承继关系，而是你中有我、我中有你。相比于中介化，媒介化的概念更宏观，与体制的关系更紧密。

媒介化研究的特性

与实证研究所指代的中观和微观研究相比，媒介化研究一般对应的是社会变迁、全球化和商业化等宏大主题，因此其服膺宏观研究，且具备跨学科的开放视角。用夏瓦的话来说，媒介化研究是能够使人对"媒体如何对文化和社会变迁作出贡献"加深理解的一种跨学科研究方法[5]。德国学者德里希·克洛茨（Friedrich Krotz）提出，媒介化是以往媒介研究的升级版，因为过去的研究是一种去情境化的社会现实，忽视了历史、文化和社会的关联，不可避免地导向技术决定论，媒介化理论则注重将社会媒介化进程人性化，从媒介伦理层面避免技术决定论。[6] 库尔德利和赫普从媒介考古学的视角指出了媒介化浪潮的三个阶段——机械化（mechanization）、电子化（electrification）和数字化（digitalization），并且提出了深度媒介化和多样化的呈现方式。[7] 赫普和德国学者乌韦·哈斯布

① 潘忠党."玩转我的 iPhone，搞掂我的世界！"：探讨新传媒技术应用中的"中介化"和"驯化"［J］.苏州大学学报（哲学社会科学版），2014（4）：156.

② DÜRRSCHMIDT J. Introduction：globalization and mediatization as mediating concepts［C］//DÜRRSCHMIDT J，KAUTT Y.Globalized eating cultures：mediation and mediatization.Cham：Palgrave Macmillan，2019：8.

③ 郭恩强.在"中介化"与"媒介化"之间：社会思想史视阈下的交往方式变革［J］.现代传播（中国传媒大学学报），2018（8）：67-72.

④ 徐桂权，雷丽竹.理解"泛媒介"时代：媒介环境学、媒介学与媒介化研究的三重视角［J］.现代传播，2019（4）：55-60.

⑤ HJARVARD S.Doing the right thing.media and communication studies in a mediatized world［J］.Nordicom Review，Supplement，2012，33（1）：27-34.

⑥ KROTZ F.Ethics of mediated world：a framing introduction［C］//EBERVEIN T，KARMASIN M，KROTZ F，et al.（eds）.Responsibility and resistance：ethics of mediatized worlds.Wiesbaden：Springer，2019：13-30.

⑦ COULDRY N，HEPP A.The mediated construction of reality［M］.Cambridge：Polity，2017：34-56.

林克(Uwe Hasebrink)认为,深度媒介化是一个长期的过程,对不断变换的媒介环境的研究不得不借助德国社会学家诺贝特·埃利亚斯(Norbert Elias)的型构社会学理论。① 赫普进一步系统地阐释了深度媒介化的概念,认为这是数字媒体和社会深层基础设施在发展到一定程度以后与社会无处不连接的媒介化的高级阶段,与它相连的是算法、数据和数字基础设施。② 深度媒介化时代要面临的主要问题不是某一种媒介的出现,而是媒介的多样性,即在当前媒介环境中我们面对的各种相互关联的媒介。③ 这些可能是新媒体时代媒介化研究不得不面对的现实问题。与此同时,戴宇辰注意到科学技术研究中的行动者网络理论(ANT)与媒介化的关联性,④证实了媒介化理论的开放性。

今天,媒介化研究日益趋向纵深化发展,伴随着全球化进程的曲折发展和国际经济、文化发展格局的日益复杂,媒介化研究也开始放低身段,从宏观层面逐渐下延。意大利学者吉安皮埃特罗·马佐莱尼(Gianpietro Mazzoleni)提出,社会的媒介化进程已经不可逆转,媒介的影响力已经渗透政治、经济和文化等诸多社会机制,媒介逻辑衍生出的影响力和效果肉眼可见。⑤ 与之对应,瑞典学者米亚塞·克里斯滕森(Miyase Christensen)和安德雷·扬松(André Jansson)提出"去中介化"概念,他们认为当代社会媒介化与世界主义的重新嵌入是一个曲折的演进过程,在这个过程中,去中介化乃至去媒介化都是不可避免的。⑥ 戴宇辰对欧洲的媒介化研究发展进程进行了批判性回顾,对过分推崇媒介逻辑以及简化媒介与社会互动关系的研究倾向展开反思。⑦ 我们可以看出,媒介化研究既受到全球化、商品化、城市化等其他社会、经济、文化方面的宏观因素的影响,也受到媒介技术嬗变以及人们在适应这些技术变革过程中的诸多中观和微观因素的流变的影响。因此,研究者不能仅关注不同形式的媒介对于传播活动的

---

① HEPP A,HASEBRINK U.Reaching transforming communications in times of deep meditization:a figurational approach[C]//HEPP A,BREITER A,HASEBRINK U.Communicative figurations:transforming communication in time of deep meditization.Cham:Palgrave Macmillan,2018:15-48.

② HEPP A.Deep mediatization[M].Abingdon:Routledge,2020:6.

③ 常江,何仁亿.安德烈亚斯·赫普:我们生活在"万物媒介化"的时代——媒介化理论的内涵、方法与前景[J].新闻界,2020(6):4-11.

④ 戴宇辰."旧相识"和"新重逢":行动者网络理论与媒介(化)研究的未来——一个理论史视角[J].国际新闻界,2019(4):68-88.

⑤ MAZZOLENI G.Mediatization of society[C]//DONSBACH W.The international encyclopedia of communication.Malden:Blackwell,2008:3052-3055.

⑥ CHRISTENSEN M,JANSSON A.Cosmopolitanism and the media:cartographies of change[M].New York:Palgrave Macmillan,2015:105-129.

⑦ 戴宇辰.媒介化研究:一种新的传播研究范式[J].安徽大学学报(哲学社会科学版),2018(2):147-156.

效力,还必须跳出媒介作为一种传播工具的认知范式①,从更全面的、跨学科的视角去考察媒介化进程。

初度体育媒介化:从体育媒介到媒介体育

从严格意义上讲,从媒介开始影响体育的那一天起,体育中介化就开始了,这可以被视为体育媒介化的雏形。但体育媒介一开始只是体育文本的伴随文本,处于体育赛事框架的边缘。如果把体育媒介划分为初度和深度的话,那么,体育媒介可以被视作初度体育媒介化的雏形。随着全球化和经济自由主义的勃兴,体育与媒介的深度结合催生了"媒介体育"这一新形态。从历史的维度考察可知,体育媒介化的肇始——体育媒介时代与奥林匹克运动的复兴和职业体育的逐渐兴盛有着密切联系。

体育媒介化雏形:体育媒介形态

对大众体育媒介的关注是体育新闻学研究的天然起点。因此,在体育新闻(传播)研究肇始,对体育报纸和期刊这些平面媒体的研究自然而然成为核心。19 世纪末,新兴的现代奥林匹克运动会和职业体育运动成为当时的纸媒提高发行量和提升影响力的重要内容。相对应地,媒体也扩大了体育赛事的传播范围,从而彰显了其社会地位。

体育媒介对奥运会的介入从一开始就广泛且有力。现代奥林匹克运动会的创始人、第二任国际奥委会主席皮埃尔·德·顾拜旦(Pierre de Coubertin)被国际奥委会前主席胡安·安东尼奥·萨马兰奇(Jan Antonio Samaranch)称为"为奥运而生的伟大作家和具有天赋的记者"②,他自己创办过月报《运动评论》(*La Revue Athlétique*),"希望借此提升法国民众对部分体育项目的兴趣"③。深谙新闻报道巨大能量的他自然期望有更多的媒体来报道新生的现代奥林匹克运动会。为了说服希腊政府举办首届奥运会,他当时拜访了许多报纸的编辑部,先后说服了一些有影响力的名流。除去希腊《信使报》,绝大多数参赛国,甚

① 戴宇辰.媒介化研究:一种新的传播研究范式[J].安徽大学学报(哲学社会科学版),2018(2):150.

② SAMARANCH J.Introduction[C]//IOC.The Olympic movement and the mass media.Lausanne:International Olympic Committee,1996:9.

③ COUBERTIN P.Introduction[C]//COUBERTIN P,TIMOLEON P,POLITIS N,et al.The Olympic Games in 1896.Athens:Charles Beck Publisher,1897:3.

至部分没有参加奥运会的国家和地区都对首届奥运会进行了报道。上海的英文报纸《字林西报》也以消息的形式报道了雅典奥运会的赛况。① 世界上真正意义上的第一份体育日报《米兰体育报》(*La Gazzetta dello Sport*)就诞生在1896年4月3日——雅典奥运会开幕前3天。尽管意大利官方没有参加首届奥运会,但业余跑者埃罗尔蒂以个人身份参加了马拉松比赛,他传奇的参赛故事出现在《米兰体育报》对奥运会的报道中。② 这使得现代奥林匹克运动会从创办伊始就成为媒体的宠儿,一些媒体也因为对奥运会的报道扩大了自身的影响力。值得一提的是,"国际奥林匹克委员会"(IOC)这一现用名是法国报纸《小勒阿弗尔报》(*Le Petit Havre*)1897年用来代替冗长的"奥林匹克运动会国际委员会"(International Committee for the Olympic Games)的,之后被国际奥委会在1901年正式采纳。③

与现代奥运会的报道并行不悖的是,职业体育的发展同样受到了体育媒体的垂青。体育媒体甚至"塑造"了一些具有早期媒介化特性的职业体育赛事。1903年,法国《队报》(*L'Equipe*)的前身《汽车报》(*L'Auto*)为了提升报纸的影响力和专业性创办了环法自行车赛,并建立了较为成熟的媒体与体育赛事的联动机制。20世纪50年代,《队报》聘请了法国足球队前主教练加布里埃尔·阿诺(Gabriel Hanot)担任专栏评论员。在阿诺的推动和《队报》的直接影响下,法国足球甲级联赛和欧洲冠军杯足球赛(欧洲冠军联赛的前身)相继诞生。这种媒介与职业体育的共生关系直到20世纪末才开始被学术界关注,其媒介化形式直到21世纪才开始被重视。④ 其实在那时,体育媒介化就已具备雏形,只是与今天的复杂表现形式有很大的差异。随着广播电视媒体的出现并成为体育媒体的主宰者,体育新闻(传播)研究逐步实现了研究对象的多元化。

体育媒介化次级发展形态:媒介体育形态

"媒介体育"这个概念是1998年文内尔在其编撰的论文集《媒介体育》

---

① 魏伟.《字林西报》奥运会报道始端及内容变化特征研究[J].北京体育大学学报,2020,43(6):53-64.

② CANAVVO C.One hundred years of Olympism[C]//IOC.The Olympic movement and the mass media.Lausanne:International Olympic Committee,1996:22.

③ PARIENTÉ R.The Olympic phenomenon and the journalists[C]//IOC.The Olympic movement and the mass media.Lausanne:International Olympic Committee,1996:11.

④ MITTAG J,VONNARD P.The role of societal actors in shaping a pan-European consciousness:UEFA and the overcoming of cold war tensions[J].Sport in history,2017,37(3):332-352.

(*Mediasport*)①中提出的。“mediasport”这个合成词深刻诠释了媒体与体育之间密不可分的关联,在较长时间内都是体育媒体发展的关键词。如果要考察媒介体育这一初度体育媒介化的源头,不难发现部分学者早已预见到了历史形态的变迁。媒介化研究学者公认的重要理论起源是美国学者大卫·阿尔萨德(David Altheide)和罗伯特·斯诺(Robert Snow)提出的“媒介逻辑”(media logic)这一概念。在同名著作中,两位学者专门撰写了“媒介体育”(media sport)一章,对当时电视开始主宰体育的现象进行了有关文化、经济层面和体育本体论的阐释。② 这是目前可见的最早的有关媒介体育的论述之一,也证明了媒介体育与媒介化研究的深厚渊源。体育似乎是理解媒介化的理想场域,对此澳大利亚学者布雷特·哈钦斯(Brett Hutchins)指出,体育领域似乎被关于媒介化的初始研究遗忘了,考虑到职业体育与大众媒介在20世纪发展出的共生关系,可以说,这是一个令人震惊的疏漏。③

自媒介体育的概念提出以来,学者围绕其开展了多层次探讨。郝勤认为,从早期作为配角和附件的体育媒介,到20世纪60年代以东京奥运会的卫星转播为肇始,80年代洛杉矶奥运会的商业模式为代表,90年代英国天空广播公司(BSkyB)创立英超转播新模式为成熟标志,媒介体育已经取代体育媒介成为体育新闻传播研究的关键词。④ 郭晴和郝勤提出了媒介体育的生成和生产方式,并且提及媒介体育具有的商业性和跨文化性等特征。这一论述已经初步体现了体育媒介化的特征。⑤

英国文化传播学者大卫·迪肯(David Deacon)和詹姆斯·斯坦耶(James Stanyer)表达了对媒介化研究的忧虑。他们认为,媒介化有可能就是一个时尚概念,是一种普遍的、简化的概念框架。⑥ 体育传播领域的研究似乎支持了这种论断,因为不断出现的各种概念基本上都是旧瓶装新酒。在文内尔“媒介体育”概念的基础上,张德胜等人提出了媒体体育的三种模式,由浅到深分别为媒体建构体育、媒体介入体育和媒体控制体育,并且提出媒体体育的终极目标是打

---

① WENNER L.Mediasport[M].London:Routledge,1998.

② ALTHEIDE D,SNOW R.Media logic[M].Beverly Hills:Sage,1979:217-235.

③ HUTCHINS B.“We don’t need no stinking smartphones!”live stadium sports events,mediatization,and the non-use of mobile media[J].Media,culture & society,2016,38(3):420-436.

④ 郝勤.从体育媒介到媒介体育:对体育新闻传播发展的思考[J].体育科学,2018,38(7):22-24.

⑤ 郭晴,郝勤.媒介体育:现代社会体育的拟态图景[J].体育科学,2006,26(5):21-24,32.

⑥ DEACON D,STANYER J.Mediatization:key concept or conceptual bandwagon?[J].Media,culture and society,2014,36(7):1032-1044.

造体育—媒体产业链。[①] 该研究充分论证了媒体对体育的能动效力，但对于体育对媒体的重要作用(或者是反作用)言之寥寥。魏伟考察了电视与体育之间的神话关系、体育的电视化生存和电视的体育化生存，[②]但其研究并没有将媒介化上升到社会文化这一宏观层面的高度。事实上，媒介化的重要特征是与全球化、商品化、城市化、数字化等一系列当代社会发展的特性紧密结合在一起的。

伴随媒介技术与组织的不断发展及市场演进，媒介体育的概念也开始被学者们添加各种元素，出现了形态各异的“变体”。美国传播学者萨特·贾利(Sut Jhally)早在1984年就提出了“体育媒介复合体”(sports/media complex)的概念，[③]这个概念虽然比“媒介体育”更为冗长，但它更明确地指出了体育与媒介之间的融合关系。当然，贾利没有预料到体育媒介复合体在20世纪末和21世纪初的发展轨迹。报业集团、广播电视和新媒体巨头的合并浪潮同时带来的还有媒介资本与职业体育的深度融合。时代华纳公司总裁泰德·特纳(Ted Turner)在拥有《体育画报》《时代周刊》《人物》和《财富》等顶级平面媒体，CNN、HBO、TNT、TBS等有线电视台和超级电视台的同时，还控股MLB亚特兰大勇士队和NBA亚特兰大老鹰队。曾三任意大利总理的媒体巨头希尔维奥·贝卢斯科尼(Silvio Berlusconi)拥有意大利最大的私营传媒集团——菲宁韦斯特集团，旗下有意大利5频道、意大利电视1台和4台以及蒙达多利出版集团，此外，他还长期担任AC米兰足球俱乐部的主席。媒介资本与体育资本的深度融合给职业体育人和媒体人带来了双重困扰，他们甚至开始对自己领域的专业主义产生忧虑。[④]

贾利提出的“体育媒介复合体”的概念还有很多变体。英国体育学学者约瑟夫·马奎尔(Joseph Maguire)根据商品属性将“体育媒介复合体”改称为“媒介体育产品复合体”(media/sport production complex)[⑤]，这种复合体注重经济效益和社会效益的扩大化。澳大利亚学者大卫·洛弗(David Rowe)根据文化属

---

① 张德胜，张钢花，李峰.媒体体育的传播模式研究[J].体育科学，2016，36(5)：3-9.

② 魏伟.重访电视与体育的“天作之合”：从布尔迪厄说起[J].成都体育学院学报，2015，41(2)：33-39.

③ JHALLY S.The spectacle of accumulation：material and cultural factors in the evolution of the sports/media complex[J].Insurgent sociologist，1984，12(1)：41-57.

④ 魏伟.去专业主义与反专业主义：体育新闻的两种极端倾向[J].武汉体育学院学报，2019，53(6)：28-37.

⑤ MAGUIRE J.Globalization，sport development，and the media/sport production complex[J].Sport science review，1993，2(1)：29-47.

性将其改称为“媒介体育文化复合体”(media sports cultural complex)①,这种复合体要从体育当中获取物质和文化方面的双重资本。洛弗后来又把这个概念改为“媒介体育景观”(mediasportscape)②,指涉的是进入21世纪10年代前夕媒介体育呈现的一系列新景观:西方体育媒介市场饱和后开发东方市场,依靠东方运动员的加盟来改变欧美职业体育赛事传统格局的“文化劳动力的新国际分区”③,体育迷群文化的重要变化,等等。对经济和文化利益的双重攫取使研究者不得不从媒介本身的构成和体制等问题出发来进行考察,这就回应了前述的迪肯和斯坦耶的忧虑。

在媒介体育发展到一定形态之后,学者们开始思考其自身存在的各种问题。文内尔后来运用法国哲学家阿尔都塞的后马克思主义理论中的“质询”(interpellation)理论反思了自己先前提出的这一概念。④ “媒介体育质询”是对媒介体育消费叙事的解构,也是文内尔之前有关“媒介叙事伦理中的肮脏理论”研究的延续。他指出:“在当代超商品化的形式中,媒介体育景观的意识形态轮廓和伦理敏感性主导着与体育相关的文化意义。”⑤在这里,他运用了洛弗“媒介体育景观”的概念,实际上是对先前自己提出的“媒介体育”的部分修正。贺幸辉在采访文内尔之后,指出文内尔的思想经历了从20世纪80年代的“被媒介化的体育”到90年代的“媒介体育”,再到21世纪的“传播与体育”的发展⑥。显然,这里的“被媒介化”(mediated)指的是被中介化的媒介化雏形时代。鉴于“媒介体育”这一概念已经得到学术界的广泛认同,笔者将其视为初度体育媒介化的次级发展形态。值得一提的是,文内尔和比林斯在编纂本书时,要求每章的作者都要充分考量媒介化进程中体育重大事件更为广泛的影响力,因此得出

---

① ROWE D.No gain, no game? Media and sport[C]//CURRAN J, GUREVIECH M.Mass media and society. 3rd edition.London: Edward Arnold, 2000: 346-361.

② ROWE D.Media and sport: the cultural dynamics of global Games[J].Sociological compass, 2009, 10(3-4): 543-558.

③ MILLER T, LAWRENCE G, MCKAY J, et al..Globalization and sport: playing the world[M].London: Sage, 2001: 4.

④ WENNER L.The mediasport interpellation: gender, fanship, and consumer culture[J].Sociology of sport journal, 2013, 30(1): 83-103.

⑤ WENNER L.The mediasport interpellation: gender, fanship, and consumer culture[J].Sociology of sport journal, 2013, 30(1): 83-103.

⑥ 贺幸辉.美国学者劳伦斯·文内尔学术思想史研究:从“媒介体育”拓展为“传播与体育”[J].体育与科学, 2020, 41(1): 34-42.

了“以体育为中心的媒介奇观远远不止体育本身”[①]的结论。但这本论文集最重要的贡献是让体育媒介化研究与体育重大事件紧密地结合了起来。

深度体育媒介化:体育重大事件

从体育媒介到媒介体育,体育媒介化的发展凸显出结构上与功能上的双重递进。但媒介体育这个次级发展形态已经无法解释新千年之后出现的诸多理论和实践问题。体育媒介化进入深度发展阶段,其主要表现形态就是体育重大事件。体育重大事件与媒介体育之间虽然不存在逻辑上的天然承继关系,但体育重大事件显然是媒介体育发展到一定阶段以后呈现的更高级别形态。

赫普在提出“深度媒介化”这一理念时,明确指出其远远不止政治经济学这一种研究路径,至少还有作为媒介的过程、型构和重构等一系列研究路径。[②] 体育媒介化的概念其实包含“超级媒体”“媒介事件”等先在概念,它是在媒介化的概念真正成熟之后才出现的。“体育重大事件”这一概念是在“重大事件”的概念被锚定之后,由体育学者们自发提出的。事实证明,“体育重大事件”很可能是“重大事件”概念中最核心的部分。笔者将其界定为深度体育媒介化,它是全球化、商业化、体育专业主义和新闻专业主义等元素成熟之后呈现的形态。

“超级媒体”与“媒介事件”诸概念的引入

2020年故去的美国学者迈克尔·里尔(Michael Real)是传播学界最早开始关注职业体育现象的学者之一。早在1975年,他就对美式橄榄球超级碗展开了神话学的研究,提出超级碗是“一场集体狂欢的美国意识形态奇观”[③],1984年,他又率领多国学者对1980年莫斯科奥运会和1984年洛杉矶奥运会展开跨文化研究,[④]是国际体育传播领域的重要先行者。在注意到奥运会和奥斯卡颁奖典礼等事件的可预知、结果未知、叙事夸张等特性后,他通过文化研究的路径提出了“超级媒体”(super media)的概念,开始关注这些超越常规表现的“超级事件”下的媒体是如何做出异乎寻常的呈现效果的。这一点从他把奥运会称为

① 比林斯,文内尔.体育重大事件中的奇妙事例:媒介、媒介化与开创性的体育事件[M]//文内尔,比林斯.体育、媒介与重大事件.魏伟,主译.北京:中国传媒大学出版社,2024:3-19.

② HEPP A.Deep mediatization[M].Abingdon:Routledge,2020:3-5.

③ REAL M.Super Bowl:mythic spectacle[J].Journal of Communication,1975,75(1):31-43.

④ REAL M.Global ritual:Olympic media coverage and international understanding[M].Paris:UNESCO,1985.

"全球奥林匹克事件"(global Olympic event)中可见一斑。[①]"超级媒体"理念成为里尔和文内尔后期有关超级碗的媒介化研究的核心主张。

对于媒介事件的观念问题,美国学者伊莱休·卡茨(Elihu Katz)从1980年起就持续关注。[②]他与法国学者达尼埃勒·戴扬(Daniel Dayan)合著的《媒介事件:历史的现场直播》成为媒介事件理论走向成熟的标志,他们把媒介事件比喻为传播的盛大节日,并且提出了加冕、征服和竞赛三种媒介事件形式。事实上,类似奥运会这样的全球事件,并不仅仅有竞赛这一种直观形式,还包含了加冕和征服。因此,"崇尚秩序及其恢复"[③]状态的媒介事件是阐释体育赛事,尤其是奇观体育赛事的重要理论武器。

在"超级媒体"和"媒介事件"概念的引导下,学者们开始关注体育中介化(媒介化)的具体表征。美国学者苏珊·伊斯特曼(Susan Eastman)等人提出了"重大体育事件"(megasporting event)的概念,[④]他们着重强调的是体育重大事件具有议程设置的功能,会根据周期来预先排定比赛日程,除非出现诸如新冠肺炎疫情这类特别重大的突发事件。一般而言,重大体育事件可以为媒体提供详细的比赛议程和转播议程,吸引到访观众和媒体受众的关注。英国学者阿兰·汤姆林森(Alan Tomlinson)和克里斯托弗·杨(Christopher Young)在里尔"奇观体育"的指引下,将奥运会和男足世界杯认定为"全球体育奇观"(global sports spectacle)[⑤],他们认为全球体育奇观具有全球影响力、媒介化到达率和重大收益等特征。"重大体育事件"和"全球体育奇观"两个概念时常见于相关研究,但其影响力不及"体育重大事件"。

"重大事件"概念的引入

毫无疑问,全球化是推动20世纪末到21世纪初体育高速发展的重要动力。那时体育全球化还没有呈现当下的电子化、社交化、移动化、人工智能化等技术特征。澳大利亚学者托比·米勒(Toby Miller)等在论述体育与全球化的问

① REAL M.Super media:a cultural studies approach[M].Newbury Park:Sage,1989:222.

② KATZ E.Media events:the sense of occasion[J].Studies in visual anthropology,1980,6(3):84-89.

③ 戴扬,卡茨.媒介事件:历史的现场直播[M].麻争旗,译.北京:北京广播学院出版社,2000:36.

④ EASTMAN S,NEWTON G,PACK L.Promoting prime-time programs in megasporting events[J].Journal of broadcasting & electronic media,1996,40(3):366-388.

⑤ TOMLINSON A,YOUNG C.Culture,politics,and spectacle in the global sports event:an introduction[C]//TOMLINSON A,YOUNG C.National identity and global sports events:culture,politics,and spectacle in the Olympics and the football world cup.Albany:SUNY Press,2006:1-14.

题时,曾经谈到一个“GGATaC”的概念,指出体育全球化呈现的特点主要有全球化(globalization)、政府化(governmentalization)、美国化(Americanization)、电视化(televisualization)和商品化(commodification)。[①] 体育媒介化在发展到上半场时,密集呈现出与上述特征紧密相关的元素,体现在当代体育媒介生态中,即为体育重大事件。

对于重大事件的定义,学者之间存在不少争论。这一概念最早见于英国学者史蒂芬·维特(Stephen Witt)在卡尔加里冬奥会前的1987年的一次国际学术会议上提出的“重大事件和重大吸引力”。[②] 不过,有关“重大事件”的定义,美国学者毛瑞斯·罗切(Maurice Roche)在《重大事件与现代性》(*Mega-event and Modernity*)中的论述得到了广泛的认同,他认为重大事件最好被理解为“大型文化(包括商业和体育)事件,具有戏剧性特征、大众吸引力和国际意义”[③]。

在此基础上,瑞士学者马丁·穆勒(Martin Müller)提出了一个重大事件区分表。他运用了一系列复杂的指数来区分媒介事件,依照媒介事件是否达到百亿美元和十亿美元的影响力来进行阐释。媒介事件按照访客吸引力、媒介化到达率、成本和变革性影响力四个变量的大小,被顺次分为巨型事件(giga-event)、重大事件(mega-event)和主要事件(major event)。[④] 按照他的分类,夏季奥运会是当代媒介事件中唯一的巨型事件,欧洲足球锦标赛、世界杯足球赛、世博会、亚运会和冬季奥运会属于重大事件,APEC峰会、欧洲文化之都项目、英式橄榄球世界杯、美式橄榄球超级碗、英联邦运动会、世界大学生运动会和泛美运动会属于主要事件。其中,APEC峰会、欧洲文化之都项目等政治、经济、文化事件虽然在某一方面具有非凡的影响力,但无法在至少三个指标上具有重要影响力,因而只能被列为第三级事件。这一分级方式可能存在一定争议,尤其是将世界杯足球赛这一全球收视量超过35亿人次[⑤]的事件排除在巨型事件之外值得商榷。德国学者马蒂亚斯·菲特(Matthias Fett)指出,世界杯历史上有两

① MILLER T, LAWRENCE G, MCKAY J, et al.. Globalization and sport: playing the world[M]. London: Sage, 2001: 4.

② WITT S. Mega-events and mega-attractions[J]. Tourism management, 1988, 9(1): 76-77.

③ ROCHE M. Mega-event and modernity[M]. London: Routledge, 2000: 1.

④ MÜLLER M. What makes an event a mega-event? Definitions and sizes[J]. Leisure studies, 2015, 34(6): 627-642.

⑤ FIFA. More than half the world watched record-breaking 2018 world cup[EB/OL]. [2021-01-25]. https://www.fifa.com/worldcup/news/more-than-half-the-world-watched-record-breaking-2018-world-cup.

大标志性事件:1990 年意大利世界杯让赛事进入重大事件阶段;2010 年南非世界杯让赛事进入巨型事件阶段。① 越来越多的有关重大事件的研究趋向于将世界杯足球赛列为巨型事件。我们不难发现,在三个级别的重大事件中,体育赛事所占比例远远超过政治、经济和文化事件的占比。

“体育重大事件”概念的提出

在厘清“重大事件”之后,学者们开始尝试界定体育重大事件的内涵和外延。美国学者肯尼斯·罗伯茨(Kenneth Roberts)在罗切的研究基础上提出,某些体育项目之所以被定义为“重大”是因为其具有“非延续性”,是不同寻常的、国际性的,而且只是组成成分比较庞大。他强调的体育“重大事件”是能够吸引数以亿计的国际受众和制作的体育事件。② 英国学者约翰·霍恩(John Horne)和奥地利学者沃尔夫拉姆·曼岑莱特(Wolfram Manzenreiter)提出,衡量体育重大事件的四个特征是“卓越的竞赛、可预见的事件、用于历史性的比较和对体育传统意义的超越”,因此“未经中介化(媒介化)的重大事件是自相矛盾的说法”③,这充分表明体育重大事件与媒介化的重要关联。正如加拿大学者理查德·格鲁诺(Richard Gruneau)和霍尔内提出的,体育重大事件“已经常态化,似乎成为当代生活节奏的自然化特征,是现代性节日视野的开拓,正如季节的变化所预料的那样”④。几位学者的梳理让体育重大事件这一理论的内涵和外延更加清晰,对体育重大事件的研究也逐渐向纵深方向发展。

也许是对上述概念和界定标准心存疑虑,文内尔和比林斯在编纂本书时干脆又创造出“重大媒介体育事件”(megamediasport event)一词,以此来区隔深度媒介化之前的“媒介体育”等概念。无论如何“咬文嚼字”,作为深度体育媒介化的体现的体育重大事件的界限和意义都是相对稳定的,但不同赛事之间的媒介化差异也是显著的。

无论参照哪种标准,夏季奥运会都是当今世界最具影响力的、层级最高的

① FETT,M.The game has changed:a systematic approach to classify FIFA world cups[J].International journal of sport policy and politics,2020,12(3):455-470.

② ROBERTS K.The leisure industries[M].New York:Palgrave Macmillan,2008:108.

③ HORNE J,MANZENREITER W.An introduction to the sociology of sports mega-events[J].The sociological review,2006,54(s2):1-24.

④ GRUNEAU R,HORNE J.Mega-events and globalization:an introduction[C]//GRUNEAU R,HORNE J. Mega-events and globalization:capital and spectacle in a changing world order. Abingdon:Routledge,2016:1.

体育重大事件之一。根据汤姆林森的考察，参与报道夏季奥运会的数以万计的记者“全力推动一台全球媒体机器，使奥运会本身在国际奇观舞台上成为与媒体平等的合作伙伴。从这个意义上说，最大的国家和国际体育重大事件已经被媒介化了，它与媒体机构一起推动了跨国的全球体育日程的升级”[①]。冬季奥运会这个夏季奥运会的表亲在时间上与夏季奥运会进行切割之后，通过体育媒介化的不断升级，借助多届奥运会“打包”的电视转播权费用和奥林匹克 TOP 计划从优雅的业余主义跻身豪华奢侈的全球重大事件。[②]

与之相对应的是，世界杯足球赛因为只有 32 个国家和地区(2022 年卡塔尔世界杯之后增加到 48 个)参与决赛阶段的比赛，因此没有被穆勒列入巨型事件，但这并不影响其无与伦比的媒介化进程。这个媒介化特性突出从而导致消费主义和文化霸权的“旋涡式”媒介事件甚至加速了整个全球媒介化的进程，它也因此越发关注媒体在其全球成功中所占据的中心地位或者说所发挥的中心作用。[③]

体育重大事件的媒介化进程呈现出同样的样态和发展路径。即便网球四大满贯赛事中历史最悠久的温布尔登网球公开赛有相对保守和陈旧的一面，但无论是现场的还是被媒介化的体验，都是一种媒介化的体验，所以它呈现的主要还是当代媒介化的逻辑，而不是“温网逻辑”。[④] 高尔夫球界四大满贯赛事中的美国高尔夫球大师赛则罹患“奥古斯塔国家高尔夫球场综合征”，让近乎“完美”的球场与媒介呈现出现了明显的脱节，[⑤]它实际上是深度媒介化的真实表征。有着“美国春晚”之称的美式橄榄球 NFL“超级碗”，用里尔和文内尔的话来说，是“超级语境”下经过“超级炒作”、符合超商品化的“超级逻辑”以及具有当代神话色彩的“超级景观”，[⑥]它所呈现的一切几乎都服膺深度媒介化的特性。美国职棒大联盟(MLB)总决赛“世界系列赛”是美国例外主义的表征，它是

① 汤姆林森.28 个奥林匹克之夏：理解奥运重大事件的历史和方法论反思[M]//文内尔，比林斯.体育、媒介与重大事件.魏伟，主译.北京：中国传媒大学出版社，2024：55-73.

② 马库拉.22 届冬季奥运会：媒体与赛事的制作性[M]//文内尔，比林斯.体育、媒介与重大事件.魏伟，主译.北京：中国传媒大学出版社，2024：74-90.

③ 海耶斯，鲍耶.国际足联世界杯：媒介、足球及一个全球事件的演进[M]//文内尔，比林斯.体育、媒介与重大事件.魏伟，主译.北京：中国传媒大学出版社，2024：91-106.

④ 肯尼迪，希尔斯，约翰.温布尔登网球公开赛：一个重大媒介体育事件的传统[M]//文内尔，比林斯.体育、媒介与重大事件.魏伟，主译.北京：中国传媒大学出版社，2024：141-154.

⑤ 米灵顿，维尔森.美国高尔夫大师赛：媒介重大事件、环境与奥古斯塔国家高尔夫球场综合征的起源[M]//文内尔，比林斯.体育、媒介与重大事件.魏伟，主译.北京：中国传媒大学出版社，2024：155-171.

⑥ 里尔，文内尔.超级碗：重访神话奇观[M]//文内尔，比林斯.体育、媒介与重大事件.魏伟，主译.北京：中国传媒大学出版社，2024：217-237.

被贴上"美国国球""国家消遣""美式爱国主义"等诸多标签的媒体仪式的另一种深度媒介化形式。[1] NCAA 美国大学篮球锦标赛"疯狂 3 月"的全球化扩张实质上展示的是一种以实现"美国梦"为隐喻的软实力策略[2],但它巧妙地利用了全球化带来的世界各地的学生球员资源,以美国大学为单位实现了身份认同和深度媒介化。由 ESPN 一手打造的极限运动会更是一个纯粹的媒介化商品。它吸引的是具有高消费潜力的年轻、有活力的群体,以搜索和创造"X 一代"来服膺它的全球化战略[3],从一开始的少有人问津到全世界众多大城市竞相申办、盛况空前,这是传统亚文化靠近主流文化的体育化再现,是深度体育媒介化的另一种表征。

深度体育媒介化的引入

基于全球化勾连度的不断提升,深度体育媒介化实际上呈现的是体育全球化、商业化、市场化、城市化、体育专业主义和新闻专业主义的高度融合和相互渗透。欧洲足球联赛和美国 NBA、MLB 等职业赛事不但有来自世界各国和地区的运动员、教练员、比赛官员,而且俱乐部的资本运作方式也日益多元化。来自汉堡的德国乙级足球联赛俱乐部圣保利队拥有来自世界各地边缘群体的球迷,麦克卢汉提出的"地球村"在职业体育领域真实存在。丹麦学者科斯滕·弗兰德森(Kirsten Frandsen)是体育传播领域较早开始系统关注体育媒介化的学者之一,她坚持认为,体育与媒介之间的关系为整个媒介化研究提供了一个必要的范例。"体育媒介化必然会受到文化领域的问题和社会文化背景的高度影响。体育媒介化是一个相互关联的过程,是全球化和商业化发挥重要作用的特殊问题"[4]。她对于体育媒介化的态度是积极的,因为这场变革"使媒介不仅是大众消费的内容提供者,同时也成为各种层次的个体运动员和体育组织在公共或半公共空间制造或生产体育实践内容和表征的传播资源,并且与更大或更小

---

① 巴特沃斯.世界系列赛:棒球、美国例外主义与媒介仪式[M]//文内尔,比林斯.体育、媒介与重大事件.魏伟,主译.北京:中国传媒大学出版社,2024:238-253.

② 邓汉姆.NCAA 美国大学篮球锦标赛:"疯狂 3 月"走向全球[M]//文内尔,比林斯.体育、媒介与重大事件.魏伟,主译.北京:中国传媒大学出版社,2024:254-270.

③ 索普,惠顿.极限运动会:重新想象青年与体育[M]//文内尔,比林斯.体育、媒介与重大事件.魏伟,主译.北京:中国传媒大学出版社,2024:271-286.

④ FRANDSEN K.Mediatization of sports[M]//LUNDBY K.Mediatization of communication.Berlin:Mouton de Gruyton,2014:525-543.

的语境的组织活动产生互动"①。深度体育媒介化塑造了体育媒介化与全球化、商业化、市场化、城市化、体育专业主义和新闻专业主义之间高度杂糅的关联，以体育重大事件的形式呈现和再现当代体育媒介景观。

后深度体育媒介化时代：世界媒介体育格局的重构

如果说以体育重大事件为代表的深度体育媒介化是全球化高级阶段的产物，那么，随着2020年新冠肺炎疫情的发生，其开始对整个世界格局产生深远影响。英国学者约翰·霍尔内(John Horne)根据政治社会学学者弗兰克·帕金(Frank Parkin)的三层意义系统理论和斯图亚特·霍尔(Stuart Hall)的编码解码理论提出，对于体育重大事件的解读有相信自己可以从体育重大事件中获利的主导性解读、怀疑体育重大事件的商榷性解读和挑战体育重大事件意识形态修辞的对抗性解读三种方式②。学者们在完成了针对表层现象的前两阶段解读后，会不由自主地进行第三阶段的对抗性解读。加拿大学者格鲁诺和詹姆斯·康普顿(James Compton)从新涂尔干主义的社会学观点出发，提出在社会发生重大变化时，媒介仪式和媒介事件可能会面临激烈的动荡和冲突③，从而推动新型格局的出现。由西方占据主导地位的当代世界体育格局和世界媒介体育格局，在整体发生重大变化的情况下，可能也会相应地发生重大变革。具体来说，深度体育媒介化在新冠肺炎疫情之后可能呈现去全球化、去人格化和高度数字化等一系列特征。

去全球化

英国政治哲学家约翰·格雷(John Gray)认为，新冠肺炎疫情会加速已经持续多年的去全球化进程。迅速瓦解的不仅是过去的"超全球化"，还有二战后建立的全球秩序和地缘政治格局。④ 去全球化是深度体育媒介化在疫情之后一段时间内的必然走向，甚至在局部可能出现反全球化的极端趋势。去全球化的特

① FRANDSEN K.Sport and mediatization[M].Abingdon:Routledge,2020:3.

② 霍尔内.体育重大事件：大众媒体与符号论争[M]//文内尔，比林斯.体育、媒介与重大事件.魏伟，主译.北京：中国传媒大学出版社，2024:20-36.

③ 格鲁诺，康普顿.媒介事件、重大事件与社会理论：从涂尔干到马克思[M]//文内尔，比林斯.体育、媒介与重大事件.魏伟，主译.北京：中国传媒大学出版社，2024:37-52.

④ GRAY J.Why this crisis is a turning point in history[J/OL].New statesman,2020(1)[2021-01-25].https://www.newstatesman.com/international/2020/04/why-crisis-turning-point-history.

征当然具有一定的偶然性,但在偶然性的背后也隐藏着必然性。世界范围内贫富差距的加剧,民族主义、民粹主义的抬头是去全球化发生的重要背景。一场突如其来的疫情,让全球化的进程遭受了前所未有的重大打击。不少专家学者认为,这场疫情可能成为构建世界新格局的分水岭。华裔经济学家文贯中指出,这场大疫意味着 1990 年以来的这一轮全球化无法再以现有的国际治理框架继续下去。全球化事实上已经停摆。疫情对经济全球化和地缘政治必定产生重大影响。①

新冠肺炎疫情沉重地打击了体育重大事件。哥伦比亚学者豪尔赫·托巴尔(Jorge Tovar)指出,即使第二次世界大战期间仍有部分职业体育比赛进行,但新冠肺炎疫情让全世界的职业体育赛事几乎完全停摆。这是有记录以来的第一次。② 如此大的破坏性对体育全球化的影响是不言而喻的。2020 年东京奥运会延期一年举行,对于世界各地的其他体育赛事的打击同样不容小觑。许多重大体育事件和主要体育事件不得不随之调整赛程。欧洲冠军联赛和各国足球联赛、北美四大职业联赛、网球大满贯赛和众多 ATP、WTA 分站赛的延迟或取消,让经久不衰的全球体育赛程遭受了前所未有的冲击。就连 2021 年成都世界大学生运动会也被迫推迟 2 年举办。冲击带来的结果是部分媒介化程度较低的体育赛事可能直接面临生存危机。始创于 1984 年的瑞士女排精英赛在 2020 年 2 月突然宣布永久停办,这与其说是组委会宣布的竞技水平和财政状况欠佳使然,不如说是因为比赛无法适应深度体育媒介化的需求,影响力日渐下滑,甚至无法跻身体育主要事件的行列。这一赛事的突然"断档"可能会引发多米诺骨牌式的崩塌效应:作为网球大满贯赛事之一的 2020 年温布尔登网球公开赛因新冠肺炎疫情被迫取消,大量中小型赛事要么被取消,要么限制参赛规模,要么限制观众入场。疫情给体育迷、体育组织及社会三个层面都带来了不可忽视的影响,也为学界的研究提供了很多新课题。③ 2022 年北京冬奥会无疑受到了东京奥运会推迟的影响,这是国际奥委会主席托马斯·巴赫(Thomas Bach)提出"高峰到高峰"的重要原因。当然,并非所有影响都是负面的。过去

① 文贯中,马国川.文贯中:若错过时间窗口,中国现代化进程将中断[EB/OL].[2021-01-25].https://www.sohu.com/a/387047251_331838.

② TOVAR J.Soccer, world war Ⅱ and coronavirus: a comparative analysis of how the sport shut down[J]. Soccer & Society,2021,22(1-2):66-74.

③ MASTROMARTINO B,ROSS W,WEAR H.Thinking outside the "box":a discussion of sports fans,teams, and the environment in the context of COVID-19[J].Sport in society,2020,23(11):1707-1723.

奥林匹克转播服务公司(OBS)的数十辆大型奥运数字转播车要从欧洲分别开往主办城市,现在却因为东京奥运会和北京冬奥会时间接近而不必再往返于欧亚之间。①

另外,目前体育重大事件的全球化和媒介化进程已经接近尾声。随着疫情期间各个国家和地区之间出现的由于应对措施和信息沟通导致的各种“误会”甚至“对抗”,“西方文明的面纱正被无情地掀开”,高度融合和杂糅的体育媒介化进程也难免受到冲击。譬如,由各个国家和地区的精英组成的奥运会电视转播团队和男足世界杯转播团队可能因为成员的“断航”以及信任度和依存度的降低而变成由极少数甚至单一国家/地区组织的团队。已经签订的巨额电视转播权合同可能由于赞助商的业绩下滑遭受沉重打击。美国部分职业联盟在疫情期间降低运动员薪金已经可以反映出事态前景。网球巨星罗杰·费德勒(Roger Federer)和 WTA 的创始人比利·简·金(Billie Jean King)在 2020 年 4 月提出将 ATP 和 WTA 合并为一个统一的网球组织,响应者寥寥;以诺瓦克·德约科维奇(Novak Djokovic)为首的部分球员还伺机成立了新的球员工会组织。② 这一系列行为并没有让网球界在短期内复苏,反而加剧了分裂。不少学者分析认为,德约科维奇在 2020 年美国网球公开赛期间因将球击中司线员被直接判负,就与他的“叛逆”行为有直接关联。全球市场一荣共荣、一损俱损的格局可能会面临空前挑战。在这种前提下,世界媒介体育格局将迎来重新洗牌。从目前的情况来看,体育媒介化程度高的重大事件受到的冲击相对有限,体育媒介化程度低的体育事件可能将不得不直面生存危机。

去人格化

去人格化并不是新冠肺炎疫情之后出现的新情况,而是随着新媒体技术和媒介融合程度的提升而不断变得明显的“赋魅”景观。去人格化实际上是体育赛事本身以追求“公平”“公正”为由提出的。但技术取代人来执法甚至参与比赛却超出了公正性的本意。NFL 前教练唐·舒拉(Don Shula)提出,只要电视观

---

① XIMENG S, WEI W. Interview With Xu Jicheng, director general of the media operation department, Beijing 2022 Olympic and Paralympic Winter Games[J]. International journal of sport communication, 2020, 13(4): 655-662.

② KING K. Professional tennis's constellational response to COVID-19[J]. International journal of sport communication, 2020, 13(3): 344-351.

众愿意看到一次不正确的判罚，就总会有镜头支持他们的意愿。① 这其实隐喻了追求绝对公平公正的传播技术其实只能是一种理想。

随着 VAR 技术在 2018 年俄罗斯世界杯上全面启用，电子技术，尤其是电视转播技术反哺用于体育赛事的情况已十分常见，并日益成为当代体育赛事中不可或缺的一部分。人们习惯于鹰眼、门线技术和 VAR 技术带来的“上帝”式的审判，甚至反过来将其用于评判裁判员和司线员的表现。② 在以前的比赛中裁判员享有的“绝对”权威早已被电子技术取代，这几乎成了当代媒介体育赛事的一个“终极”神话。③ 裁判员、运动员、教练员和体育迷之间的传统关系由于电子技术的介入发生了深刻的变革，人格化和人本主义越来越淡漠。

与此同时，随着媒介化的不断深入，体育赛事本身也在发生质变。④ 网球迷有节奏地鼓掌以等待鹰眼判罚的结果，排球比赛中冗长的鹰眼判罚时间可能让随后的发球和攻防都受到影响，VAR 技术的使用基本上摧毁了传统足球在时间上的线性发展，使比赛被切割为各种情绪弥漫和节奏失控的碎片。媒介化技术的运用使体育赛事去人格化的特征越发明显。在利益的驱使下，运动员和教练员不惜以身试法，这使得兴奋剂检测和性别检测成为过去几十年国际重大体育赛事的重要组成部分。在后深度体育媒介化时代，佩戴电子表和通话耳机的裁判员已经率先成为半人半机器的“赛博人”，植入各种医疗器材和辅助提升运动成绩的装置或设备让部分运动员也成为事实上的“赛博人”。今后，对运动员的“赛博人”检测有可能成为现实。去人格化可能使体育赛事本身和媒介体育都陷入主体模糊甚至主体沦丧的境地，作为传统体育赛事意义中绝对主体的人和人格化都将面临前所未有的挑战。

高度数字化

数字化程度的不断加深是深度体育媒介化的另一个重要特质。弗兰德森曾经专门探讨过由技术上不断提升的数字化带来的体育机构的媒介化进程，这

---

① SCHULTZ B，WEI W.Sports broadcasting：history，technology，and implications[M]//PEDERSEN P.Routledge handbook of sport communication.New York：Routledge，2013：137-145.

② 魏伟.解构当代媒介体育赛事的权力迷思：基于约翰·费斯克的视角[J].上海体育学院学报，2019，43(1)：72-79.

③ 魏伟.解读神话：南非世界杯电视转播的符号学研究[J].中国体育科技，2011，47(2)：47-51.

④ 魏伟.重访电视与体育的“天作之合”：从布尔迪厄说起[J].成都体育学院学报，2015，41(2)：35-36.

种媒介化进程呈现了由上至下和由下至上两种不同途径。[①] 深度体育媒介化在进入后新冠疫情时代后，数字化程度将会不断加深，算法、大数据、全息化甚至人机合一等技术的运用会渐渐主宰原有的体育媒介化进程，深度影响体育重大事件的形态。AI技术的不断升级使得人机之间的学习从人向机器学习变为双向甚至反向的。在AlphaGo先后击败李世石和柯洁两位世界顶尖棋手之后，其进阶产品AlphaGo Zero不再学习人类下棋的思维，而是直接通过研究围棋基本规则，创造出了大量职业棋手无法想象的棋路，反而开始指导棋手对弈，但职业棋手普遍很难理解它的棋路，因为其“已经完全超越了人类的知识和想象”[②]。这种趋势在AI技术日新月异的时代可能会越来越明显。

与此同时，深度体育媒介化将使受众的体育观赏体验不断提升。以波德里亚“超真实”和“内爆”的理论来考察，媒介和真实都发生了“内爆”，如虚拟现实的广告板甚至可以根据国家和地区的不同显示不同的语种，游泳、田径等项目中的世界纪录实时动态线，VR转播中的360度视角沉浸式体验[③]，云端转播甚至让不少转播人员不必亲临现场。以跳远比赛的转播为例，媒介技术可以让观众看到运动员是否踩线、起跳脚与踏板的距离，听到运动员进入沙坑后与沙接触的声音。这是现场观看比赛的观众甚至记者都无法体验的“超真实感”。深度体育媒介化让这种体验不断升级。

但另一方面，深度体育媒介化也会加深体育受众对于电子化和数字化的依赖感。这种“依赖感”源自当代媒介体育赛事的“终极神话”，但这种神话其实是脆弱的。世界杯主转播商——瑞士盈方公司旗下的HBS在转播中不断增加的反向机位提供了越来越多的与过去转播“同轴”原则下拍摄的内容截然不同的结果，位于新泽西的NBA视频回放中心经常要在数十台机位提供的画面中反复选择，因为不同机位提供的影像有可能是相互矛盾的。这从一个侧面证明了电子技术本身的无力和“无能”，深度依赖解读的特性其实折射出的是电子化和数字化“神话”的脆弱。[④]

弗兰德森认为，以社交媒体App形式出现的休闲体育和一度被边缘化的电

---

① FRANDSEN K.Sports organizations in a new wave of mediatization[J].Communication & sport，2016，4(4)：385-400.

② 刘海龙.传播中的身体问题与传播研究的未来[J].国际新闻界，2018(2)：37-46.

③ 魏伟.波德里亚符号政治经济学视域下的奥运会[J].符号与传媒，2020(秋季)：109-127.

④ WEI W，XIMENG S.Illusion or reality? A semiotic phenomenology analysis of the “electronic justice” of contemporary sports events[C].Paper of IAMCR Tampere 2020 conference media，communication and sport section，2020.

子竞技都将在深度体育媒介化时代发挥重要作用,成为体育媒介化发展的高级形态。① 新媒体和融合媒体形式的多样化,以及在深度体育媒介化时代新媒体和融合媒体融合程度的加深或降低都会成为学界关注的焦点。② 这种高度数字化的进程不会受到去全球化和去人格化等特质的影响,其发展趋势是不可逆的。

随着后深度体育媒介化时代的逐步来临,全球化的消散似乎很难避免,世界媒介体育格局重构的可能性越来越大。一些低级别的非主要和主要媒介体育事件可能就此走向衰亡。体育重大事件和体育巨型事件可能面临重新洗牌。一些国家和区域的职业体育赛事的重要性可能会更加突出,以往国家和地区之间关联度强的国际体育重大事件可能由盛转衰,各区域和国际体育媒介组织内的对抗和冲突可能加剧。《欧洲体育社会学学刊》(*Europear Journal for Sport and Society*)的社论指出,在这场新冠肺炎疫情之后,至少有五大方面的议题需要在短时间内得到讨论,③几乎涉及体育人文社会学研究领域的绝大部分议题。大量的体育学术期刊开始以专刊的方式探讨可能出现的各种新局面。在后新冠肺炎疫情时代,体育媒介化的格局面临重新洗牌,有关体育重大事件和体育媒介化的研究,甚至包括整个体育传播学研究都不可避免地需要重新展开。

中国体育媒介化研究的发展前景

体育媒介化研究在中国的发展起步较晚,虽然以"媒介化"为主题词的研究早在20世纪末就已经出现,并且在21世纪初达到第一个巅峰期。但由于那时的"媒介化"概念跟如今的"媒介化"在意思上有较大出入,所以需要进行严格区分。真正意义上的体育媒介化研究2010年之后才开始,在2015年之后迎来兴盛期。今天,以德国和北欧学者为主的媒介化研究在中国传播学界也开始拥有一定数量的拥趸,中国学者不仅积极推介媒介化学派的各种学说,还在此基础上推动媒介化在中国语境下的分析和研究。

国际体育传播学界对于体育媒介化的研究在2015年之前量小力微,几乎

① FRANDSEN K.Sport and mediatization[M].Abingdon:Routledge,2020:100-134.

② 魏伟.重访体育新闻学研究的基本特性[J].成都体育学院学报,2019,45(1):24-25.

③ EVANS A,BLACKWELL J,DOLAN P,et al.Sport in the face of the COVID-19 pandemic:towards an agenda for research in the sociology of sport[J].European journal for sport and society,2020,17(2):85-95.

找不出比较有影响的作品。[①] 2015 年之后,相关研究才开始逐渐勃兴。除了弗兰德森的研究,德国学者托马斯·伯克纳(Thomas Birkner)和丹尼尔·诺尔克(Daniel Nölleke)在对德国和英国足球运动员进行考察后,发现体育媒介化一方面带给球员收入和曝光率,另一方面也令他们对无处不在的媒体抱怨连连。[②] 英国学者迈克尔·斯凯(Michael Skey)等通过自下而上的视角展示了足球被哪些媒体平台所关注,同时又是如何被更广泛的全社会所认知的。[③] 这些研究是对媒介化基础理论的具体情境化。当下,国内体育传播学界对于体育媒介化的研究还处于初级阶段。尽管有部分研究被冠以"体育媒介化"的名头,但那不过是媒介体育和体育中介化时代留下的印迹。有关体育媒介化的研究不仅在数量上寥寥无几,在深度和广度方面更是乏善可陈,存在大量的学术空白。如果说对媒介体育、体育媒介复合体还有部分研究涉猎的话,那么,国内对于体育重大事件的媒介化研究才刚刚起步。有关体育媒介化中国特色发展的研究可望成为今后较长一段时间里传播学、体育学、社会学等领域的学者需要关注的重要领域。

---

① 魏伟.近年来国际体育传播研究的转向和趋向[J].体育科学,2016,36(5):10-17.

② BIRKNER T,NÖLLEKE D.Soccer players and their media-related behavior:a contribution on the mediatization of sports[J].Communication & sport,2016,4(4):367-384.

③ SKEY M,STONE C,JENZEN O,et al..Mediatization and sport:a bottom-up perspective[J].Communication & sport,2018,6(5):588-604.

英文版序言

当我们开始憧憬这本书的具体内容时,我们不得不展开最丰富的想象去理解体育重大事件与它们的中介化(媒介化)问题。从墨尔本的板球场到摩纳哥的街头赛道,再到奥古斯塔国家高尔夫球场,我们的目标是既揭示体育重大事件的共性,也探寻每项体育重大事件成为独特体验和高价值媒介产品的特质。做到这一点其实并不困难。

真正困难的是要找到并吸引一批在国际上享有盛誉的学者,他们将带来对社会文化和政治经济背景下的体育重大事件、无处不在的商品化时代中媒体的职能等的多样化理解。我们寻找的是那些拥有特殊专业知识的顶尖学者,他们的专长将使他们能够审视特定赛事的特殊动态,并思考媒介化的力量是如何在特定背景下被调动起来的。我们花了不少时间集思广益,寻找心目中的"梦幻团队"学者,希望他们能接受我们这个项目。因为我们期望这是一个有着广泛代表性的国际化团队,能对当代体育重大事件进行多样化解读,以促进学术展示与交流。很幸运,我们找到了他们。

我们邀请来的顶级学者在不同的特殊研究领域拥有话语权,从他们所参与的项目中拨冗为我们带来各项赛事的个案研究。其成果正是这本让我们感到荣幸的已面世的研究集萃《体育、媒介与重大事件》。这本论文集中的每一个案例,从奥运会到英式足球、英式橄榄球和板球世界杯,到网球和高尔夫等"主要"赛事,再到自行车界和赛车界的顶级赛事,到美国体育领域里的"超级"和"世界"品牌赛事,再到媒体制造的对极限运动会的"前卫"想象,将令读者邂逅学者们对有关体育重大事件的分析。学者们带来的是对有关"大时代体育"与"大时代媒介"联姻的特殊理解。这种"联姻"正是我们今天所说的当代体育重大事件。我们认为,他们的努力使本著作超越了各部分的总和,因此在这里对为这部作品贡献智慧的25位学者表示感谢。

作为这部论文集的主编,我们俩都从自己的家庭、朋友和研究机构中获益良多。正如在之前的许多作品中已经表达过的那样,劳伦斯首先感谢自己的妻子苏珊·莱斯(Susan Rice)和所有与之共同参与运动与娱乐活动的同僚。苏珊·莱斯对这本书给予了支持和建议,当然,这本书也不时地影响到他们共同的时间和计划活动。劳伦斯在这个项目中的工作因为得到了其所在的洛约拉·马利蒙特大学的支持而变得轻松很多。在学校里,劳伦斯的职务是传播与艺术学院和电影电视学院的范·德·阿赫讲席教授(Von der Ahe Chair)。我们在此不仅要感谢这些机构的院长,更要特别感谢劳伦斯的行政助理蕾切尔·范·霍滕(Rachel Van Houten),是她的努力使这个项目中许多关键部分得以正常运转。

关于安德鲁的感谢,他必须首先感谢自己的妻子安吉拉(Angela)、儿子纳坦(Nathan)和诺阿(Noah),他们总是给他带来健康的支持、温暖和欢笑。他还要感谢阿拉巴马大学传播与信息科学学院的同事和导师们,此外,他还感谢持续予以他资助的罗纳德·里根讲席教授(Ronald Reagan Endowed Chair)这一教职,这为他提供了完成这部书稿的编辑工作所必需的时间和资源。

我们非常享受作为这本论文集的编辑在一起工作时的状态,把一群与我们所珍视的同僚的工作成果结集成册的感觉是极其愉悦的。这部作品对体育重大事件的全方位关注是迄今为止前所未有的。我们对这本论文集的独特性和持久价值保持乐观。我们希望您也会赞同这一观点。鉴于体育重大事件在几乎每个国家的文化中都扮演着重要的角色,我们必须感谢劳特里奇公司提供的机会——尤其要感谢丛书编辑西蒙·惠特莫尔(Simon Whitmore),他对体育核心层面的前沿对话所提供的帮助是显而易见的。

劳伦斯·A.文内尔
安德鲁·C.比林斯

目 录

第一部分 体育、媒介与重大事件的框架

第一章 体育重大事件中的奇妙事例

——媒介、媒介化与开创性的体育事件 / 3

媒介与体育重大事件的探究路径 / 4

当体育不仅仅是体育 / 8

体育重大事件的特性 / 10

媒介体育、媒介与媒介化 / 12

考察体育、媒介与重大事件 / 13

第二章 体育重大事件

——大众媒体与符号论争 / 20

对体育重大事件的醒悟与论争 / 21

体育重大事件新闻中的媒体跑道与社会建构 / 23

解码体育重大事件 / 27

体育重大事件论争 / 29

结论与未来研究方向 / 31

第三章　媒介事件、重大事件与社会理论
——从涂尔干到马克思　/ 37
二战后媒介与重大事件的新涂尔干视角　/ 38
权力、意识形态、不公正与冲突事件　/ 41
结　语　/ 47

第二部分　重大媒介体育事件研究

第四章　28 个奥林匹克之夏
——理解奥运重大事件的历史与方法论反思　/ 55
历史与方法　/ 56
历史、规模与更多方法　/ 58
过渡时期 1:从第一阶段到第二阶段　/ 62
过渡时期 2:从第二阶段到第三阶段　/ 64
结　语　/ 69

第五章　22 届冬季奥运会
——媒体与赛事的制作性　/ 74
媒介化与冬季奥运会的制作　/ 75
媒介化的发展:电视与冬奥会　/ 77
数字化转型时代　/ 80
冬奥会的形象　/ 82
结　语　/ 86

第六章　国际足联世界杯
——媒介、足球及一个全球事件的演进　/ 91
世界杯的电视化　/ 93
一个世界杯:多重叙事?　/ 99
结　语　/ 103

第七章　英式橄榄球世界杯体验
——爱与恨摇摆两极的质问　/ 107
媒介化　/ 108
橄榄球的媒介化　/ 109
爱国主义:全黑队是我们的战队　/ 111
中介化:媒体“炒作”　/ 114
商业化:冰箱里的全黑队　/ 117
政治化　/ 119
结　语　/ 120

第八章　国际板球理事会板球世界杯
——“二流”的重大媒介体育事件?　/ 124
板球的组织结构与文化语境　/ 125
板球的商业化与媒介化　/ 127
国际板球理事会男子板球世界杯:一项重大媒介体育事件?　/ 129
2015 年国际板球理事会男子板球世界杯的呈现　/ 133
结　语　/ 136

第九章　温布尔登网球公开赛
——一个重大媒介体育事件的传统　/ 141
抵达:温网的媒介化之旅　/ 143
观赛:无论身在何处感受温网　/ 146
回家:反思温网　/ 152

第十章　美国高尔夫大师赛
——媒介重大事件、环境与奥古斯塔国家高尔夫球场综合征的起源　/ 155
作为伪装的高尔夫球场:奥古斯塔国家高尔夫球俱乐部的诞生　/ 157
技术奇迹:二战后语境下的奥古斯塔国家高尔夫球场　/ 160
奥古斯塔国家高尔夫球场综合征　/ 163
结论:解构现代体育　/ 166

第十一章　环法自行车赛
——体育与空间的媒介化　/ 171
特色鲜明的体育重大事件　/ 172
戏剧与“凝视”的杂糅品　/ 175
外围的夏日之声　/ 180
结　语　/ 182

第十二章　摩纳哥大奖赛和印地500车赛
——彰显欧洲魅力与全球美国特色　/ 185
一级方程式车赛与印地车赛的起源　/ 186
摩纳哥大奖赛是重大媒介体育事件吗？　/ 187
印地500车赛是重大媒介体育事件吗？　/ 189
中介化与媒介化　/ 190
再现媒介化赛车奇观　/ 192
“王冠上的宝石”：作为欧洲荣耀的摩纳哥大奖赛　/ 193
“最伟大的赛车奇观”：作为全球美国特色的印地500车赛　/ 195
结　语　/ 198

第十三章　亚足联亚洲杯
——洲际竞争，全球格局　/ 201
引言：洲际的，还是全球的？　/ 201
向东方　/ 202
国际足联与亚足联　/ 204
亚足联亚洲杯　/ 207
结论：自我超越的亚洲　/ 211

第十四章　超级碗
——重访神话奇观　/ 217
超级语境　/ 218
超级事件　/ 219
超级逻辑　/ 220
神话　/ 222

结构 / 225
超级奇观 / 230
最后一枪 / 231

第十五章 世界系列赛
——棒球、美国例外主义与媒介仪式 / 238
棒球与美国例外主义 / 240
媒介化与仪式 / 243
世界系列赛的媒介仪式 / 245
例外主义的衰落? / 249

第十六章 NCAA 美国大学篮球锦标赛
——"疯狂 3 月"走向全球 / 254
媒介化 / 257
随比赛成长 / 258
2015 年甜蜜十六强中的国际运动员 / 262
结 语 / 265

第十七章 极限运动会
——重新想象青年与体育 / 271
受众:搜索/创造 X 一代 / 272
极限运动会的影响力:搭建吸引年轻受众的舞台 / 273
极限运动会的(再)生产:全球扩张的政治 / 275
终极思考:极限运动会与其他体育重大事件的不同 / 281

译后记 / 287

第一部分

体育、媒介与重大事件的框架

第一章　体育重大事件中的奇妙事例

——媒介、媒介化与开创性的体育事件

安德鲁·C.比林斯[1],劳伦斯·A.文内尔[2]

媒介对体育的报道,就其本质而言,是短暂的(Billings,Qiao,Conlin & Nie,2015)。当我们把媒介体育报道消费看作日常需求压力下的喘息之机时,就会接受此时此地的暂时失落(Morse,1990)。然而,许多体育迷发现,那些曾经看上去既紧迫又重要的比赛往往在一周后就会被人淡忘。当代媒体环境下,体育比赛及其相关讨论无处不在,也有助于这种流动性;一场新的"重大赛事"看上去总是迫在眉睫,新燃起的期待经常会取代对比赛结果的反思,而这个结果往往很快就在我们的记忆中消失,成为体育历史纪录中的沧海一粟。

然而,在无处不在、很快就会被文化遗忘的体育比赛之外,还有一些比赛有望成为生活经验和共同文化中的开创性时刻。就是这些事件和赛事定义了一项运动,巩固了个人的迷群身份,作为历史的标记为体育景观带来秩序、意义和重要性。与所有其他体育项目相比,很可能正是这些时刻的相对不连续性使其与众不同(Roberts,2004)。有些体育项目通过独特的赛事来定义这样的时刻(如美国全国橄榄球联盟的超级碗),而其他一些项目则通过一系列年度赛事来划分,例如"大满贯",即通过在国际高尔夫或网球年度赛事最重要的比赛中取得的成绩来彰显其卓越性。

体育重大事件具有日常体育项目所不具备的得到媒体关注和吸引公众的能力,因此其在文化上的重要性不断提升。它们越来越多地将重要时刻铭刻在

① 美国阿拉巴马大学广播电视学罗纳德·里根讲席教授,阿拉巴马大学体育传播项目主任。他的研究集中于媒体对体育重大事件的报道上,特别是涉及性别、种族和国籍的问题。

② 美国洛约拉·马利蒙特大学传播与艺术学院和电影电视学院传播与伦理学范·德·阿赫讲席教授。他对传播和体育的研究侧重于对体育奇观、商品化以及性别和种族相交叉的批判性和伦理性评估。

集体文化记忆中,不仅引起了狂热粉丝的共鸣,还让许多并不那么热衷体育的人产生共鸣。它们的魅力在于超越平凡,被公认为是非凡的。虽然许多狂热的英式橄榄球迷和棒球迷关于常规赛的记忆可能已经模糊,但他们仍然对一场关键的橄榄球世界杯比赛或者美国职棒大联盟世界系列赛胜利的重要时刻记忆犹新。这些时刻通过不断地复述刻入人们的文化意识之中,成为具有影响力的瞬间,影响着普通观众和体育迷对体育运动及其比赛的性质和意义的理解。

对这些时刻的体验和诠释,充满了潜在意义,可以通过令人信服的方式与一个人的自我认同和价值观相互作用,这一点不足为奇。实际上,这种体验的独特性在某种程度上解释了为什么那么多人有消费媒介体育事件的习惯。随着这些重大媒介体育事件及其受众的扩大,这些盛大的、重大的体育事件具有比日常和地方体育赛事更广泛的文化意义的观念实际上已经被社会具体化了。

在这样的情境之下,以体育为基础的重大事件研究就为我们提供了理解体育是如何与当代社会文化心理相互作用的机会。霍尔内和曼岑莱特提供了一个强有力的例证:"体育重大事件带来一个关于国家与文化认同、流动性与个人化的研究路径。"(Horne & Manzenreiter,2006,p.17)这样的研究可以清晰地揭示不同的发展动力:从国家权力的传递(Butterworth & Moskal,2009;Chen,Colapinto & Luo,2012)到戏剧化(Farrell,1989),再到情绪的转变(Knoll,Schramm & Schallhorn,2014)、历史的记录(Roessner,2014)。基于这样的探究基础,本书的一大特点是邀请到了国际上的一批杰出学者,他们在越来越多地通过媒体来体验的世界,对主要体育重大事件进行了探讨。

媒介与体育重大事件的探究路径

从一个非常基本的意义上说,媒体让事件大于生活。这一点在体育重大事件中也是如此。如果没有媒体,体育重大事件成为商品化景观是不可能的,这一点德波的研究可以佐证(Debord,1967/1995)。两者是如此亲密,正如霍恩和曼岑莱特观察到的,"未经媒介化的重大事件是自相矛盾的"(Horne & Manzenreiter,2006,p.2)。因此,我们从媒介研究的两个相关概念——相互交织和相互补充的"媒介事件"和"超级媒体"出发,开始对体育重大事件的探讨。

社会学家希尔斯(Shils,1962)等人对重要的文化事件如何通过广泛共享的庆典来确认社会结构感兴趣,受他们研究成果的启发,卡茨对媒介事件进行了定义(Katz,1980;Katz & Dayan,1985),并在著作《媒介事件:历史的现场直播》

(Dayan & Katz,1992)中进一步地发展了这一定义。戴扬和卡茨指出,媒介在构建和体验重要的文化事件中显得越发重要,从英国王室婚礼到女王加冕仪式,从美国总统肯尼迪的葬礼再到人类首次登月,一直到奥运会,这些文化事件转化为“媒介事件”,并被称为“传播的盛大节日”(Dayan & Katz,1992,p.1)。人们从日常生活中解脱出来,加入特殊场合的集体媒介体验中。戴扬和卡茨认为,媒体事件的组成特质通过庆祝共同的价值观和验证公认的公共仪式来促进社会整合,并指出这些“重大仪式事件崇尚秩序及其恢复”(Dayan & Katz,1992,p.9)。戴扬和卡茨所描述的两种媒介事件的变体——加冕(coronations)和征服(conquests)通常并不遵循可预见的日程表,而第三种变体竞赛(contests)则因其有日程表的媒介事件而与众不同。当然,媒介事件最常见的变体——竞赛,就是体育重大事件。这种变体的原型是奥运会,奥运会的举办是为了庆祝“普世”的价值观:从“全球性”或“同一个世界的意识”(Roche,2006,p.32),到国家自豪感,再到被尊崇为美德的体育运动精神。

里尔特别关注媒体的复现对文化结构显而易见的影响(Real,1989)。他在展示文化研究多样性和多学科视角层面开创了一个重要的新局面,以探究他所谓越来越重要的“超级媒体”的特殊关联性。里尔通过文化研究的方法来探讨个人认同与意识、冲突与偏见、政治与政策等,其研究对最大的和最著名的媒体产品可以进行更加有效的表达和理解。他不仅仅关注超级媒介事件,如奥运会和奥斯卡金像奖这样常规化的媒介奇观,还考虑如何从媒体产品(电影大片和高收视率的电视剧)相关的归化仪式和主题中洞察超级媒体的影响力,这些产品是最能吸引公众关注和体现时代文化精神的。里尔对超级媒体的关注延续了他早先对超级碗的文化仪式和功能进行的批判性评估(Real,1975)。总体而言,里尔关于超级媒体与大众文化事件融合的研究表明,体育是媒体时代越来越多的大众性事件的中心。基于可预知的日程安排、未知的结果和对夸张叙事的偏好的独特组合,里尔认识到体育重大事件逐渐开始主导媒介事件的空间,激发人们对体育重大事件如何排挤其他媒体事件,成为创造和争夺核心文化意义的场所的兴趣——关于身份认同、民主,以及巩固霸权和文化权力的自然化逻辑。

里尔的著作(Real,1989)以关键的方式论证了用文化研究的方法研究超级媒体是“综合学术”(O’Sullivan,1999)的一个独特机会。“综合学术”内在地连接了不同的认识论视角,涵盖了一系列学科和研究领域,这种倾向在本书所见的多种方法中得到体现。里尔的论点还有力地反驳了一个关于体育的老生常谈,即体育是社会的缩影,他提出一个相反的观点,即社会是体育的缩影,这一点在体育最宏大的形式中表现得尤为明显。

有鉴于此,伊斯特曼、牛顿和帕克(Eastman,Newton & Park,1996)认为,体育领域内的“媒介事件”和“超级媒体”的表现十分重要,值得获得更多的关注。他们使用了合成词“重大体育”(megasports),其通常被定义为消费者在自己的体育日程表上预约观看的体育事件。很明显,大多数体育观众不会亲身参与体育重大事件,所以,体育重大事件的日程往往会映射出媒体日程。重要赛事在日程上占有一席之地,如高尔夫球迷会留出 4 月的第二个周末来迎接大师赛,而网球爱好者则会把 6 月底和 7 月初的两个星期留出来观看温布尔登公开赛。

体育奇观的生产及其功能与媒介研究密切相关,逐渐得到研究体育社会文化学和政治经济学的许多学者的关注(Gruneau & Horne,2016)。这一领域的研究大部分来自罗切的基础性研究(Roche,2000)。在分析体育奇观的文化意义时,罗切使用了“重大事件”(megaevents),一个包含“重大体育”(megasports)并以其为主导的语义更丰富的词,意即“大型文化(包括商业和体育)事件,具有戏剧性特征、大众吸引力和国际意义”(Roche,2000,p.1)。

罗切认为,对体育重大事件的研究在很多层面都是重要的。这些研究可以依据兴趣划分为:

1.个人的(作为仪式的重大体育);

2.国家历史的(作为国家叙事和“真相”讲述场所的重大体育);

3.文化史的(作为高雅文化的重大体育);

4.社会学的(作为文化价值/文化优先性呈现的重大体育)。

在这一点上,罗切举出了一个强有力的事例(Roche,2000),将体育重大事件的研究范畴扩大,使之远远超出体育竞赛的范畴,从而达及政治和经济结构,并且得到后者的认可和支持。他指出:

> 重大事件至少具有两个维度的特性,一个是旅游事件(在环球旅游文化和环球旅游产业/文化经济领域),另一个是媒介事件(在环球媒介文化和环球媒介产业/文化经济领域)。从两个维度中的任何一个来看,重大事件都代表了潜在的世界范围内有重大意义的全球文化活动和流动的(人员、信息和图像)时空“本土化”。
>
> (Roche,2000,p.27)

罗切的研究(Roche,2000)引发了关于体育重大事件研究重点和特性的大量讨论。譬如，里尔注意到，以不同方式研究高知名度体育赛事的人所采用的视角截然不同，包括“神话仪式”“奇观”“重大事件”“行为反应”或“游戏”（Real，2013，p.34）。其他人，比如罗伯茨认为有必要关注媒介在事件“超大化”过程中的核心作用，他指出，一个重大事件必须在本质上涉及与其他事件不连续的大规模传播，向数十亿人而不是数百万人传播，只有在存在需求和媒体关注的情况下才有可能实现（Roberts，2004）。

格鲁诺和霍尔内在他们编纂的一本论文集（Gruneau & Horne，2016）中也认识到了媒介在理解体育重大事件时的核心作用。他们重点关注了全球化对体育重大事件日常生活体验的影响，发现有充足的证据表明，参与社交传播的新媒体策略已成为消费和阐释这些事件的关键。在这种环境下，格鲁诺和霍尔内提出，体育重大事件“已经常态化，成为当代生活节奏的自然化特征，是现代性节日视野的开拓，像季节的变化一样被期待”（Gruneau & Horne，2016，p.1）。

然而，随着媒体辅助的社交传播在不同性质的社群内展开，从家庭和朋友的本地化群体到以全球各地具有共同倾向的成员为中心的以兴趣为基础的社群，因此，媒体辅助的社交传播在体育重大事件的意义生产上的作用可能是复杂而广泛的。有鉴于此，格鲁诺和霍尔内（Gruneau & Horne，2016）主张对这类事件进行系统的案例研究，以便更好地理解体育逻辑如何跨越国界，超越“想象中的政治共同体”所造成的隔阂（Anderson，1983，p.6）。对格鲁诺和霍恩而言，这涉及一些基本问题。

> 对体育重大事件的批评已经成为全球化的一个重要方面，因为它为超越国家界限的公共讨论提供了一个跨国的社会和政治空间。这为我们从全球正义、后殖民愿望以及这个时代其他重要的伦理、社会、政治和生态问题的多重立场来评估重大事件提供了更好的机会。
>
> （Gruneau & Horne，2016，p.6）

在我们看来，他们的大胆评估似乎不但是合理的，而且在体育重大事件的规模和意义不断扩大和提升的情况下也是不言而喻的。他们的研究指出了媒体在创造体育重大事件的魔力和提高其风险方面发挥着不可或缺的作用。因此，这为本书的工作提供了依据，本书试图回答媒介在全球范围内多样化的体育重大事件中所扮演的角色的关键问题。

然而，在研究体育重大事件的时候，重要的是要认识到不能“一刀切”。尽管穆勒曾经提出一个重大事件必须满足四个相关标准，即访客吸引力、媒介化到达率、成本和变革性影响力(Muller,2015),他还提出根据事件的规模建立一套指数,依照事件的规模来帮助阐释。他提出将夏季奥运会提升到一个新的层次——一个“巨型事件”(giga-event)(Muller,2015,p.636),而他在描述英式橄榄球世界杯或者超级碗的时候,使用了比“重大事件”(mega-event)低一个级别的“主要事件”(major events)。不过,这种区别往往也只有模糊的界限。本书的案例研究大致从“巨型”到“重大”再到“主要”,重点仍然放在媒介如何发挥作用上,试图将每个事件提升到更高的地位。毕竟,遵循奥林匹克格言,每个事件的总体目标仍然是更快、更高、更强。

当体育不仅仅是体育

在努力提高文化重要性和市场支配地位的同时,体育重大事件的媒介化方式与其他几乎所有体育赛事的预期截然不同。事实上,任何具有难以忘怀时刻的非体育重大事件都被认为是独一无二的,而任何没有产生令人难忘的活动的体育重大事件都可能被视为令人失望的。制片人知道,体育媒介受众观看直播的体育赛事往往是为了见证,所以体育重大事件的包装方式永远是充满了值得关注的时刻,这是一种无所不在的期待,而不是看起来充满期待却不太可能(Billings,2008)。对于体育重大事件来说,重要性的概率成为“何时”而不是“是否”的问题。

尽管如此,我们对本书中体育重大事件的兴趣还是源于更大的问题,而非这些事件能让体育迷们见证具有开创性的时刻。我们最感兴趣的是,作为媒介奇观,体育重大事件的生产和消费所产生的转型过程。有鉴于此,文内尔的启发式研究(Wenner,2006)在理解体育奇观的动态张力方面发挥了作用,正如2004年超级碗的中场表演上珍妮·杰克逊(Janet Jackson)和贾斯汀·汀布莱克(Justin Timberlake)带来的争议(最终导致杰克逊袒胸露乳),这提醒我们,经常发生的超级主题会驱使并带来有关体育重大事件体验的开创性时刻,正如在二元配对中所表达的那样,这些主题包括:

1.流行音乐与嘻哈音乐;
2.性别与性属;
3.种族与民族;
4.年轻与年老;

5.名流与英雄;
6.整体与碎片;
7.技术与活动;
8.国家与全球;
9.超级与普通;
10.框架与游戏;
11.推销与娱乐;
12.控制与拒绝;
13.异化与反感。

(Wenner,2006,pp.52-55)

这种对超级主题的描述中隐含着一个关键问题,那就是在推动人们对体育重大事件的兴趣的过程中形成的叙事往往侧重于比赛的意义和规模,而对于引发争议和体现文化意义而言,预测比赛结果是次要的。值得注意的是,在超级主题的描述中,没有一项是"胜利与失败",因为体育重大事件的意义远不止如此。从某种意义上说,体育的开创性时刻往往发生在体育以及用来解释体育的一般框架与这些宏观超级主题之一相交或被其取代的时候。正如比林斯提到的:

具有讽刺意味的是,数以百万计的人声称自己是体育迷,正是因为他们渴望体育不再只是体育的时刻。当59岁的汤姆·沃森(Tom Watson)站在18号球道上试图赢得他的第六次英国公开赛冠军时,这场比赛就不再仅是高尔夫球比赛;它关乎时间和年龄界限的测定,以确定传奇运动员是否到了必须隐退的时刻。当凯利·斯特鲁格(Kerri Strug)在1996年奥运会体操比赛中登场时,这一事件不再只关乎金牌;这关乎一个人有没有足够强烈的意愿挑战地心引力,哪怕只有几秒钟。

(Billings,2011,p.188)

在认识到这些主题的吸引力是体育比赛具有最高吸引力的基础后,执笔本书的作者们运用了一系列不同的理论视角,来理解媒体在构建和处理特定体育重大事件时所发挥的"更广泛"的作用。我们希望读者在阅读他们对围绕体育展开的各种媒介活动所做的分析时,能够更好地理解体育是如何优先通过错综复杂、环环相扣的媒体系统来向社会提供信息的,并认识到这些系统是由战略目标驱动的，不仅是在市场上，在政治体中也是如此。要实现这些目标，首先必须了解体育重大事件作为媒体和文化产品的一些独特性。

体育重大事件的特性

伊斯特曼、牛顿和帕克（Eastman，Newton & Pack，1996），罗切（Roche，2000）以及穆勒（Muller，2015）的描述可以得出一个重要结论：虽然体育重大事件涵盖了广泛的体育项目、国家和利益，但其仍然具有一些共同的关键特征。霍尔内和曼岑莱特提出，随着1984年洛杉矶夏季奥运会作为真正的金融游戏规则改变者出现，"对体育重大事件的主要关注点已经从其政治用途转向经济用途"（Horne & Manzenreiter，2006，p.18）。然而，政治和经济之间的这种二元区分是不必要的限制，因为这两方面都产生了长远的影响。政治和经济的影响力不仅相当大，它们的混杂性和互动性对于理解当代体育重大事件也相当重要。除了上述这些高端研究，体育重大事件至少还有四个特性值得一提：

1.卓越的竞赛；

2.可预见的事件；

3.用于历史性比较的机遇；

4.对体育传统意义的超越。

我们简要考察一下以上四点。

卓越的竞赛

一个体育重大事件往往会包括"业余选手"，但很少有事件包括不属于主要竞争形式的活动。从参加夏季奥运会的一万多名运动员，到板球世界杯决赛的两支球队，值得注意的是，相当一部分的筛选业已发生，更多的运动员和运动队没能成功跻身体育重大事件。虽然有些项目，譬如高尔夫球的男子和女子英国公开赛在技术上对所有人开放，但要进入最终角逐，还得通过持续数周、数月甚至数年的预选赛。鉴于这种专注于优中选优的赛制，体育迷期望见证最高水平的比赛，这意味着人们看到的是体育竞赛的巅峰对决，就像美国人观看奥斯卡颁奖典礼以评估和庆祝当年的最佳电影，或者是英国剧迷观看奥利弗奖颁奖仪式以见证谁和什么剧在伦敦戏剧和音乐剧中堪称最优。大多数体育重大事件中，固有的动态奇观都被定义和塑造赛事的精英主义所包围和超越（Kassing et al.，2004）。

可预见的事件

对于非体育重大事件而言,人们永远无法预测何时会发生重要竞争。有时候一瞥一个赛季的时间表,就会发现可能会有一场史诗级的比赛,但其中许多比赛常常无法举办。有时,只有在先前的比赛使某一特定日期(基本上是随机的)比体育日历上的任何其他日期都更重要之后,关键的对决才会显现出来。体育重大事件与这些组织分别运作,有些比赛在10年前就已经被安排好了。奥运会主办权在赛事开始前7年就已被授予。足球和英式橄榄球世界杯通常沿袭类似的模式,有些在比赛举办前12年就已经确定。其他的体育重大事件看似拥有永久性的日程表。虽然选择赢家可能涉及高赔率,但这很可能是一个很好的选择:2040年5月的第一个周六,很可能将在丘吉尔马场举办肯塔基德比赛马大赛。

用于历史性比较的机遇

大多数的体育重大事件提供了足够的一致性,不仅可以年复一年地进行比较,还可以一代一代地进行比较。感受当下的体育重大事件离不开过去的体育和文化成就。媒介叙事不仅仅提醒我们一些事实,例如杰西·欧文斯(Jesse Owens)和尤塞因·博尔特(Usain Bolt)赢得100米和200米短跑金牌的时间相差70年。媒介叙事不仅催生敬畏,更重要的是,通过构建文化想象中的历史意义,将离散的事件联系起来。因此,杰西·欧文斯和尤塞因·博尔特的故事必然不仅仅是两个不同时代的运动员的故事。正因如此,体育重大事件的媒介化为体育史与文化史的划分提供了规范的界限。随着时间的推移,体育重大事件成就的一致性使人们可以随时进行比较,但媒介叙事将今天的情况定格在当前对历史的评估中,并加以颂扬和再现。在消费当代体育重大事件的媒介化形式时,我们获得了大量可以开展历史比较的机会。但是,正如所有历史讲述一样,这个故事也受到叙事者的情感和优先次序的影响。

对体育传统意义的超越

显然,在所有参与者心目中,不管是竞争者还是观众,赢得体育重大事件仍然是无限光荣的。运动员职业生涯的巅峰就由是否在这样的关键时刻赢得胜利来定义。里昂内尔·梅西(Lionel Messi)和克里斯蒂亚诺·罗纳尔多(Cristiano Ronaldo)如果都没有获得世界杯冠军,可能会被认为(至少有一些人认为)不具备传奇般的地位(至少在写作本书时没有发生)。篮球界的勒布朗·詹姆斯(LeBron James)不可避免地会被拿来与迈克尔·乔丹(Michael Jordan)比较获得NBA总冠军的次数。然而,对于参加体育重大事件的运动员,以及能够出席见证活动的体育迷和其他利益相关者来说,仅仅是能够以某种形式参与其中就被认为是一种成就。有时,这种成就并不局限于赢得比赛。例如,1992年奥运会400米半决赛中,英国短跑选手德里克·雷德蒙德(Derek Redmond)肌腱断裂,全世界都目睹了他的父亲冲入跑道,帮助他越过终点线。若引发这种反应,体育重大事件就超越了日常体育事件。正如著名的体育记者麦克·卢皮卡(Mike Lupica,2006)指出的,奥运会是“世界上最引人关注的真人秀连续剧”。

媒介体育、媒介与媒介化

到目前为止,我们的介绍已经证明了研究媒介与体育的结合对于理解媒介体育事件的重要性。在媒体的社会文化研究的漫长历史中,个体研究的重点往往集中在三个领域:

1.媒介机构和生产;

2.媒介内容和文本;

3.媒介受众和服务。

当然,这些区别包含了基本的发送者—消息—接收者传播范式的各个组成部分。学者们,尤其是那些从文化研究的角度来看待媒体的学者认为,这三个领域都应该成为媒体研究的一部分(Real,1989)。从这个维度来考察,若不考虑所有这些组成部分以及它们之间的相互关系和相互作用,就会导致孤立和不完整的理解。其中难度最大的是获得充分的背景信息,以理解覆盖在传播过程中并发挥作用的更大的政治经济力量。为此,我们要求本书的每位作者在探究和评估媒介体育事件时,对传播过程三要素中的至少两个加以考察。

此外,我们要求每位作者都从媒介化的视角来考虑体育重大事件“媒介效应”的证据,媒介化这个研究焦点近年来获得了越来越多的支持,因为它揭示了社会结构和日常生活体验中经常被忽视但非常重要的媒介效应(Hepp,2013;Hjarvard,2013;Lundby,2009)。媒介化视角的支持者提出有必要拓展媒介效应的概念。由于认识到媒体“逻辑”如何无处不在地策略性地融入各种制度和组织实践,媒介化视角试图揭示媒介效应如何“超越媒体”,出现在文化结构的几乎每一个缝隙中。正如夏瓦提出的那样，媒介化关注的是“社会制度和文化进程是如何改变其特性、功能和结构，以应对无所不在的媒体的”（Hjarvard，2013，p.2）。

媒体已整体渗透生活的其他方面这一基本概念绝不是一种新的认知。实际上，把媒介化作为理解当代文化状况的理论框架，在阿尔赛德和斯诺（Altheide & Snow，1979）关于“媒介逻辑”（media logic）的早期重要著作中就有所呈现，他们注意到一种日益显著的趋势：行为者和制度对媒体越来越趋于敏感，以便策略性地获得政治和经济优势。因此，随着对文化商品化的关注，研究者对媒介化概念的兴趣也有所升温，这并不令人意外。从基本意义上讲，利文斯通宣称当下有“万事万物媒介化”（mediatization of everything）（Livingstone，2009，p.1）的趋势，这与德波有关目前社会奇观存在于“商品世界”（world of commodity）（Debord，1967/1995，p.29）的观察相吻合。

事实上，正是这种关联——与奇观，特别是商品化的奇观——促使我们关注媒介化如何在体育重大事件的语境下发挥作用，这些事件可能是当代奇观中最常见的表现形式。我们引导本书作者们考虑如何在个别体育重大事件中揭示媒介化，而这建立在弗兰德森（Frandsen，2014，p.525）的基础性研究之上。她强有力地证明了，媒介与体育之间的关系为媒介化提供了“一个必要的范例”。她将重点放在处于更大的媒介体育产品复合体的历史中心地位的电视上，指出体育的媒介化必然“受到相关文化领域和社会文化背景的高度影响”，她还提出，“如果我们想要更广泛地理解媒体在体育方面的作用，那么，对体育领域的特性，对电视、对媒体系统和体育系统背景的差异及其历史变迁进行深刻反思是必要的”（Frandsen，2014，p.530）。我们坚信她所声称的“体育的媒介化是一个相互关联的、全球化和商业化发挥重要作用的特殊问题”（Frandsen，2014，p.525），因为体育和媒介的传播能力特别适用于研究政治和经济利害关系更高、影响力更大的体育重大事件。因此，在之后的章节中，研究媒介在体育重大事件中的作用，必须考虑更广泛的媒介化力量。

考察体育、媒介与重大事件

幸运的是，我们在本书中拥有一批来自世界各地的杰出学者，他们从不同的视角来考察体育、媒介和重大事件。接下来的两章将以互补但对比鲜明的视角，将体育重大事件作为一种社会、文化、政治和经济现象进行评估。率先出场的是约翰·霍尔内(John Horne),他是研究重大事件的重要学者,他研究了质疑和抵制体育重大事件的主流媒介信息的可能性和范围。在探究符号论争的表现方式和条件时,霍尔内借鉴了斯图亚特·霍尔(Stuart Hall)和斯坦·科恩(Stan Cohen)的研究,探讨媒体内容的替代性阅读的范围和局限性,以及与体育重大事件有关的意义。第三章以体育政治经济学领域的主要社会理论家理查德·格鲁诺(Richard Gruneau)和媒体社会学家詹姆斯·康普顿(James Compton)的思想为特色,他们的研究对于理解媒介奇观的文化表现有着重要的影响。格鲁诺和康普顿注意到有关媒体和重大事件之间关系的学术研究已经开始发生批判转向,他们认为涂尔干的学术遗产为仪式意义、符号化和集体认同模式提供了深刻的见解。由于这种观点限制了对社会权力关系的分析,因而他们主张将马克思主义的方法论应用于对体育重大事件的研究,来超越以媒体为中心的方法,以便理解影响当代生活的更广泛的实践。

在这组配对的总体框架章节之后,本书的核心章节(第二部分)由篇幅较长的“重大媒介体育事件研究”构成。这些由体育和媒体研究领域的领军学者撰写的研究案例,展示了研究体育重大事件的多样化的方法。案例大致按事件的规模排序。虽然这些章节的顺序受到穆勒(Muller,2015)对“巨型”事件、“重大”事件和“主要”事件的特征描述的影响,但我们认为这样的区隔本质上是模糊的,因此没有将这些章节分成独立的类别。

不过,前两个研究案例的章节考虑了最“巨型”的体育事件——夏季和冬季奥运会的互补阐释。在第四章中,体育机构权力研究领域最重要的学者之一,尤其是非政府组织研究领域最重要的学者艾伦·汤姆林森(Alan Tomlinson),对“28 个奥林匹克之夏”进行了广泛的研究,从历史和方法论的角度对理解奥运重大事件进行了分析。汤姆林森依据全球化、商品化和媒介化的进程,分析了夏季奥运会发展的三个阶段。

第一阶段(1886—1928):适度经济规模的社会政治工程;

第二阶段(1932—1980):与国际政治动态和日益复杂的媒体技术相联系的政治强化行为;

第三阶段(1984—2016):奥运品牌和媒体产品通过资本的全球影响力实现商品化。

在第五章中,著名文化研究学者皮尔科·马库拉(Pirkko Markula)关注了电视制作技术的演进,这些技术将冬奥会“塑造”为一场全球性事件,以及这些技术在数字和社交媒体时代是如何演变的。在考量呈现冬奥会主办方和运动员形象的广播电视节目制作的趋势时,马库拉的分析揭示了商业化、全球化、城市化和媒介化社会进程中相互交织的影响。

接下来的一系列章节探讨了世界杯作为体育重大事件的不同境遇。在从媒介化的视角考量最明显的"重大"赛事——国际足联世界杯足球赛时,体育新闻学领域的两位重要研究者理查德·海耶斯(Richard Haynes)和雷蒙德·鲍耶(Raymond Boyle)讨论了最近关于媒介化进程和体育的争论,解析了为什么媒介和足球已经演变成一个在许多人的生活中具有如此强大的社会和文化影响力的全球性事件(第六章)。他们通过追溯世界杯足球赛媒体报道的媒介技术的历史发展进程,揭示了控制媒介奇观的条件是如何演变的,在媒介融合和分化的不确定性因素的影响下,媒介化的力量引发了有关媒体霸权以及重大事件中国家和远程可视化框架的主导地位的问题。接下来,媒体与体育文化研究领域的一位重要学者托尼·布鲁斯(Toni Bruce)从球迷和非球迷的角度审视了英式橄榄球世界杯的体验,展示了体育重大事件所带来的各种情感——积极的和消极的(第七章)。她分析了媒体在爱国主义、媒介化、商业化和政治化等方面的表现,揭示了橄榄球世界杯的媒介逻辑以及个人对赛事的不同体验反映出的国家和个人情感上的强烈和紧张程度。在此之后,首屈一指的板球文化学者多米尼克·马尔科姆(Dominic Malcolm)和托马斯·弗莱彻(Thomas Fletcher)考察了国际板球理事会板球世界杯的运作情况,以说明媒介—体育关系是如何通过体育的情境化特征来构建的(第八章)。他们追溯了板球运动的结构和文化规范以及该项目的商业化和媒介化演变过程。他们对 2015 年板球世界杯进行分析后得出的结论是,该赛事的组织和媒体呈现在遵循比赛惯例的情况下,可能以一种矛盾的方式将其置于二流地位。

接下来的四个章节重点关注体育重要事件,与世界杯赛事相比,这些事件可能比团队赛事更个人化,并以独特的方式吸引着更多的特定球迷群体。第九章由知名的媒体和体育学者艾琳·肯尼迪(Eileen Kennedy)、劳拉·希尔斯(Laura Hills)和阿里斯泰尔·约翰(Alistair John)撰写,他们认为温布尔登网球公开赛是最重要、最有声望的网球比赛。依靠对温布尔登小镇、队列、赛场内外的观众和官员的观察,她们解构了温布尔登传统中明显的"纯洁性",表明这一赛事依赖电视、官方网站、社交媒体、广告宣传和促销品等媒介化力量。在第十章里,关注体育运动对环境的影响的学者布拉德·米灵顿(Brad Millington)和布莱恩·维尔森(Brian Wilson)研究了媒介化的不同力量如何在美国高尔夫球大师赛和奥古斯塔国家高尔夫球场综合征中发挥作用。他们认为,这种综合征——适应媒体的高尔夫球场利用广泛的工具和技术,以保持高尔夫球场的“绿色”——是这项赛事成功地与电视联姻的婚礼司仪。在此之后,一位重要的媒介化与体育学者科斯滕·弗兰德森(Kirsten Frandsen)考察了环法自行车赛如何与地理和旅游商品化风气的框架实现整合(第十一章)。她认为,电视转播中对赛事意义的框定为事件的成功作出了贡献,因为体育的意义与举办地的意义紧密相连。第十二章重点介绍摩纳哥大奖赛和印第安纳波利斯 500 英里大奖赛,赛车研究领域的重要学者达米恩·斯图姆(Damion Sturm)分别展示了这两个赛事是如何基于欧洲魅力和全球美国化的媒介化推测而建立起来的。这项研究提供了有趣的对比,对比在摩纳哥大奖赛对本地的财富、特权和精英主义的投射与以理想化的美国价值观和爱国主义为基础的印第 500 车赛的庆典和仪式之间展开。

接下来的一系列章节讨论了一组事件,它们规模宏大,是“主要”事件,但根据穆勒(Muller,2015)提出的参考尺度,它们可能不具备正式的“重大”事件资格,但是它们渴望超越地区和国家的边界以寻求真正的全球观众和影响力。更有针对性的是,它们通常被媒体定义为区域和国家范围内的重大事件,这使得它们的影响力可能大于穆勒指标的界定。在这里,我们可以看到有关亚足联亚洲杯、美式橄榄球超级碗、棒球世界系列赛和美国大学篮球锦标赛的研究。在第十三章,媒介和体育研究领域的重要学者大卫·洛弗(David Rowe)对亚足联亚洲杯进行了考察,他认为这一赛事同时是国家、地区和全球性的事件。在研究体育事件发生方式的动态过程中,洛弗展示了媒介化过程是如何为渴望成为全球性事件的活动重新划定符号存在界限的。接下来,颇具影响力的媒介与体育学者迈克尔·里尔(Michael Real)和劳伦斯·文内尔(Lawrence Wenner)——以对日益商品化的体育的批判而闻名——重新研究了“超级碗”奇观,这一美式橄榄球冠军赛长期霸占美国电视收视率榜首(第十四章)。本研究将 2016 年超级碗 50 周年纪念赛事与 1974 年超级碗的奠基性研究(Real,1975)中记录的情况进行比较,使用“超级媒体”的视角,展示了即使与事件相关的许多神话仪式和结构维度仍然存在,媒介化和商品化已经通过对技术、历史和国家的战略性运用实现了对该事件的“超级化”。在第十五章,以美国为中心的另一个重大事件——种族主义色彩浓厚的美国职棒大联盟的世界系列赛,由修辞批评学的领军人物迈克尔·巴特沃斯(Michael Butterworth)从美国例外主义和与之相关的媒体仪式的角度进行探讨。他分析了当代媒介化力量如何在一个根植于美国例外主义背后的 5 个基本神话的事件的历史化和体验中发挥作用,并展示了网络媒体如何越来越多地影响新自由主义和美国认同转型时代棒球神话的仪式化生产。这一部分的最后一章由重要的传播与体育学者布莱恩·邓汉姆(Bryan Denham)撰写,他对美国男子和女子大学篮球锦标赛的主旨和变化进行了比较分析,这些比赛被标记和定义为“疯狂3月”(March Madness)。邓汉姆在第十六章中的分析显示,这些赛事为篮球的全球化扩张作出了贡献,这反过来又影响了比赛中的队伍名单,甚至影响了赛事电视转播的性质。

本书的最后一章(第十七章)将极限运动会(X Games)视为一个与其他特色案例没有可比性的事件。然而,它可能是第一个由媒体发起的体育赛事,它既具有全球性的规模,又追求其他体育重大事件所具有的合法性和影响力,这一点尤其值得我们注意。正如引导我们理解体育生活方式的两位学者霍利·索普(Holly Thorpe)和贝琳达·惠顿(Belinda Wheaton)所指出的那样,极限运动会将重新塑造青年和体育,尽管这是在高度商品化的媒体包装下。他们的分析记录了极限运动会的发展情况,这是ESPN吸引新的年轻观众的策略的一部分,解释了体育受众的反应是如何从最初的抵制转变为接受和庆祝的。他们的分析强调了极限运动会的媒介化力量,以及作为媒体打造的事件与传统的体育重大事件的不同。

在本书中,不同的学者帮助我们提供了范围广泛的案例研究的独特视角,并将体育重大事件视为一种政治、经济和文化现象。本书的各章共同映射出了媒介在型构和发展这些事件中起到的核心作用。在此基础上,通过考虑媒介化对其发展的更为广泛的影响力,本书的各章共同构成了一个重要的解读:以体育为中心的媒介奇观远远不止于体育本身。

参考文献

Altheide, D.L. and Snow, R.P. (1979). *Media logic*. Beverly Hills, CA: Sage.

Anderson, B. (1983). *Imagined communities* (2nd ed.). New York: Verso.

Billings, A.C. (2008). *Olympic media: Inside the biggest show on television.* London: Routledge.

Billings, A.C. (2011). Reaction time: Assessing the record and advancing a future of sports media scholarship. In A.C. Billings (ed.), *Sports media: Transformation, integration, consumption* (pp.181–190). New York: Routledge.

Billings, A.C., Qiao, F., Conlin, L.T. and Nie, T. (2015). Permanently desiring the temporary? Snapchat, social media, and the shifting motivations of sports fans. *Communication and Sport*, online first, doi: 10.1177/2167479515588760

Butterworth, M.L. and Moskal, S.D. (2009). American football, flags, and "fun;" The Bell Helicopter Armed Forces Bowl and the rhetorical production of militarism. *Communication, Culture and Critique*, 2(4), 411–433.

Chen, C.C., Colapinto, C. and Luo, Q. (2012). The 2008 Beijing Olympics opening ceremony: Visual insights into China's soft power. *Visual Studies*, 27(2), 188–195.

Dayan, D. and Katz, E. (1992). *Media events: The live broadcasting of history*. Cambridge, MA: Harvard University Press.

Deacon, D. and Stanyer, J. (2014). Mediatization: Key concept or conceptual bandwagon? *Media, Culture and Society*, 36(7), 1032–1044.

Debord, G. (1967/1995). *The society of the spectacle* (trans. D. Nicholson-Smith). New York: Zone Books.

Eastman, S.T., Newton, G.D. and Pack, L. (1996). Promoting prime-time programs in mega-sporting events. *Journal of Broadcasting and Electronic Media*, 40, 366–388.

Farrell, T. (1989). Media rhetoric as social drama: The Winter Olympics of 1984. *Critical Studies in Mass Communication*, 6(2), 158–182.

Frandsen, K. (2014). Mediatization of sports. In K. Lundby (ed.), *Mediatization of communication* (pp.525–543). Berlin: Mouton de Gruyton.

Gruneau, R. and Horne, J. (eds) (2016). *Mega-events and globalization: Capital and spectacle in a changing world order*. London: Routledge.

Hepp, A. (2013). *Cultures of mediatization*. Cambridge: Polity.

Hjarvard, S. (2013). *The mediatization of culture and society*. London: Routledge.

Horne, J. and Manzenreiter, W. (2006). An introduction to the sociology of sports mega-events. *Sociological Review*, 54(suppl.s2), 1–24.

Kassing, J.W., Billings, A.C., Brown, R.S., Halone, K.K., Harrison, K., Krizek, B., Meân, L. and Turman, P.D. (2004). Communication in the community of sport: The process of enacting, (re) producing, consuming, and organizing sport. *Communication Yearbook*, 28, 373–410.

Katz, E. (1980). Media events: The sense of occasion. *Studies in Visual Anthropology*, 6, 84–89.

Katz, E. and Dayan, D. (1985). Media events: On the experience of not being there. *Religion*, 15, 305–314.

Knoll, J., Schramm, H. and Schallhorn, C. (2014). Mood effects of televised sports events: The impact of FIFA World Cups on viewers' mood and judgments. *Communication and Sport*, 2(3), 242–260.

Livingston, S. (2009). On the mediation of everything. *Journal of Communication*, 59, 1–18.

Lundby, K. (ed.) (2009). *Mediatization: Concept, changes, consequences*. New York: Peter Lang.

Lupica, M. (2006). Parting shots. Television broadcast. *ESPN's SportsReporters*, February 12.

Morse, M. (1990). An ontology of everyday distraction: The freeway, the mall, and television. In P. Mellancamp (ed.), *The logics of television* (pp. 193–221). Bloomington, IN: Indiana University Press.

Muller, M. (2015). What makes an event a mega-event? Definitions and sizes. *Leisure Studies*, 34(6), 627-642.

O'Sullivan, P.B. (1999). Bridging mass and interpersonal communication: Synthesis scholar-ship in *HCR*. *Human Communication Research*, 25, 569-588.

Real, M.R. (1975). Super Bowl: Mythic spectacle. *Journal of Communication*, 75, 31-43.

Real, M.R. (1989). *Super media: A cultural studies approach*. Thousand Oaks, CA: Sage.

Real, M. (2013). Reflections on communication and sport: On spectacle and mega-events. *Communication and Sport*, 1(1-2), 30-42.

Roberts, K. (2004). *The leisure industries*. London: Palgrave.

Roche, M. (2000). *Megaevents and modernity: Olympics and expos in the growth of global culture*. London: Routledge.

Roche, M. (2006). Mega-events and modernity revisited: Globalization and the case of the Olympics. *The Sociological Review*, 54(s2), 25-40.

Roessner, L.A. (2014). Sixteen days of glory: A critical-cultural analysis of Bud Greenspan's official Olympic documentaries. *Communication, Culture and Critique*, 7(3), 338-355.

Shils, E. (1962). The theory of mass society. *Diogenes*, 39, 45-66.

Wenner, L.A. (2006). Sports and media through the super glass mirror: Placing blame, breast-beating, and a gaze to the future. In A. Raney and J. Bryant (eds), *Handbook of Sport and Media* (pp. 45-62). Mahwah, NJ: Lawrence Erlbaum Associates.

第二章　体育重大事件

——大众媒体与符号论争

约翰·霍尔内①

大众传播新技术的发展,尤其是卫星电视的发展,为全球受众观看体育重大事件奠定了基础。体育-媒体-商业联盟(sport-media-business alliance)的形成促进了体育重大事件的发展,这种联盟在20世纪末普遍地改变了职业体育。这一体育-媒体-商业理念被包装成了涵盖赞助权、独家转播权和衍生产品销售权的三方模式,奥林匹克运动会以及另外两个国际级足球赛事——国际足联(FIFA)男子世界杯和欧足联(UEFA)男子欧洲锦标赛(也叫欧洲杯)吸引了规模庞大的全球观众,而赞助商们正是看中了这一点,从而成就了这些体育重大事件。人们主办体育重大事件的兴趣与日俱增,因为它已经被视为国家、城市和地区宝贵的宣传机会——能够提升旅游业、拉动内需,以及向全世界(而不仅仅是对内)宣传主办地及其所在的国家。体育领域最重要的赛事已经从身体间的较量和本土化的庆典,转化为全球媒介奇观,许多研究者密切关注这一变革,并进行了相关的理论研究(Gruneau & Horne,2016;Horne & Manzenreiter,2006;Horne & Whannel,2012;Roche,2000;Rojek,2013)。

在此语境下,这样的疑问价值凸显:我们有没有可能对主流媒体所给出的关于体育重大事件的信息展开批判与论争?论争的空间有多大?对符号化的反思是如何完成的?不同媒体的作用是什么?我们有没有可能对媒介内容进行不同的解读("解码")?限于篇幅,我们不可能给予这些问题详尽的解答,但

① 英国自由学者,曾任日本早稻田大学和英国中央兰开夏大学教授。他曾撰写和主编多部体育文化类著作,包括《理解奥运会》〔*Understanding the Olympics*,与加里·万内尔(Garry Whannel)合著,2020年第3版〕和《重大事件与全球化》〔*Mega-Events and Gobalization*,与理查德·格鲁诺(Richard Grun)共同主编,2016〕等。

还是有能力说明这些问题的重要性,以及人们可以从哪些途径去探索这些问题。本章我们会引用斯坦·科恩(Stan Cohen)和斯图亚特·霍尔(Stuart Hall)的作品,这两位是二战后英国极具影响力的社会科学家,他们从不同的角度论证了媒体在构建社会现实的过程中所发挥的作用。他们都洞悉到,媒体具有双重作用,一方面是反应过度,夸大(增强)了某些社会焦点或社会事件;另一方面是反应不足,对其余的事务轻描淡写(甚至否认)(Cohen,2001,2002;Critcher,2003;Hall et al.,1978)。

首先,本章将阐明这一论争的本质,尤其是与体育重大事件相关的对于符号化问题的讨论。其次,本章将呈现体育重大事件的媒介化社会性建构。再次,笔者将利用斯图亚特·霍尔和斯坦·科恩的理论来解释,什么是体育重大事件所必需的解码方式。最后,本章将检视一系列近期体育重大事件中关于符号论争的实例,并以此来说明,对符号论争的进一步研究会指引我们更深入地理解体育重大事件的媒介化。

对体育重大事件的醒悟与论争

人们很早就意识到,超级碗是"一场美国意识形态奇观的集体狂欢"(Real,1975,p.42;也见于本书第十四章)。在后续的研究中,一个由人类学家和纪实摄影师组成的团队批判性地审视了 1992 年在明尼苏达州明尼阿波利斯市圣保罗都会区(Minnesota/Minneapolis-St Paul)举办的第 26 届超级碗,当时对阵的双方是华盛顿红人队(Washington Redskins)与布法罗比尔队(Buffalo Bills)。《审视超级碗》(*Contesting the Super Bowl*,1998)一书对以上这项工作再次加以审视。该书作者多娜·施瓦茨(Done Schwartz)如此解释她的意图:"正因为意识到了簇拥着超级碗的都是积极的拥护与支持之声,我们才希望能够用更具洞察力的眼光去审视这一奇观。对于这一我们目睹的赛事,我们希望做出独立的解释。"(Schwarz,1998,p.7)她断言,无论如何,"在刻意炒作与捏造信息的遮蔽之下,并不会有什么超级碗的本质显露出来"(Schwartz,1998,p.8)。施瓦茨和她的合作者所面对的是一个媒介化进程,其中存在着"对意义生成的斗争"(Schwartz,1998)。虽然,在赛事发展过程中,美国印第安人运动组织(American Indian Movement,AIM)曾通过媒体抗议将印第安福神(Indian mascot)的名字用作球队名称,当然还包括其他事务。但由于媒体的在场,"混乱的景象与声音压倒了他们的声音,庆典的喜悦屏蔽了异议"(Schwartz,1998,p.114)。施瓦茨的结论是:

超级碗提供了一幅“奢侈与匮乏、霸权与抵制的畸形挂毯，而且奢侈与匮乏、霸权与抵制在膨胀，同时有瓦解的危险”（Schwartz，1998，p.136）。

超级碗依然是最大的全球性媒介化体育赛事，但可以说，这种“奢侈与匮乏、霸权与抵制的畸形挂毯”的描述与近年来人们对举办其他体育重大事件的普遍不满形成了呼应——至少在民主国家是这样。在过去的5年中，冬季奥运会、英联邦运动会以及夏季奥运会都出现申办遇冷的情况。慕尼黑、奥斯陆、埃德蒙顿、维也纳和波士顿等地举行的公民投票或全民公决的结果表明，某些城市的政治家和市民已经不再热衷于主办这些赛事。当然，这并不意味着所有国家和地区都对主办重大赛事失去了兴趣。但这里有个非常有趣的问题：他们失去兴趣的原因是什么？或许，不愿卷入体育重大事件之中的情绪可能与认识到国际体育管理机构的系统性危机有关——近年来，关于贪腐的指控一直缠绕着国际足联（FIFA）、国际田联（IAAF）和国际奥委会（IOC）。除此之外，在如下这些单项体育赛事的管理机构中，廉政问题也持续受到关注，如排球（国际排球联合会，FIVB）、举重（国际举重联合会，IWF）、手球（国际手球联合会，IHF）、游泳（国际游泳联合会，FINA）、拳击（国际业余拳击联合会，AIBA）、网球（国际男子职业网球联合会，ATP）。又或者，这是对近年来蔓延的财政紧缩政策的一种呼应，政府正大幅削减在社会福利和其他社会支持机制等方面的公共支出，而财政紧缩正是这一新自由主义制度的核心观念特征。因此，这可能就是公民们对“新右翼两步走”（new right two step）的认知，正如朱里亚诺帝等学者（Giulianotti et al，2015，p.103）所概括的，它受到了主办体育重大事件这一事件的引导，还卷入了国家主导的私有化进程（Raco，2014）。或许，对主办体育重大事件的不满情绪的蔓延，源于日益增多的、有效的、对来自体育重大事件支持者的许诺与修辞的符号论争。

朱里亚诺帝等（Giulianotti et al，2015）提供了一份有价值的调查，其对象是2012年伦敦奥运会和残奥会的不同类型的公众反对者。他们并没有关注发生在大众传媒领域的论争与反思的形式问题，因此也没有分析符号论争本身。符号论争通常被视为一个不那么“真实”或严肃的问题，它具有许多不同的表现形式，并可能产生不同程度的影响。它存在两个宽泛的范畴，一个是幽默的形式，一个是以实证为基础的形式。幽默化的论争在不同媒体中有不同的形式：讽刺文、喜剧、打油诗、戏仿之作，还有借助图像、散文、歌曲和卡通形式进行的模仿。在2000年悉尼奥运会及残奥会期间，一个名为“滚蛋”（Pissoff）的反对团体，就用肥仔（Fatso）来代替吉祥物原本的名称，这是他们精心策划的破坏悉尼奥运会的闹剧(Cashman,2006;Lenskyj,2002)。因此,此类名称的采用,可被视为对奥运重大事件严肃符号的调侃。2012 年伦敦奥运会的前一年,遍及英国各地的骚乱引发了一幅图片的广泛传播,嘲讽伦敦的安保和稳定。里约热内卢的水污染问题和日本福岛核事故地区依然可能存在的污染,关联着 2016 年和 2020 年夏季奥运会和残奥会,致使一些关于变异动物形象的图片在网络上传播。

以事实、证据为基础的论争也以多种不同方式出现。例如,2013 年,巴西民众委员会发布了一份有关侵犯人权及其他权力滥用问题的报告,这份报告通过各种形式进行传播,例如一个名为普莱费尔(Playfair)的慈善联合团体、里约观察网站(RioOnWatch)、专家学者与记者创办的博客〔狩猎白象(Hunting White Elephants)和里约格林加(Rio Gringa)〕。除此之外,自称"公共社会学家"的学者们对公共激进主义所作的科学研究,也会通过这些渠道发布。这些都是实证研究与符号论争可能采取的形式的例子〔如我们可以在 RioOnWatch 网站看到巴西民众委员会的那份未标明日期的报告,而有关这些网站和博客的研究可以参见米灵顿和达内尔的专著(Millington & Darnell,2014)〕。这些偶尔也会通过主流媒体传播,"调查性新闻"就是方式之一,正如安德鲁·詹宁斯(Andrew Jennings,2015)所做的。这类报道偶尔也会出现在一些我们意想不到的主流媒体上,如英国报纸中代表右翼和保守派立场的《每日邮报》(*The Daily Mail*)。不管怎么说,在事件发展的过程中,无论媒体代表哪个政治派别的立场,基本上都倾向于对赛事给予支持,这一点,我们会在下文进行分析。

体育重大事件新闻中的媒体跑道与社会建构

2012 年 7 月 27 日,星期五,数以万计的民众参加了 2012 年伦敦奥运会开幕式庆典。《独立报》(*The Independent*)报道称,英国有 2700 万名观众通过电视观看了开幕式,而全球大约有 9 亿名观众观看(Independent,2012)。与此同时,在伦敦奥林匹克体育场附近,有百余人骑着自行车参与定期举行的"群聚效应"(Critical Mass)自行车集会(Lezard,2012,pp.24–25;O'Hagan,2012)。根据谢夫·马利克在《卫报》(*The Guardian*)上的报道:"在上周奥运会开幕式期间对自行车活动者的大逮捕行动中,一名从印度出发,骑行 9320 英里来到伦敦参动奥林匹克盛典的男子被警察扣押。"(Malik,2012,p.16)马利克继续写道:

> 来自马来西亚的埃德曼·阿德南(Aedeman Adnan)被警察扣押

了。11 月，在加尔各答，他还与父亲一起募捐，为慈善事业和马来西亚奥运代表队筹款。与他同时被扣押的还有另外 181 人，其中包括一名 13 岁的男孩。他们是在参加完上周五的“群聚效应”自行车集会后被扣押的。这是一个旨在推广安全公路自行车运动的多人骑行月度活动，他们遭到扣押的原因是骑行路线与奥林匹克体育场的距离太近。

(Malik, 2012, p.16)

然而，除了《卫报》和《新政治家》(*The New Statesman*)的报道，其他媒体并没有关注此类与安保相关的问题，也没有关注这次自行车集会。事实上，对奥运会开幕式这一重大事件的报道优先于常规活动并不令人吃惊，但这的确表明了在重大事件期间，符号论争和其他类型的媒体叙事很难找到空间。

对传媒的分析通常会涉及“谁”“说了什么”“如何说的”“向谁说的”“通过何种媒体”以及“产生何种效果”。媒体分析则理论化地关注生产、信息和接收等问题，从经验上讲，这分别对应着机构、内容和受众(Rowe, 2004)。这些理论引导我们对体育重大事件的媒介化社会建构的认知。对体育重大事件的新闻报道自然也被囊括其中，这一状况的一级和二级界定者对这些事件给予了不同的定位和权衡。由于斯图亚特·霍尔和其他学者的相关论著的作用，已经出现了一条公理性的社会学认识，即大众传媒对任何重大新闻所作的报道，背后一定隐藏着一系列竞争团体之间的相互抗争。而究其本质，则是一级界定者与二级界定者之间的斗争(Hall et al., 1978)。斗争的焦点是如何定义社会现实，这场斗争涉及不平衡的权力关系，比如资源、时机和合法性等。

有关重大事件存在着不同立场的话语者，就是笔者即将提到的合法化者(legitimizer)、去合法化者(de - legitimizer)、修正者(reviser)与变革者(transformer)(见表 2.1)。可信度阶层(hierarchy of credibility)(Becker, 1967)更认同体育重大事件的组织者和合法化者。过去的 15 年，也就是职业化体育发展的 15 年，已经向我们证明，公共关系专业知识的使用频率在不断提高(Boyle, 2006)。负责举办和鼓励举办体育重大事件的组织机构都在广泛使用这些专业知识，包括国际奥委会和国际足联——尤其自 20 世纪 90 年代初至今，经过 20 多年的搜集，反对者所发布的调查性新闻，揭露了体育重大事件的诸多“阴暗面”(Simson & Jennings, 1992; Jennings, 1996, 2006; Jennings with Sambrook, 2000)。

表 2.1 重大事件话语的场域

技术官僚——拥护者与支持者	批判——怀疑论者与活动家
合法化者(如促成、实现等)	去合法化者(如抵制、揭露等)
修正者(如修改、改造等)	变革者(如变更、民主化等)

重大事件的话语——出自策划方、建筑师、工程师、决策者、记者或社会科学学者等——具有两个趋向:自上而下的技术统帅论和自下而上的批判性话语。就体育重大事件而言,“支持者”(booster)和“拥护者”(supporter)(即前文所说的合法化者和修正者),如奥运会组织委员会(OCOG)、国际奥委会、政客与运动员等,倾向于通过媒体报道获取更多的资源和影响力,不过,他们仍然需要处理公众意见,以及“怀疑者”(skeptic)和“激进主义者”(activist)(即前文所说的去合法化者和变革者)对其声望的潜在威胁。因而,他们试图对其信誉进行风险控制(Jennings,2012)。所有的奥运会组织者“在申办成功的时刻,面对的是公众环境的和风旭日;而在接下来的 6 年中,则必须面对批判言论的暴风骤雨”(Horne & Whannel,2012,p.18)。怀疑者和激进主义者也试图利用重大事件这一“平台”,通过“劫持”(hijacking)或“搭便车”(piggybacking)的方式来宣传自己的事业(Price,2008)。“坏消息”会成为更大的头条新闻,这一古老的原则同样适用于体育重大事件,怀疑者的言论反过来也会被那些所谓的一级界定者(在此处,具体指赛事的组织者)吸收、化解或被视为“反对者”(naysayer)或“煞风景的人”(party pooper)的言论而被驳回。

当涉及媒体的报道时,体育以及体育重大事件尤其模糊了新闻业的新闻、教育和娱乐等常规范畴(Billings,2008)。将新闻视为“社会产品”意味着要认识到制度、机构、商业、合同、环境等对新闻报道及描述呈现的影响。因此,体育重大事件媒介化形式的各个方面,就是择取、再现和赋予意义。有这样一种趋势:在纸质媒体变得更具批判性时,广电媒体却变得愈加娱乐化(Moragas et al.,1996)。取得重大事件的转播权花费了巨额费用,所以有些电视频道只允许在报道中表现其积极正面的形象,这并不令人诧异。虽然纸质媒体所受到的限制更少,但是专业记者很少贸然去批评他们赖以生存的环境。非体育记者经常将其报道引向那些批判性问题和各种丑闻。而网络媒体记者,虽然拥有更多的报道可能性,却往往能够相对公平地对这些重大事件表示支持或反对。

奥运会周期催生了无时不在的媒体故事。每一年,都有夏季或冬季奥运会举办,要么就是在定夺主办城市。奥林匹克故事,正如许多体育运动本身一样,其特点是：在一个可以预知的时间框架内，事件的发展却是不可预知的——这依然是理想的新闻故事。具有不同新闻价值的问题出现在不同的时间段：决定申办一项赛事之前，申办过程之中，申办结果揭晓之时，赛事筹办阶段，“赛事时间”，赛事结束后的短期内，以及后面更长的“遗产”阶段。

在奥运会和其他体育重大事件长时间的筹办过程中，媒体报道总是关注两个核心问题：“花费会超出经费预算吗？”“相关设施会按时完工吗？”对这两个问题的回答通常都是肯定的（Horne & Whannel，2010，p.766）。然而，赛事开始后，“媒体大量转向关注运动场和体育馆内的活动”（Horne & Whannel，2010）。早在30年前，万内尔（Whannel，1984，p.30）就指出，奥运会乃“终极媒体盛宴”。除此之外，体育记者罗博·斯蒂恩（Rob Steen）也在2012年伦敦奥运会之前发表评论，他敏锐地观察到：

> 英国媒体的基调……总会随着奥运奖牌数量而变化，并受到联合政府削减开支的影响……奥运会的价值必须通过荣誉来证明，或者至少通过其承办能力来证明。广播电视……则倾向于夸耀其好处。
>
> （Steen，2012，p.225）

在2012年伦敦奥运会之前的12个月里，一些问题就已经见诸媒体，且愈演愈烈。例如，对之前的承诺能否兑现的担忧；针对陶氏公司（Dow）合法性的潜在批评，因为这家化工企业既是国际奥委会的赞助商，又是伦敦奥运会的赞助商；安置在屋顶的火箭发射装置和遥控飞机对平民的监控的问题；潜在的交通堵塞现象和门票丑闻；等等。在奥运会期间，媒体最初的关注点是英国奥运代表队（Team GB）寥寥无几的金牌数量，4天的比赛过后，《卫报》发布了写着“保持冷静，坚持到底……我们还有威哥（Wiggo）”字样的海报，这里提到的Wiggo指的是自行车手布拉德利·威金斯（Bradley Wiggins）。就在伦敦奥运会开幕之前的那个周末，他成为第一位赢得环法自行车赛冠军的英国自行车手（Guardian，2012）。

毫无疑问，奥运会开始之后，英国媒体就开始扮演“自我感觉良好”的摇旗者，而非客观公正的评论者。尽管事实上英国广播公司（BBC）已经削减了20%的体育预算，同时其授权费也被联合政府冻结了，但它还是提供了2500小时的奥运电视直播，并在整个奥运会期间动用了765名记者（英国奥运代表团才只有550人），通过多频道数字电视和广播频道，每天自早上6点到次日夜间1点持续进行地毯式报道。据估测，约占英国总人口90%的人至少观看了15分钟的相关报道(Thomas,2012)。[①] 英国的纸质媒体平均每天为奥运会贡献 46 个版面的报道,除了体育专栏,还有奥运故事的封面专题、相关新闻和专栏(Edgar,2012)。那些一贯对奥运会持谨慎和怀疑态度的报纸,例如《卫报》,也站出来维护伦敦奥运会:"抛开冷嘲热讽,让奥运启航。(Leave go your cynicism and let the Games commence)"(Kettle,2012,p.1)正如斯蒂恩所指出的,"现场观众所营造出的氛围和场合感,可能会导致一个人批评机能的暂停,甚至彻底失灵"[②](Steen,2012,p.215)。

事情的结果也证实了斯蒂恩的论断:"在任何一个国家,主办一场如此重要的(国际性赛事)……其媒体的默认立场都是爱国主义,甚至是盲目的民族主义。"(Steen,2012,p.225)这一点在今天表现得比过去更加明显,至少在英国是这样。不仅如此,英国媒体还在继续为未来的重大事件(包括 2014 年巴西世界杯足球赛决赛、2016 年里约热内卢夏季奥运会和残奥会)进行议程设置,重点关注安全、环保和健康等问题,而不是诸如因为巴西奥运会规划场馆而产生的驱逐冲突和剥夺住房产权等问题(Zirin,2014;Horne & Whannel,2016)。

解码体育重大事件

为了将这些经验性的事件发展转化为理论化的观念,我们有必要了解一下两位在大众传播学领域非常重要的社会学家斯图亚特·霍尔和斯坦·科恩的研究成果。斯图亚特·霍尔的论文《电视话语中的编码与解码》(Hall,1973),借鉴了弗兰克·帕金(Frank Parkin)的政治社会学研究(Parkin,1972)。帕金提出,社会的规范秩序是由三层"意义系统"(meaning-systems)构成的。这三层意义系统为不同的阶层提供了差异化的道德阐释,反过来又成为维护社会稳定的关键性社会资源。这三层意义系统分别为:主导性价值系统(dominant value system)、从属性价值系统(subordinate value system)和激进性价值系统(radical value system)。每个系统都影响着"从属阶层的社会和政治观念",而这一阶层

---

① 独家持权电视频道 C4 在 2012 残奥会结束时播放了一系列广告,主题是"谢谢你的热情"。美国说唱乐队"公敌"的《比你想象的更难》作为 C4 的主题曲,获得了与残奥会几乎相同的传播度。

② 到 7 月中旬,《卫报》还在询问"还剩 10 天了,可能出什么问题?"(*The Guardian*,July 17,2012),但在比赛前夕,它的封面标题却是《是时候来认识我们是谁了》"(Jonathan Freedland,*The Guardian*,July 27,2012)。在接下来的两个星期里,英国的纸质媒体上越来越多地出现头版彩色照片、纪念品海报、免费的小册子和其他奥运赠品。

中个人或群体的态度变化则“取决于获取这些意义系统的差异性”(Parkin,1972,pp.81-82)。霍尔参考了这些观点,他进一步指出,大众传媒依靠不同的价值系统来进行意义编码,并提出了三种宽泛意义上的“阐释”或“解读”姿态。根据霍尔的理论,我们也可以划分出对体育重大事件的三种可能的解读:

1.人们相信自己(包括地方社群,实际上也包括国家)能够从这些事件中获益,包括经济利益和社会效益——“主导性”观点。

2.人们对于这些重大事件持矛盾性或“商榷”的观点,他们认为在某些维度上它们是有利的,但并不意味着在其他维度上也必然是有利的。利益是混杂的,并存在着分配不均的情况,这意味着,可以尽情享受这一奇观的某些方面,同时厌恶其他方面,但又觉得整个问题确实超出了个体的行动或能力的范围。

3.人们相信这些重大事件仅对上层阶级有利,而在这背后隐藏的意识形态修辞花招却宣称其对所有人都有利。因此,必须反对在这些重大事件上的公共开支。同样地,出于对重大事件的关注,媒体也在强调这些问题,这些问题与阶级、性别、种族相关,更重要的是与新自由主义意识形态范围内对精英政治的盲目承诺相关。这些重大事件充当了捍卫主办者意识形态立场合法性的有力途径。因此,将公共开支用于此类重大事件只是一场闹剧——“对抗性”观点。

这些观点当然被夸张了,即便是最为肤浅的研究也会发现它们会衍生出大量复杂的变体;这同样也是帕克的观点(Parkin,1972,p.82)。霍尔则引入马克思主义的阐释来解读这种复杂性(Hall,1973,p.13)。他的观点是,整个意义系统都是“在支配中被构建起来的”,因此,协商性和对抗性的姿态容易遭到排挤和边缘化,它们只能以绝对不会威胁到主导性或支配性观点的方式来表达自身观点。而社会科学的作用,就是去探究在各种特殊情境之中,不同的解读是如何运作的。

斯坦·科恩在他的两本著作中揭示了媒体对特定的社会性事件或境况的过度报道(over-report)或报道不足(under-report)现象产生的原因。在《否定状态》(*States of Denial*,2001)一书中,以及在科恩为此书出版30周年(第三版)所撰写的序言《民间恶魔和道德恐慌》(*Folk Devils and Moral Panics*,2002)中,他探讨了所谓的“民间恶魔”的概念,聚焦于针对处于边缘与异常位置的亚文化所进行的符号论争,而“道德恐慌”则指针对这些特殊的经历或体验而做的夸大其词的报道——这是媒体的“反应过度”(over reaction)。“道德恐慌”暗示了某些并不完全值得重视和长时间处理的事情,却被认为是非常重要的。另一方面,“否定”则意味着掩盖、逃避、漠视,对某些问题担忧或重视的程度过低——这是媒体的“反应不足”(under-reaction)。

科恩否认了这样一种观点,即“对社会环境的维护,通常会否定或忽视那些不受欢迎的状况(事件、环境、现象),或将其视为正常”(Cohen,2001,p.51)。他认为,之前提到的这种对现实的否认会成为一个社会问题,应当引起公众的关注,现实状况应当得到揭露,并且,公众应当提高对不同状况的意识水平(Cohen,2010)。在对其进行阐明和提出补救的相关措施方面,社会学家其实并不享有什么特权,他们也只不过是另一种意义上的话语制造者,但他们能够揭露何为“反应不足(漠视、否认或无动于衷)”,何为“反应过度(夸张、歇斯底里、偏执或恐慌)”(Cohen,2002,p.xxxiv)。科恩进一步强调:“就我个人的文化政治观而言……我支持对诸如大规模暴行和政治迫害的道德恐慌,并试图揭露那些为了阻止对现实的认知而采取的否认策略。”道德恐慌可以成为一种“揭露支配阶层利益和意识形态的批判工具”(ibid.,p.xxxiii)。科恩据此确定了道德恐慌的文化政治学基础,并指出,“反否认运动”(anti-denial movement)也可能发展出自身的道德恐慌,致使另一种不公的状况出现。接下来,笔者将以2012年伦敦奥运会、2014年巴西世界杯足球赛、2016年里约奥运会和残奥会为例,简要概述这些过程。

体育重大事件论争

抗议和媒体论争的变化显示了奥运会和其他体育重大事件不同的发展阶段,正如媒介形式和技术也在经历发展一样。在前电视时代、电视时代和网络时代,以媒体为基础的论争表现出明显的差异。与此同时,20世纪80年代起,企业、商业和媒体的全球化趋势导致了“职业化奥林匹克主义”(Prolympism)① 的出现(Donnelly,1996)。尤其是20世纪90年代,夏季奥运会与冬季奥运会的举办次序有了调整,在1992年后的1994年再次举办冬季奥运会,冬季奥运会由此进入一个新的4年制循环,奥林匹克自此成为不朽的媒介神话。

媒体在体育重大事件构建阶段(通常会持续7年甚至更久)以及赛事举办

① Prolympism,学者彼得·唐纳利(Peter Donnelly)创造的术语,由Olympism(奥林匹克主义)和professionalism(职业主义)两个词合并而成,具体指20世纪80年代后期,随着全球一体化趋势的加强,在体育观念上发展出的一种渐趋单质的文化形态,体育运动成为全球化的典范。——译者注

期间的报道存在着差异，当然，赛事是在本土还是海外举办也会带来差异。在2012年7月至8月间举办的伦敦奥运会中，赛事的结果就引起了报道基调的变化。在英国，纸质媒体和数字媒体对奥运会的社会建构在赛事开始后出现了反转（尤其是2012年的8月1日至8日期间），起初，英国奥运代表队一块金牌都没得到，而在“超级星期六”那天，多个项目入账金牌，再加上自行车手布拉德利·威金斯和网球选手安迪·穆雷（Andy Murray）也获得了胜利。自此之后，媒体报道的基调开始变得愈发欢欣鼓舞，并带有民族主义倾向。

本地和全国的平面媒体与数字媒体几乎没有报道与伦敦奥运会相关的负面新闻，唯一的例外是，作为主流媒体的英国广播公司报道了因奥运场馆修建而拆除的位于伦敦东部的“社区农庄”（Manor Gardens Allotment Society, MGS），更多讨论参见海耶斯和霍尔内（Hayes & Horne，2011）的论文以及波特（Porter，2009）等人的文章。大量的负面新闻报道主要出现在批判性的网络媒体中，尤其是 Games Monitor 网站（Cheyne，2014）。对于“反血汗工厂”（anti-sweatshop）发起的“2012 公平竞争”运动（Playfair 2012）（Timms，2012），几乎没有媒体报道。

过去15年间，在发达国家（Global North）[①]举办的体育重大事件，已经出现了发展棕地（brownfield）的趋势，尽可能减少对生态环境的影响，并强调对奥运遗产的利用，如2000年悉尼奥运会、2010年温哥华冬奥会和2012年伦敦奥运会等。而发展中国家并未如此关注生态问题，尽管有人声称他们关注了生态影响，但实际上他们更强调其伟大发展和“闪亮登场”（coming out party）。相较于发展中国家，发达国家所举办的赛事通常不会替换基础设施或对其产生太大的影响。

在2016年里约奥运会（包括2014年巴西世界杯足球赛）的筹备阶段，就发生了多起侵占土地的事件，以及迁移了数以千计的边缘化社区（如巴西的某些贫民窟）的民众，这些做法被视为广泛地加速城市改造政策的一部分。巴西之外的许多国家的主流媒体报道过此事，但其主要的关注点仍然是安保问题、体育场馆能否如期完工以及2013年的示威游行（恰好在2014年世界杯之前）等，而不是贫民窟搬迁本身。这一次，又是网络批判性媒体充当了传播此类信息的稳定通道，尤其是狩猎白象博客和里约观察网站（Millington & Darnell，2014；

① Global North 与 Global South 并不对应着北半球与南半球，而是依发达程度对世界进行的划分，故从权译为“发达国家”与“发展中国家”。——译者注

www.geostadia.com，http://rioonwatch.org）。

关于这些情况的影像材料偶尔会被上传至 YouTube，但是其影响范围和观众数量毫无疑问远远低于主流媒体（Articulação Nacional da Copa Ancop，2013）。还有另外一些保障受损害群体的计划，如由世界杯与奥运会公众委员会（Popular Committee for the World Cup and Olympics，RJCPCO）在 2013 年开始筹备的《里约热内卢赛事及侵犯人权档案》（*Mega-Events and Violations of Human Rights in Rio de Janeiro*），此外还有巴西国家协会暨城市与地区规划研究所（ANPUR）对赛事提出的申诉，而这些在网络批判性媒体之外很少被提及。

结论与未来研究方向

迈克尔·布拉沃依和卡尔·范·霍尔特注意到，社会学家皮埃尔·布尔迪厄（Pierre Bourdieu）晚年开始研究“在何种权重环境下，社会秩序可能遭到破坏或挑战”（Burawoy & von Holdt，2012，p. 198）。在《帕斯卡尔式的沉思》（*Pascalian Meditations*，2000）一书中，布尔迪厄探讨了符号化的指令能够构建出自治性空间，并且“挑战着现实世界的感觉”（Burawoy & von Holdt，2012，p.298）。他认为，符号化论争已经成为参与世界进程的一个必要的组成部分，学者们已经不满足于只是给出解释，他们希望改变这个世界，这不仅仅是记者或其他媒体工作者的事。

之前我们曾讨论过如何“对抗意义生成过程”（Schwartz，1998，p.8）的问题，它仍然贯穿在我们对除超级碗之外的体育重大事件的讨论中。① 国际足联与国际奥委会这两个世界上最大的体育赛事组织，在过去十年间，逐渐将体育赛事的举办权转交到发展中国家的手上，并一直在尝试将体育与社会发展联系在一起。但是，发展中国家举办体育赛事时总是受制于其弱势地位，东道主重任在肩，其在举办赛事上的花费甚至超过了那些经济发达国家的付出。在发展中国家，媒体的表现直接体现了主办方的能力，这也成为举办赛事最重要的成果之一。②

---

① 2016 年 2 月在旧金山举行的超级碗由于涉及近 500 万美元的公共基础设施支出而遭到部分民众抗议，尤其是在“超级碗城市”的街头集会中，抗议者在推特上使用# tacklehomelessness 标签作为组织工具，试图挑战旧金山市政府的权力（Wong，2016；Zirin，2016）。

② 例如，2014 年 5 月，巴西世界杯开始前不到三周，英国报纸报道了英格兰足球队在五星级酒店遇到的食品质量问题和安全问题（Philipson et al，2014）。

本章只是尝试介绍一些关于体育重大事件的分析，并为本书后面更加具体的分析做准备。我们需要对卷入其中的不平等的权力关系做进一步的调研，从而更深刻地理解媒体、确定媒体的合法权益以及通过叙事来界定这一状况。当代的媒体受众更具积极性，并拥有更多的参与权，尤其是通过社交媒体参与，这已经成为共识，当然，这里面不乏“astro turfing”①——一种虚假的“草根”行为，人为制造出的受众积极反应，这是一个无法回避的可能性（Glaser，2011，pp.46-51）。在体育重大事件中，仍然可能会使用“astro turfing”这种形式来制造欢欣鼓舞的场面，正如在商业或政治活动中也会使用它一样。

对体育重大事件的抗议仍然主要集中在其经费问题、赛事后的遗留问题、人权问题以及生态环境问题等方面。而未来的研究应当更加关注体育重大事件的符号化论争的以下特征：媒体议程设置（例如，对安保问题的关注就超越了在伦敦奥运会和里约奥运会进程中都曾出现的驱逐问题和住房权问题）；体育重大事件的“支持者”与“怀疑者”使用不同形式的媒体；社会运动对媒体的使用情况——作为“反对派”或“事件联盟”，参与抵制社会中的重大事件；不同媒体之间的权力不平衡和“信誉等级”；边缘群体参与抵制体育重大事件的情况；对媒介输出的“解读”和解码。

参考文献

Articulação Nacional da Copa Ancop（2013）. Copa 2014：Quem ganha com esse jogo? Retrieved from www.youtube.com/watch? v=aAX0zSfrJK4（accessed 24 November 2016）.

Becker，H.S.（1967）.Whose side are we on? *Social Problems*，14（3），239-247.

Billings，A.C.（2008）.*Olympic media：Inside the biggest show on television.* London：Routledge.

Bourdieu，P.（2000）.*Pascalian meditations.*Cambridge：Polity.

Boyle，R.（2006）.*Sports journalism.*London：Sage.

Burawoy，M.and von Holdt，K.（2012）.*Conversations with Bourdieu：The Johannesburg moment.* Johannesburg：University of Witwatersrand Press.

Cashman，R.（2006）.*The bitter-sweet awakening：The Legacy of the Sydney* 2000 *Olympic Games.* Sydney：Walla Walla Press.

Cheyne，J.（2014）.Tessa Jowell-Joan of Arc of the Allotments? *Games Monitor*，March 27.Retrieved from www.gamesmonitor.org.uk/node/2178（accessed 24 November 2016）.

① 一种政治和广告中的公关技巧，群众演员有偿展示某产品、政策、活动或来自基层的“自发支持”。——译者注

Cohen, S. (2001). *States of denial: Knowing about atrocities and suffering*. Cambridge: Polity Press.

Cohen, S. (2002). The cultural politics of moral panics. In his *Folk devils and moral panics* (3rd ed.) (pp. vii–xxxvii). London: Routledge.

Cohen, S. (2010). The political agenda of moral panic theory: Constructing a sociology of importance. Moral Panics in the Contemporary World Conference, Brunel University. Retrieved from www.youtube.com/watch? v=xV5-HFqY0PY (accessed 24 November 2016).

Critcher, C. (2003). *Moral panics and the media.* Buckingham: Open University Press.

Donnelly, P. (1996). Prolympism: Sport monoculture as crisis and opportunity. *Quest*, 48(1), 25–42.

Edgar, A. (2012). The future of reporting at the Olympic Games. Unpublished presentation presented at the Olympic Games: Meeting New Challenges Conference, Oxford University Club, Oxford.

Eimer, D. (2008). Beijing Olympic Fuwa mascots "have cursed" China in unlucky 2008. *The Daily Telegraph*, June 21. Retrieved from www.telegraph.co.uk/news/worldnews/asia/china/2168554/Beijing-Olympic-Fuwamascots-have-cursed-China-in-unlucky-2008.html (accessed 24 November 2016).

Giulianotti, R., Armstrong, G., Hales, G. and Hobbs, D. (2015). Sport mega-events and public opposition: A sociological study of the London 2012 Olympics. *Journal of Sport and Social Issues*, 39(2), 99–119.

Glaser, E. (2011). *Get real: How to tell it like it is in a world of illusions*. London: Fourth Estate.

Gruneau, R. and Horne, J. (eds) (2016). *Mega-events and globalization: Capital and spectacle in a changing world order.* London: Routledge.

Guardian (2012). Team GB poster. *The Guardian*, July 31. Retrieved from www.guardian.co.uk/sport/interactive/2012/jul/31/team-gb-poster-keep-calm-and-carry-on (accessed 24 November 2016).

Hall, S. (1973). Encoding and decoding in the television discourse. Stencilled Paper 7. Birmingham: Centre for Contemporary Cultural Studies, University of Birmingham.

Hall, S., Critcher, C., Jefferson, T., Clarke, J. and Roberts, B. (1978). *Policing the crisis: Mugging, the state and law and order.* London: Macmillan.

Hayes, G. and Horne, J. (2011). Sustainable development, shock and awe? London 2012 and civil society. *Sociology*, 45(5), 749–764.

Horne, J. and Manzenreiter, W. (eds) (2006). *Sports mega-events: Social scientific analyses of a global phenomenon.* Oxford: Blackwell.

Horne, J. and Whannel, G. (2010). The "caged torch procession": Celebrities, protesters and the

2008 Olympic torch relay in London, Paris and San Francisco. *Sport in Society*, 13(5), 760–770.

Horne, J. and Whannel, G. (2012). *Understanding the Olympics.* London: Routledge.

Horne, J. and Whannel, G. (2016). *Understanding the Olympics* (2nd ed.). London: Routledge.

Independent (2012). London 2012 opening ceremony audience hit 900 million predicts IOC. *The Independent*, August 7. Retrieved from www.independent.co.uk/sport/olympics/ news/london-2012-opening-ceremony-audience-hit-900-million-predicts-ioc-8015361.html (accessed 24 November 2016).

Jennings, A. (1996). *The new lords of the rings: Olympic corruption and how to buy gold medals.* London: Pocket Books.

Jennings, A. (2006). *Foul! The secret world of FIFA: Bribes, vote rigging and ticket scandals.* London: Harper Sport.

Jennings, W. (2012). *Olympic risks.* Basingstoke: Palgrave Macmillan.

Jennings, A. (2015). FIFA, Sepp Blatter and me. *Panorama*, December 7. BBC TV. Retrieved from www.bbc.co.uk/iplayer/episode/b06tkl9d/panorama-fifa-sepp-blatter-and-me (accessed 24 November 2016).

Jennings, A. with Sambrook, C. (2000). *The great Olympic swindle: When the world wanted its games back.* London: Simon & Schuster.

Kettle, M. (2012). London 2012: leave go your cynicism and let the Games commence. *The Guardian*, July 25, p. 1. Retrieved from www.theguardian.com/commentisfree/2012/ jul/25/london-2012-cynicism-games-commence (accessed 26 October 2016).

Lenskyj, H. (2002). *The best Olympics ever? Social impacts of Sydney* 2000. Albany, NY: SUNY Press.

Lezard, N. (2012). *The Nolympics: One man's struggle against sporting hysteria.* London: Penguin.

Malik, S. (2012). Olympic tourist caught up in cycling protest arrests. *The Guardian*, August 3, p.16.

Millington, B. and Darnell, S. (2014). Constructing and contesting the Olympics online: The Internet, Rio 2016 and the politics of Brazilian development. *International Review for the Sociology of Sport*, 49(2), 190–210.

Moragas, M. de, Rivenburgh, N. K. and Larson, J. F. (eds) (1996). *Television in the Olympics.* London: John Libbey.

O'Hagan, E. M. (2012). The Olympic spirit? *New Statesman.* Retrieved from www.newstatesman.com/blogs/voices/2012/07/olympic-spirit (accessed 24 November 2016).

Parkin, F. (1972). *Class inequality and political order.* St Albans: Paladin.

Philipson, A., Carter, C. and Harkness, T. (2014). World Cup preparations in chaos as unsafe food found and "state of emergency" declared in host city. *The Daily Telegraph*, 27 May. Retrieved from www.telegraph.co.uk/sport/football/teams/england/10858440/World-Cup-preparations-in-chaos-as-unsafe-food-found-and-state-of-emergency-declared-in-host-city.html (accessed 24 November 2016).

Porter, L., Jaconelli, M., Cheyne, J., Eby, D. and Wagenaar, H. (2009). Planning displacement: The real legacy of major sporting events. *Planning Theory and Practice*, 10(3), 395-418.

Price, M. (2008). On seizing the Olympic Platform. In M. Price and D. Dayan (eds), *Owning the Olympics* (pp.86-114). Ann Arbor, MI: Digital Culture Books/University of Michigan.

Raco, M. (2014). Delivering flagship projects in an era of regulatory capitalism: State-led privatization and the London Olympics 2012. *International Journal of Urban and Regional Research*, 38(1), 176-197.

Real, M. (1975). Super Bowl: Mythic spectacle. *Journal of Communication*, 25(1), 31-43.

RioOnWatch (undated). Popular committee launches final human rights violations dossier ahead of Rio 2016 "exclusion games." Retrieved from www.rioonwatch.org/? p=25747 (accessed 24 November 2016).

Roche, M. (2000). *Mega-events and modernity*. London: Routledge.

Rojek, C. (2013). *Event power: How global events manage and manipulate*. London: Sage.

Rowe, D. (2004). *Sport, culture and the media: The unruly trinity* (2nd ed.). Maidenhead: Open University Press.

Schwartz, D. (1998). *Contesting the Super Bowl*. London: Routledge.

Simson, V. and Jennings, A. (1992). *The lords of the rings: Power, money and drugs in the modern Olympics*. London: Simon & Schuster.

Steen, R. (2012). The view from the press box: Rose-tinted spectacles? In J. Sugden and A. Tomlinson (eds), *Watching the Olympics: Politics, power and representation* (pp.213-227). London: Routledge.

Thomas, L. (2012). Bigger than the royal wedding, 90% of Britons saw Games on TV. *The Daily Mail*, August 13. Retrieved from www.dailymail.co.uk/news/article-2187868/London-2012-Bigger-Royal-Wedding-90-Britons-saw-Games-TV-26m-tuned-closing-ceremony.html (accessed 24 November 2016).

Timms, J. (2012). The Olympics as a platform for protest: A case study of the London 2012 "ethical" Games and the Play Fair campaign for workers' rights. *Leisure Studies*, 31(3), 355-372.

Whannel, G. (1984). The television spectacular. In A. Tomlinson and G. Whannel (eds), *Five ring circus: Money, power and politics at the Olympic Games* (pp.30-43). London: Pluto.

Wong, J.C. (2016). Dispatch San Francisco. Protesters cry foul on Super Bowl City. *The Guardian*, February 5, p.22.

Zirin, D. (2014). *Brazil's dance with the devil: The World Cup, the Olympics and the fight for democracy*. Chicago, IL: Haymarket.

Zirin, D. (2016). The streets of San Francisco: "Super Bowl City" meets tent city. *The Nation*, February 4. Retrieved from www.thenation.com/article/the-streets-of-san-francisco-super-bowl-city-meets-tent-city (accessed 24 November 2016).

第三章　媒介事件、重大事件与社会理论

——从涂尔干到马克思

理查德·格鲁诺[1],詹姆斯·康普顿[2]

体育重大事件经常被精挑细选出来,成为人们理解全球化的复杂性甚至是反作用力的实例。特别是罗切在有关奥运会的论述中提及曾邀请研究者考察国际奇观赛事的超媒介化特质及其在更宽广的全球化路径中的链接。在罗切看来,奥运会“创造了一个独特的文化空间,并且提供了一个无与伦比的机会来消除时空距离,让人们参与一个国家的国际社区,提升个人和群体的‘全球性’或‘同一个世界’的意识体验”(Roche,2006,p.32)。事实上,奥运会“可预见的周期性”的全球转播及其通常“积极而欢乐地”传播所谓的体育精神与团结的价值,被罗切引用为经验证据,证明重大事件构成了“媒介事件”——这就是戴扬和卡茨所谓的“传播的盛大节日”(Dayan & Katz,1992,p.1)。

戴扬和卡茨提出的“媒介事件”理论,在文化和政治研究领域产生了巨大的影响力。理论列举的现象从奥运会到英国王室婚礼和约翰·肯尼迪的葬礼——这些事件都具有全球影响力。这些观点在很大程度上受到了埃米利·涂尔干(Emile Durkheim)公共仪式、“集体意识”、“集体活跃”和社会整合等理论的实质及作用的影响。本章将回顾涂尔干的媒介和重大公共事件影响理论,戴扬和卡茨关于媒介事件的分析,以及近期有关其研究优势和劣势的评价。社会理论家公认涂尔干的理论遗产有助于人们深入解读仪式意义、符号化和集体认同模式(Lukes,1977),但越来越多的人认识到,这牺牲了对资本主义积累和

---

① 加拿大西蒙弗雷泽大学传播学院荣休教授。他的研究兴趣包括社会理论、传播政治经济学、媒介研究、体育与大众文化。

② 加拿大西安大略大学信息与媒介研究副教授。他的研究兴趣主要包括传播政治经济学、新闻学、奇观与大众文化。

新自由主义全球化相关的逻辑、不公平与冲突的分析。为了解决这些问题,我们认为,近年来出现了一种趋势,那就是重读卡尔·马克思(Karl Marx)的著作。

二战后媒介与重大事件的新涂尔干视角

涂尔干在《宗教生活的基本形式》(*The Elementary Forms of Religious Life*, 1915)一书中提出了特定的情境和事件催生了表达和维系宗教情感和信仰的“集体活跃”模式。这些理论更新了与社会中神圣信仰相关联的“集体再现”。涂尔干对这其中的两个层面感兴趣。一方面,他对宗教信仰和实践意义作了阐释性分析,将其视为个体理解世界和成为社会一员时再现自身的认知渠道。另一方面,他把这些渠道中最“基本的形式”作为社会的先决功能性条件。涂尔干认为,公共仪式在维系社会团结的必要模式的功能性方面起到了重要作用,模式包含集体情感、观念和身份认同。他担心,个体与其社区之间社会纽带的明显断裂以及失范(anomie)(一种现代形式的自我疏远和与社会脱节)的出现,部分地源于公共仪式数量的减少(Durkheim,1915,pp.427-428;Lukes,1977,pp.55-57)。

涂尔干将失范的蔓延视为世俗化、城市化、以自我为中心的个人主义和日益复杂的劳动分工令价值观快速变化所带来的结果。这些观点与20世纪初知识分子提出的关于作为现代性条件的城市的匿名性、无聊性和无规范性等类似观点大同小异(Simmel,1900/1978,p.484)。新兴大众媒介的崛起看上去在很大程度上加剧了这些问题,这意味着当代西方社会正逐渐朝着“大型社会”(mass society)的方向发展。在这种社会里,先前人与人之间的大部分面对面接触和社会亲密关系都消失殆尽(Brantlinger,1983;Swingewood,1977)。正是在这种语境下,“初级群体”的社会关系和意味深长的社群仪式的显著缩减才被视为评估社会不正常状态的指数。

第二次世界大战之后,欧洲和北美的新涂尔干思想浪潮试图寻找一个对立的观点,那就是西方社会中的公共仪式较之以往越来越在场化,它们与当代媒介系统的关联越来越趋近正向,而不是负向。大型公众媒介事件尤其适合进行新涂尔干主义分析,这揭示了在多样性和多元化的当代西方社会中,社会整合机制变得越来越重要。就新涂尔干主义在二战后的流行度和影响力而言,爱德华·希尔斯(Edward Shills)、埃里胡·卡茨(Elihu Kat)和保罗·拉扎斯菲尔德(Paul Lazersfeld)发挥了不可替代的作用。譬如,卡茨和拉扎斯菲尔德在二战后有影响力的早期作品《人际影响》(*Personal Influence*,1955)中就声称重新发现了初级群体在媒介行为影响力方面有着至关重要的作用。不同于所谓的“欧洲”传统所假定的作为现代生活条件之一的匿名的、孤立的大众,卡茨和拉扎斯菲尔德提出二战后的美国社会是意义丰富的建立在习俗和小群体关系基础上的一个联系紧密的网络(Pooley,2006,pp.4-8)。

希尔斯为了弥补大众社会理论的局限性,在范畴更广的批判性阐释中添加了叙事框架(Shils,1962;Pooley,2006)。美国社会群体的弹性、发达国家在二战后的富足、西方民主国家整体生活质量的提升,以及媒体在信息传播和维持社会秩序方面起到的重要作用,都成为明显的社会学证据。希尔斯早期的社会学研究侧重于分析现代社会秩序的基础和条件,这也促成他与迈克尔·扬(Michael Young)一道承担了二战后有关重大事件的最早的研究:对英国伊丽莎白女王的加冕仪式的研究(Shils & Young,1953)。希尔斯和扬认为,加冕仪式是“一系列天下大治和优质社会的道德价值观所必需的仪式化确认”(Lukes,1977,p.57)。庆祝活动,以及广播、电视和报纸对于事件的报道,一起制造了一个全国性的“圣餐仪式”(communion),在仪式中,民众更加关注彼此之间的依赖性,以及与社会和女王之间的关联。这种通过社会整合来提升秩序性是高度媒介化的节庆事件的主要功能。

20世纪50年代,除了卡茨和拉扎斯菲尔德、希尔斯和扬的研究,还有一批类似的公共仪式和事件分析研究(Lukes,1977)。这些研究在20世纪80年代得到了提炼和重新包装(Katz,1980;Katz & Dayan,1985),并在戴扬和卡茨的专著《媒介事件:历史的现场直播》(*Media Events:The Live Broadcasting of History*,1992)中发展至高潮。戴扬和卡茨提到媒介事件(如1969年登月事件、美国总统肯尼迪的葬礼和奥运会)带来了打破常规的“盛大节日”状态,制造出一种特殊的情境感。媒介事件是一种被高度戏剧化的“叙事类型”,公民可以借此逃离常规日程,成为群体性电视观众的一部分。与其他有着新涂尔干主义传统的学者一样,戴扬和卡茨强调了这些“重大仪式事件崇尚秩序及秩序的恢复”(Dayan & Katz,1992,p.9)。

媒介事件被区隔为三种叙事“脚本”:竞赛、征服和加冕。根据马克斯·韦伯(Max Weber)有关权威类型的类型学理论,每一种脚本都是一个再现形式:合法/合理,超凡魅力和传统(Weber,1958)。竞赛包含体育赛事,如奥运会,同样也包括电视转播的参议院听证会,戴扬和卡茨将其界定为“规则统治的冠军之战”(Dayan & Katz,1992,p.26)。征服涵盖了一些特殊情境,例如一位领袖或英雄人物维护自己的魅力型权威,以便将来开疆拓土。最后,他们沿袭希尔斯和扬的观点,强化了加冕的仪式性特点,通常涉及葬礼和游行(ibid.)。在盎格鲁西方世界,人们可以把英国王室婚礼与奥运会的开闭幕式等量齐观。戴扬和卡茨认为,尽管这些脚本或媒介事件的种类有所区别,但它们都达成了和解模式——与法律、对手或者普遍的经验。

戴扬和卡茨将"大众传播的盛大节日"的隐喻划分为三个语言学的范畴,以证实媒介事件的"高度限制化"定义是重要的。这三个范畴分别是句法学的、语义学的和语用学的。在句法学层面上,媒介事件是对日常的"干扰"。常规节目会被取消或推迟播出,以让路于事先确定的远程的以直播形态呈现的媒介事件。在语义学层面上,一般而言,这些事件被认为是语义成熟的,对事件的伟大充满敬意。在语用学层面上,媒介事件会吸引全世界的目光,营造一种节日般的气氛(Dayan & Katz,1992,pp.10-13)。

为了进一步发展对集体活跃和仪式阐释意义的分析,戴扬和卡茨借鉴了维克托·特纳(Victor Turner)的文化人类学研究(Turner,1974,1984)。特纳把媒介事件的句法学、语义学和语用学层面的意义合在一起,培养所谓的"阈限"(liminal)状态,即当社会结构暂停时仪式的"中间"阶段。阈限状态就是一种因规则可能被歪曲或打破,社会现实不能被理所当然地理解而呈现的"可能是或者应该是"的开放的可能性状态(Turner,1984,p.22)。戴扬和卡茨是这样说的:

> 在阈限状态下,整体性和共时性是不受束缚的;活动组织者与转播商谐振共鸣;竞争频道合而为一;同一时间内,观众可以随处自我呈现。所有目光聚焦在仪式中心,每个细胞都通过其与其他细胞连接。最大限度的社会融合是通过大众传播实现的。
>
> (Dayan & Katz,1992,p.15)

对于戴扬和卡茨而言,媒介事件是与众不同的传播艺术类型,它促进了文化自反性、乌托邦式的自我反省和渴望的阈限状态。

埃里克·罗森布勒(Eric Rothenbuhler)在分析体育媒介/重大事件时,对戴扬和卡茨的观点进行了早期考察。罗森布勒通过对1984年夏季奥运会电视观众的调查研究,找到了支撑"媒介事件"理论的论据。例如,关于"征服"的比喻,他认为:

> 现代奥林匹克运动会也是对一系列价值观、信念和符号的定期重复庆祝,包括个人的表现,竞争产生好的理想,将参与竞赛作为自我奖

> 励，竞争者之间产生友谊，努力奋斗，国际间的相互理解，以及其他相关的价值观。
>
> (Rothenbuhler,1988,p.64)

近来，崔曦(Xi Cui)发表的有关2008年北京奥运会开幕式的研究报告了类似的发现。他概括了奥运会的句法学、语义学和语用学组分并总结道："媒介事件的电视仪式形态依然存在。"(Cui,2013,p.1231)

罗森布勒(Rothenbuhler,1993)后来强调了新涂尔干主义媒介事件理论的根源，主张在更广泛的传播研究中用涂尔干主义的方法，并将仪式和传播研究作为政治上左右摇摆的"愤世嫉俗者"的解毒剂，愤世嫉俗者总是猜忌"人文和社会科学普遍存在对仪式、媒介生产和呈现的操纵"(Rothenbuhler,2010,p.63)。与此相反——与美国人类学家约翰·麦卡卢恩关于奥运会仪式的论点(John MacAloon,1984)大致相同——罗森布勒认为，仪式通过受众的自愿参与产生效果。较之"面包与马戏"[①]或者受众被动性的观点，有关媒介奇观的分析需要一种更加"细致入微"的方法。罗森布勒在这一论述的基础上发展了由阿尔赛德和斯诺提出的"媒介逻辑"理论(Altheide & Snow,1979)，并且引用了卢赫曼的"自生"概念(Luhmann,2000)，提出将媒介事件视为"凌乱的"自组织系统的观点：

> 我的假设是，当转播方和受众互相训练并围绕一种新的传播形式组织起一种新型关系时，这种模式及其成功的条件也就同时发展起来了。
>
> (Rothenbuhler,2010,p.67)

权力、意识形态、不公正与冲突事件

罗森布勒承认"奥运会的传统并非没有争议"，从1896年开始的现代奥运会从来都不是奥林匹克理想主义的"纯粹表达"(Rothenbuhler,1988)。这是一个重要的警告，尽管它并没有承认"奥林匹克理想主义"本身是一种具有历史和地域特征的文化建构，带有西方殖民主义意识形态和社会阶级排他性的残余

① 指传统意义上为了笼络人心而采取的小恩小惠。——译者注

(Brownell,2008;Gruneau,2006;Hoberman,1986;Young,1984)。此外,罗森布勒关于媒介事件的分析几乎没有提供一个能够剖析权力、意识形态和冲突的立足点。这是新涂尔干主义者在分析公共仪式和媒介事件时通常会遇到的问题(Compton,2004;Lukes,1977)。尼克・库尔德利(Nick Couldry)强调了这一点(Couldry,2003,pp.37-39),并且倡导对媒介仪式采用"后涂尔干主义"方法,这种方法可以解释在建构他所谓的"中介化中心神话"中的"符号权力的不平等分配"。共同的社会价值观不是先天存在的;它们在一定程度上是通过媒介化的符号权力建构的,这种符号权力"归化"了一个社会和文化中心的表象,一个关于"'我们的生活方式'和'我们的价值观'"的想象的"核心事实"(Couldry,2003,p.45)。

库尔德利试图扩展媒介事件理论,以解释社会权力关系,这一令人愉悦的尝试承认了20世纪70年代和80年代一批马克思主义者和批判理论家的观点,甚至包括那些相对主流的社会理论家,如史蒂文・卢克斯(Steven Lukes, 1977)和查尔斯・蒂利(Charles Tilly, 1981),他们对涂尔干主义的一些关键观点进行了激烈的批评。其中,这些批评者抨击了涂尔干主义分析中"秩序问题"的范式地位,抨击了在现代西方社会中确定核心价值观的凝聚力和共识的困难,并认为这种共识是可以达成的,甚至是令人满意的。许多批评者认为,更重要的是分析某些群体比其他群体更有能力定义或塑造这种想象中的共识。卢克斯称其为"偏见的动员"(mobilization of bias)(Lukes,1977, p.73),另一些与马克思主义更接近的人则将其与意识形态的生产或文化政治霸权的斗争联系起来。在20世纪70年代和80年代从安东尼奥・葛兰西(Antonio Gramsci)和/或斯图亚特・霍尔发展的批判性文化研究视角中获得灵感的一些学者,对分析体育中的公共仪式或媒介仪式的新涂尔干主义观点也有过类似的批评(Hargreaves,1982;Jhally, 1989)。

库尔德利似乎没有注意到体育研究中有关媒介、意识形态和符号权力之间关系的大量论著,其中大部分受了有关各种形式的新马克思主义分析的问题及讨论的影响。当论及媒介仪式的批判层面时,他运用功能主义的笔触描绘出一幅更为广阔的受马克思主义启发的图景,来提示大家它们只是再现了涂尔干主义理论中的某些问题。在库尔德利看来,马克思主义者尝试揭示意识形态"能够使潜在的统治水平被神秘化"(Couldry,2003,p.44),从而提升资本主义的稳定性,让人想起涂尔干主义分析中的符号系统表面上服务于社会团结的方式。两者之间唯一的区别在于一种团结形式看上去本身就是神秘的和负面的,而另一种看上去天然地就是丰富的和正面的。根据库尔德利的观点(Couldry,2003,pp.45-46),这两种观点再现了业已存在的“天然中心”的“神话”。

我们对这个观点是赞同的,然而,这顶多就是一个局部表征。库尔德利忽视了数十年来聚焦于阶级矛盾的马克思主义的有关文化“生产”的政治和文化分析(Thompson,1968),意识形态生产中语言和符号形式的阶级斗争(Hall,1982),以及将各种阶级和非阶级话语融合到一种霸权话语形态中(Hall et al.,1979)。形式主义在经济层面上拒绝接受马克思主义还原论者有关意识形态在上述所有分析的发展过程中具有核心意义的观点。相比之下,库尔德利的“后涂尔干主义”分析模式对于社会生活中的“冲突领域”、符号资源与权力的不公是敏感的(Couldry,2003,p.137)。但他对媒介事件或符号权力如何与其他形式的权力,如经济和政治权力联系起来,或共同构成其他形式的权力,以及符号权力的行使如何牵涉生产和再生产不同类型的统治关系的问题,却语焉不详。

在20世纪80年代和90年代,杰弗里·亚历山大(Jeffrey Alexander)及其同僚更新了新涂尔干主义有关媒介仪式和媒介事件的神秘性或仪式性意义,他们试图强调西方多元化市民社会中影响和共享意义的重要性,以对抗数十年来功能主义和经济简化主义的社会批评(Dayan & Katz,1988)。作为这个项目的一部分,亚历山大和他的同事们试图区分他们所认为的关于文化研究的“强势”的研究计划并进行深度阐释,而不是在那个时代大部分著作中占“弱势”地位的准马克思主义论调(Alexander & Smith,2001)。虽然有时理论上的倾向有所不同,但20世纪80年代末和90年代关于“全球化”的新论述都同样强调了媒介仪式中共享文化意义的复杂性,尤其是与全球媒介和重大事件相结合的仪式。

罗兰·罗伯森(Roland Robertson)关于全球化的有影响力的理论研究(Robertson,1990)是值得关注的,正如莫里斯·罗切关于重大事件和现代性的早期研究(Roche,2000)一样。罗伯森和罗切对于研究的定位是尝试超越马克思主义政治经济学在全球化、全球文化和全球事件方面的局限性。用罗伯森的话来说,有必要摒弃马克思主义世界系统理论以及媒介与文化帝国主义理论对“经济”的聚焦,转而强调“全球系统的文化和机构生产层面”(Robertson,1990,p.28)。罗切同样主张对重大事件如何与全球化,尤其是与“全球文化”的形成联系起来进行更“复杂”的分析(Roche,2000)。罗切在研究中探讨了戴扬和卡茨理论中“媒介事件”(Dayan & Katz,2002)的持续适用性,并指出早期重大事件中明显的社群意识和认同感现在必须被解读为全球文化交流圈的一部分,这是一个“人类社会中跨越国家界限的、普遍的维度,能够同时被表演者和媒介受众以戏剧化和令人难忘的方式体验到”(Dayan & Katz,2002,p.2)。

近年来,库尔德利和他的同事安德里亚斯·赫普(Andreas Hepp)强调了这种文化全球主义意识,他们效仿罗森布勒早先的做法,给那些警告过媒介事件负面影响的批评者贴上了过于愤世嫉俗的标签(Hepp & Couldry, 2010)。同罗切一样,他们主张进行更加多元化的解读,将国家媒介事件置于全球化以及通过互联网和其他新媒体技术的扩展而产生的“去地域化”社会连接的新形式之中(Hepp & Couldry, 2010, p. 10)。随着媒体日益成为复杂的跨文化(transcultural)现象,赫普和库尔德利认为,“媒介传播的密集化不仅仅由电视和广播等大众媒介来推动,同样也由互联网和其他电子媒介推动,涵盖了不同形式的‘中介准互动’”(Hepp & Couldry,2010,p.11)。在重新阐述数字时代媒介事件的理论时,赫普和库尔德利提出了一个多元化的“全球跨文化框架”。重点是对“一个共同的‘我们’,以及对这个‘我们’的许多不同的国家、民族、宗教、亚文化和其他声音的多重建构。在他们看来,关键的批判性分析在于,通过符号权力的运作,对这些文化厚度如何‘被构建为中心’有一个层次分明的语境方面的理解”(Hepp & Couldry,2010,p.12)。

乍一看,这似乎让人联想到马克思主义的意识形态观,只是赫普和库尔德利所讨论的“中心化”并没有作为鲜活的物质经验与对统治或不平等的批判积极地联系起来。我们当然认同戏剧性叙事是重大事件的构成要素,在“文化厚重”的环境中,形形色色的社会行动者都在努力维护他们的常识。赫普和库尔德利的研究在这一点上得到了支持,他们认识到媒介事件并不总是和谐的,有时也会助长冲突。在这里,他们反向玩起了新涂尔干主义游戏,媒介事件看上去促进了多种形式的认同和社会团结,而这种认同和社会团结有时会相互冲突。

然而,涂尔干主义的分析缺乏对社会认同和团结形式之间存在的重大矛盾和不平等的理论敏感性。相较而言,马克思主义的分析聚焦矛盾、不平等和冲突等核心问题。譬如,社会阶级可以通过各种方式意识到自己的利益(不可避免地涉及传播手段),并在意识形态、政治和经济上与其他阶级斗争到底(Marx, 1850/1964)。与此同时,马克思主义的分析试图提请人们注意,阶级利益能够相对成功地代表自己,就好像它们符合普遍利益一样。后者的反涂尔干主义的观点在加拿大学者奥森博格(Ossenberg)和利斯迪亚克(Listiak)早期的对卡尔加里牛仔节(Calgary Stampede)和格雷杯橄榄球节(Grey Cup Football Festival)[①]的批判研究中是比较明显的。在他们看来,新涂尔干主义对社会融合的关注具有潜在的意识形态特征,因为它歪曲了中产阶级对认同和团结的“狂热”(binges),好像那符合城市中每个人的利益(Listiak,1974;Ossenberg,1969)。

正如赫普和库尔德利所做的那样,承认媒介仪式和媒介事件中的冲突、分裂和差异,为新涂尔干主义或后涂尔干主义的分析增加了至关重要的灵活性。与此类似,詹姆斯·凯瑞(James Carey)提醒人们关注逐出教会、羞辱与堕落状态的仪式,以及它们如何界定“社会话语允许的范畴”、可能的“逾越这一范畴的后果”(Carey,1998,p.55)。在研究了近期的媒介事件和重大事件后,戴扬和卡茨承认了一个类似的观点(Dayan,2010;Katz & Liebes,2007),他们列举了不断增加的有关恐怖主义和战争的实况转播的频率与规模(Katz & Liebes,2007),以及“新媒体对个性化服务的引入”的普遍性和流动性。用戴扬令人难忘的话来说,就是“冲突回来了”(Dayan,2010,p.27):

> 媒介事件滋生愤世嫉俗的行为。它们培养而不是暂停怀疑。受众和公众表现得像克劳塞维茨式的战略家。当他们这样做时,他们自己正在被议定、攫取或窃取。媒介事件仍能调动海量受众,但已经失去了很大一部分吸引力。在官僚的操控下,它们是集体关注的政治经济学领域里被剥削的资源。它们的魔力正在消耗殆尽。它们已经成为战略要地。
>
> (Dayan,2010,p.28)

这种将媒介事件视为“战略性的”和“集体关注的政治经济学领域里被剥削的资源”的认识颇有见地,尽管这一观点没有得到进一步展开。更为重要的是,戴扬的观点本身可以说就是愤世嫉俗的,因为这里面隐含着一层意思,即受众表达的是狭隘的、自私的抗议动机,而不是理性的抱怨。这与涂尔干在一个世纪前对现代生活失范的担忧遥相呼应。然而,戴扬所认为的“魔力”的消散其实可以从一个更具批判性的角度来解释——意识形态的瓦解。戴扬和卡茨承认,现在谁都无法保证媒介事件有助于良性的社会融合,他们也没有为一系列其他事件提供令人满意的解决方案。如果在社会价值观上存在明显的斗争,并且斗争在某种程度上就发生在大规模的重大事件中,那么,它是如何发生的?在这种斗

① 二者都是从加拿大的地方性体育节发展为全国性文化节日的。——译者注

争中,社会行动者可以获得哪些资源呢?这些资源会被公平地获取吗?这些相互矛盾的叙事是如何产生的,通过什么渠道传播?国家和企业行为者的工具性努力是如何干预斗争的?某些叙事是否比其他叙事更重要?如果是,为什么,它们为谁的利益服务?某些叙事是否比其他叙事更有舆论市场,或更有经济市场?

葛兰·博林(Göran Bolin)试图通过跨越媒介事件已经被国家、媒体和其他社会行动者"绑架"的事实来回答其中的一些问题(Bolin,2010)。相反,他主张采取一种辩证的方法,"在策划国际事件时考虑到媒体"(Bolin,2010,p.128)。他指出,现代奥运会"在19世纪末大众媒体出现之前并不存在"(Bolin,2010,p.128)。博林明确地批判了库尔德利以及戴扬和卡茨的媒体中心论的观点。媒体在型构社会秩序方面起到了至关重要的作用,但它们能够做到这一点,也有赖于同市场、国家和企业的亲密关系。这种关系是互相建构的。例如,阿尔芒·马特拉特(Armand Mattelart)向我们展示了"现代"奥运会如何发展出了自己独特的文化形式,这与19世纪工业展览作为一种新型"景观空间"的出现密不可分(Mattelart,1996,pp.112-132)。人们如何将媒体建构现实的力量与合作建构现实的其他力量区分开来?

霍尔内和曼岑莱特认为,20世纪末,体育重大事件作为全球经济和文化巨兽出现,有赖于一个相互交叉的趋势和权力组成的密集矩阵(Horne & Manzenreiter,2006)。他们列举了:(1)传播技术(尤其是数字技术)的进步使得规模空前的全球受众的产生和增值成为可能;(2)一个全球推广的(我们想补充的是,数字网络化的)"体育-媒介-商业联盟"的发展和整合;(3)全球经济和政治网络的巨大变化,使得重大事件成为"城市和地区宝贵的推广机会",相互争夺全球投资资本、国际地位和将自己打造成世界级旅游目的地的机会。我们要补充的是,这些变化是在伴随着20世纪末新自由主义意识形态在全球范围内传播的一系列转型的语境下发生的,包括:(1)普遍放松市场管制,向日益流动的资本开放边界;(2)跨国公司实力的提升;(3)对劳动力和福利国家的全球性攻击;(4)新的国际地缘政治斗争与结盟(Gruneau & Horne,2016,pp.8-18)。

库尔德利承认,今天的媒体如此深地嵌入社会之中,我们只能在分析时将其与社会现实分离开来(Couldry,2003)。在他看来,重要的是认清符号权力的深度和重要性。然而,将媒介和体育重大事件作为一个包含符号权力和物质权力相互构成关系的机构和实践的流动整体的一部分来分析似乎更为准确。承认这种复杂性很可能让我们完全放弃独特和例外的"媒介事件"概念。今天,任何体育重大事件的策划都离不开媒体，任何体育重大事件的举办都离不开全球化网络媒体在各种数字、视听平台和形式上的存在和影响。同样，在当代生活中，除了体育重大事件，很少有其他活动能够提供如此多样而有利可图的机会，让媒介和市场利益在全球范围内产生协同效应，吸引全球受众。

城市和地区之间对体育重大事件的全球竞争——以及媒体和营销利益集团对此类赛事媒体转播权的竞争——导致全球赛事日程安排相当混乱，使得"盛大节日"这一独特的传播理念比过去更难维持。奥运会、男足世界杯和超级碗等顶级重大事件仍然有一种特殊的氛围，主流媒体报道会再现这种氛围。然而，许多低级别的体育"重大事件"在区域和国际层面也变得具有重要的战略、经济和符号意义，并吸引了媒体的高度关注，如欧洲足球锦标赛(欧洲杯)、美洲杯足球赛、非洲国家杯足球锦标赛、泛美运动会、亚运会、英联邦运动会、英式橄榄球世界杯和板球世界杯。此外，今天，数字媒体无处不在，为所有体育重大事件提供了永无休止地观赏和评论这些赛事的渠道。在全球资本主义世界里，商品越来越短命，在世界许多地方，这种高度媒介化的事件的生产已经开始能与传统的商品制造相媲美。随着这种情况的发生，经济与文化、媒介化和体验之间的界限变得几乎无法厘清。

体育重大事件也成为激烈的和高度政治化的争论的场所，媒体在其中扮演着自相矛盾的角色。一方面，媒体为试图"抢占事件平台"的反对派团体提供了全球性可见度(Price，2008)。另一方面，媒体也高度重视受众对反对派团体及其行动的观察、评论和回应(Compton，2016)。从这个意义上说，事件发生前的冲突叙事，如 2014 年索契冬奥会之前的彩虹族群(LGBT)平权运动、2022 年卡塔尔世界杯筹备过程中的侵犯人权行为，以及 2014 年巴西男足世界杯之前的政治动荡等事件，都不可避免地成为集体关注的政治经济学整体的重要组成部分。但是，这些冲突叙事与社会动荡的导火索似乎也有一种抑制不住的特性。体育重大事件已经不仅仅是表达个人愤世嫉俗情绪的场所；相反，现在它们是世界上抗议和争论新自由主义资本全球化以及与之相伴的排斥与边缘化模式的不合理性最重要的论坛之一。

结　语

在过去十年中，关于媒介和重大事件之间关系的批判性研究正朝着一个明确的批判性方向发展。在这种转变中，作为"媒介事件"传统基础的新涂尔干主义社会分析立场遭到了越来越多的挑战。从更广阔的范围来考察，从 20 世纪五六十年代卡茨和希尔斯的早期研究，到 20 世纪八九十年代卡茨和戴扬的研究，再到媒介事件观点的当代支持者的社会分析路线，并没有为分析与当代媒介和重大事件相关的一系列最紧迫的全球问题提供有效的观点，包括那些围绕体育运动的问题。当从这一视角进行批判时，它往往表达了对现代生活"去仪式化"特征的相对过时的关注，并伴随着对价值观的模糊和大面积崩溃的担忧。

尽管还有诸如库尔德利、赫普以及罗森布勒这样一些学者的研究，但当今的批判转向似乎正朝着恢复和重新考虑与马克思主义社会批判传统更密切相关的思想的方向发展。福克斯和莫斯可在发表他们对 2008 年全球金融危机后学术研究中明显出现的一种新的批判情绪的看法时(Fuchs & Mosco,2012)，大胆地宣称："马克思回来了。"但是，说"马克思回来了"，或者他应该回来，将立即引出我们谈论的是哪个马克思的问题。最后，我们得出结论，今天的媒介与重大事件的社会理论需要一种充满活力的新马克思主义政治经济学，它将 19 世纪的黑格尔目的论和马克思主义功能主义抛在身后，并对多重认同和支配来源的分析持开放态度(Anderson,2010)。但与此同时，我们坚信马克思主义坚持将每一种实践置于构成社会生活生产和再生产的社会关系整体中，这对于超越以往分析中的媒体中心主义的特性是绝对必要的。

本论文集的一个重要部分是需要持续评估媒介与重大事件之间的关系，及其在促进全球范围内资本交换方面所发挥的作用，从而扩大或缩小不同群体、阶级和国家发挥作用的可能性和机会(Gruneau & Horne,2016)。这里只列举几个问题，本书其他地方也涉及了许多问题，包括对以下内容的分析：

1.重大事件的受众如何同时成为体育奇观的客体和主体，例如，通过中介平台的商品化(如在脸书或推特上)和社交媒体的网络整合；

2.通过日益重视赛事而非物质产品的生产，加速资本主义积累；

3.与重大事件相关联的媒介话语，既是按照新自由主义价值观框定公共仪式的机会，也是抵制这种框定的机会；

4.重大事件的金融化和在资本吸收与流通过程中发挥作用的短期利益；

5.作为"例外状态"的重大事件通常会引发新自由主义城市发展的野蛮行动，如 2014 年里约热内卢政府在男足世界杯之前对贫民窟的强制"平定"；

6.重大事件是劳动力剥削的"全球化"场所，如被记录下来的大量的与即将到来的卡塔尔男足世界杯的场馆建设相关的劳工死亡事件；

7.重大事件是全球权力转移和对其产生的反应的构成特征；

8.把重大事件当作助长裙带关系和腐败的机会,如国际足联长期存在的收受贿赂丑闻。

综上所述,如果与媒介和重大事件相关的新时代真的"回来了",那么,我们需要用一种新的批判性政治经济学视角来审视和解释它。

参考文献

Alexander, J.C. and Smith, P. (2001). The strong program in cultural sociology. In J. Turner (ed.), *The handbook of sociological theory* (135–150). New York: Kluwer.

Altheide, D. and Snow. R. (1979). *Media logic*. Beverly Hills, CA: Sage.

Anderson, K.B. (2010). *Marx at the margins: On nationalism, ethnicity, and non-Western societies*. Chicago, IL: University of Chicago Press.

Bolin, G. (2010). Media events, Eurovision and societal centers. In N. Couldry, A. Hepp and F. Krotz (eds), *Media events in a global age* (pp.124–138). New York: Routledge.

Brantlinger, P. (1983). *Bread and circuses: Theories of mass culture as social decay*. Ithaca, NY: Cornell University Press.

Brownell, S. (2008). *The 1904 Anthropology Days and Olympic Games: Sport, race and American imperialism*. Lincoln, NB: University of Nebraska Press.

Carey, J. (1998). Political ritual on television: Episodes in the history of shame, degradation and excommunication. In T. Liebes and J. Curran (eds), *Media, ritual and identity* (pp.42–70). New York: Routledge.

Compton, J. (2004). *The integrated news spectacle: A political economy of cultural performance*. New York: Peter Lang.

Compton, J. (2016). Mega-events, media and the integrated world of global spectacle. In R. Gruneau and J. Horne (eds), *Mega-events and globalization: Capital and spectacle in a changing world order* (pp.48–64). New York: Routledge.

Couldry, N. (2003). *Media rituals: A critical introduction*. London: Routledge.

Cui, X. (2013). Media events are still alive: The opening ceremony of the Beijing Olympics as media ritual. *International Journal of Communication*, 7, 1220–1235.

Dayan, D. (2010). Beyond media events: Disenchantment, derailment, disruption. In N. Couldry, A. Hepp and F. Krotz (eds), *Media events in a global age* (pp.23–31). New York: Routledge.

Dayan, D. and Katz, E. (1988). Articulating consensus: The ritual and rhetoric of media events. In J. Alexander (ed.), *Durkheimian sociology: Cultural studies* (pp.161–186). Cambridge: Cambridge University Press.

Dayan, D. and Katz, E. (1992). *Media events: The live broadcasting of history*. Cambridge, MA: Harvard University Press.

Durkheim, E. (1915). *The elementary forms of religious life* (trans. J. Swain). London: Allen & Unwin.

Fuchs, C. and Mosco, V. (2012). Introduction—Marx is back: The importance of Marxist theory and research for critical communications study today. *Triple C* (special issue), 10(2), 127–148.

Gruneau, R. (2006). Amateurism as a sociological problem: Some reflections inspired by Eric Dunning. *Sport in Society: Cultures, Commerce, Media, Politics*, 9(4), 559–582.

Gruneau, R. and Horne, J. (2016). (eds), *Mega-events and globalization: Capital and spectacle in a changing world order*. London: Routledge.

Hall, S. (1982). The rediscovery of ideology: Return of the repressed in media studies. In M. Gurevitch and J. Woolacott (eds), *Culture, society and the media* (pp.52–86). London: Methuen.

Hall, S., Critcher, C., Jefferson, T., Clarke, J. and Roberts, B. (1979). *Policing the crisis: Mugging, the state and law and order*. London: Macmillan.

Hargreaves, J. (1982). Sport and hegemony: Some theoretical problems. In H. Cantelon and R. Gruneau (eds), *Sport, culture and the modern state* (pp. 103–140). Toronto: University of Toronto Press.

Hepp, A. and Couldry, N. (2010). Introduction: Media events in globalized media cultures. In N. Couldry, A. Hepp and F. Krotz (eds), *Media events in a global age* (pp.1–20). New York: Routledge.

Hoberman, J. (1986). *The Olympic crisis: Sport, politics, and the moral order*. New Rochelle, NY: Aristide O. Caratzas.

Horne, J. and Manzenreiter, W. (2006). An introduction to the sociology of sports mega-events. *The Sociological Review*, *s*2, 1–24.

Jhally, S. (1989). Cultural studies and the sports media complex. In L. Wenner (ed.) *Media, sports and society* (pp.70–93). Newbury Park, CA: Sage.

Katz, E. (1980). Media events: The sense of occasion. *Studies in Visual Anthropology*, 6, 84–89.

Katz, E. and Dayan, D. (1985). Media events: On the experience of not being there. *Religion*, 15, 305–314.

Katz, E. and Lazersfeld, P.F. (1955). *Personal influence: The part played by people in the flow of mass communications*. Glencoe, IL: Free Press.

Katz, E. and Liebes, T. (2007). No more peace! How disaster, terror and war have upstaged media events. *International Journal of Communication*, 1, 157–166.

Listiak, A. (1974). Legitimate "deviance" and social class: Bar behavior during Grey Cup week. *Sociological Focus*, 7(3), 13–44.

Luhmann, N. (2000). *The reality of the mass media* (trans. K. Cross). Stanford, CA: Stanford University Press.

Lukes, S. (1977). *Essays in social theory*. London: Macmillan Press.

MacAloon, J. (1984). Olympic Games and the theory of spectacle in modern societies. In J. MacAloon (ed.), *Rite, drama, festival, spectacle: Rehearsals toward a theory of cultural performance* (pp.241–280). Philadelphia, PA: Institute for the Study of Human Issues.

Marx, K. (1850/1964). *The class struggles in France*. New York: International Publishers (orig. published 1850).

Mattelart, A. (1996). *The invention of communication* (trans. S. Emanuel). Minneapolis, MN: University of Minnesota Press.

Ossenberg, R. (1969). Social class and bar behavior during the Calgary Stampede. *Human Organization*, 28(1), 29–34.

Pooley, J. (2006). Fifteen pages that shook the field: *Personal Influence*, Edward Shils and the remembered history of mass communication research. *Annals of the American Academy of Political and Social Science*, 608 (November), 1–27.

Price, M. (2008). On seizing the Olympic platform. In M. Price and D. Dayan (eds), *Owning the Olympics: Narratives of the new China* (pp.86–114). Ann Arbor, MI: University of Michigan Press.

Robertson, R. (1990). Mapping the global condition: Globalization as the central concept. *Theory, Culture and Society*, 7(2/3), 15–30.

Roche, M. (2000). *Mega-events and modernity: Olympics and expos in the growth of global culture*. London: Routledge.

Roche, M. (2006). Mega-events and modernity revisited: Globalization and the case of the Olympics. *The Sociological Review*, 54(s2), 25–40.

Rothenbuhler, E. W. (1988). The living room celebration of the Olympic Games. *Journal of Communication*, 38(4), 61–81.

Rothenbuhler, E. W. (1993). Argument for a Durkheimian theory of the communicative. *Journal of Communication*, 43(3), 158–163.

Rothenbuhler, E. W. (2010). From media events to ritual to communicative form. In N. Couldry, A. Hepp and F. Krotz (eds), *Media events in a global age* (pp.61–75). New York: Routledge.

Shils, E. (1962). The theory of mass society. *Diogenes*, 39, 45–66.

Shils, E. and Young, M. (1953). The meaning of the coronation. *Sociological Review*, 1, 63–81.

Simmel, G. (1900/1978). *The philosophy of money* (trans. T. Bottomore and D. Frisby). London: Routledge & Kegan Paul.

Swingewood, A. (1977). *The myth of mass culture*. London: Macmillan, 1977.

Thompson, E. P. (1968). *The making of the English working class*. Harmondsworth: Pelican Books.

Tilly, C. (1981). *As sociology meets history*. New York: Academic Press.

Turner, V. (1974). *Dramas, fields, and metaphors: Symbolic action in human society*. Ithaca, NY: Cornell University Press.

Turner, V. (1984). Liminality and the performative genres. In J. MacAloon (ed.), *Rite, drama, festival, spectacle: Rehearsals toward a theory of cultural performance* (pp.19–41). Philadelphia, PA: Institute for the Study of Human Issues.

Weber, M. (1958). The three types of legitimate rule (English translation). *Berkeley Publi-cations in Society and Institutions*, 4(1): 1–11.

Young, D.C. (1984). *The Olympic myth of Greek amateur athletics*. Chicago, IL: Ares Publishers.

第二部分

重大媒介体育事件研究

第四章　28 个奥林匹克之夏

——理解奥运重大事件的历史与方法论反思

艾伦·汤姆林森[①]

有关媒介在当代社会中的作用与意义的理论和概念讨论的核心观点是，媒体是构成一个特定的文化和社会领域的制度进程和实践的重要组成部分，而非可选部分。施蒂格·夏瓦(Stig Hjavard)称，"媒介化"是一种新的理论视角，它承认在政治、宗教、娱乐和习惯等特定领域，"媒体的变革性影响"是至关重要的(Hjavard，2013，p.44)。中介化的概念强调相对清晰的和直接的——虽然从来没有简单的线性的传播过程，它让位于这种更新的概念方法，承认了媒体的衍生性作用，"文化和社会越来越多地依赖于媒体及其逻辑"(ibid.，p.17)。全球文化日历上引人注目的大型事件——我们在此关注的是从 1896 年到 2016 年的夏季奥林匹克运动会，从这个意义上说，不再仅仅是由一群不入流的边缘记者通过媒介向漠不关心的小国公众进行报道，如同雅典首届现代奥林匹克运动会这一事件的情况一样。相反，它们本身就是一种现象，吸引了大批记者、广播电视公司、传播者和评论员，他们不仅关注体育赛事的结果，还关注竞赛议程、各国的雄心壮志，并代表着日益强大的媒体机构和具有全球影响力的企业集团。在 1896 年雅典夏季奥运会上，仅有 11 位记者参加了开幕式。相比之下，2016 年在里约热内卢举行的夏季奥运会有 5800 名持证的新闻记者和数千名广播员、新媒体

---

① 英国布莱顿大学艺术与福利中心休闲学教授。他的研究聚焦社会史和体育社会学、休闲和大众文化，编著图书超过 30 本，发表论文百余篇。他的近作包括《国际足联：人、神话与金钱》(*FIFA：The men，the Myths and the Money*，2014)，《足球、腐败与谎言：重访"坏孩子"，国际足联试图禁止的书》〔*Football，Corruption and Lies：Re-visiting 'Badfellas'，the Book FIFA Triod to Ban*，与约翰·萨顿(John Sugden)合著，2016〕以及《理解国际体育组织：原理、权力与可能性》〔*Understanding International Sports Organizations：Principles，Power and Possible*，与林肯·阿里森(Lincoln Allison)合著，2017〕。

记者、公民记者在场。从这个意义上说，体育重大事件被媒介化为一个“以二元性为特征的进程，即媒体已经融入其他社会机构和文化领域的运作中，同时自身也获得了社会机构的地位”(ibid.,p.17)。

事实上，奥运会以及像男足世界杯这样拥有高关注度的赛事，在不断扩大的各种平台上，吸引了最大数量的全球受众——进而吸引了历史上最高水平的赛事赞助投资，这一事实说明了在21世纪初全球媒介景观中体育重大事件的媒介化进程的作用和影响力。当然，特定的消费模式可以改变任何此类等式中各元素之间的平衡，而数字媒体在消费者媒介领域的爆炸式增长具有打破这种平衡的潜力；2016年的智能手机与传统的电视屏幕确实相距甚远(Frandsen,2014)。本章开始的实证部分所选择的8个案例中的前4个——1924—1936年的夏季奥运会，没有涉及电视屏幕，尽管这一媒介化体育运动领域的元素业已成形。在讨论这些案例以及1984年、1992年、2008年和2012年奥运会之前，笔者考虑了背景、规模和历史时期划分等问题。

历史与方法

除了两次世界大战导致的中断，奥运会已经横跨3个世纪，在夏季不间断地循环举行。1916年这次因为第一次世界大战而中断，1940年和1944年这两次因为第二次世界大战而停摆。这不是一种新颖的观察，却是一个重要的事实，使得国际奥委会能够建构一个具有独特制度和文化历史的唯我主义的庆祝活动。奥运会可以从古典文化中汲取灵感，这使得其创始人皮埃尔·德·顾拜旦(Pierre de Coubertin)在争取支持的过程中运用了一种跨时代和跨历史的修辞，借鉴了过去时代的英雄品质，以及这些理想化品质对充满冲突和困境的世界的未来所具有的意义。宝贵的奥林匹克知识和学术研究成果，有助于我们理解这一惊人且富有弹性的历史叙事，以及各类社会对维持顾拜旦式的愿景所作出的贡献。我们无意在此对这些工作进行回顾或评价(虽然这是可能的)，而是要从奥林匹克叙事的断裂和延续中看到，随着奥林匹克现象逐渐成为当代媒介景观的中心，在体育媒介化中占据前所未有的突出地位，其经济、政治、文化和社会利益与制度的融合是如何被有规律地重塑的。为了掌握这种断裂和延续性，理解“时空体”(chronotope)这一概念可能会有所帮助。

“时空体”一词，由俄罗斯文学评论家米哈伊尔·巴赫金(Bakhtin,1981)提出，意指一种社会文化形态，它包含历史学家皮特·伯克(Burke,2006,P.231)

在提到"欧洲"这一实体时所称的"时空包"(a spacetime packge)。巴赫金有关时空体的长篇论文写于1937—1938年,其中超过15页的"结语"写就于1973年——巴赫金去世的前2年。他聚焦于文学作品,认为时空体"是小说主体叙事事件的组织核心……叙事的结被打上和解开的地方"(Bakhtin,1981,p.250)。他将小说家陀思妥耶夫斯基(Dostoevsky)的作品与其俄罗斯同胞托尔斯泰(Tolstoy)的作品进行了对比,认为"最基本的时空体是传记式时间,它在贵族联排别墅的室内空间中顺畅地流动"(ibid.)。对于陀思妥耶夫斯基来说,"时间本质上是转瞬即逝的……仿佛没有持续时间"(ibid.,p.248),而"托尔斯泰喜欢持续时间,喜欢时间的延绵"(ibid.,p.249)。巴赫金指出,传记式时间和空间是托尔斯泰作品的主要时空体内容,其次是自然时空体,以及家人和劳工/农民工作的田园生活(ibid.,p.250)。从广义和狭义上讲,时空体是作家叙事的框架——主要或次要——主题。

时空体不仅仅是一些自由漂浮的文学主题,更是一种特定的时空建构,它赋予社会文化结构以意义。对于巴赫金而言,"符号形式"(ibid.,p.258)的时空表达对意义的产生以及意义进入我们的社会经验至关重要。在巴赫金的思想中,最重要的是认识到听众和读者在对话互动的产生中所扮演的积极角色:这种对话"进入作者的世界、表演者的世界以及听众和读者的世界。所有这些世界也都是时空体的"(ibid.,p.252)。那么,这个概念如何阐释奥运会的历史呢?

当我们考虑国际奥委会和奥林匹克运动所寻求的——并经常实现或建立的——平衡时,我们必须牢记,在奥运会和奥运赛事举办期间,时间和空间是如何不断地重新配置的:历史必须具有相关性,时间通过传统和仪式固定下来,同时与当代和进步的观念相呼应;纪录在道德上陷入困境,支持参与优先的同时奖励冠军或胜利者以统治地位。奥运会带着时空体的包裹进入时代的媒体舞台,准备被重塑或部分地被重组,以适应特定时间和地点的参与者和旁观者。正如笔者关于奥运奇观的研究所表明的那样,每一届奥运仪式都是一种"必要的僭越"(Tomlinson,1999),是对一个现象的时间和地点的重新诠释,这个现象在不同的中介化或媒介化的诠释和重塑中,宣扬了一套富有弹性的时空理想以及新颖的、异常的或技术创新的价值观,这些价值观是现代体育和为奥运故事作出贡献的民族国家经常寻求传达的。有必要认识到这一解释性前提,以便充分理解迄今为止一直保持着奥林匹克现象发展势头的28届夏季奥运会。

历史、规模与更多方法

1996 年，国际奥委会在庆祝美国佐治亚州亚特兰大举办百年奥运的精美小册子中承认，它有责任与媒体建立一种牢固而可靠的关系：

> 在近百年的历史中，从参加 1896 年雅典第一届现代奥林匹克运动会的 11 名记者，到 1996 年亚特兰大奥运会的13 275名持证记者，国际奥委会已要求调整自身结构，以便能够满足一个人数上相当于运动员和官员人数总和的庞大群体的职业需求。
>
> (IOC，1997，p.75)

这里有一种近乎不情愿的语气，似乎媒体的要求是对私人派对的一种打扰——当然，这正是由优秀人士组成的独家俱乐部在现代奥林匹克历史的早期对事情的看法。声明还证实，媒体关系已成为这家百年老店的一项承诺和一件苦差事，“因此，国际奥委会设立了专门委员会，其作用是提供建议，并向组委会提供关于如何满足各种媒体的期望的最恰当的意见”(ibid.，p.75)。新闻委员会和广播/电视委员会已成为奥林匹克管理机构的既定组成部分，其职责是“在奥运会期间，向媒体代表提供合适的中心和分中心，以开展专业工作，并提供可靠的技术支持、经济且便捷的住宿以及可靠又便利的交通工具”(ibid.，p.75)。

这一承诺的语言是简单的，但在构思和执行层面是雄心勃勃的：以情感、文字、图像和声音的方式，以直播或录播/回放的形式“瞬间到达世界各地”(ibid.，p.77)。回溯 1896 年的雅典，11 位平面媒体记者为冷漠的编辑们(除非他们是希腊人)撰写一些独特而边缘化的文章；在亚特兰大(它浇灭了雅典首办奥运会100 年后再办百年盛会的雄心)，13 000多名媒体工作者正在全力推动一台全球媒体机器，使奥运会本身在国际奇观舞台上成为与媒体平等的合作伙伴。从这个意义上说，最大的国家和国际体育重大事件已经被媒介化了，它与媒体机构一道为跨国全球体育日程的升级作出贡献。

奥运会在赛事规模、参赛者、合作伙伴(如赞助商)、媒体/广播电视专业人士、潜在的全球受众等方面的发展壮大引起了国际奥委会和其他利益相关方的担忧，它们认为奥运会已经变得太大了：国际奥委会开始称之为“巨人征”。奥运会的长期评论员、统计学家瓦莱金斯基和卢基在与北京夏季奥运会同期出版的《奥林匹克全集》(*The Complete Book of the Olympics*)中评论道：“坦率地说，巨人征的问题有点言过其实了。”(Wallechinsky & Loucky,2008,p.36)他们建议,有些运动项目可以从奥运会中拿掉;通过减少官员和非运动员的数量,奥运村的压力可望得到缓解:“运动员需要教练,但奥运选手的花名册上充斥着官僚和随从”(ibid.)。有些措施可以解决奥运会的一些问题,譬如,2016 年里约热内卢奥运会引入了 7 人制橄榄球而非占主导地位的 15 人制橄榄球,就是一个有趣且在很大程度上可算作成功的小规模创新。奥运会规模和形象不断升级的事实,以及随之而来的全球观赏市场,都使得这种明显而简单的缩减几乎是不可能的:奥运会的庞大规模和影响力,是推动赛事经济发展的动力,同时也吸引了来自广播公司和赞助商的巨额资金。这一事件不再只是一个由媒体选择性地报道、传播和向全世界播放的对象,更确切地说,奥运会本身已被媒介化,并因此与媒体机构在文化生产和报道方面结成伙伴关系,所有媒体都必须渴望(如果不是实际上在那里的话)出现在比赛现场。

事情并不总是如此,正如我们从第一届奥运会上在场的为数不多的媒体那里了解的那样。因此,28 届夏季奥运会可以被细分为三类。与任何历史分期法一样,时间边界可能是模糊的,当一个类别简单地转换成另一个类别时,没有明确的时刻、日期或年份。但是从规模、概况和特性等方面进行有用的分类的话,其本身可以被划分为三个阶段。

总的来说,我们从这个分类中看到文化、经济和政治之间的平衡发生了变化。这并不是说,在加利福尼亚的狂热出现之前,奥运会一直处于某种前世界末日的纯真田园生活中;早期的奥运会上没有政治层面的竞争(1908 年伦敦奥运会曾见证英美两国的竞争);或者,1936 年柏林奥运会并不是媒体技术应用于大型体育奇观的分水岭〔由电影制作人莱妮·里芬斯塔尔(Leni Riefenstahl)通过她的资助者、纳粹党的宣传头目约瑟夫·戈培尔(Josef Goebbels)来实践〕。趋势只是一种倾向,不是明确的轨迹。但是这种分期法能使我们识别转折点,改变利益和影响力的平衡。两届关键性的奥运会都在新世界边缘的美国天使之城举行,这里当时正在开发世界上最大的梦想工厂,这绝非巧合。1932 年,洛杉矶将奥运会现代化和政治化。在经历了墨西哥城的人权危机、慕尼黑奥运会的恐怖主义危机、蒙特利尔奥运会的财政和抵制危机以及对莫斯科奥运会的冷战抵制之后,奥运会的延续性受到了严重威胁,加州的企业家们可以打破奥运规则,重塑主办模式。

表 4.1 夏季奥运会发展和扩张的三个主要阶段

奥运会阶段	阶段内举行的奥运会
第一阶段,1896—1928 年:适度经济规模的社会政治工程(8 个主办城市)	1896 年雅典;1990 年巴黎;1904 年圣路易斯;1908 年伦敦;1912 年斯德哥尔摩;1920 年安特卫普;1924 年巴黎;1928 年阿姆斯特丹
第二阶段,1932—1980 年:与国际政治动态和日益复杂的媒体技术相联系的政治强化行为(11 个主办城市)	1932 年洛杉矶;1936 年柏林;1948 年伦敦;1952 年赫尔辛基;1956 年墨尔本;1960 年罗马;1964 年东京;1964 年墨西哥城;1972 年慕尼黑;1976 年蒙特利尔;1980 年莫斯科
第三阶段,1984—2016 年:奥运品牌和媒体产品通过资本的全球影响力实现商品化(9 个主办城市)	1984 年洛杉矶;1988 年首尔;1992 年巴塞罗那;1996 年亚特兰大;2000 年悉尼;2004 年雅典;2008 年北京;2012 年伦敦;2016 年里约热内卢

资料来源:这张表格是汤姆林森无列表讨论内容的修改版(Tomlinson,2005,pp.51-56,60)。

从这个意义上讲,对现代奥运会的历史进行周期性研究,不仅需要在单个事件的层面进行,还需要在被法国年鉴学派称为“长时段”(longue durée)过程的背景下进行。① 在关于新社会科学向既定历史学科发起挑战的激烈学术争论中,费迪南·布劳代尔(Ferdinand Brandel)提出:“对事件的社会学研究……不记录任何社会现象所伴随的运动的方向、快慢、上升或下降。”②他认为,社会科学家应该研究“长时间跨度”(Braudel,1969,pp.79-80)。历史学家,当然也包括历史学派的社会学家,应该探索“历时辩证法”(dialectic of duration),它是把握“社会现实的症结……这种瞬间的时间和缓慢流动的时间之间的鲜活的、亲密的、无限重复的对立”的关键(ibid.,p.26)。布劳代尔提倡研究长时段的历史,将时间跨度延长到一个世纪,超越了传统历史对单一事件的关注。后者往往会产生一种“轻率的、戏剧性的、令人喘不过来气的”叙事(ibid.,p.27)。他还指出了第三种历史叙事方式,即情势叙事,它通常是一个周期,从 10 年到 50 年不等。但他观察到,所有这种新的情势叙事的历史,都必须由一个社会及其文化的不同节奏组成一个完整的管弦乐队。在长时段与事件之间的转变,以及情势叙事的认识,使我们能够描述阶段和时期的特性。例如,在 20 世纪的前三分之一,欧洲体育的发展可以被视为各种进程交织在一起的节奏:“国际主义/初步全球化;不断加强的媒介化;新兴的个人主义;名流与消费的兴起”

① 这一部分内容基于汤姆林森和杨的研究(Tomlinson & Young,2011)。

② 随后的引文出自布劳代尔的《历史和社会科学:长时段》(Braudel,1969,pp.25-54,最早出版于 1958 年)。

(Tomlinson & Young,2011,p.423)。这样的描述提供了在变化的和连续性的历史动态中识别过渡过程的可能性,例如表 4.1 中所确定的各个阶段。

对于布劳代尔(Braudel,1975)来说,长时段的历史与事件的历史是相反的:"社会科学几乎等同于恐怖事件。这并非没有理由,因为短时间跨度是所有事物中最反复无常的和最迷惑人的。"(ibid.,p.28)但他认为,历史学家必须意识到这三种时间维度的有效性和相互关联性。他一贯主张以一种平衡的分析方法来理解社会的长期结构,并将重点放在周期性事件的短期现实上。关注个别事件可能令人兴奋,但也很危险和具有误导性;正如他在《地中海》(*The Mediterranean*)的第一卷中所说的那样,我们"必须学会不信任这段充满激情的历史"(ibid.,p.21)。[1] 然而,将事件的细读融入周期性分析仍然是一种挑战。除了从理论和实践上认识到时空体在社会文化与政治经济的形成和建构中的核心地位,这还为理解奥林匹克现象历史发展过程中的长期连续性和暂时性转化提供了一个富有成效的概念和分析工具箱。

纵观现代奥运会从雅典到里约热内卢 120 年的历史,人们可以遵循这样的分析思路:对于 28 届夏季奥运会,根据可识别的周期,如表 4.1 所示,可分为 32 年、53 年和 35 年的周期(对于第二和第三阶段,前一阶段结束后的 3 年被计算进新阶段或新周期的总和)。这样的周期划分将事件与过程联系起来,并兼顾特殊与总体。它不是无懈可击的,这种分析结构也不打算如此。例如,在朱勒斯·博伊科夫(Jeles Boykoff,2014)对"资本主义庆典"的综合概念和定义中可以找到第三阶段的版本,其组成部分包括:"不平衡的公私合作伙伴关系;假日商业主义;安保行业的暴利;自我感觉良好的可持续性修辞;媒体培育的政治经济奇观。"(ibid.,23)博伊科夫明确指出,奥运会的这种模式"并非一夜之间形成的",而是"随着奥运会的发展和国际奥委会权力的扩大而逐步形成的"(ibid.)。他指出,1932 年洛杉矶奥运会的创新之处在于,它"描绘出资本主义庆典的一些关键原则"是重要的(ibid.,26),尽管本章所提供的周期划分将洛杉矶举办的第二次夏季奥运会视为一个关键的转折点/事件,认为它标志着一个独特的连续性周期的出现,与博伊科夫的资本主义庆典模式遥相呼应。

上文所讨论的历史和方法论要点为下文所涉及的奥运会提供了参考:第一阶段,1924 年巴黎奥运会,以及细节较少的 1928 年阿姆斯特丹奥运会;第二阶

① 布劳代尔的主要著作包括他在一系列序言和一些结论中对其历史方法的持续反思(Braudel,1975,pp.16-21;Braudel,1973,pp.15,442-444)。

段,1932 年洛杉矶奥运会,以及一般评论中的 1936 年柏林奥运会;第三阶段,1984 年洛杉矶奥运会、1992 年巴塞罗那奥运会,以及具有总结性的 2008 年北京奥运会和 2012 年伦敦奥运会。每届奥运会都有自己的时空体特征,这是在特定历史时刻和地缘政治空间中对奥林匹克项目和修辞的必要论述。然而,这种连续性是有意义的,能生成影响关系,产生继承意义、价值观、主张和意识形态的系谱遗产。从这些分析的视角和解释性的辩论出发,对选定的奥运会、其媒体概况和其特定事件背后的价值观进行研究,将为思考夏季奥运会的发展和扩张如何被塑造、重塑和重造,如何被日益媒介化以及如何经历过渡过程提供富有启发性的材料。

过渡时期 1:从第一阶段到第二阶段

第一阶段

1924 年巴黎奥运会

1924 年巴黎奥运会新闻委员会认证了 724 名记者,其中 675 名记者积极报道了这一事件(Official Olympic Report-Paris,1924,pp.806-813)。除了美国的 45 名文字记者,大部分记者都是欧洲的文字记者,其中最具代表性的是东道主法国(182 名)、英国(40 名)和西班牙(36 名),以及东欧的匈牙利和捷克斯洛伐克(苏联当时拒绝了奥运会这一赛事)的记者。媒体的代表性还表明,来自奥运城市所在国的记者的兴趣不出所料地高涨。无论奥运媒体报道变得多么复杂、精细和技术先进,无论参与群体和观众群体多么全球化,主办城市仍然会产生不成比例的报道和故事,将这一奇观更多地展示给东道主国家的观众,而非世界各地的观众。巴黎媒体的报道基本上是狭隘的,尽管这次赛事吸引了 3000 多名运动员参加,这一数字直到 1936 年柏林奥运会才被超过。民族自豪感和提高本国人民对奥运会的认同感,是 1924 年巴黎奥运会的时空体要素。

1928 年阿姆斯特丹奥运会

1928 年阿姆斯特丹奥运会的规模和巴黎奥运会的非常相似,体育场的记者席为 600 名记者提供了席位,但是其他地方的赛事记者席座位数量有限:击剑比赛有 261 个,摔跤和举重有 138 个,游泳有 196 个(Tomlinson,2005,pp.52-53)。此外,还提供了打字机、写作空间和一些电话亭(Official Olympic Report-Amsterdam,1928,247)。

来访的记者被视为“为奥运会做宣传的人”(ibid.,p.255),奥运会提供了一种渠道,用于“发表关于荷兰,特别是有关阿姆斯特丹的宣传文章”(ibid.,p.253)。但是坦率地说,一种传播的现代性,加上一种自我服务的形象管理形式,就定义了1928年阿姆斯特丹奥运会的时空体。

第二阶段

1932年洛杉矶奥运会

虽然从统计数据来看,洛杉矶奥运会比前5届的规模都要小,但它对奥运会的概念化和明确的政治理念方面意义重大,标志着在1929年经济大萧条之后数年间奥运会的重要性(Tomlinson,2006)。组委会认为媒体对于赛事的举办至关重要,新闻部是第一个成立的部门,诞生于1929年12月,“充当奥运团队的信息中心和世界媒体的新闻传播机构”(Official Olympic Report-Los Angeles,1932,p.45)。这是一种从一开始就具有互惠性的新闻制作的概念,官方报告毫不谦虚但完全准确地称之为“奥运会筹备期间第一个体系性的新闻服务部门”(ibid.,p.45)。

体育场为适应预期的新闻媒体出席情况进行了改造,去掉了原来记者席下方的2000个普通座位,安装了706个“新闻记者专用席位”(ibid.,p.67),“为每位记者提供足够的座位空间和宽敞的柜台空间,并留有足够的通道空间,方便他们进入记者席的各个部分,包括记者席后方的新闻电报部门”(ibid.,pp.67-68);持证记者有875名(ibid.,p.123)。

1932年洛杉矶奥运会提供了一套技术先进的通信系统,以最大限度地提高信息在当地和国际上的传播速度和覆盖范围,通过“记录和信息的图形化传播”(ibid.,p.162)将赛况尽可能迅速地传达给主场馆和其他场所的观众,并将其通过媒体传播到世界各地。人们为此使用了电传打字机,借助此系统,“无论在哪个地方举行比赛,正式结果几乎在比赛结束的一瞬间都会在奥林匹克体育场呈现,名字拼写和其他所有信息都是正确的,可以立即传播”(ibid.,pp.163-164)。

要确保信息被正确而完整地传达给“数以百计的记者更加困难”(ibid.,p.165)。印刷品或油印图的制作速度太慢,而且无法将信息传达给分散在奥运相关活动的各个地点的不同受众。解决方案是在证券交易所找到的,数百台电动打字机被安装上了,使得“一家报社的代表不用离开体育场的座位就可以报道奥运会”(ibid.,p.165)。信息通过长卷纸送达所有记者手中,其中的片段可以通过电报公司立即传送到遥远的目的地。在一个政治敏感、联系紧密的世界里,传播的速度和范围体现了1932年洛杉矶奥运会的主要时空体。

1936年柏林奥运会

柏林奥运会从洛杉矶奥运会的革新中获益良多,并将这些知识与其政治和技术优势结合起来。首席组织者卡尔·迪姆(Carl Diem)旨在提供一个“共同的节日庆典”,不涉及“国家或经济利益考量”(Official Olympic Report-Berlin, 1936,p.251)。因此,纳粹宣传头目约瑟夫·戈培尔可以说,奥运会为德意志民族提供了在“旨在促进国际和平的大型国际项目中进行合作”的机会(ibid., p.300)。相关研究(Mandell,1972;Hart-Davis,1986;Guttmann,2002)证实了柏林模式的传播复杂性和德国对奥运会的举国热情。但官方报告称,在报道过“庆典”某些方面的2800名记者中,几乎没有人评论1936年奥运会“隐藏的邪恶”(Miller,2008,p.109)。1936年柏林奥运会的时空体将科技革新与残酷的政治计划结合在一起,在意识形态的驱动下,以虚伪的宣言来证明对世界和平与宽容的承诺。

过渡时期2:从第二阶段到第三阶段

为了追溯从第二阶段到第三阶段奥运奇观的规模变化——我们称之为过渡时期2,我们从第三阶段选取了4届夏季奥运会,并就赛事媒体报道的升级、体育运动和媒体/通信领域利益性合作等方面展开探讨。这4届奥运会是1984年洛杉矶奥运会、1992年巴塞罗那奥运会以及具有更多总结性意味的2008年北京奥运会和2012年伦敦奥运会。

1984年洛杉矶奥运会

重申一下,1984年洛杉矶奥运会让具有创业精神的东道主改写了游戏规则。伊朗首都德黑兰退出申办竞争,只有洛杉矶仍在与绝望的国际奥委会谈判,这实际上确保了主办权条款的改写。曾任国际奥委会主席的基兰宁爵士(Killanin,1983)在他的奥运岁月回忆录中,将关于1984年洛杉矶奥运会的章节命名为“通往洛杉矶的滑坡”;洛杉矶申奥于1978年在雅典提出,包括“一份文件……要求毫不妥协”,洛杉矶作为奥运会唯一的申办者,规定了条件:“实际上,他们说奥运会将按照他们的方式举办,几乎不考虑国际奥委会的规则、传统和议定书”(ibid.,p.97)。基兰宁补充说,如果当时奥林匹克运动没有陷入如此低迷的境地,洛杉矶的申办可能会被彻底拒绝。但是国际奥委会别无选择,洛杉矶明确提出“他们将像商业公司一样去运作奥运会”(ibid.,p.98),该城市“没有任何财政捐助”(ibid.),这是他们公开的唯一提议。一个保全面子的折中方案——洛杉矶最初的申请被国际奥委会驳回,但在一份尊重奥林匹克规则的合约得到确认后,奥运会举办权还是被暂时地授予这座城市。历经 10 个月的争吵后,白宫的干预帮助维持了这一决定,而此时许多国际奥委会委员呼吁举行新一轮的申办。洛杉矶的申办条件还包含了主要的电视合同,国际奥委会几乎没有任何谈判的余地。从本质上讲,1984 年洛杉矶奥运会组委会在将奥运会商业化方面获得了前所未有的自由,并通过其“企业关系计划”(Perelman,1985,pp.94-107)实现了这一目标:35 家赞助商每家至少提供 400 万美元的现金和/或实物服务与产品,之后即可使用 1984 年洛杉矶奥运会的所有标志、顶级酒店客房和585 700张门票的批量购买权;64 家供应商提供必需的现金、产品或服务,但只获得了“运动明星”标志的使用权和14 300张门票;此外,还有 65 家特许经营商,其中 8 家是阿迪达斯的二级特许经营者,被授权制作和销售纪念品,并将其收入的 10%上缴奥组委。

当然,在遭到抵制的莫斯科奥运会之后,在这份送给冷战思想家和理论家的礼物中,出现了一场资本主义和消费主义庆典的广播电视盛宴。“节日联邦主义”(festive federalism),活动设计者称之为“城市五彩纸屑”(又称“蝴蝶入侵”),塑造了活动的外观,将活动标志和奥运标志与“调色板融为一体,用主要由洋红色、朱红色、珞黄色和浅绿色组成的更加喜庆和国际化的方案取代了传统的红、白、蓝三色”(Perelman,1985,pp.107-108)。据称,这给居民带来了“一种强烈的兴奋、激动和历史感”(ibid.)。在里根时代,冷战议程为 1984 年洛杉矶奥运会的开闭幕式推波助澜,1984 年的洛杉矶与媒体合作,打造了一场宣扬美国价值观和企业资本主义的无拘无束的庆典。

这种吸引了转播商的文化、政治和经济的混合体,对组织者而言是金矿。最初预计的电视转播权销售收入为 1.05 亿美元,但“主办方高于2.87亿美元的收入,超出了所有人的预期”(ibid.p.288),其中 2.25 亿美元(占 78.4%)来自美国广播公司体育(ABC Sports),这一数字比该公司为 1976 年蒙特利尔奥运会转播权所支付的费用增长了 900%;上一届的莫斯科夏季奥运会转播权由美国全国广播公司(NBC)获得,价格为 8500 万美元。洛杉矶企业家们的倡议最终使 156 个国家签署了转播权协议,从而带动奥运会组织者和国际奥委会与广播公司达成更大规模的合作。1988 年首尔奥运会①的电视转播权价格为 4.03 亿美

① 中国时称汉城奥运会。——译者注

元,1992 年巴塞罗那奥运会的为 6.35 亿美元,1996 年亚特兰大举办的百年奥运庆典的这一数字超过了 9.30 亿美元。2008 年北京奥运会的电视转播权价格上涨到近 20 亿美元(Pound,2004,p.168)。2012 年伦敦奥运会的转播权收入提升至 40.876 亿美元;2016 年里约奥运会转播权收入比伦敦奥运会的增长了 7.1%,达到 41 亿美元(IOC,2016,p.128)。[①]

1984 年洛杉矶奥运会的主要时空体主题是意识形态和经济,它制造了一个所谓的民主价值观的颂词——“自由世界”,以及一种更加商业化、私有化和商品化的体育奇观范式。8700 家新闻媒体获得报道资格,数量超过了参赛运动员的人数——7078 名(Sanders,2013)。

1992 年巴塞罗那奥运会

一种庆典的透明性型构了 1992 年巴塞罗那奥运会组委会首席执行官何塞普·米格尔·阿巴德(Josep Miquel Abad)的讲话。他称赞巴塞罗那报告是有史以来第一个向公众出售的奥运会官方报告,他表示这将超越“特定人群”和之前提供给媒体的缩略版本:“我们希望通过一份详尽的、没有秘密的、每个人都能读到的作品来圆满地完成这项工作。”(Official Olympic Report-Barcelona,1992,p.27)[②]媒体可以“响亮而清晰地传播我们的信息……使之达于地球的各个角落”。他在奥运会前的夸张之辞——报告的第一卷在奥运会正式开始前业已完成——攀上了奥林匹斯山的高度:“我们把我们的人民的热情撒向四面八方,从一开始,我们的人民就下定决心,要举办一届史上最佳、最具普遍价值的奥运会。”(ibid.)阿巴德将这种传播的普遍主义与奥林匹克道德高度结合起来,将全世界的青年汇聚在“一场和平与青年的伟大庆典”中,以坚定对人类状况的信念:“奥林匹克运动所激发出的能量和巨大的人类潜力……证明人们仍然渴望享受快乐的时光。”(ibid.,p.24)

1992 年巴塞罗那奥运会成为奥运会的典范,在多个层面上取得了成功:

- 城市转型和被忽略的基础设施建设;
- 在强调加泰罗尼亚地区相对文化自主的同时,对该市更广泛的地域文化政治进行了剖析;

---

① 这些数字指的是国际奥委会在一个奥运周期内的收入,包括冬季和夏季奥运会的转播权收益。为了让“合作伙伴”更加分散,国际奥委会从 1992 年阿尔贝维尔冬奥会和巴塞罗那夏奥会之后,将冬季和夏季赛事分开举办。

② 阿巴德的说法从严格意义上来讲是不正确的,因为 1984 年洛杉矶奥运会官方报告是以纸质书的形式出版的(Perelman,1985)。

- 由地中海地区的山脉和海景组成的无与伦比的视觉效果主导着转播商的决策；
- 城市里的狂欢气氛，使当地居民、游客和体育迷，甚至是运动员都融入其中，他们从奥运村步行很短的距离就可以到达市中心和兰布拉斯大道；
- 作为冷战时期的一个转折点，苏联以“独联体”的身份参赛，最终在奖牌榜上超过了美国、德国和中国（东道主西班牙光荣地位居第六名）；
- 南非归来，它自 20 世纪 60 年代以来因种族隔离政策被驱逐出奥运会；
- 一个“独立奥运参赛者”小团队，由无国籍的个人以及来自巴尔干半岛和南斯拉夫冲突下的难民运动员组成。

1988 年首尔夏季奥运会之后，强制兴奋剂测试开始执行，巴塞罗那似乎为奥运会创造了一个崭新、开放和包容的未来。当然，奥运项目的深层矛盾并没有在巴塞罗那得到解决或被根除：国际奥委会主席胡安·安东尼奥·萨马兰奇（Juan Antonio Samaranch）本人就来自这座城市，然而随着奥运会的临近，他被揭露在先前的外交生涯中是佛朗哥政权的法西斯爪牙；为了给奥运村腾出空间，一些当地人失去了工作和/或生计；另外，就像通常的体育奇观一样，门票价格超出了大多数人的预算。巴塞罗那于 1986 年 10 月获得主办权，但在规划和实施过程中受到了批评，因为惯于质疑的世界媒体对该城市是否有能力承办这样一项重大赛事深表怀疑。

但是，媒体世界对巴塞罗那奥运会的报道却让人感觉到了一种新的气氛。组委会从一开始就把与媒体保持良好关系放在首位，在奥运会开始前的 5 年里接待了7 449名记者（Official Report-Barcelona，1992，p.33）。获得官方认证的记者总数为12 831人（其中平面媒体4 880人、广电媒体7 951人），如果算上未经官方认证的媒体，则“记者总数”估计接近19 000人（de Moragas Spa et al.，1995，p.40）。其主新闻中心的面积是 1984 年洛杉矶奥运会的 248%、1988 年首尔奥运会的 64%（ibid.p.38）。媒体的参与越来越被视为赛事的关键，它们以合作的方式参与奥运会。巴塞罗那奥运会是一个真正的奇观，同时也表明当地的加泰罗尼亚民族主义政治可以与西班牙国家的民族愿望和利益和谐共存：“双重而非两极化的民族认同、包容而非排外的民族主义，是促进民族融合的稳定因素。”（Hargreaves，2000，p.165）就时空体而言，1992 年巴塞罗那奥运会标志着冷战后世界的开放与乐观，借助于奥林匹克精神，这种包容性可以说超越了文化与政治分歧。

2008 年北京奥运会和 2012 年伦敦奥运会

尼尔森公司(Neilsen)的数据表明,2008 年北京奥运会的全球受众为 47 亿人,这个增长发端于 2000 年悉尼奥运会的 36 亿人和 2004 年雅典奥运会的 39 亿人。2008 年的数字接近世界总人口的 70%,中国称有 94%的本国观众收看了奥运会电视转播(Nielson,2008)。2012 年伦敦奥运会的观众人数超过了这一数字,“至少有 48 亿独立观众观看了奥运会的部分节目”(Billings & Kim,2014,p.184)。这类统计或估计的差异是微不足道的,因为在这个全球化的世界里,作为一种媒介化的文化产品,夏季奥运会所达到的规模毋庸置疑。2012 年伦敦奥运会迎接了多达 2.8 万名媒体工作者。仅美国全国广播公司就派出了 2700 人,他们在一个巨大的广播中心工作。伦敦的主新闻中心的规模相当于泰特现代美术馆的规模(Booth,2012)。

> 北京和伦敦在各自的开闭幕式上所建构的国家自我呈现的政治认同是迥异的。北京奥运会开幕式以一种家国主流叙事为特色,而伦敦则以一种具有讽刺意味的、戏谑的、中偏左翼色彩的方式呈现了英国的文化史,“是对英国历史的展望,也是在讲述日益多元化的英国民族主义的形成过程”。
>
> (Tomlinson,2013,p.51)

> 绝妙之处在于,在动荡而剧烈的社会与文化变革时期,普通民众、实业家和政治家都能登上绿色的山丘。这个山丘作为一个平台,可以让人们接近英国历史上的不同时间点。
>
> (Tomlinson,2013,p.51)

2008 年北京奥运会的叙事框架更加主流,仪式构成了“一个宏大叙事,不仅是对几十个世纪以来积累的文化资本的盛大宣示,也释放出一个信息——一个国家业已强大并准备维护其‘正当’的全球经济地位”(Miles,2014,p.160)。体育重大事件的话语和意识形态元素当然是多方面的,门罗 · 普赖斯(Monroe Price)指出,与其说“北京奥运会已经形成了强有力的统一信息”,不如说它在举办之前已经变得“多声部、多主题”(Price,2008,p.2)。但从程式化的角度来看,北京奥运会和伦敦奥运会是极具可比性的赛事,这确立了我们这个以全球文化媒介化为核心的时代体育重大事件的一种模式。北京和伦敦在设施和仪式景观上的奢侈预算——后者面向地方的、国家的和全球的观众以及赞助商——证实了奥运会已成为博伊科夫所说的资本主义庆典的典范，是体育和媒体产业/领域全球利益联盟的共同产物。从时空体来看，北京和伦敦的历史和政治叙事主题不同，但都展示了体育重大事件的超级商品化。在结语部分，我们将推测里约热内卢奥运会在 28 届奥林匹克之夏发展轨迹中所处的位置。

结　语

罗切（Roche，2000）将 1932 年洛杉矶奥运会和 1936 年柏林奥运会视为具有开创意义的媒介技术事件，为媒体驱动的奥运商品化奠定了基础。它们与后面的其他案例一道，显示了媒体活动规模的扩大，将奥运定位为不只是全球舞台上的一个穿插表演，而是全球政治经济领域一个突出的新兴文化产品。媒介技术、全球市场和体育的职业化将加速这一趋势。米勒等人（Miller et al.，2001）提出了"五个同时进行的、不均衡的、相互关联的进程"，它们是世纪之交体育运动的特征——"全球化、政府化、美国化、电视化和商品化"，这些进程"又受到新的国际文化分工的制约"（ibid.，p.4）。奥运重大事件就是这类进程的体现，随着规模的扩大和全球形象的提升，它被媒介化和市场化了。这种变化和转变的性质及细微差别可能是渐进的和难以捉摸的，但对独立事件之间的相关性、这类事件的时空体特征的关注，以及对某些事件的共同背景特征的认知，为我们提供了一个有用的融合性框架，用于理解当代世界重大事件日历上奥运会的起源、意义和弹性，以及由媒介化进程驱动的过渡时期和阶段。

2016 年里约奥运会被证明是一个有趣的案例。巴西在 2009 年获得奥运会的主办权，当时全球经济危机迅速扩散，尽管巴西国内政治经济动荡，金砖国家（巴西、俄罗斯、印度和中国）的预期并不那么乐观，国内国际普遍怀疑里约是否有能力满足举办奥运会的要求，但它依然成功地举办了奥运会。这些计划是准时完成的：转播商有他们要的故事，连同里约令人心动的媒介景观；这一赛事造就了新的超级巨星，比如美国的 19 岁小将西蒙·拜尔斯（Simone Biles）和所有人都推崇的伟大的牙买加短跑运动员尤塞恩·博尔特（Usain Bolt）；巴西也提升了在奖牌榜上的位次。如果说"在其他候选城市都来自更加成熟的全球强国情况下赢得 2016 年主办权，是一种具有符号和话语意义的、向国内和国际观众定位自身的一种方式"（Schausteck de Almeida et al.，2014，p.280），那么，就里约热内卢和巴西的核心目标而言，奥运会可以被认为是相对成功的。许多奥运场馆一排排的空座位充分地表达了巴西国内对奥运会成本不透明的不满以及对残奥会的漠视，但这些都无法抹杀举办南美有史以来第一届奥运会的软实力和获得的声誉。科恩(Cohen,2016,p.56)所称的“奥林匹克契约”依然完好无损，维持着一个基于“由经济、工业和市场提供的价值经济”的体育奇观模式。在里约热内卢奥运会结束后的BBC环球广播部的研讨会上，笔者提出，缺乏当地观众带走了奥运的一些光彩。2020年东京奥运会的一名顾问反驳说，90%以上的受众是在电视上观看奥运会的——这当然符合国际奥委会的主要合作伙伴广播电视和营销巨头的利益。

里约奥运会表现出了实用主义倾向，强制削减了奥运会开幕式的花费：仅仅是伦敦奥运会开幕式2700万英镑(4150万美元)的一成；北京为吸引全球受众的目光为4个小时的开幕式豪掷1亿美元(Panja,2015)。这一规模更为适度的狂欢奇观可能会成为2020年东京奥运会的一种趋势，它已经取消了已故的扎哈·哈迪德(Zaha Hadid)为奥林匹克体育场所做的设计，取而代之的是一个规模大幅缩减的适度的项目。然而，奥运会的预估总成本，包括奥运会相关的基础设施项目，还将达到120亿美元，其中46亿美元为体育相关费用(Tomkiw,2016)。向第三阶段奥林匹克模式的过渡似乎已经完成，奥林匹克产品成了消费的巡回马戏团，是资本主义奇观以及人类运动和表演的努力的胜利。

比林斯(Billings,2008,p.13)声称奥运电视转播是“大众传播媒体实力和影响力不可思议的强大主宰”。对28届夏季奥运会的特点进行持续审视将表明，通过独特事件的影响，媒介化的体育文化是如何出现的，这些事件长期以来创造并维持了奥运媒介奇观的巨大影响力。

参考文献

Bakhtin, M.M. (1981). Forms of time and of the chronotope in the novel. In M. Holquist (ed.), *The dialogic imagination: Four essays by M. M. Bakhtin* (pp. 84–258). Austin, TX: University of Texas Press.

Billings, A. C. (2008). *Olympic media: Inside the biggest show on television*. Abingdon: Routledge.

Billings, A. C. and Kim, Y. (2014). Shaping viewer experiences: The biggest spectacle on television's grandest stage. In V. Girginov (ed.), *Handbook of the London* 2012 *Olympic and Paralympic Games, Volume Two: Celebrating the Games*, (pp.184–194). New York: Routledge.

Booth, R. (2012). London 2102: Olympic venues prepare for world's media. *The Guardian*, June 26. Retrieved from www.theguardian.com/sport/2012/jun/26/london-2012-olympic-venues-media

(accessed 24 November 2016).

Boykoff, J.(2014). *Celebration capitalism and the Olympic Games*. New York: Routledge.

Braudel, F.(1969). *On history*(trans. S. Matthews). Chicago, IL: University of Chicago Press.

Braudel, F.(1973). *Capitalism and material life* 1400－1800(trans. M. Kochan). New York: Harper & Row.

Braudel, F.(1975). *The Mediterranean and the Mediterranean world in the age of Philip II*, vols 1 and 2(trans. S. Reynolds). Harmondsworth: Penguin.

Burke, P.(2006). How to write a history of Europe: Europe, Europes, Eurasis. *European Review*, 14(2), 233－239.

Cohen, P.(2016). The Olympic compact: Legacies of gift, debt and unequal exchange. In G. Poynter, V. Viehoff and Y. Li(eds), *The London Olympics and urban development: The megaevent city* (pp.48－69). New York: Routledge.

De Moragas Spa, M., Rivenburgh N.K. and Larson, J.F.(1995). *Television in the Olympics*. London: Libbey.

Frandsen, K.(2014). Mediatization of sports. In K. Lundby(ed.), *Mediatization of communication* (pp.525－543). Berlin: Mouton de Gruyter.

Guttmann, A.(2002). *The Olympics: A history of the modern Games*(2nd ed.). Urbana, IL: University of Illinois Press.

Hargreaves, J.(2000). *Freedom for Catalonia? Catalan nationalism, Spanish identity and the Barcelona Olympic Games*. Cambridge: Cambridge University Press.

Hart－Davis, D.(1986). *Hitler's Games: The 1936 Olympics*. New York: Harper & Row.

Hjarvard, S.(2013). *The mediatization of culture and society*. New York: Routledge.

IOC(1997). *The Olympic movement*. Lausanne: International Olympic Committee.

IOC(2016). *IOC Annual report 2015: Credibility, sustainability and youth*. Lausanne: International Olympic Committee. Retrieved from https://stillmed.olympic.org/media/Document%20Library/OlympicOrg/Documents/IOC－Annual－Report/IOC－Annual%20Report－2015.pdf#_ga=1.213810259.635893392.1412523930(accessed 24 November 2016).

Killanin, L.(1983). *My Olympic years*. New York: William Morrow.

Mandell, R.D.(1972). *The Nazi Olympics*. London: Souvenir Press.

Miles, S.(2014). The Beijing Olympics: Complicit consumerism and the re－invention of citizenship. *Contemporary Social Science*, 9(2), 159－172.

Miller, D.(2008). *The official history of the Olympic Games and the IOC: Athens to Beijing, 1894－2008*. Edinburgh: Mainstream Publishing.

Miller, T., Lawrence, G., McKay, J. and Rowe, D.(2001). *Globalization and sport: Playing the world*. London: Sage.

Nielsen(2008).Beijing Olympics draw largest-ever global TV audience.September 5.Retrieved from www.nielsen.com/us/en/insights/news/2008/beijing-olympics-draw-largest-ever-global-tv-audience.html(accessed 24 November 2016).

Official Olympic Report-Amsterdam(1928).*The Ninth Olympiad, being the Official Report of the Olympic Games celebrated at Amsterdam, issued by the Netherlands Olympic Committee* (*Committee 1928*)(ed.G.Van Rossem, trans.S.W.Fleming).Amsterdam:J.H.De Bussy.

Official Olympic Report-Barcelona(1992).*Official Report of the Games of the XXV Olym-piad Barcelona 1992, Volume 1:The challenge-From the idea to the nomination.*Barcelona:COOB'92.

Official Olympic Report-Berlin(1936).*The XIth Olympic Games Berlin, 1936:Official report* (ed.C.Diem).Berlin:Wilhelm Limpert.

Official Olympic Report-Los Angeles(1932).*The Games of the Xth Olympiad:Los Angeles* 1932 Official Report.Los Angeles, CA:Xth Olympiade Committee of the Games of Los Angeles.

Official Olympic Report-Paris(1924).*Les Jeux de la VIIIme Olympiade, Paris* 1924:*Rapport officiel*, vol.4.Paris:Comité Olympique Français.

Panja, T.(2015).Rio Olympics ceremony to cost 10% of London's lavish event open.*Bloom-berg News*, September 22.Retrieved from www.bloomberg.com/news/articles/2015-09-22/rio-olympics-ceremony-to-cost-10-of-london-s-lavish-event-open(accessed 24 November 2016).

Perelman, R.B.(ed.)(1985).*Olympic retrospective:The Games of Los Angeles.* Los Angeles, CA:Los Angeles Organizing Committee.

Pound, R.W.(2004).*Inside the Olympics:A behind-the-scenes look at the politics, the scandals, and the glory of the Games.*Toronto:John Wiley & Sons.

Price, M.E.(2008).Introduction.In M.E.Price and D.Dayan(eds), *Owning the Olympics:Narratives of the new China* (pp.1-13).Ann Arbor, MI:University of Michigan Press.

Roche, M.(2000).*Mega-events and modernity:Olympics and expos in the growth of global culture.*New York:Routledge.

Sanders, B.A.(2013).*The Los Angeles 1984 Olympic Games.*Charleston, SC:Arcadia Publishing.

Schausteck de Almeida, B., Júnior W.M.and Pike, E.(2014).The 2016 Olympic and Para-lympic Games and Brazil's soft power.*Contemporary Social Science*, 9(2), 271-283.

Tomkiw, L.(2016).How much have the Rio Olympics cost Brazil? Budget of the Games explained.*International Business Times*, August 5.Retrieved from www.lbtimes.com/how-much-have-rio-olympics-cost-brazil-budget-games-explained-2397764(accessed 24 November 2016).

Tomlinson, A.(1999).*The game's up:Essays in the cultural analysis of sport, leisure and popular culture.*Aldershot:Ashgate.

Tomlinson, A.(2005).Olympic survivals:The Olympic Games as a global phenomenon.In L. Allison(ed.), *The global politics of sport:The role of global institutions in sport*(pp.46-62).New

York:Routledge.

Tomlinson, A. (2006). Los Angeles 1984 and 1932: Commercializing the American dream. In A. Tomlinson and C. Young (eds), *National identity and global sports events: Culture, politics, and spectacle in the Olympics and the Football World Cup* (pp.163–176). Albany, NY: SUNY Press.

Tomlinson, A. (2013). The best Olympics never. In M. Perryman (ed.), *London 2012: How was it for us?* (pp.47–61). London: Lawrence & Wishart.

Tomlinson, A. and Young, C. (2011). Sport in modern European history: Trajectories, constellations, conjunctures. *Journal of Historical Sociology*, 24(4), 409–427.

Wallechinsky, D. and Loucky, J. (2008). *The complete book of the Olympics*. London: Aurum Press.

第五章 22届冬季奥运会

——媒体与赛事的制作性

皮尔科·马库拉[①]

> 对于申办与组织委员会、赞助商、电视网络及其从业者来说,夏季奥运会类似于全球体育中的金牌,而冬季奥运会仅仅只是一块银牌。
>
> (Lenskyj,2012,p.88)

和夏季奥运会相比,冬季奥运会更像是奥运家族中的小表亲。[②] 尽管它只有夏季奥运会三分之一的体量,却依然能吸引众多媒体的关注。例如,2010 年温哥华冬奥会吸引了 18 亿电视观众,此外,它还被誉为首届"社交媒体奥运会"(Miah & Jones,2012)。2014 年索契冬奥会有 21 亿观众观看,并出现在脸书(Facebook)、推特(Twitter)和照片墙(Instagram)等社交媒体平台和各种互联网网页上(IOC,2014)。[③] 尽管社交媒体提升了冬奥会的贴近性,但电视依旧是传播冬奥会的主要媒介,出售电视转播权依旧是获得资金的主要方式。因此,电视仍然在冬季奥运会举办过程中扮演着重要角色。

---

① 加拿大阿尔伯塔大学体育与休闲学院体育活动社会文化研究教授。她的后结构主义研究聚焦体育运动带来社会变迁的潜力。

② 2012 年伦敦奥运会吸引了来自 204 个国家和地区的10 768名运动员参与 26 个大项的 302 个小项的比赛(http://en.wikipedia.org/wiki/2012_Summer_Olympics)。2014 年索契冬奥会吸引了来自 88 个国家和地区的 2 873 名选手参与 7 个大项、15 个分项中的 98 个小项的比赛(IOC,2014;Donnely,Norman & Donnely,2015)。

③ 穆勒(Muller,2015)指出 2012 年伦敦夏奥会和 2010 年南非足球世界杯是迄今为止规模最大的体育重大事件,通过各类媒介触达近 30 亿受众。虽然与上述两项赛事有显著差距,但 2010 年温哥华冬奥会(触达 21 亿受众)基本上与 2012 年欧洲足球锦标赛等量齐观,高于 2010 年德里英联邦运动会、2011 年新西兰英式橄榄球世界杯和 2013 年在新奥尔良举行的超级碗的受关注度。

在本章中,笔者将着重关注冬季奥运会的媒介化进程,首先考察在冬季奥运会的历史发展中,人们如何通过电视制作技术的不断迭代和演化来"制作"冬奥会;其次关注在传播制作中呈现冬奥会的趋势。通过对以上问题的思考,笔者将总结商业化、全球化、城市化、媒介化等社会进程对冬奥会的相互交织的影响。

媒介化与冬季奥运会的制作

> 媒介化往往是一个很长的过程,在这个过程中,由于媒介影响力的增长,社会和文化制度以及交互模式都发生了变化。
>
> (Hjarvard,2011,p.124)

在1894年[①]第一届现代夏季奥运会举办30年后,第一届冬季奥运会于1924年在法国夏蒙尼举办。最初,冬奥会由雪橇、冰壶、冰球、北欧滑雪和滑冰5个项目组成。后来虽然只在原有基础上增加了2项运动——冬季两项和雪橇,但每个项目下的分项和小项数量都显著增多。最近增加的分项分别是自由式滑雪(1992)、短道速滑(1992)和单板滑雪(1998),这些项目现在总共约占冬奥会全部项目的三分之一(98个小项中的32个)(见表5.1)。

表5.1 冬季奥运会(1924—2014)

举办年	举办地	参与国数②	运动员数量		大项	分项	小项	全球电视收入(百万美元)	美国电视转播权(百万美元)	观众人数
			男子	女子						
1924	法国夏蒙尼	16	247	11	6	9	16	—	—	—
1928	瑞士圣莫里茨	25	438	26	4	8	14	—	—	—
1932	美国普莱西德湖	17	231	21	4	7	14	—	—	—
1936	德国加米施—帕滕基兴	28	566	80	4	8	17	—	—	—
1948	瑞士圣莫里茨	28	592	77	4	9	22	—	—	—
1952	挪威奥斯陆	30	585	109	4	8	22	—	—	—

① 原文如此,应为1896年。——译者注

② 本项数据包括参与国家和地区。——译者注

续表

举办年	举办地	参与国数①	运动员数量		大项	分项	小项	全球电视收入(百万美元)	美国电视转播权(百万美元)	观众人数
			男子	女子						
1956	意大利科蒂纳—丹佩佐	32	687	134	4	8	24	第一次转播	—	—
1960	美国斯阔谷	30	521	144	4	8	27	0.05	0.05 CBS	—
1964	奥地利因斯布鲁克	36	892	199	6	10	34	0.937	0.59 NBC	—
1968	法国格勒诺布尔	37	947	211	6	10	35	2.6	2.5 ABC	60 万
1972	日本札幌	35	801	205	6	10	35	8.5	6.4 ABC	—
1976	奥地利因斯布鲁克	37	892	231	6	10	37	11.6	10 ABC	—
1980	美国普莱西德湖	37	840	232	6	10	38	20.7	15.5 NBC	—
1984	南斯拉夫萨拉热窝	49	998	274	6	10	39	102.7	91.5 ABC	—
1988	加拿大卡尔加里	57	1122	301	6	10	46	325	309 ABC	—
1992	法国阿尔贝维尔	64	1313	488	6	12	57	292	243 CBS	800 万
1994	挪威利勒哈默尔	67	1215	522	6	12	61	353	295 CBS	1070 万
1998	日本长野	72	1389	787	7	14	68	513.5	375 NBC	1070 万
2002	美国盐湖城	78	1513	886	7	15	78	738	443 NBC	21 亿
2006	意大利都灵	80	1548	960	7	15	84	833.5	617 NBC	31 亿
2010	加拿大温哥华	82	1522	1044	7	15	86	1279.5	—	18 亿
2014	俄罗斯索契	88	1714	1159	7	15	98	1290	—	21 亿

资料来源:国际奥委会市场数据报告 2013 版(www.olympic.org);国际奥委会女子奥林匹克运动说明书 2014 版(www.olympic.org);国际奥委会历届奥运会市场报告(www.olympic.org);维基百科“冬季奥运会”(en.wikipedia.org/wiki/Winter_Olympic_Games)。

尽管是“一场财政灾难”,但 1924 年法国夏蒙尼为期一周的冬奥会②由于在法国普及了滑雪和其他冬季运动而被视为取得了“体育和政治上的成功”(Chappelet,2010,p.3)。这些冰雪运动项目由此加入奥运大家庭,并且继续决定着冬奥会的举办地点,甚至指定了参赛国。这一语境也决定了媒体在打造冬奥会中所扮演的角色。

① 本项数据包括参与国家和地区。——译者注

② 首届冬奥会最初没有得到国际奥委会的官方承认,当时被称为“奥林匹克周冬季运动会”,1925 年在布拉格举行的国际奥委会第 22 次全会才正式通过定期举行冬季奥运会的决定,并追认 1924 年夏蒙尼“奥林匹克周冬季运动会”为第一届冬奥会。——译者注

媒介化的框架说明了媒体是如何与体育等社会机构交织在一起并影响它们的(Hjarvard,2011)。媒介化在矛盾的环境、突发事件及其需求中持续演进,将电视广播的历史与冬奥会的发展交织在一起。在这段漫长的历程中,媒介化与全球化、城市化以及商业化的发展过程是一致的(Frandsen,2014;Hjarvard,2011)。

媒介化的发展:电视与冬奥会

> 奥运会必须被理解为一场盛大的电视赛事。它被商业化、全球化、数字化的力量所塑造。
>
> (Whannel,2012,p.263)

舒尔茨(Schulz,2004)提出,媒介化有着通过扩散传播来超越当下的时间和空间的特征。电视这种媒介可以向未能亲临现场的观众传播冬奥会。因为媒介化是随着时间的推移而实现的,因此,笔者遵循其他学者(Slater,1998;Whannel,2012)的研究,通过四个时代来考察电视与奥运会的关系,这四个时代分别为:前电视时代(1936 年之前),无卫星电视时代(1936—1967 年),有卫星电视的全球化时代(1968—1987 年),以及数字化转型时代(1988 年至今)。

电视的出现

1956 年在意大利科蒂纳—丹佩佐举行的冬季奥运会是首次进行电视转播的冬奥会。[①] 第二次世界大战后,电视技术快速发展并在冷战时期被用作政治宣传的工具。[②] 作为将多项目体育赛事转播给全球受众的第一次尝试,这次奥运会没有产生任何电视转播权收入(Guttman,1986)。

1960 年美国斯阔谷冬奥会组委会将电视转播权以 5 万美金的低价卖给了美国哥伦比亚广播公司(CBS)。冬奥会因此成为电视转播权收益的开创者,自此以后,电视转播权在奥运会收益结构中占据主导地位(Whannel,2012)。

---

① 根据考证,1936 年加米施—帕滕基兴冬奥会就已有延时的电视转播,当时的做法是由电影摄影机拍好内容后运到柏林在电影院里播放,会比正在进行的比赛晚 2—3 天。——译者注

② 那时只有极其有限的地区对冬奥会感兴趣,但它们恰恰处于冷战的核心地带。因为在科蒂纳—丹佩佐冬奥会上,苏联完成了冬奥首秀,并且在奖牌榜上位居第一,其主要对手美国队仅位列第七(Toohey & Veal,2007)。

电视的全球化

尽管 CBS 一开始就购买了夏季奥运会和冬季奥运会的电视转播权,但是到了 20 世纪七八十年代,美国广播公司(ABC)开始成为冬奥会的重要制作商,它在巨大的美国市场上通过广告潜力来获取大量利润(Whannel,2012)。这种商业前景导致美国对奥运会电视转播权的竞标异常激烈。迅速攀升的电视转播权费用让美国电视转播权持有者成为奥运会的主要金主。如表 5.2 所示,此时间段内的冬奥会的几乎全部转播收入都来自美国的电视转播权。

表 5.2 冬季奥运会美国电视转播权费用

冬季奥运会举办年	来自美国电视网的资金总额(百万美元)	总共获得的电视转播权资金总额(百万美元)	美国电视网在全部资金总额中的占比(%)
1960	0.05	0.05	100
1964	0.59	0.937	63
1968	2.5	2.6	96
1972	6.4	8.5	75
1976	10	11.6	86
1980	15.5	20.7	78
1984	91.5	102.7	89
1988	309	324.9	95
1992	243	291.9	83
1994	295	352.9	84
1998	375	513.5	73
2002	443	738	60
2006	617	833.5	74

资料来源:国际奥委会市场数据报告 2013 版(www.olympic.org)。

作为奥运会的主要金主,美国电视网在奥运会的运营上获得了越来越大的权力。例如,当 ABC 以创纪录的 3.09 亿美元获得 1988 年卡尔加里冬季奥运会电视转播权时,组织者改变了节目安排,将美国流行的体育项目如冰球、花样滑冰等安排在美国电视的黄金时段播出,以迎合美国观众。另外,此次冬奥会横跨 3 个周末(16 个比赛日,而不是通常的 12 天),以增加美国的观众人数(从而提升广告获利的潜力)。同样,CBS 在 1994 年利勒哈默尔冬季奥运会期间获得特权:它被分配了特殊的场地和设施,更为重要的是,它被允许制作与东道主转播方权限相同的国际信号——这是其他任何奥运会转播商都无法获得的特权(Puijk,2000)。

20 世纪 80 年代是竞标战的黄金时代,ABC 在 1988 年冬奥会期间因无法以广告收入收回购买电视转播权的费用而亏损。它还输给了 CBS,后者以低 20% 的价格购买了 1992 年阿尔贝维尔冬季奥运会的转播权。国际奥委会因此担心失去来自美国广播电视网的收入,于是,在 ABC 的倡议下,国际奥委会对奥运赛程进行了调整。为了避免美国电视网在同一年支付两次奥运会转播权费用,冬季奥运会和夏季奥运会被分开来举行。此举旨在帮助美国奥运转播商实现广告利润的最大化(Lenskyj,2012;Whannel,2012)。因此,利勒哈默尔冬季奥运会是在 1992 年阿尔贝维尔冬季奥运会结束后两年,即 1994 年举行的。这就是电视商业化对冬季奥运会的主要影响之一,也是媒介推动体育赛事呈现自身逻辑的一个重要案例。

与此同时,国际奥委会担心自己过于依赖电视转播权的资金,其 95% 的经费来自美国电视网(Tomlinson,2012)。虽然电视转播权收益在艾弗里 · 布伦戴奇担任国际奥委会主席的时代(1952—1970)已经被证明是一个可行的收入来源(布伦戴奇本身是商业主义和职业化的坚决反对者),但直到胡安 · 安东尼奥 · 萨马兰奇成为新一届国际奥委会主席(1980—2001),电视转播权之外的经费来源才得以实现(Tomlinson,2012)。在 1982 年成立新资金来源委员会后,萨马兰奇将独家营销权授予霍斯特 · 戴斯勒(Horst Dassler,阿迪达斯的老板)的一个名为国际体育休闲公司(ISL)的赞助机构。ISL 制定了一个基于夏季奥运会和冬季奥运会以及所有国家奥委会和国际体育单项组织(共同组成国际奥委会)的“权利捆绑”(rights-bundling)的全球营销计划。其中的 TOP 计划只对经过挑选的特邀赞助商开放,他们无权在奥运会期间投放广告。TOP 计划(或目前所称的奥林匹克合作伙伴计划)之所以利润丰厚,是因为它与“高于”“广告的纯洁运动会”有着独一无二的联系(Whannel,2012)。正如万内尔(ibid.,p.265)解释的那样,赞助商“购买的是与这个世界上最具认知度的奥运五环标志的联系,这一标志代表着世界级的卓越”。[①] 尽管来自 TOP 的赞助有助于减轻奥委会对电视转播权的依赖,但 2010 年温哥华奥运会依然有 50%(25.7 亿美元)的收入来源于电视转播权,40% 的收入来源于赞助者,包括 TOP 合作伙伴(8.66 亿美元)和本地赞助商。

---

① 1988 年卡尔加里冬奥会成为首次靠 TOP 计划赞助商获利的冬季奥运会。针对 2014 年索契冬奥会的第七批 TOP 计划有 10 个合作伙伴,即可口可乐、阿托斯、道琼斯指数、通用电气、麦当劳、欧米茄、松下、宝洁、三星和维萨卡(IOC,2014)。

数字化转型时代

除了资金，国际奥委会还努力提高对奥运会电视转播的控制权。传统上，奥运会的电视转播由主办国电视机构提供国际信号。这通常指的是国家电视公司的一个分支〔如1994年利勒哈默尔冬奥会的挪威广播公司(NBC)〕(Puijk，2000)，或者国家电视台的一个商业频道〔如1988年卡尔加里冬奥会的加拿大电视网(CTV)〕成为“主转播台”(MacNeill，1996)。2001年，国际奥委会成立了奥林匹克广播服务公司(OBS)，集中管理奥运会的电视转播。现在，它独家委派各个播出机构分别负责不同项目的电视转播(Toohey & Veal，2007；Whannel，2012)。比如，温哥华奥林匹克广播服务公司作为OBS的子公司，负责整个2010年冬奥会国际信号的制作(IOC，2010)。同样，OBS制作并传输了2014年索契冬奥会的所有报道(IOC，2014)。

数字技术的发展，尤其是互联网以及由用户创造内容的社交媒体的出现，给国际奥委会带来了新的挑战——如何掌控这些新模式来为转播创造利润？如何避免在互联网的影响下失去原本属于电视直播的观众？国际奥委会和美国全国广播公司(NBC，现在美国的奥运会转播权拥有者)达成了一项战略协议，即提前购买多届奥运会的转播权。例如，NBC耗资22亿美元获得了2010年温哥华冬奥会和2012年伦敦奥运会的转播权(Billings，2008；Whannel，2012)。2011年，它又获得了2012年伦敦奥运会的电视转播权。2014年，NBC更进一步地以76.5亿美元的价格获得了2021年至2032年的“所有媒体平台的转播权，包括免费电视、付费电视、互联网和移动平台”(Maylan，2014)。在此战略协议下，国际奥委会能够确保多届奥运会获得稳定收入。

数字化时代是以社交媒体为特性的时代，个人用户可以在网络上自由发布信息。这就意味着，任何观众都可以无视奥委会官方媒体的管控，随时上传有关冬奥会的视频、图片和叙事。为了应对这种对其品牌和潜在收入的威胁，国际奥委会采取了行动，对未经许可的非法数字版权行为进行“地理封锁”(geo-block)(Whannel，2012)。尽管互联网对国际奥委会的利润造成了威胁，但国际奥委会依然决定拥抱这项技术，让更多受众使用这些媒体终端，否则就有可能失去国际重大体育事件组织者的地位(Miah & Jones，2012)。事实上，1998年长野冬奥会是第一届提供官方主页的奥运会(IOC，1998)。2010年温哥华冬奥会让人们可以在全球100多个网站上观看赛事；拥有自己的脸书主页和推特账户;另外,国际奥委会还鼓励受众通过共享网站 Flickr 分享他们的照片(Miah & Jones,2012)。当然,那时候还没有对赛事的网络直播(Pena,Damajo & Arauz,2014)。2014 年索契冬奥会有 230 个专用数字频道(155 个网站和 75 个应用程序)。这些频道总共提供了 6 万小时的数字直播,而同时期的电视直播只有 4.8 万小时。除此之外,OBS 还推出了奥运视频播放器(OVP)应用程序,提供视频直播和视频点播,此应用为 95 个国家和地区提供了超过 200 万个小时的视频和音频服务。这也是有史以来互联网转播时长首次超过电视转播时长(IOC,2014)。

从历史上看,电视转播在推动冬奥会媒介化方面发挥了核心作用。这一过程得到了美国反垄断法规的辅助,即为了得到电视转播权,美国主流的广播电视网展开了激烈竞争。这些广播电视网受有利可图的收视率以及随之而来的广告潜力所驱动。因此,如前所述,冬奥会的电视转播与商业化文明时代高度现代性的特征紧密相关(Hjarvard,2011)。美国电视网的转播权提供了重要的资金来源,甚至决定了应该如何在全球化框架下发展冬奥会。在媒介化进程的初级阶段,美国电视转播权持有者获得了相对独立的地位,摆脱了国际奥委会的控制,国际奥委会随后不得不行使其机构权力来重新平衡这种关系。数字技术为多种媒体提供了平台,数字媒体取代电视成了冬奥会的主要传播媒介,从而再次打破了这种关系。国际奥委会最初试图限制多媒体的进入,但现在除了在主要媒体转播权合同中“捆绑”所有媒体平台的转播权,还将其纳入 OBS 的服务范畴。随着媒体产业经济的持续集中化(正如 NBC 那样),不同的媒体现在在相同的商业和专业目标下共同运作(Deuze,2007;Frandsen,2014),同样也包括制作奥运节目。尽管如此,国际奥委会仍严格管理其品牌——奥林匹克五环,该品牌仍是奥林匹克营销计划中最有价值的商业资产(IOC,2014),既可以帮助国际奥委会减轻对于强势媒体的依赖,又可以增强其规范媒介化进程的能力。

在全球体育媒介化的语境下,冬奥会继续蓬勃发展。毫无疑问,冬奥会从它的重磅表亲夏季奥运会那里获益匪浅。例如,NBC 的电视转播权合同(依旧占据了冬奥会收入的 50%)同时打包了夏季奥运会和冬季奥运会。此外,每个 TOP 计划合作伙伴都签订了一份长达 5 年的合约,以便服务于冬奥会,若非如此,冬奥会本身可能无法吸引到与夏季奥运会同等水平的全球赞助商。无论如何,电视转播的盈利对于国际奥委会的影响,如果引用万内尔的话来说,就是从“优雅贫穷”的业余主义摇身一变为“豪华奢侈”的专业主义(Whannel,2012, p.269),冬奥会从一开始的默默无闻发展到如今的拥有来自 88 个国家和地区的超过 3 000 名运动员以及 21 亿受众的全球重大事件。

冬奥会的形象

> 电视一直是传播运动员努力拼搏形象、成功与失败、奥运价值观的工具(也是奥运会的资金来源)。
>
> (Pena,Damajo & Aranz,2014,p.154)

弗兰德森(Frandsen,2014,p.535)曾提及,“电视运用声画”以及它的“独一无二的传递体育体验的能力”拉近了冬奥会与更多的全球受众之间的距离。然而,电视画面也可能改变我们对奥运会东道主和运动员的看法。如果说媒介化推动了冬奥会的全球扩张,那么,媒介化同时也暴露了重大事件中的一些问题。

冬奥会主办国的形象

> 从历史上看,奥运会为国家和团体提供了“展示其文化的机会”。
>
> (Dyreson,2010,p.55)

冬奥会也不例外。例如,1924 年的冬奥会不仅展示了夏蒙尼作为冬季旅游胜地的形象,同时还强调了法国作为欧洲领袖的地位(Terret,2010)。夏慕尼冬奥会也对冬奥会如何寻找合适的举办地起到了指导作用。

冬奥会通常会在一个小型滑雪胜地举行(如圣莫里茨、斯阔谷、加米施—帕滕基兴、科蒂纳—丹佩佐、普莱西德湖),承办地希望通过举办比赛以修建更好的交通和滑雪设施并以此吸引更多游客。高速发展的体育科技与基础设施建设,合适的气候条件以及是否会同时破坏脆弱的山地生态环境,这些问题给组织者带来了压力,要求他们在快速、平稳地扩大比赛规模的同时,还必须考虑日益严峻的环保问题。比如,一些体育设施(如滑雪跳台和雪橇赛道)由于在赛后无法被普通民众使用而被冠以“白象”之名(Chappelet,2010;Dansero & Mela,2012;Terret,2010)。这些关于环境的担忧是冬奥会不断扩张造成的,也有部分是由媒体利益引发的。

在很早以前,抗议者就开始反对冬奥会修建某些设施。早在 1932 年,普莱西德湖本地的活跃分子就成功地抗议了当地为修建冬奥会设施而砍伐树木的决议,这是由于坐落于亚迪隆达克公园的普莱西德湖受到纽约州法律的保护,其禁止任何改变自然景观的做法(Chappelet,2010)。在之后的 1980 年普莱西德湖冬奥会期间,随着媒体报道的增多,类似的反对声音也随之高涨,因此,在 1980 年之后要找寻能够举办更大规模的冬奥会的主办地变得越来越困难。例如,阿尔卑斯山几个小型山区度假胜地的市民投票否决了其所在地申请主办冬奥会的提议(ibid.)。1992 年法国阿尔贝维尔冬奥会引发了更多关于环境问题的担忧(Boykoff,2013;Chappelet,2010;Terret,2010)。尽管冬奥会的组织者尝试着将所有环境问题都纳入考虑范围,但是建造滑雪跳台和雪橇赛道再次引起了争议,并被媒体广泛报道。在全世界的媒体报道中,每次冬奥会开幕式前都会出现环保组织举行的抗议游行(Terret,2010)。为了抵消这些负面影响,1991 年、1992 年,第一届冬奥会主办城市全球会议和地球峰会(该峰会推广了“可持续发展”一词)相继召开,通过了一项奥林匹克宪章修正案,以“负责任地关注环境问题”(Boykoff,2013,p.48)。1994 年冬奥会在挪威的一座小型山地城市——利勒哈默尔举办,组织者得到了挪威政府的资助,遵循了可持续发展的理念,因而获得了“绿色奥运”的称号。普伊克(Puijk,2000)发现,即使是在普遍持批评态度的挪威媒体上,这一届冬奥会也获得了许多正面报道。然而,由于冬奥会规模的持续扩张,它已经更频繁地在城市中重新选址。

1998 年长野冬奥会之后,国际奥委会开始将冬奥会锁定在较大的城市(如盐湖城、都灵、温哥华)。这些城市首要关切的是为自己树立良好的形象。譬如,丹塞罗和梅拉(Dansero & Mela,2012)观察到,都灵是意大利北部的一座中型工业城市,申奥的目的在于建构与罗马、米兰和威尼斯截然不同的城市形象。许多比赛定在都灵附近的山区举行,但城市是多中心的“奥林匹克地区”的核心——这是在城市环境中举办冬奥会的核心问题。都灵主办方继续“高度重视环境问题”,大打“绿色环保牌”:为如何组织可持续发展的奥运会探索出一条道路(ibid.,p.189)。2010 年冬奥会的主办城市温哥华也采取了类似的行动,把环境管理、可持续利用以及绿色生活作为其主要目标①(Chappelet,2010;Lenskyj,2012)。通过媒介化进程,规模不断扩大、日益商业化的冬奥会现在已经与另一个高度现代主义的社会进程——城市化纠缠在一起(Hjarard,2011)。

主办方选择通过自己的方式将媒介化的形象嵌入自己的叙事之中。历届冬奥会组委会都尽全力为自己建构令人满意的故事情节。比如,戴尔森(Dyreson,2010)指出,2002 年盐湖城冬奥会的组织者以“巨大的努力来确保国

① 其他目标还包括原住民参与、责任感和社会包容。

际奥委会和国际媒体”能够将以摩门教为主的犹他州视为一个亲切的、迷人的和现代的“美国西部的心脏地区,令人敬畏的拓荒者、壮观的风景和边境精神的家园”(ibid.,pp.56-57)。许多学者注意到了这类“元叙事”的超真实本质:它们创造了拟像(没有原型的模拟现实)而非现实的再现(Real,2012,p.227)。在申奥过程中,尤其是在奥运会开幕式和闭幕式上使用原住民形象(Dyreson,2010;Forsyth & Wamsley,2005;Hogan,2010;Lenskyj,2012)时,这种拟像的做法显得尤为突出。

开幕式是冬奥会中观众人数最多的活动之一。例如,全球有 30 亿人观看 2014 年索契冬奥会开幕式。① 这一盛典通过一些精选的历史与文化资源来宣传东道国、主办州(省)和主办城市。正如霍根(Hogan,2010,p.138)所指出的:“奥运会开幕式……简化、放大、去政治化了国家(发明的)传统,并将东道主的叙事回溯到了国家正式成立之前。”例如,2002 年盐湖城冬奥会开幕式为了彰显其多元文化,让犹他州的 5 个印第安部落的土著展示他们的传统服饰;这种表现形式,正如霍根所言,忽视了白人殖民者与当地印第安人之间的持续冲突与后者受的歧视。这次开幕式是在“9 · 11”事件发生短短几个月后举办的,它被塑造为反对穆斯林和“中东长相的人”的美国统一叙事(ibid.,p.147),“唤起了美国的‘反恐战争’”(ibid.,p.147)。媒体在助长这种主流叙事的同时,也为另类声音提供了空间——尽管不太明显。

冬奥会显然没有受到多届夏季奥运会遭到抵制的影响,但是也充满了各种丑闻、抗议和冲突。这样的事件包括 1992 年阿尔贝维尔冬奥会的环保问题,2002 年盐湖城冬奥会的贿选丑闻,2010 年温哥华冬奥会问责制的缺失和原住民抗议,还有 2012 年对女子跳台滑雪的排斥(Vertinsky,Jette & Hofmann,2009),以及对 2014 年索契冬奥会反同性恋条款的反对,这些问题在全世界被广泛报道。除了主办方,参赛运动员的形象也充斥于国内和全球媒体的叙事中。

冬奥会运动员的形象

> 这个时代的体育运动,包括奥运会,往往涉及基于种族和性别的持续的不平等现象。
>
> (Hogan,2010,p.135)

① 随后的冬奥会官方报告提供的数字是 21 亿观众(IOC,2014)。

传统上,冬奥会会吸引来自中欧、北欧、北美和亚洲地区的运动员,这些地区拥有适合开展冰雪运动的条件。如前所述,不管怎样,由于对运动项目进行了策略性挑选,参与者的范围扩大了。另外,国际奥委会还会努力在类似非洲地区等没有冬奥会传统的地区扩大其媒体覆盖面。例如,国际奥委会与法国国际频道(Canal France International)和都灵奥林匹克广播电视组织(Torino Olympic Broadcasting Organization)合作,达成了一项协议,为40个撒哈拉沙漠以南的非洲国家提供2006年都灵冬奥会的免费电视转播(Toohey & Veal,2007)。2014年索契冬奥会通过电视、互联网和移动平台向中东、北非以及撒哈拉沙漠以南非洲国家免费转播(IOC,2014)。尽管冬奥会的电视覆盖范围有所扩大,但一些持批判态度的体育学者依然对其内容表示担忧。

国际奥委会一直努力提高女性的参与度,从1924年夏蒙尼冬奥会的11名女性运动员到2014年索契冬奥会的超过1000名女性运动员(占比40.4%)(Donnelly,Norman & Donnelly,2015;另见表5.1)。尽管在平等参与方面取得了长足进步,但媒体依然排斥与轻视女性运动员(Lenskyj,2012)。通过对《加拿大环球邮报》(*Globe and Mail*)从1924年到1992年冬奥会报道的性别研究,乌尔库哈特和克罗斯曼(Urquhart & Crossman,1999)发现,尽管报道量随着时间的推移而增加,但与男性运动员相比,女性运动员的代表性一直不足,并且体育版的后页中对适合女性性别的运动项目(如花样滑冰)的描述淡化了女性运动员的形象。一些研究者(Angelini,MacArthur & Billings,2012;Puijk,2000;Whannel,2012)指出,叙事的核心在于使美国电视广播网的受众数量最大化(也包括那些通常不看体育节目的人群)。虽然冬奥会为那些通常很少获得电视报道的女性运动员提供了一个极佳的平台,但是这些叙事塑造了一种独特的女性气质。例如,达达里奥(Daddario,1994)指出,在CBS对1992年阿尔贝维尔冬奥会的报道中,女性运动员的竞技成就因为一些幼稚的论调(比如使用绰号),或被描述成女儿或姐妹而非运动员,从而被轻视。在一系列研究中,比林斯等(Billings,2008;Billings,Brown & Brown-Devlin,2015;Billings,et al.,2008;Billings & Eastman,2003)指出,尽管女性在美国其他体育赛事中获得的报道越来越多,“但冬奥会与夏季奥运会之间仍然存在着巨大的时间关注上的性别差异”(Angelini et al.,2012,p.263):如果女性运动员在夏季奥运会上获得24%的时间关注度,那么,她们在冬奥会上只有2%的时间关注度。只有1994年利勒哈默尔冬奥会的美国花样滑冰运动员南希·克里根(Nancy Kerrigan)和汤娅·哈丁(Tonya Harding)之间的对决是一个罕见的例外,她们的表演是美国历史上收视率最高的奥林匹克夜场秀[1](Angelini et al.,2012;Baughman,1995;Puijk,2000)。

结 语

在本章中,笔者尝试指出媒介是如何在漫长的历程中影响冬奥会的,冬奥会已经稳步发展为全球体育重大事件。尤其是电视,扩大了七项冬季运动项目的媒介传播范围,而其中一些项目的竞争者基础相当有限。随着商业化、全球化、城市化和私有化进一步改变了冬奥会,这一媒介化进程与高度现代化的其他社会和文化变革进程不可避免地交织在一起,它们从更深层次改变了冬奥会(Hjarvard,2011)。冬奥会的商业化在很大程度上归功于电视转播权的出售。尤其是美国电视网的"竞标战",交织着商业化和媒介化,导致冬奥会发生了有利于美国观众的变化以确保其广告收益。在这种商业环境下,冬奥会因与表亲夏季奥运会的密切关系而受益匪浅。例如,所有的媒体转播权与赞助商合同都必须同时包括夏季奥运会和冬季奥运会(现在还包括青年奥运会),因此,为了抓住夏季奥运会利润丰厚的观众市场和广告市场,有前瞻眼光的美国电视网同样需要支持冬奥会。

电视化的冬奥会如今具有广泛的全球影响力,从而使赛事和参赛运动员的数量稳步增长。然而,冬奥会的扩大导致它只能在能够容纳所需基础设施和更多媒体人员的城市环境中举办(Miah & Jones,2012)。社交媒体遍及各大洲,进一步彰显了冬奥会全球体育重大事件的地位。

冬奥会以电视转播的形式进入观众的家中(Frandsen,2014)。在此过程中,媒体承担起和大众传播相同的向个人传播的责任(Hjarvard,2011)。数字技术已经深度融入日常生活,这进一步提升了受众个性化的观赏体验。数字媒介同样改变了掌控冬奥会的政治模式。

冬奥会是尝试社交媒体的先驱者,作为一个相对较小的赛事,冬奥会为奥运会媒体运营提供了实验平台(Pena,Ramajo & Arauz,2014)。"新媒体"带来了货币化的挑战,同样也为适应商业化的体育重大事件产业带来拓展其潜在受众的机遇。在满足全球商业利益需求和掌控其品牌价值之间,在这个用户生成内容的时代,国际奥委会在控制资金来源和媒体报道问题上展开博弈。新媒体

① 哈丁涉嫌在利勒哈默尔冬奥会之前指使其前夫袭击克里根,致使后者差点因伤无缘冬奥会。克里根最后在冬奥赛场上奇迹般取得第二名,而哈丁只取得第八名,后更因此事被美国花样滑冰协会终身禁赛。这一事件曾轰动一时,至今仍未能解密。——译者注

能够带来新的受众群体和体验比赛的不同方式，也加快了信息传播的速度（Frandsen，2014）。因此，新媒体也让诸如国际奥委会等体育组织更难以预测和控制赛事的媒介内容。

当国际奥委会试图管理日益复杂的媒介化进程时，电视转播权收入仍在冬奥会的资金结构中占据主导地位（约占收入的 50%）。因此，电视转播权的持有者和国际奥委会的利益继续交织在一起，它们共同致力于为奥运会争取更多的观众，媒体和国际奥委会之间形成了一种共生关系。随之而来的冬奥会扩张也让有申办意愿的城市变少了。例如，2022 年冬奥会只有两个申办城市：阿拉木图（哈萨克斯坦）和北京（中国）。其他的申办城市如奥斯陆（挪威）、斯德哥尔摩（瑞典）和克拉科夫（波兰）都由于其政府与公众对于过高投入的担忧而退出了申办者的行列（Abend，2014；Pramuk，2015）。在这种情况下，媒介化作为"必需品"，仍然是塑造冬奥会的重要力量，使冬奥会不断受到商业化、全球化、城市化和私有化等更大的政治、社会和文化力量的影响。

参考文献

Abend, L. (2014). Why nobody wants to host the 2022 Winter Olympics. *Time*, October. Retrieved from http://time.com/3462070/olympics-winter-2022(accessed 24 November 2016).

Angelini, J. R., MacArthur, P. J. and Billings, A. C. (2012). What's the gendered story? Vancouver primetime Olympic glory on NBC. *Journal of Broadcasting and Electronic Media*, 56, 261-279.

Baughman, C. (1995). *Women on ice: Feminist essays on the Tonya Harding/Nancy Kerrigan spectacle*. New York: Routledge.

Billings, A.C. (2008). Clocking gender differences: Televised Olympic clock time in the 1996-2006 Summer and Winter Olympics. *Television and New Media*, 5, 429-441.

Billings A.C. and Eastman, S.T. (2003). Framing identities: Gender, ethnic, and national parity in network announcing of the 2002 Winter Olympics. *Journal of Communication*, 53, 369-386.

Billings, A., Brown, K. and Brown-Devlin, N. (2015). Sports draped in the American flag: Impact of the 2014 Winter Olympic telecast on nationalized attitudes. *Mass Communication and Society*, 18, 377-398.

Billings, A. C., Brown, L. C., Crout, J. H., McKenna, K. E., Rice, B. A., Timanus, M. E. and Ziegler, J. (2008). The Games through the NBC lens: Gender, ethnic, and national equity in the 2006 Torino Winter Olympics. *Journal of Broadcasting and Electronic Media*, 52, 215-230.

Boykoff, J. (2013). Celebration capitalism and the Sochi 2014 Winter Olympics. *Olympika*, 22, 39-70.

Daddario, G. (1994). Chilly scenes of the 1992 Winter Games: The mass media and the marginalization of female athletes. *Sociology of Sport Journal*, 11, 275-275.

Dansero, E. and Mela, A. (2012). Bringing the mountains into the city: Legacy of Winter Olympics, Turin 2006. In H.J. Lenskyj and S. Wagg (eds), *The Palgrave handbook of Olympic studies* (pp.178-194). Basingstoke: Palgrave Macmillan.

Deuze, M. (2007). *Media work*. Cambridge: Polity Press.

Donnelly, M. K., Norman, M. and Donnelly, P. (2015). *The Sochi 2014 Olympics: A gender equality audit*. Research Report. Toronto: Centre for Sport Policy Studies, Faculty of Kinesiology and Physical Education, University of Toronto.

Dyreson, M. (2010). Olympic Games and historical imagination. Notes from the fault line of tradition and modernity. In V. Girginov (ed.), *The Olympics: A critical reader* (pp. 50-64). London: Routledge.

Forsyth, J. and Wamsley, K. (2005). Symbols without substance: Aboriginal peoples and the illusion of Olympic ceremonies. In K. Young and K. Wamsley (eds), *Global Olympics: Historical and sociological studies of the modern Games* (pp.227-248). Amsterdam: Elsevier.

Frandsen, K. (2014). Mediatization of sports. In K. Lundby (ed.), *Mediatization of communication* (pp.525-543). Berlin; Mouton de Gruyton.

Guttman, A. (1986). *Sports spectators*. New York: Columbia University Press.

Hill, C. (1992). *Olympic politics*. Manchester: Manchester University Press.

Hjarvard, S. (2011). The mediatisation of religion: Theorising religion, media and social change. *Culture and Religion*, 2, 119-135.

Hogan, J. (2010). Staging the nation: Gendered and ethnicized discourse of national identity in Olympic Opening Ceremonies. In V. Girginov (ed.), *The Olympics: A critical reader* (pp. 135-150). London: Routledge.

IOC (1998). *The XVIII Olympic Winter Games, Nagano 1998: Official report*. Retrieved from https://library.olympic.org/Default/doc/SYRACUSE/66018/the-xviii-olympic-winter-games-official-report-nagano-1998-the-organizing-committee-for-the-xviii-ol? _lg=en-GB#_ga=1.235041032.807505082.1477554293 (accessed 24 November 2016).

IOC (2010). *IOC marketing, Vancouver 2010: Media guide*. Retrieved from www.olympic.org/documents/ioc-marketing-and-broadcasting (accessed 24 November 2016).

IOC (2014). *Marketing report, Sochi, 2014*. Retrieved from www.olympic.org/documents/ioc-marketing-and-broadcasting (accessed 24 November 2016).

Lenskyj, H.J. (2012). The Winter Olympics: Geography is destiny? In H.J. Lenskyj and S. Wagg (eds), *The Palgrave handbook of Olympic studies*(pp.88-102).Basingstoke: Palgrave Macmillan.

MacNeill, M. (1996). Networks: Producing Olympic ice hockey for a national television audience. *Sociology of Sport Journal*, 13(2), 103-124.

Maylan, A. (2014). Agreement ensures the long-term financial security of the Olympic Movement. Retrieved from www.olympic.org/news/ioc-awards-olympic-games-broadcast-rights-to-nbcuniversal-through-to-2032/230995

Miah, A. and Jones, J. (2012). The Olympics movement's new media revolution: Monetisation, open media and intellectual property. In H.J. Lenskyj and S. Wagg (eds), *The Palgrave handbook of Olympic studies*(pp.274-288). Basingstoke: Palgrave Macmillan.

Muller, M. (2015). What makes an event a mega-event? Definitions and sizes. *Leisure Studies*, 34, 627-642.

Pena, E.P., Damajo, N. and Arauz, M. (2014). Social media in the Olympic Games. In A.C. Billings and M. Hardin (eds), *Routledge handbook of sport and new media* (pp.153-164). New York: Routledge.

Pramuk, J. (2015). The Winter Olympics problem: Nobody wants them. August. Retrieved from www.cnbc.com/2015/08/07/the-winter-olympics-problem-nobody-wants-them.html (accessed 24 November 2016).

Puijk, R. (2000). A global media event? Coverage of the 1994 Lillehammer Olympic Games. *International Review for the Sociology of Sport*, 35, 309-330.

Real, M. (2012). Who owns the Olympics? Political economy and critical moments in the modern games. In V. Girginov (ed.), *The Olympics: A critical reader*(pp.221-238). London: Routledge.

Schulz, W. (2004). Reconstructing mediatization as an analytical concept. *European Journal of Communication*, 19, 87-101.

Slater, J. (1998). Changing partners: The relationship between the mass media and the Olympic Games. In R.K. Barney, K.B. Wamsley, S.G. Martyn and G.H. MacDonald (eds), *Global and cultural critique: Problematizing the Olympic Games* (pp.49-68). London, ON: University of Western Ontario.

Terret, T. (2010). The Albertville Winter Olympics: Unexpected legacies-failed expectations for regional economic development. In J.A. Mangan and M. Dyreson (eds), *Olympic legacies: Intended and unintended political, cultural, economic and educational* (pp.20-38). London: Routledge.

Tomlinson, A. (2012). The making-and unmaking? -of the Olympic corporate class. In H.J. Lenskyj and S. Wagg (eds), *The Palgrave handbook of Olympic studies*(pp.233-247). Basingstoke: Palgrave Macmillan.

Toohey, K. and Veal, A.J. (2007). *The Olympic Games: A social science perspective*(2nd ed.). Wallingford: CABI.

Urquhart, J. and Crossman, J. (1999). The *Globe and Mail* coverage of the Winter Olympic

Games: A cold place for women. *Journal of Sport and Social Issues*, 23, 193-202.

Vertinsky, P., Jette, S. and Hofmann, A. (2009). "Skierina" in the Olympics: Gender justice and gender politics at the local, national and international level over the challenge of women's ski jumping. *Olympika*, 18, 25-56.

Whannel, G. (2012). The rings and the box: Television spectacle and the Olympics. In H.J. Lenskyj and S.Wagg (eds), *The Palgrave handbook of Olympic studies* (pp.261-273). Basingstoke: Palgrave Macmillan.

第六章　国际足联世界杯

——媒介、足球及一个全球事件的演进

理查德·海耶斯[①],雷蒙德·鲍耶[②]

> 奥运会被切割为有着成千上万的竞争者,涉及数以百计的国家和地区的数十个运动项目,却仍然不能吸引芸芸众生。它也不能在短短90分钟之内就给全世界呈现简单易懂的叙事……在一个前所未有的全球经济、生态、文化相互依存的时代,整个命运共同体是属于全人类的,我们审视自我以及寻求合作的最难得的机遇就是足球比赛。
>
> ——大卫·戈德布拉特(David Goldblatt)论及2006年世界杯足球赛
>
> (Goldblatt,2007,p.901)

> 2014年巴西世界杯是现场直播的,是公开的,也是具有争议的,我们为它即将成为历史上最大的推特事件而时刻准备着。
>
> ——刘易斯·维尔特什尔(Lewis Wiltshire),推特英国全球协作部主任
>
> (Benady,2014,p.38)

国际足联男足世界杯(下文简称世界杯)可以被视作全球性的体育重大事件,它越来越多地与大型文化活动相结合,以吸引旅游投资,并通过全球媒体吸引更多的受众(Roche,1992)。最近,穆勒(Muller,2015,p.638)建议细化体育重

---

① 英国斯特灵大学艺术与人文学部副主任,媒介体育研究教授。他的主要研究兴趣是体育与媒介的历史关系。他的代表作是《BBC体育的黑与白》(*BBC Sport in Black and White*,2017)。

② 英国格拉斯哥大学文化政策研究中心主任,传播学教授。他在媒介体育与媒体事务方面著述颇丰。他的近作有《英国电影协会的兴衰》〔*The Rise and Fall of the UK Film Council*,与多耶(Doyle)等合著,2015〕。

大事件(mega-events)的定义,世界杯与其他一些大型精英赛事被他称为“十亿级事件”(巨型事件)(giga-events),其影响力在“主要”(major)和“重大”(mega)事件之上。换言之,世界杯作为一项重要的国际体育赛事,无处不在,所有媒体和平台几乎都无法回避它。围绕赛事的宣传活动铺天盖地,以至于整个比赛月占据了媒体的大量版面,这与万内尔(Whannel,2001)所说的“旋涡式”媒体事件的情况是一致的:耗尽一切,文化霸权。

自20世纪60年代末以来,发达国家的观众已经把有机会通过电视观看世界杯等体育重大事件视为理所当然。这种期待感在社会和文化层面都是由重大事件与电视之间不断发展的关系所塑造的,许多人认为这种关系主导了事件的时间、结构和框架。媒体对世界杯在全球取得成功的核心作用日益受到人们的关注,因此,世界杯的媒介化在历史上是由一系列社会、文化、经济和技术进程形成和塑造的(Frandsen,2016)。这些进程在历史上也是不平衡的——无论是在时间上,还是在传播空间上(Schlesinger,2000)——并且取决于个人、组织和技术进步的具体干预,这些干预在全球事件和媒体之间创造了一系列复杂的关系。探究国际足联这项顶级赛事特有的系统性特征是如何演变的,以及特定的转播技术和运作方式是如何设法将赛事带给观众的,有助于解释世界杯为何具有广泛的全球影响力和似乎普遍的吸引力。

四年一届的世界杯创造出一个无处不在的全球足球文化语境,其中包括世界杯作为重大事件本身之前漫长的资格赛。当我们将其和国际足联排名、U20世界锦标赛、女足世界杯决赛以及其他国际足联品牌的赛事、活动和产品的长期存在联系起来观察时,我们就更容易理解媒介和日常生活中常引用的西尔弗斯通所说的“世界杯”是“人们生活的质感”(Silverstone,1999,p.6)。通过这个被越来越多地称为媒介化的过程,世界杯和奥运会一样,成了以体育、文化和传播的融合为特征的超级体育重大事件(或称巨型事件)(Muller,2015,p.638)。这一进程的社会影响力可以从我们对重要赛事进行电视转播的期望中体现出来。我们期望看到世界杯决赛,期望得到分析和评论,期望得到快乐,而且,在体育民族主义的语境中,我们往往期望因胜利而振奋,失败则让人沮丧。对有些人来说,世界杯也是他们的社会和文化世界的对立面,但它的普遍性使得它几乎不可能被忽视。因而,无论我们是否愿意,世界杯的媒介化在我们的生活中都有着强大的社会和文化影响力。

如果将电视技术的发展与世界杯这样的常规赛事放在一起纵向追溯,你会发现,这些技术在营销和修辞上有相似之处,即它们是“现代”的,是时代的象征。然而，这种“现代性”的主张往往既没有认识到电视制作的连续性，也没有认识到不同国家、种族、性别和年龄的人对这一事件接受程度的差异。因此，我们希望在本章中探讨世界杯媒介化的两条主线。第一条主线是追溯世界杯电视报道修辞运用的历史，它能帮助我们理解新技术如何融入全球体育组织和转播商的体制结构，使一个体育重大事件“电视化”(televisual)。第二条主线是关注世界杯作为一项全球性媒体事件的性质及其消费方式。在家庭中、公共空间和通过网络移动媒体进行足球消费的社会技术变革，以及与世界杯相关的狂欢节性质和高度神话化的意义，提出了一个重要问题，即在世界杯作为一项独特的全球媒介事件的语境下，我们如何理解媒介化的概念。世界杯作为一项全球媒介事件，已经形成了自身独特的受众动力(dynamics of spectatorship)(Rowe, 2000)，而且随着哈钦斯(Hutchins)和洛弗(Rowe)所称的“网络媒体体育”(Networked Media Sport)的兴起，这些动力已经从社会和文化层面发生了改变。

当然，在追踪世界杯的媒体报道和接受世界杯的这些转变时，我们不能不承认体育管理方面的当代危机。腐败和洗钱的指控已波及国际足联高层，玷污了这个总部位于瑞士的管理机构及其赛事曾在各利益相关方中享有的荣光。2015 年 5 月和 12 月，根据美国司法部的要求，联邦调查局在瑞士展开调查，黎明时突袭逮捕了国际足联的高层管理人员，这一公开丑闻坐实了一些学者(Sugden & Tomlinson, 1998)和调查记者(Jennings, 2006, 2015)长期以来的看法，即世界杯和国际足联的相关活动已经成为由国际足联前主席塞普·布拉特(Sepp Blatter)领导的王朝的一部分领地。具有讽刺意味的是，媒体在布拉特被罢免和腐败的国际足联高管被捕的过程中所扮演的角色，凸显了媒体与这个足球世界管理机构几十年来存在的分歧和矛盾。

世界杯的电视化

汤姆林森(Tomlinson, 2014)使用罗伯逊(Robertson, 1992)对全球化问题所提出的“时间历史化”(temporal-historicizing)概念，来描述国际足联作为一个组织从“起飞”到“争霸”，最后到“不确定”阶段的演变过程，我们也提出了类似的历史图式来评估世界杯的电视转播。世界杯是如何组织电视转播从而实现电视化的？我们粗略地将世界杯电视转播的技术变革划分为三个时代。它们是：

- 1954—1962 年：国际电视足球比赛的肇始阶段。
- 1966—1998 年：控制媒介奇观的霸权之争阶段。

- 2002 年至今:媒介融合与分化的不确定阶段。

绘制这些时代示意图时,我们想强调的是,世界杯电视史的各个时期存在着重叠和连续性。尽管如此,我们依然认为,在电视转播世界杯这一全球体育重大事件上,区分技术、运营和文化转型中的一些关键时期是很重要的。

1954—1962 年:肇始阶段

与电视诞生的时间相似,世界杯开始于 20 世纪 30 年代。在英国,第二次世界大战之前英格兰、苏格兰、威尔士和爱尔兰(从 1953 年起改为北爱尔兰)四个国家级足球协会的弃权行为,影响了英国媒体对这一事件的报道和足球在公众生活中的能见度。20 世纪 30 年代的所有世界杯比赛都没有进行电视转播,尽管所有比赛都被拍了下来,1938 年的世界杯决赛出现在了世界各地的电影新闻片中。1938 年的决赛也通过短波在欧洲大陆和巴西的广播中被广泛报道。因此,世界杯从一开始就包含了传播国际化的元素(Geraghty, Simpson & Whannel,1986)。

1950 年,在因第二次世界大战停赛后,英国的球队首次参加了世界杯。这给英国对于赛事的报道产生了一定的影响,英国广播公司(BBC)对英格兰队的比赛进行了一些广播解说和目击报道,包括英格兰队不光彩地输给了一支来自美国的业余球队。巴西人推出首个电视服务的计划被推迟了两个月,因此错过了第一次转播世界杯的机会(Varela,2014)。

1950 年也是英国乃至欧洲电视史上的一个分水岭,新的便携式无线电链路的开发,使得 BBC 的工程师们能够把电视信号从加莱(Calais)传输到英国南部海岸,然后再传输到伦敦。英法两国的试验为 1954 年瑞士首次电视转播世界杯铺平了道路,作为“电视大陆交流”(Television Continental Exchange)的一部分,有 8 个国家参加了这一项目,并形成了一个新的合作组织——欧洲广播联盟(EBU)。在 1954 年 6 月到 7 月间,一系列节目被传送,瑞士在伯尔尼转播了 10 场世界杯比赛,这一举措的影响力远远大于任何一个国家,为电视大陆交流活动作出了巨大贡献(Fickers,2012)。对于 BBC 的总工程师迈克尔·皮林(Michael Pilling)来说,这次试验是一次“利用图像的普遍性来克服语言障碍”的机会(Pilling,1954,p.4)。

这种“普遍性”的修辞反映了二战后那个时代的合作基调。每一个参与其中的国家广播公司——其中的许多公司运作还不到一年,还有不少借用了 BBC 的设备和专业知识——都有自己的解说员,他们要么在体育场,要么在远程的演播室里，面对着同样的画面解说。1953 年，英国女王伊丽莎白二世的加冕典礼首次使用了从评论中分离背景声或“效果声”的技术，此时 BBC 的直播已在欧洲成功传播（Fickers，2012）。“欧洲电视网”（Eurovision）实验——由英国记者乔治·坎佩（George Campey）于 1951 年在《伦敦标准晚报》（*London Evening Standard*）上创造的一个短语——代表了现行标准的全球转播模式的开始，该模式以“单边”和“多边”信号相结合的方式转播国际体育赛事，从而使每个国家的广播公司都能够为当地观众提供适当的国际转播。它仍然是全球媒体事件中国家文化和语言认同的重要手段（Haynes，2014）。

1958 年，在瑞典举行的世界杯决赛期间，“欧洲电视网”再次成功地向整个欧洲传输比赛实况。转播商与世界杯组织者之间的共生关系开始出现，体育场被改造以适应欧洲各国广播公司解说员的需要，瑞典足协（Swedish Football Association）首次面临根据电视转播的需要来安排比赛时间的压力（尽管这并未发生）。例如，国际足联将许多比赛安排在同一天同一时间举行，为了试图让这一政策放宽，BBC 的对外广播主管彼得·迪莫克（Peter Dimmock）写信请求国际足联修改重要赛事的时间安排。这也是电视第一次尝试干预世界杯的组织工作，但是迪莫克的请求被置于一旁[①]。在瑞典举行的世界杯决赛将国际足联的合作伙伴关系和商业机会主义推向了一个新的高度（欧洲广播联盟向瑞典足协支付了 150 万克朗的转播权费用），但它也为电视转播商对世界杯东道主采取更多的干预策略提供了机会，比如确保体育场内有摄像机和解说员。1958 年世界杯巩固了电视在弥合地域鸿沟方面的跨国作用，并巩固了足球作为跨文化普遍性突破点的地位。正如汤姆林森（Tomlinson，2014）所指出的，国际足联的形象随着全球化的进程而呈指数级提升，这是由世界足球的国际化与和谐的价值观所驱动的。然而，尽管能够接触到新的比赛风格和国际球星，对国际足球的报道仍然根植于一个非常强大的国家框架。例如，在 1958 年的世界杯决赛中，BBC 将报道集中在英格兰队、苏格兰队、威尔士队以及北爱尔兰队的表现上，BBC 的旗舰栏目《体育观察》（*Sportsview*）派出了一个摄制组前往瑞典，为英国观众提供更多的报道（Haynes，2017）。这样，通过将东道主转播商的单边报道与各国转播商的多边报道相结合，电视在世界杯培养强烈的民族主义情绪和情感方面发挥了引人注目的作用。

---

① 1958 年世界杯比赛日程安排的问题在杰克·奥登（Jack Oaten）给彼得·迪莫克的备忘录中讨论过，详见 1957 年 10 月 21 日 BBC 书面档案中心的资料：（WAC）T14/1，869/1。

1962年,智利世界杯无法向欧洲进行电视直播。因此,欧洲的转播商采取了一些非常措施,让观众看到了比赛画面。BBC的报道目标是在每场比赛结束后的大约48小时内,向英国观众播出关键比赛的实况录像(*Radio Times*, 1962)。影像的运输和冲洗过程是经过精心策划的,《广播时报》对此进行了描述:

> 每部录像都必须从圣地亚哥空运到秘鲁首都利马,再从利马空运到巴拿马,从巴拿马空运到迈阿密,再从迈阿密空运到纽约。这个过程大概需要14个小时之久,之后,这部90分钟的录像带必须在纽约被冲洗好,然后被火速送至爱德怀德机场并被放到最近的一架飞越大西洋的飞机上。
>
> (*Radio Times*,1962,p.4)

BBC在智利世界杯的报道中投入的资源象征着广播电视精英们业已认识到世界杯的重要性。BBC 1962年的观众调查显示,强制延迟和不寻常的日程安排意味着BBC对1962年世界杯决赛的报道在公众中反响平平。1962年智利世界杯延迟播出的录像,根本没有瑞士和瑞典的现场直播那种壮观感和悬念感。然而,在这个"肇始"阶段,转播商通过承诺投资于世界杯这一新兴重大事件的洲际报道,培养了公众对电视的兴趣。

1966—1998年:霸权之争阶段

1966年英格兰世界杯的电视转播,既是世界杯转播肇始时代的顶峰,也是国际足球电视转播新纪元的起点。同样,新技术的引入在改变世界杯报道的视觉语言方面发挥了重要作用,并在世界杯的文化、政治和经济意义方面带来了一种话语转向,电视报道的范围之广和对明星关注度的日益提升就是这种转向的表征(Whannel,2001)。从1962年开始,国际足联控制了电视转播权的谈判,电视转播权膨胀的预兆始于1966年,当时,欧洲广播联盟签署了一份价值80万美元的协议,但其只为智利世界杯支付了7.5万美元的转播权费用(Chisari, 2006)。到1998年底,国际足联的电视转播权价值1.3亿瑞士法郎。因此,电视的商业价值成为国际足联财政的核心。1974年,在若昂·阿维兰热(Joao Havelange)取代斯坦利·劳斯爵士(Sir Stanley Rous)当选为国际足联主席之后,国际足联成员之间就如何分配这笔收入而变得越来越政治化,很容易滋生腐败(Tomlinson,2014)。

随着转播商对世界杯投入的增加,他们越来越希望调整世界杯赛程安排,以适应电视转播的需要(1966 年世界杯的开球时间尽可能错开),并创新报道模式。1964 年,BBC 在体育节目中引入录像技术,这一技术加快了节目的编辑过程,促进了动作回放技术的创新。布莱恩·考吉尔(Bryan Cowgill)是 BBC 1966 年世界杯报道的负责人,他在拜访网球解说员杰克·克莱默(Jack Kramer)位于洛杉矶的家时,见识了慢动作技术(Cowgill,2006),当时,BBC 逆向设计了美国广播公司(ABC)的视频重放机,播放了英格兰队与乌拉圭队的揭幕战。困惑的观众打电话给 BBC,询问转播是否出了问题。在随后写给《广播时报》的信中,观众们表示,第一次看到这项技术时,他们感到“喘不过气来”(*Radio Times*,1966)。

1966 年世界杯被证明在图像处理和后续的电视转播足球赛惯例方面具有里程碑式的意义。这是第一次通过卫星向南美洲及墨西哥转播世界杯,广播节目策划的专业化水平在当时堪称无与伦比。我们在此提出的部分论点是,世界杯已经成为电视技术和体育转播技术的首要展示平台。新技术的引进往往与体育重大事件同步进行,这取决于电视工程师和体育制作人的创新愿景、市场条件和消费者需求等各种因素。1966 年,生产商希望使用一项技术,但被拒绝了,那就是彩色电视传输技术。节目主持人彼得·迪莫克称,这项技术被英国政府否决,英国政府认为国内制造业尚未准备好与美国和日本的对手展开竞争①。

在这一时期,世界杯也成为足球比赛展示创新的重要平台,尤其是在演播室里。各国电视制作人以不同的方式不断创新世界杯报道的风格,包括每场比赛都依靠分析师、评论员和“电视专家”(telexperts)组成的小组(Tudor,1975)。当时新设置的“场景设定”“中场分析”和“全场赛后剖析”至今仍然普遍存在于世界各地的电视体育报道中(ibid.)。节目关注足球运动员的个性,这反过来又使电视主持人自己的“明星”身份合法化,成为世界杯报道的标准策略(Whannel,1992)。

20 世纪 80 年代和 90 年代的世界杯报道延续了这种风格。利用技术手段操控电视图像,如回放、定格和虚拟图形叠加(以各种跟踪装置实现)等,成为分析和设置知识参数、理解比赛的标准工具(ibid.)。同时,使用这些技术的时间也增加了,这种密集审查的一个全面效应就是逐渐削弱了裁判的权威。足球管

① 观点出自作者 2009 年 1 月 20 日对彼得·迪莫克的采访。

理的道德制高点现在牢牢地掌握在电视媒体手里，电视的批判性凝视不断地、持续地挑战裁判的可信度（Colwell，2000），2014年，国际足联试图通过引入门线技术（goal-line technology）来弥补这一缺陷（FIFA，2014）。

要总结这一时期电视技术与世界杯之间关系的变化，必须强调1966年以来技术修辞重点的转变。在世界杯之于电视的"肇始阶段"，人们对电视技术效能的关注，被通过"明星"制度的光环来制造更多的叙事乐趣的需要所掩盖，因为"明星"制度具有相关的娱乐价值，并加剧了对观众注意力的争夺。在任何一个国家，存在竞争关系的电视网之间的竞争——在英国，是BBC和独立电视台ITV之间的竞争——意味着观众的收视体验更多地是由屏幕上的人物以及娱乐和明星叙事所引导，观众并不专注于电视技术魔力的叙事，以形成如同置身现场一般的共同在场感。然而，从20世纪60年代末至90年代末，电视技术发生了相对较小的渐进式变化，而付费电视竞争的加剧和互联网的影响则使电视体育环境发生了重大变化。

2002年至今：不确定阶段

世界杯电视转播的最后一个时代始于2002年，在这个融合的网络媒体时代，体育运动随着每一届世界杯赛事的举办而不断复杂化。产生变化的一个重要标志是，国际足联决定通过瑞士营销公司ISL和德国媒体集团Kirch这两家中介机构出售其2002年和2006年的电视转播权，交易金额达14.5亿英镑（Tomlinson，2014）。此举中断了国际足联与欧洲广播联盟长达数十年的合作关系，为包括付费电视公司在内的各个国家的交易打开了大门。这些交易对ISL和Kirch来说都是灾难性的，二者均无法为这些交易提供巨额的信贷资金，但是在巴西〔体育电视台（SportTV）、ESPN巴西、福克斯体育台（FOX Sports）和班德体育台（BandSports）〕、西班牙〔进球电视台（Gol Television）〕、法国〔比昂体育台（beIN Sports）〕和意大利〔意大利天空电视台（Sky Italia）〕以及其他一些国家，由于国际足联不断变化的商业战略，世界杯的一部分电视报道现在已经属于电视订阅服务（Tomlinson，2014）。在某些情况下，欧洲旨在保护公众观看世界杯等重要赛事的立法，并不能阻止对除半决赛和决赛之外的许多比赛收取额外费用。唯一的例外是在英国，国际足联对保护整个世界杯赛事在免费电视上播放的"清单赛事"（listed events）立法提出的挑战，被欧洲最高法院（European General Court）驳回了（Wilson，2013）。

这一系列事件突显了足球在全球新媒体传播和消费模式的演变中所发挥

的重要作用。足球拥有一批热情的、现成的观众,其中相当多的人碰巧是年轻男性中新的信息和传播技术的"早期采用者"——这一事实并未被体育媒体产业和广告公司所忽视,他们渴望向富裕的、以男性为主的消费群体推销新服务(Sweney,2010)。

高清电视、4G 移动"智能"手机和在线博彩等新兴数字媒体产品和服务都知道利害所在,纷纷瞄准了这一群体,这充分证明了足球的商业吸引力。在促销策略中使用足球的公司的名单读起来像是全球媒体和电信行业的名人录。天空电视台(Sky)、维珍电信(Virgin)、英国电信(BT)、沃达丰(Vodafone)、奥兰治(Orange)、T-Mobile(现为 EE)、诺基亚(Nokia)、索尼(Sony)和苹果(Apple)都曾在某个时段投入大量资金开展促销活动,特别是推动"第二屏幕市场",包括通过广告和赞助来吸引足球迷(Johnson,2014)。

正如我们所见,世界杯经常为转播商创新性地引进新技术提供保护伞。1998 年世界杯可以说是互联网使用的"起飞"阶段,而 2002 年世界杯则是在一个日益成熟的互联网环境中举行的,这种融合而复杂的收视体验一直持续到 2006 年、2010 年和 2014 年。例如,BBC 为 2010 年和 2014 年世界杯提供的全方位通信服务令人印象深刻:高清互动电视、包括每场比赛和历届世界杯精选内容的视频点播、使用 iPlayer 技术的在线直播(观众可通过游戏机或互联网电视收看),以及越来越普遍的在线评论、博客和推特帖子。主要的信息来源是主流网站,其通常由电视台演播室的专家撰写。但也有一系列其他来源,包括社交媒体的帖子,这些帖子同样来自电视足球专家,随着他们与粉丝和读者进行更广泛的网络对话,帖子的内容变得更加丰富。

本章的剩余部分将重点讨论世界杯的媒介消费模式。在承认变化的同时,我们认为,在这个充满不确定性的时代,电视的主导地位远未被夺取。

一个世界杯:多重叙事?

在这一章中,我们将展示世界杯是如何成为一个成熟的重大媒体事件或巨型事件的。2014 年世界杯吸引了 32 亿家庭电视观众,仅决赛便吸引了超过 10 亿的家庭电视观众(Kantar Media,2015,p.8)。尽管世界各地的观众可能观看的是同样的比赛,但在意识形态和商业利益的驱动下,人们往往会从国家视角来理解、构建和讨论比赛(Boyle & Haynes,2009)。在一个以网络媒体体育经济为特征的时代(Hutchins & Rowe,2012),引人注目的是媒体与受众关系的连续性模式是如何与重大变革并行不悖的。

正如乔·莫兰(Joe Moran,2013,p.371)在评论英国电视和观众之间的关系时所说的,“如果电视时代已经结束……但并不像结束了”。他在评论2012年模拟电视在英国的终结,其被数字传输所取代,因此数字信号成为观看电视的唯一方式,此外,新型社交媒体正在取代电视成为一种文化形式的看法时如是说。我们认为他的观点同样适用于公众与世界杯电视报道的关系。虽然必须谨慎对待全球电视观众的总量,但有关2014年巴西世界杯国际和国内电视观众的研究(Kantar Media,2015)仍然具有启发性,其中的原因有很多。研究发现,电视作为观看体育直播赛事的核心平台仍有其优势,但同时也强调了人们如何通过各种屏幕来观看媒介体育赛事。

电视已死?

电视观众的数据提醒我们,没有任何一项赛事能像世界杯那样在国际上获得如此高的电视收视率。虽然全球的数字与2010年南非世界杯的相似(亚洲观众人数下降,部分原因是时差过大),但德国(决赛吸引了3450万电视观众)和荷兰等国的平均观众人数创下了历史新高。ESPN转播的美国队与葡萄牙队的比赛是美国电视史上收看人数最多的足球比赛,有1820万观众收看(Kantar Media,2015),如果算上Univision[①]的观众,这一数字将上升到2500万(Kissell,2014)。如果不纠结于数字,电视仍然是将世界杯带给全世界公众的重要渠道,在大众同时观看电视日渐式微的时代,足球仍然是一种能够吸引大量观众的电视传播内容。

该研究还强调了承认“在家以外”观看足球和电视的重要性(和获取这些数据的难度),以及通过宽带和移动设备观看比赛的“非电视消费”的重要性,这反映了公众和集体收看足球直播的体验的增多,这些观众并非在比赛场馆,而是在指定的公共空间中观看。当然,这并不是什么新鲜事,在英国足球文化中,将现场比赛直播传回主场有着悠久的传统。然而,自从2006年德国世界杯举办第一次官方球迷节以来,正式和非正式“球迷区”的兴起已经成为举办重要体育赛事的城市的自然和文化景观的一部分(Klauser,2011)。

对于酒吧和酒馆来说,放映现场直播以及人们一起观看赛事的集体体验所带来的商业价值,是世界杯等赛事的重要产物。莫兰在反思公众集体观看世界

① 美国国内的两大西班牙语电视频道之一。——译者注

杯等大型足球赛事是如何随着高清电视和大屏幕电视的普及发展起来时指出：

> 当然，这样的公共电视是比尔德[Baird，电视的发明者之一][①]曾经设想过的他的发明的未来。他以前位于苏豪区弗里斯大街22号的实验室，现在已经成了一家意式咖啡酒吧……其后墙被一块巨大的电视屏幕所占据，每当有足球赛，尤其是有意大利队的比赛的时候，电视屏幕就会照亮整个房间。球员进球时，顾客们疯狂庆祝，这将令大不列颠皇家研究院(the Royal Institution)的40名科学家大吃一惊，他们曾经穿着晚礼服沿着狭窄的楼梯排队，以便观察一位腹语表演者的假人头部的颤抖。
>
> (Moran，2013，p.300)

事实上，斯托克代尔和普拉特(Stockdale & Platt，2014)在2014年巴西世界杯期间通过拍摄人群，也生动地捕捉到了集体电视观看足球比赛的残余人气。他们的摄影作品(www.watchingthewworldcup.com)记录了世界杯媒体报道的无处不在。他们认为：

> 从候车室到公交车站，从美容院到银行，从商店到超市，巴西的每个人似乎都在关注比赛。整整一个月，无论走到哪里，你都无法逃离世界杯。
>
> (Stockdale & Platt，2014，p.7)

这种看法得到了家庭观众收视数据的证实，例如，有4290万人通过环球电视台(TV Globo)观看了巴西队与克罗地亚队的揭幕战(Kantar Media，2015)。这一数字不包括斯托克代尔和普拉特(Stockdale & Platt，2014)作品中引人注目的集体收视人群，也不包括前往巴西观看现场比赛的60万名球迷，他们也通过电视观看比赛。

凯尔纳(Kelner，2012)提醒我们，国家电视台对世界杯等重大足球赛事的报道已经成为受众文化的试金石，成为集体记忆的一部分。因此，对英国球迷(以及更广泛的电视观众)来说，英国球员保罗·加斯科因(Paul Gascoigne)在1990年意大利世界杯半决赛球队失利时在球场上落泪的一幕，是电视改变球员和球队与观众关系的一个瞬间。凯尔纳认为：

① 电视有电子电视和机械电视两种起源，比尔德是电子电视的发明者。——译者注

显然，在一个多平台、时移势易和利基市场的世界里，举国为一个共同事业团结一心的标志性时刻将会越来越少，人们将越来越多地通过社交网络分享体验。但是，体育仍然会创造难忘的时刻，比如加扎①的眼泪，电视上播放的比现场的情形更加生动。体育场内的人甚至都看不见他的眼泪。

(Kelner,2012,p.267)

我们所拥有的是围绕世界杯等赛事的更为复杂的——往往是多层次的——媒介体验，电视报道(在家中，通过大大小小的屏幕，既有公共屏幕，也有私人屏幕)处于这种媒介体验的核心。正因如此，我们在2014年巴西世界杯上看到：

网络报道比以往任何一届世界杯的都多，有188家授权机构通过网站、媒体播放器和应用程序转播了2014年巴西世界杯。不仅赛事转播更多，通过这些渠道观看的人也比以往任何时候都多。

(Kantar Media,2015,p.27)

在这个数字和社交媒体时代，电视仍然是这个"新媒体"生态的核心(Boyle,2014)。同样值得注意的是，电视并不是独立于其他媒体运作的。英国广播公司或天空电视台等主要体育转播商将在一系列平台上提供内容(通常是实时的)，允许观众在个人电脑和手机上观看电视转播，并通过在平台上提供一系列与世界杯相关的内容来寻求加深与观众的互动。

社交媒体平台的发展使得辩论、讨论、评论和传播信息在这些电视"试金石"出现之前，当然，在事件结束后的很长一段时间里，仍能围绕这些时刻展开——从这个意义上说，社交媒体平台更准确地反映了球迷话题的循环，这种循环一直存在于实际事件之外。广播电台在多年前就意识到了这一点，并创造了球迷电话互动的形式。当然，这种更复杂的媒介化环境也得到了那些出于商业原因而对世界杯等赛事感兴趣的人的认可，而不仅仅是为了增加球迷之间的交流。

例如，在2014年巴西世界杯期间，阿迪达斯(Adidas)作为主要企业赞助商之一，在其社交媒体"作战室"(war room)部署了50人，实时管理各种平台上的社交媒体推广活动，并反驳与其品牌相关的负面的或不准确的信息。同样，作

① 球迷对加斯科因的爱称。——译者注

为赛事宣传的一部分，企业品牌运营“作战室”的概念并不新鲜，早在数字环境出现之前就有了。然而，对该品牌社交媒体维度的关注是一个重大转变；如今，各大品牌都在寻求影响和塑造围绕诸如世界杯等赛事进行的网上讨论。社交媒体为个人和群体提供了构建反主流媒体叙事的机会，但值得注意的是，在这种反叙事获得关注并吸引更广泛的公众关注之前，往往需要更多主流媒体来关注这种反叙事。同样重要的是，人们要认识到，社交媒体上的言论也可以起到回音壁的作用，群体只是在强化他们已经形成的观点（Wenner，2014）。

在这个更加复杂的世界杯媒体环境中，记者和印刷媒体所面临的挑战要比为拥有转播权的媒体机构工作的同行大得多。正如哈钦斯（Hutchins）和洛弗（Rowe）提到的体育记者在网络体育媒体环境中的作用：

> 体育新闻领域已经暴露了它的“结构和原则”（structures and principles）是如何变化的，“游戏规则”变得松散和富有争议，曾经相对强势的体育记者（尤其是平面媒体中的男性记者）已经变得脆弱和易渗透。
>
> （Hutchins & Rowe，2012，p.150）

即使有人同意这一分析，体育新闻仍然是围绕诸如世界杯等重大媒体事件生产和复制类似叙事过程的重要组成部分。

例如，哈梅特（Hammett，2011）认为，英国媒体对 2010 年南非世界杯的报道依赖于对南非极为相似的论述（该国的高犯罪率、对世界杯安全的担忧以及潜在的旅行困难）。随着比赛的进行，记者们才开始报道他们自己在这个国家的经历，而不是依赖于关于南非生活的传统认识，你在媒体平台上找到的有关该国的信息才逐渐多样化起来。关于那届世界杯的批判性报道凸显了社会和国家认同的争议性（Tendai & Mhiripiri，2014），以及国内和国际媒体围绕世界杯和南非文化与社会产生的不同叙事。这项研究展示了在一个更加复杂的媒体环境中，在一个更加灵活的媒体空间的推动下，这个国家试图利用世界杯来启动和重新定义其自身的集体认同感，从而展现多样化的身份认同。

结　语

在本章中，我们认为，如果从长远的角度来看待媒体与世界杯的关系，那么，显而易见的是，无论是世界杯的媒介化，还是媒介化了的世界杯与拥趸、球迷和观众之间的互动,都体现出其复杂性在不断增加。这种复杂性掩盖了强烈的连续性元素,比如电视的中心地位,或提供现场直播的“电视式”(television-like)内容,以及电视足球的“实时性”(liveness)仍然是其核心价值。

此外,我们的分析也提醒人们,民族主义的形式以及媒介化集体身份的表达和再现在塑造如世界杯等赛事的受欢迎程度和吸引力方面一直发挥着至关重要的核心作用。我们没有理由认为这种吸引力不会持续,尽管世界足球的管理机构——国际足联一直存在声誉问题,而且这一问题几乎没有缓解的迹象。

参考文献

Benady,A.(2014).The 20th World Cup:A social game.*PRWeek*,June,38-41.

Boyle,R.(2014).Television sport in the age of screens and content.*Television and New Media*,9,746-751.

Boyle,R.and Haynes,R.(2009).*Power play:Sport,the media and popular culture*(2nd ed.).Edinburgh:Edinburgh University Press.

Chisari,F.(2006).When football went global:Televising the 1966 World Cup.*Historical Social Research*,31,42-54.

Colwell,S.(2000).The“letter”and the“spirit”:Football laws and refereeing in the twenty-first century.In J.Garland,D.Malcolm and M.Rowe(eds),*The future of football:Challenges for the twenty-first century*(pp.201-214).London:Frank Cass.

Cowgill,B.(2006).*Mr.Action Replay*.Kings Lynn:Sports Masters International.

Fickers,A.(2012).The birth of Eurovision:Transnational television as a challenge for Europe and media historiography.In A.Fickers and C.Johnson(eds),*Transnational television history:A comparative approach*(pp.13-32).London:Routledge.

FIFA(2014).Goal-line technology set up ahead of FIFA World Cup.1 April.Retrieved from www.fifa.com/worldcup/news/y=2014/m=4/news=goal-line-technology-set-ahead-fifa-world-cup-2311481.html(accessed 24 November 2016).

Frandsen,K.(2016).Sports organisations in a new wave of mediatisation.*Communication and Sport*,4(4),385-400.

Geraghty,C.,Simpson,P.and Whannel,G.(1986).Tunnel vision:Television's World Cup.In A.Tomlinson and G.Whannel(eds),*Off the ball:The football World Cup*(pp.20-35).London:Pluto.

Goldblatt,D.(2007).*The ball is round:A global history of football*.London:Penguin.

Hammett,D.(2011).British media representations of South Africa and the 2010 FIFA World Cup.*South African Geographical Journal*,93(1),63-74.

Haynes, R. (2014) The maturation of Olympic television: The BBC, Eurovision and Rome 1960. *Stadion: International Journal of Sport History*, 38/39, 163–182.

Haynes, R. (2017). *BBC sport in black and white*. London: Palgrave.

Hutchins, B. and Rowe, D. (2012). *Sport beyond television: The Internet, digital media and the rise of networked media sport*. London: Routledge.

Jennings, A. (2006). *Foul! The secret world of FIFA: Bribes, vote rigging and ticket scandals*. Edinburgh: Harpersport.

Jennings, A. (2015). *The dirty games: Uncovering the scandal at FIFA*. London: Century.

Johnson, L. (2014). FIFA World Cup unveils second-screen digital push. *Adweek*, 30 May. Retrieved from www.adweek.com/news/technology/fifa-world-cup-unveils-second-screen-digital-push-158033 (accessed 24 November 2016).

Kantar Media (2015). 2014 *FIFA World Cup Brazil*. London: Kantar Media.

Kelner, M. (2012). *Sit down and cheer: A history of sport on TV*. London: Bloomsbury.

Kissell, R. (2014) Nearly 25 million watch USA v. Portugal match on ESPN, Univision. Retrieved from http://variety.com/2014/tv/news/usa-portugal-match-nets-espns-highest-ever-world-cup-rating-1201242091/ (accessed 6 June 2016).

Klauser, F. (2011) The exemplification of "fan zones": Mediating mechanisms in the reproduction of best practices for security and branding at Euro 2008. *Urban Studies*, 48(15), 3203–3219.

Moran, J. (2013). *Armchair nation: An intimate history of Britain in front of the TV*. London: Profile Books.

Muller, M. (2015) What makes an event a mega-event? Definitions and sizes. *Leisure Studies*, 34(6), 627–642.

Pilling, M. (1954). [No title.] *Radio Times*, 21 May, 21.

Radio Times (1962). Summer grandstand. *Radio Times*, 25 May, 4.

Radio Times (1966). Letters. *Radio Times*, 11 August, 5.

Robertson, R. (1992). *Globalization: Social theory and global culture*. London: Sage.

Roche, M. (1992). Mega-events and micro-modernization. *British Journal of Sociology*, 43, 563–600.

Rowe, D. (2000). Global media events and the positioning of presence. *Media International Australia incorporating Culture and Policy*, 97, 11–21.

Schlesinger, P. (2000). The nation and communicative space. In H. Tumber (ed.), *Media power, professionals and politics* (pp.99–115). London: Routledge.

Silverstone, R. (1999). *Why study the media?* London: Sage.

Stockdale, J. and Platt, D. (2014). Watching the World Cup: A photographic journey exploring crowds at the World Cup 2014 in Brazil. Retrieved from www.watching theworldcup.com (accessed

24 November 2016).

Sugden, J.and Tomlinson, A.(1998).*FIFA and the contest for World Football*.Cambridge:Polity Press.

Sweney, M.(2010).World Cup 2010: Millions of women will watch-but the ads will aim at men.*The Guardian*, 9 June.Retrieved from www.theguardian.com/media/2010/ jun/09/world-cup-2010-women-ads(accessed 24 November 2016).

Tendai, C.and Mhiripiri, N.A.(eds)(2014).*African football, identity politics and global media narratives: The legacy of the FIFA* 2010 *World Cup*.London: Palgrave Macmillan.

Tomlinson, A.(2014).*FIFA: The men, the myths and the money*.London: Routledge.

Tudor, A.(1975).The panels. In E. Buscombe (ed.), *Football on television* (pp. 54-65). London: BFI.

Varela, M.(2014).The opening ceremonies of television in Mexico, Brazil, Cuba and Argentina. In S. Anderson and M. Chakers (eds), *Modernization, nation-building and television history*(pp.19-35).London: Routledge.

Wenner, L.(2014).On the limits of the new and the lasting power of the mediasport inter-pellation.*Television and New Media*, 15(8), 732-740.

Whannel, G.(1992).*Fields in vision: Television sport and cultural transformation*.London: Routledge.

Whannel, G.(2001).*Media sport stars: Masculinities and moralities*.London: Routledge.

Wilson, B.(2013).FIFA loses free-to-air World Cup battle.*BBC News*, July 18.Retrieved from www.bbc.co.uk/news/business-23288211(accessed 24 November 2016).

第七章　英式橄榄球世界杯体验

——爱与恨摇摆两极的质问

托尼·布鲁斯①

像英式橄榄球(以下简称橄榄球)世界杯这样的全球重大事件是与日常生活截然不同的独特时刻,它可以让人们通过分享感到自己成为比自己更重要的事物的一部分这种重要的体验,从而团结起来。这类事件会引发各种各样的情绪,包括快乐、悲伤、愤怒,甚至仇恨。通过对媒体报道、调查对象的言行、新闻网站的公共评论、受访者以及在过去三届四年一度的世界杯现场考察中观察到的内容进行文化研究的话语分析,笔者将这一系列的回应展现出来(Bruce,2013,2014)。借助媒介化的概念,笔者探讨它对一个小国的影响,在这个国家,橄榄球联盟和男子国家橄榄球队——全黑队,长期以来被视为该国“最伟大的激情”(Quinn,1993,p.201)。

多数有关橄榄球的研究在概念上采用了自上而下的方法,重点关注政治人物、记者、广告主管、橄榄球官员和精英橄榄球运动员等权力掮客(power brokers)所创造的橄榄球与民族主义之间的关系(Fougere,1989;MacLean,1999;Phillips,1999;Ryan,2005;Scherer & Jackson,2007)。相比之下,笔者的关注点是“普通人的假设、希望、需求、渴望和兴趣”(Hobsbawm,1991,p.10),他们很少直接参与橄榄球话语的构建。这项纵向研究的动力是媒体对全黑队的表现赋予的文化重要性与新西兰的普通人对橄榄球的实际感受之间日益脱节。

---

① 新西兰奥克兰大学教育与社会工作学院教授。她的研究涉及主流媒体和网络媒体对体育的表述,尤其关注性别、民族身份、种族/族裔和残疾人问题。她的最新作品是《特拉·卢德斯》(*Terra Ludus*),一部关于媒体、性别和体育的小说,由森斯出版社出版。

媒介化

媒介化可以被视为“一个长期的过程”,它“意味着包括媒体在内的实践和机构的转变”,发生在“传播媒介的变化与社会、政治和文化语境之间的相互作用”中(Lundby,2014,p.19;Frandsen,2014;Hepp & Krotz,2014;Livingstone & Lunt,2014)。以媒介与体育之间的关系受其所处的文化和社会语境“高度影响”这一论点为出发点(Frandsen,2014,p.530),笔者探讨了媒介与男子橄榄球联盟“协同进化”(co-evolution)中出现的紧张关系,在这种关系中,媒介与体育相互“促进”(spurred)产生变化(Livingstone & Lunt,2014,p.708)。更确切地说,弗兰德森(Frandsen,2014,p.525)解释道:“体育的媒介化是一个特殊性的问题,由于电视与体育共有的传播特性,其相互关联性、全球化和商业化发挥了重要作用。”

媒介化是一个理论上和方法上都开放的概念,能够从多个层面展开研究(Zierold,2012)。笔者将自己的研究定位于“生活世界中的‘日常’”(Lundby,2014,p.19),以自下而上的方式调查一个国家对橄榄球和全黑队媒介化的多样化反应。面对日益加剧的全球化和商业化压力,笔者将橄榄球在民族文化中的地位概念化为一个具体的“问题建构”,由时刻(如橄榄球对民族主义的表达)和媒体对象(如媒体报道、公众报告和公众讨论)组成(Kunelius,2014,p.82)。伦德比(Lundby,2014,p.22)进一步解释说:“要实现媒介化,这些时刻不得不转变为共同的态度和观念,或者向一个或另一个方向倾斜。”他认为媒体的饱和程度“塑造了社会行为者的个体互动,并影响了促使他们行动或不行动的问题建构”(ibid.,pp.22-23)。因此,笔者的研究探索了对对象和时刻的多重观察,这些观察显示了与橄榄球相关的体育民族主义的社会文化实践如何随着时间的推移而发生变化。

笔者研究的媒介化时刻和对象源于对三届橄榄球世界杯采用各种方法调研的所得,包括对比赛现场、公共观看场所、球迷路线、派对、酒吧、工作场所和私人住宅进行实地调查,对印刷媒体和在线新闻的报道、现场直播和新闻网站上的公众评论进行分析,以及进行深度采访和自我选择性调查。由于篇幅有限,受众证据主要基于三项代表性调查中的评论,尽管这些调查的方法和规模各不相同,但结果基本相似:2007 年的便利抽样(131 名受访者),2011 年(267 名受访者)和 2015 年(1188 名受访者)的在线自我选择性调查,以及 2015 年新闻网站上的一些评论。媒体证据来自对新西兰顶级在线新闻网站“新西兰先驱报”(New Zealand Herald)和新闻聚合网站“素材”(Stuff)2011 年和 2015 年新闻报道的分析,这两者每个月都有超过一百万次的浏览量(Riddiford,2015)。媒体证据也包括发行量最高的日报《先驱报》(*the Herald*)和周日报《周日星时报》(*the Sunday Star Times*)2011 年和 2015 年的报道。2007 年之前的研究和媒体报道也被纳入进来,以确定橄榄球媒介化所蕴含的“更大的社会文化进程”(Lundby,2014,p.9)。

橄榄球的媒介化

新西兰于 1987 年举办首届橄榄球世界杯并赢得了冠军,继而在 2011 年再次举办橄榄球世界杯并再次夺冠,2015 年夺冠之后,新西兰男队成为第一支背靠背获得世界杯冠军的球队,也正因如此,全黑队成为有史以来最具影响力的世界杯男子橄榄球队。然而,自首届橄榄球世界杯后,无论是橄榄球还是新西兰都发生了很大的变化。在新西兰,顶级男子橄榄球赛很快从一个由志愿者组成的业余俱乐部比赛发展为一个职业化、商业化和媒介化的国际品牌,然而,这一转变并不完全被大家认可(Laidlaw,1999;Phillips,2000;Romanos,2002)。这种转变反映了新西兰更为广泛的社会、政治、人口以及经济等的变化,如移民人口的增加、种族的多元化发展,以及人口的老龄化,这些对橄榄球在国民想象中的地位造成了压力。例如,电视收视率的下降、球员人数和比赛现场上座率的下降等。一系列的民意调查显示,公众对橄榄球的兴趣可能正在减弱(Robson,2009;UMR,2011)。

这项运动最近的发展涉及职业球员、新西兰橄榄球、电视转播商、广告商以及赞助商之间的公司化和日益明显的商品化关系。用弗兰德森(Frandsen,2014,p.539)的话来说,它已成为一种“基于互相理解和制造共享产品的战略合作伙伴关系”。这导致了一系列结构性变化,几乎反映了弗兰德森所描述的体育媒介化的全部元素:精英级别比赛的类型、频率和日程安排,产品价值甚至运动员制服的变化,以及运动员和教练员如何与媒体互动。对于橄榄球来说,由媒介驱动的结构性变化还包括重新调整比赛时间,从适合于观众和选手的日场比赛调整到晚间的黄金时段,引入最新的摄像角度和裁判员麦克风,以及全新的短期电视赛事,如 7 人制橄榄球(Rugby Sevens)(在 2016 年夏季奥运会中首次亮相),此外还包括电视比赛官员(TMO),他们可以观看电视回放从而帮助裁判判定球队是否得分,以及将顶级橄榄球比赛从免费观看转为付费观看,这一举措使得超过50%的新西兰家庭无法方便地观看比赛。自1995年以来，业余的三国超级橄榄球赛已经转变为职业的五国四会比赛，包括来自南非、新西兰、澳大利亚、阿根廷和日本的球队。年度比赛日程的延长也减少了全黑队参加全国省级比赛的次数(Silk & Jackson,2000)。

与欧洲和北美既有的职业运动史不同，1995年起，橄榄球加速向媒介化产品转型，这在它还是业余运动的最后几年就已经开始了。在哈钦斯和菲利普斯(Hutchins & Phillips,1999,p.154)看来，1991年的橄榄球世界杯“代表着国际橄榄球赛在呈现、商业化以及消费方面发生了翻天覆地的变化”，因为橄榄球“进入了一个融合化、全球化、商业化的媒介市场时代”。莱德劳认为，接踵而来的转变，例如1995年出现的职业化转变以及与全球服装业巨头阿迪达斯1亿美元的合同(Philp,1997)，这些“使橄榄球运动的支持者产生了一种不安的情绪，甚至是怨恨，认为这项运动正被以某种方式从他们手中夺走”(Laidlaw,1999,p.11)。他提到再建的体育场将“那些买不起球票的观众”排除在外，而付费电视进入新西兰广播电视市场则意味着“你如果想在电视上观看比赛，就必须订购”(ibid.)。因此，莱德劳得出结论，“橄榄球运动现在回应的不是国民的崇拜热情，而是电视节目编排者和企业赞助商”(ibid.)。在研究了职业运动所带来的震撼性的影响力后，体育记者约瑟夫·罗马诺斯(Romanos,2002,p.11)认为，橄榄球是“处在危机中的运动”，它作为一项国民运动正面临着严峻的挑战，并报道说“几乎全国对橄榄球运动的许多方面都不再抱有幻想”(ibid.,p.12)。当新西兰痛失2003年橄榄球世界杯的联合主办权时，罗马诺斯的这一观点得到了证实，这在橄榄球界引起了极大的忧虑，并导致了独立调查以及《先驱报》上超过120篇的报道，其中一篇指出，“职业时代的要求经常使橄榄球联盟陷入困境”(Herald,2002A,3)。有些报道夸大了球迷的“公愤”(Herald,2002b,4)和一种普遍的担忧，他们感到“自己的命运不再掌握在自己手中”(Martin,2003,p.8)。在正式转向职业化仅仅5年后，西尔克和杰克逊(Silk & Jackson,2000,pp.137-138)认为，橄榄球的蜕变“也许最能在一个更加放松管制、私有化、消费主义和全球互相依存的新西兰体现，这是体育文化领域的变迁”。

在新西兰，橄榄球与民族主义的有力结合产生了“深层依恋”(Anderson,1991,p.4)，这在理查兹(Richards,1999)对男子橄榄球在国家文化中的历史地位的描述中显而易见(他同时指出了橄榄球迷群的性别维度)：

> 似乎没有什么比橄榄球比赛更重要了。……几乎每个男生都能

> 说出所有来访球员的名字。他们大多数人的父亲也是如此。全黑队的胜利是甜蜜的,也是值得期待的。失败则是全国性的灾难。橄榄球是神一般的存在。质疑橄榄球就等于质疑新西兰。建议取消甚至中断橄榄球巡回赛是对新西兰人的亵渎和侮辱。
>
> (Richards,1999,p.237)

本章的余下部分将探讨个体在适应由媒介化所引发的“社会模式和文化视野”的转变时发挥能动性的方法,包括他们“对在媒体中和针对媒体采取行动的可能空间的反思性解释”(Lundby,2014,p.30)。笔者强调了媒介化的四个要素——爱国主义、中介化、商业化和政治化,这些要素激发了强烈的情绪,这在下面的一段代表性引言中体现得很明显:

> 自从橄榄球职业化以来,比赛已经发生了很大变化。全黑队是一支被媒体炒作的豪华军团。我亲眼见证了那些未能入选橄榄球世界杯阵容的球员参加“特别”会议。可悲。他们必须经历的所谓“历程”、心理辅导等,绝对是无稽之谈。过去的全黑队是默默无闻的、沉默的、神秘的队伍,就像苏联一样,而现在他们必须展示个性,并且总有人征求他们的意见。他们中的大多数人缺乏思考能力,也没有什么值得说道之处……
>
> (54岁,男性,警官,2015)

调查引用的例子包括人口统计学的一些信息(每年有所不同),其中,绝大多数的调查对象是欧裔新西兰人(Pakeha)(拥有欧洲白人血统的人)。在新闻网站上发表的公开评论注明了发帖人的网名、发帖日期和网站名。这些评论以原样呈现。

爱国主义:全黑队是我们的战队

围绕橄榄球世界杯产生的主流文化和媒体话语清晰地将全黑队与民族主义联系在一起(Bruce,2013,Jackson & Scherer,2013),这使得全黑队获得了与民族主义相关的“深刻的情感合法性”(Anderson,1991,p.4)。橄榄球世界杯的转播吸引了大量的电视观众。在新西兰这样一个只有450多万人口的国家,全黑队2011年世界杯的4场比赛的收视率都在年度收视榜前十位,观众人数估计为 160 万人到 200 万人(Jackson & Scherer,2013)。超过 140 万人见证了全黑队 2007 年四分之一决赛的失利,超过 110 万人观看了 2015 年的决赛(Jackson & Scherer,2013;Pearson,2015)。正因如此,天空电视台的订阅量在 2015 年世界杯期间明显增长,但赛后急剧下降(Pullar-Strecker,2016)。所有的调查对象都意识到了这一点——“橄榄球文化在这个国家是永远不会被忽视的。橄榄球!!!! 111! 111!!!”(38 岁,男性,电工,2015)然而,他们对此观点的反应却各不相同。

一些对橄榄球不感兴趣的受访者表示,他们感觉自己像麻风病人或被遗弃者,发现自己被排除在谈话之外,或者被其他人认为不爱国:“我认为我们被告知,作为新西兰人,必须喜欢橄榄球,必须支持全黑队……我认为媒体传达的信息是,不喜欢橄榄球就是不爱国。”(36 岁,男性,讲师,2015)有人解释说,当他说自己不喜欢橄榄球时,就会“被视为非新西兰人和叛徒”(43 岁,男性,建筑项目经理,2011)。还有人写道:“人们也会因为你不支持全黑队而批评你……你是叛徒。”(31 岁,男性,学生,2015)另一个人认为不感兴趣是“不受欢迎的态度”,并质疑整体兴趣水平,同时指出橄榄球与民族主义的关系具有让人们保持沉默的力量:“工作中的人都说喜欢橄榄球,但我知道并不是所有人都喜欢,但他们不会说出来,因为害怕被贴上‘没用的人’的标签。”(53 岁,X,讲师,2015)在一个活跃而备受争议的 Stuff 评论区(359 条回复),一位发帖者多次试图解释不是橄榄球迷的感觉,最后总结道:

> 听着,我想说的是,不喜欢橄榄球的人在这个国家没有安全的地方表达自己的观点。充其量,你会被人冷眼旁观,被指责不“爱国”。最坏的情况是你会被揍得鼻青脸肿。信不信由你,这已经持续很长时间了。
>
> (Charles Farley,2015 年 10 月 28 日)

同一评论区的另一个网友描述说:“我的一位朋友提到‘周六只要有一场精彩的比赛,即使是澳大利亚赢也无所谓’,她男朋友因此打了她一拳。”(Tui_ChCh,2015 年 10 月 28 日)这些反应表明,那些认为自己不被包容的人的“不同声音”是“危险的声音……受到去合法化、符号暴力、边缘化或排斥等积极手段的打击”(Bruce,2014,p.39),这或许反映出球迷对橄榄球和民族主义的强烈支持。

有一个球迷说:“我作为新西兰人(kiwi)的身份,就是通过全黑队傲人的成绩来确立的。”(23 岁,男性,学生,2015)另一个人解释说:“我们的国家因橄榄球而生,它就是我们文化和历史的一部分。”(18 岁,女性,2007)其他人认为,他们希望全黑队获胜的理由显而易见:“因为那是全黑队啊……他们代表着我们的国家,这让我为自己是一名新西兰人而无比自豪。”(52 岁,女性,焊接工,2015)有人回复说,“愚蠢的问题//他们是我们的国家队!”(38 岁,男性,销售经理,2015)对于这些新西兰人来说,橄榄球的媒介化并没有削弱他们对橄榄球的投入和兴趣。事实上,他们常用民族自豪感、民族认同感、自尊心、自豪、爱国精神和忠诚等词语来形容他们支持这支球队的原因。有人写道:“如果我们不崛起,我的生命也就要结束了。**伟大的全黑队要崛起!!!**”(23 岁,男性,客户经理,2015)另一个人留言说:“全黑队是我们国家认同的一部分。”(25 岁,男性,学生,2015)在这些评论中,调查对象只是狭隘地将关注点集中于男子国家队,大多数新西兰人主要对全黑队感兴趣。2015 年,84%的调查对象估计,大多数新西兰人对全黑队感兴趣或非常感兴趣,78%的受访者对世界杯感兴趣,只有 57%的受访者对橄榄球感兴趣。

2015 年一位调查对象的评论,概括了迷群与民族主义的多重维度:

> 民族自豪感和“背靠背”取得胜利的决心!我坚信橄榄球是我们社会的一部分,它将人们团结在一起,让我们拥有共同的目标和成就感!我们有的人或许与全黑队毫无交集,有的人或许是他们的妻子,有的人或许跟他们有血缘关系,但当全黑队胜利的时候,我们都可以分享这种成就感。无论在国内还是国外,全黑队的所有人都是我们国家的杰出大使,能够很好地代表新西兰人会见公众或贵宾。我们应该为他们感到骄傲,并尽我们所能支持他们在 2015 年再次取得成功。
>
> (28 岁,女性,母亲)

然而,橄榄球与民族主义交织在一起,给球迷们带来的有喜悦也有悲伤,正如全黑队在 2007 年四分之一决赛中意外失利时,球迷所做出的反应。在这个问题和其他问题上,被调查者手写或打字的回复中包含了过多或不必要的大小写、双重或三重下划线、涂改、感叹号或脏话等,情绪激烈程度可见一斑:例如,“太恐怖了。我真想把电视从窗口扔出去。”(20 岁,学生,2007)的确,2007 年的 131 名被调查者中有许多人对这场被大多数人认为令人惊讶的(但不是前所未有的)败仗表示震惊和难以置信。这里有大量的文字证明人们被这次失利打击得目瞪口呆。被调查者用“极度震惊”“完全出乎意料”“惊讶”和“难以置信”等词句来描述他们的第一反应,这样的反应同样表现在他们的身体反应上:“呆呆地坐在那里，足足有 10 分钟。”（23 岁，女性，学生）“说了很多话，但是每个人脸上的表情都像见了鬼一样。”（21 岁，学生）几乎一半人很快从震惊转为失望或悲伤（“我哭了”；22 岁，男性，学生），甚至是有些愤怒，人们甚至咒骂裁判或教练，破坏或焚烧物品，肆意涂鸦。其中，最深刻地体现男性反应强度的描述来自观察男性反应的女性被调查者。一位 18 岁的女服务员解释说：“我当时在当地的一家酒吧工作。我们店特意提前开门，这样就能够方便当地人来看球。我这辈子都没有见过那么多伤心欲绝的男人。比赛期间，大家都很愤怒，然而比赛结束后，人们死一般地寂静。”其他人也是如此描述：“我室友（男孩）的精神被击垮了<-咒骂等等。路上的人们一起点燃了一个沙发。”（19 岁，女性，学生）“我（男朋友）有点哽咽，他散了会儿步……看到人们在踢栅栏，放火烧东西，随便涂鸦有关裁判的内容。”（20 岁，女性，学生）男性被调查者表达对比赛结果失望的情绪，总是比较倾向于使用像“伤心欲绝”“绝望”这样的词语。即使是非橄榄球球迷中，也有人同情朋友、亲戚和更广泛的社会情感。例如，“主要的反应是失落、悲伤和心碎。无论是个人还是整个社会……人们表现得很严肃、很沮丧，并没有过多地谈论它。有些人很生气，有些人很沮丧。”（20 岁，学生）另一个报告说，一群人“沉浸在悲伤中，身后的门上写了一个大大的标语：‘裁判+法国恶心’”（21 岁，学生）。大体上来说，负面情绪稍纵即逝，并没有对人们的日常生活产生较大影响，尽管有人说自己取消了一场约定好的早午餐，因为“朋友实在太过悲伤”（21 岁，女性，学生）。另一些人表示，他们周围的男性会通过散步或跑步来转移情绪，少数人决定自行实施媒体禁令：“为期一周的沉默和哀悼似乎是约定好的——我也有几天故意避开所有媒体，只为避开感伤的新西兰媒体。”（44 岁，男性）

这些例子描述的情绪和身体反应的强烈程度，有力地表现了人们在情感层面对国家男子橄榄球队的“深层依恋”（Anderson，1991，p.4），从快乐到绝望，从包容到排斥。这些反应揭示了民族主义是如何同时被体现，被影响和相互关联的（Wetherell，2012）。

中介化：媒体“炒作”

如果说媒介化是传播媒介与更广泛的社会和文化语境相互作用所产生的长期性、变革性的变迁，那么，中介化就是有关特定主题或事件的对象（图像和话语）得以传播的过程。在新西兰，橄榄球是最引人瞩目、中介化程度最高的体育运动，这一点毋庸置疑。足球在欧洲占据主导性地位，超过50%的报纸会报道关于足球的内容（Jorgensen，2002），橄榄球在新西兰是占主导地位的体育运动，2008年全年《先驱报》19%的版面贡献给了橄榄球，橄榄球在另一份更小的报纸中所占的比例是21%（Bruce，Sedon & Dawson，2009）。

橄榄球世界杯期间，球队的命运被认为是举足轻重的，可以时不时占据报纸的头版，并成为广播电视的头条新闻。在2011年世界杯的实地考察中，一位电台节目制作人向笔者解释说，他们电台要求每次新闻播报都要有橄榄球世界杯的报道。《先驱报》更名为《橄榄球先驱报》，并将世界杯各个国家之间的比赛称作“主场新闻报道”，而且在赛事的前9天中有5天将整个头版用于报道世界杯。在2015年世界杯期间，研究所分析的42份《先驱报》印刷版都在头版刊登了与世界杯有关的文章，网络版上大约有1000篇关于世界杯的报道。在笔者分析的10份《周日星报》中，有5份在头版刊登了橄榄球报道，80%的版本突出了橄榄球宣传。球队胜利后的第二天，《周日星报》整个头版是一张队长汗渍斑斑的严肃面孔的特写，它的左边是大写的“骄傲”（PRIDE），以及一张奖杯的图片。线上新闻中，新西兰电视台的“一新闻”（*One News*）在世界杯为期两个月的时间内，创作了超过950条/篇的视频和文章，平均每天有11条/篇之多。

橄榄球世界杯的广泛中介化，能够从2015年的调查中明显体现。例如，有人写道：“‘新西兰先驱报’和‘素材’每天排名前15位的报道都是关于全黑队和橄榄球世界杯的。”（35岁，男性，公务员）然而，网名Meandog的人（Herald，2015年11月1日）抱怨说：“昨天电视一台对橄榄球的报道持续了整整一晚上，居然没有一点儿其他方面的新闻。”2011年也有过类似的评论：“电台播音员似乎认为全世界没有其他事情发生，几乎每天晚上的电视新闻都是关于橄榄球的。”（43岁，男性，项目经理）

橄榄球世界杯和全黑队的中介化，在多个层面引起了紧张和抵触。首先是通过天空电视台观看比赛直播（在2015年，包括天空体育频道在内，观众需要缴纳大约1000新西兰元的订阅年费）。超过70名的受访者由于没有订阅而不能观看自己想看的内容。正如，有人说：“不能免费播放，都被天空电视台买断了，唯一能看的就是基本的节目，这就是一切。”（24岁，男性，服务生）①另一个

① Prime TV（天空电视台的免费附属电视台）提供了所有全黑队比赛的延播、其他比赛的集锦以及两场四分之一决赛、全黑队的半决赛、三四名争夺战和决赛的直播（Cunliffe，2015）。

人说:“我负担不起订阅费用,太不走运了,这并不是免费的电视节目。”(56 岁,女性,顾问)“素材”上公众的评论也反映了类似的观点,Stuff 4kiwis(2015 年 10 月 28 日)写道:“我们如果能真正地观看 80 分钟的比赛,是不会介意媒体的大肆炒作的。但我们什么也看不到。我们能看到的只有全黑队振奋人心的商业广告。除非你有钱去支付天空电视台的订阅费,但是绝大多数的人出不起这个钱。”

回到伦德比提出的观点,媒介化的产生是由于“共同的态度和观念”发生了改变,或者“向一个或另一个方向倾斜”(Lundby,2014,p.22)。笔者认为,调查报告的语气和内容表明,一些被调查者对橄榄球中介化的结构性转变(不再免费播放)、报道方向和强度的偏差都存在不满情绪。例如,在调查报告和新闻网站的公开评论中,人们普遍认为主流媒体的报道过度了:诸如“总体的”“过度使用”“过量”“饱和”“超载”“大量的”“过多的”“恶心的”等词语经常被使用,还有一些更多彩的短语,例如“强行灌输给每个人”“拍马屁式的阿谀奉承”“对每件小事都喋喋不休地唠叨”“对全黑队宣传的狂轰滥炸”等。再如,“超饱和的媒体报道给人的印象是,每个人都痴迷于橄榄球世界杯和全黑队获胜的前景”(50 岁,男性,公务员,2015)。一位名叫莫弗(Merv)(2015 年 11 月 1 日)的《先驱报》发帖人指出:“长久以来,橄榄球世界杯已经污染了新西兰所有的‘新闻’来源,以至于在第一场比赛开始之前,我就已经厌烦了。”

那些抵制媒体关注的人最常将其归类为炒作,在 2015 年的调查者中,45% 的人感觉媒体的报道超出了需要。例如,有人说:“迫不及待地想让这一切结束,受够了所有媒体的炒作。”(52 岁,女性,公关,2015)他们还批评橄榄球摆脱了体育版和体育新闻的束缚,主宰了各种形式的新闻媒体,这使得它完全不可避免:“我像躲避瘟疫一样躲避报道,但是当我看电视‘新闻’时不得不看,‘新闻’中充斥着橄榄球的琐碎细节,真是太无聊,太无聊,太无聊了。”(65 岁,女性,退休人员,2015)另一个退休女性也抱怨说:“报道、报道、报道……我们被它们所包围,就好像它们注定是新闻一样。”(70 岁,女性,2015)尤其是退休人员,他们比较反感对橄榄球的报道超出正常的界限,就像以上提到的,以及下面这段较长的评论:

> 电视新闻节目疯狂地将大量时间投入报道全黑队在英国的任何一个小故事上。完全没有分寸感。真正重要的新闻故事被忽略或被归入 15 秒钟的新闻片段,这样他们就可以将每晚至少四分之一的新

闻时间用于报道橄榄球比赛!

(66岁,男性,退休人员,2015)

其他受访者批评故事过于冗长,很多材料很琐碎。例如,"太多了(特别是他们要穿的球衣)"(30岁,女性,2007);"太多了。他们把注意力集中在一些愚蠢的细节上(比如全黑队早餐吃了什么,谁的拇指肿痛……),似乎即使什么都没有发生,他们也在报道"(31岁,女性,2007)。2015年,一位发帖人解释说:"媒体过度报道,媒体过度报道了——每一个该死的电视台都在喋喋不休地谈论橄榄球。他们应该找个洞钻进去。"(AlHalco,*Stuff*,2015年10月28日)下面的帖子概括了弗兰德森(Frandsen,2014)对媒介化的一些描述,即媒介化在不同领域具有潜在的多样化和相互矛盾的影响:

我喜欢世界杯。我讨厌的是来自新西兰媒体和天空电视台评论员的阿谀奉承和啦啦队式的追随,可悲的是,很多新西兰人似乎相信他们说的废话。媒体正在推销一种产品——对我来说,橄榄球永远是最重要的一项运动。我不喜欢这个产品,但喜欢这项运动。

(printer1,*Stuff*,2015年10月28日)

媒体的大肆炒作,以及橄榄球运动的其他一些变化,减少了一些前橄榄球球迷,尤其是男性的乐趣。例如,"我认为媒体做得太过分了,我根本不想知道球员在球场外的那么多细节,在高调炒作和职业化之前,我曾经很喜欢看橄榄球比赛"(42岁,男性,维修技术员,2015);"媒体的过度报道实际上降低了人们对比赛的热情"(53岁,男性,图书管理员,2015)。对于一些人来说,媒体炒作让他们完全失去了兴趣:"多年之前,我曾经很享受观看全黑队的比赛,但媒体对橄榄球世界杯的过度报道让我对橄榄球产生了反感。"(67岁,男性,退休人员,2015)

因此,总体而言,抽样调查表明,人们认为媒体报道过于粗暴,无所不包,而且,对于许多受访者来说,过度炒作甚至引起了他们相当大的愤怒。

商业化:冰箱里的全黑队

作为一个过程,媒介化与商业化紧密相连,而商业化和其他经济因素一样,是"推动变革的特别重要的引擎"(Frandsen,2014,p.528)。由于新西兰进入职业体育运动的时间较晚,一些调查对象对他们所认为的"超级商业化"(hyper-commercialisation)提出了强烈批评,其中一个受访者称之为"经营橄榄球的肮脏狭隘的商业世界"(52 岁,女性,果园工人,2011)。另一个受访者的观点——"不要忽视这其实全都是因为钱"(51 岁,男性,畜牧工人,2011)——明显地验证了罗马诺斯(Romanos,2002,p.13)的观点,即"职业化意味着一件事情——唯一受到崇拜的神是金钱"。

2015 年,一些调查对象对其中一家赞助商的决定很不满,因为后者打算生产黑色牛奶瓶,通过与黑色相联系,来表达对全黑队的爱国式的支持。例如,"我厌倦了全国范围内的营销活动。我们为什么需要标有'JERSEY'字样的黑色牛奶瓶?这太荒谬了!!!!!!!!!!!!!!!!!!!!!!!!!!!!!!!! !!!!!!!!!!!! ……别再给我的牛奶瓶贴标签了,真是的!"(24 岁,女性,职前教师)另一个人写道:

> 我厌恶一切商家尝试强加于橄榄球上的行为——黑色牛奶瓶和其他与体育运动毫无关联的产品,如新西兰航空在他们的嘻哈安全视频中插入橄榄球球员的画面。这让橄榄球世界杯赛更无所不在、更有侵略性,它进入你的冰箱,进入非橄榄球电视节目的广告时段。
>
> (62 岁,女性,学生)

商业赞助商将其品牌与爱国主义相联系的行为,也改变了一些受访者与球队之间的关系:"全黑队其实是一个包装成国家运动队的商业品牌。我感觉到一种虚假的认同感。"(46 岁,男性,教师,2015)对于 MrT1978 来说,媒介化是让其对橄榄球失去兴趣的关键因素:"我不喜欢橄榄球了……我想,当全黑队从一支国家队变成一个品牌时。"(*Stuff*,2015 年 10 月 28 日)

笔者以一段文字来结束这一节,它反映了抵制中介化的矛盾情况:

> 我不讨厌橄榄球,我只是觉得这项运动无聊得令人麻木,我觉得这项职业运动,尤其是全黑队,过于商业化了。更不用说全黑队的曝光率太高,不管是报纸上关于他们最喜欢的歌曲或者他们那天早餐吃了什么的无聊故事,还是他们对任何大家可以想象到的产品的代言,从牛奶到信用卡,以及其他任何可以涂成黑色的东西。
>
> (C.J.,*Stuff*,2015 年 10 月 28 日)

与媒体炒作一样,商业化已经让一些前球迷望而却步:"全黑队现在归公司所有,所以我们对他们以及这项运动失去了兴趣。"(58 岁,女性,伤残受益人)名为 Factchecker 的帖主(*Stuff*,2015 年 10 月 28 日)解释说,他过去会观看全黑队的每一场比赛,因为“这在当时是有意义的”,但是,后来他就不再感兴趣了,因为球队“过度商业化”。名为 Sighmin 的帖主(*Stuff*,2015 年 10 月 28 日)“在成为狂热球迷之后逐渐失去了兴趣”,这不仅因为看球的成本在逐渐增加,还因为比赛的商业化程度不断提高和球员被政治化。

政治化

对媒介化的最后一个批判体现在人们对总理约翰·基(John Key)介入全黑队报道的反应上。受访者使用了诸如“完全不喜欢”“讨厌”“无法忍受”“非常反感”等词汇来描述他们对媒体报道中的总理和球员的感受。2015 年,他们称球员为“政治棋子”和“约翰·基的玩物”,称总理“毁了全黑队这个品牌”“利用他们的威望”“对球队大献殷勤”,以及“将全黑队变成一个商业伙伴”。就像有人说的,“橄榄球已经被约翰劫持了”(45 岁,男性,待业)。另一个人写道:“我不喜欢总理利用橄榄球世界杯谋取政治利益。”(51 岁,男性,工程师)一些公众对新闻报道的评论反映了调查的结果,例如,玛丽·兰姆(Mary Lamb)(*Herald*,2015 年 11 月 1 日)写道:“全黑队沦为总理的营销工具,真可耻。”

与媒体炒作和商业化一样,一些发帖人将政治化列为远离这项运动的原因。名为 Rinchin 的帖主(*Stuff*,2015 年 10 月 28 日)反对“公然将橄榄球运动员用作约翰·基的公关机器”。他解释说:“是政治介入让我从一个毫不关心的沉默的大多数中的一员,变成了一个彻头彻尾的憎恨者。”橄榄球政治化甚至使人们希望全黑队失利。例如,“几乎希望全黑队输掉比赛,仅仅是为了抹去总理脸上的假笑”(37 岁,女性,社会研究员)。还有人说:“我希望他们输,这样我就不用听到约翰·基的欢呼了。”(39 岁,男性,音乐/设计)下面这段引文或许能够很好地总结媒介化如何改变了一些新西兰人和橄榄球之间的关系:

> 他们被过多地用作政治棋子。橄榄球的公司化和品牌化是乏味的——它们无处不在。我过去喜欢看橄榄球,但在某个时刻,我意识到这一切都是关于报酬过高的“运动员”的……为了大公司和挣大钱而互相厮打。……过去,橄榄球运动员也可能是律师、建筑工人、教师……现在,他们只是运动员和行走的广告牌。
>
> (42 岁,男性,图书管理员,2015)

结　语

弗兰德森(Frandsen,2014,p.530)认为,媒体和体育之间的关系受到其所处的文化和社会语境的“高度影响”。因而,我们必须认识到反映当代新西兰人与橄榄球之间关系的“社会模式和文化视野”(Lundby,2014,p.30)有着悠久的历史,可以追溯到一个世纪之前。因此,在更广的时间范围内,媒介化对精英级别的体育运动造成的巨大影响最近才呈现出来。对紧张局势、公众焦虑和“塑造我们对当前问题的理解的具体而有争议的话语”(Kunelius,2014,p.82)的调查,揭示了个体在适应媒介化过程中发挥能动作用的多种多样的且有时甚至是相互矛盾的方式,包括他们“对参与媒体或反对媒体的可能行动空间的反思性解释”(Lundby,2014,p.30)。

尽管橄榄球世界杯比赛的高电视收视率、新闻网站上的评论和调查结果等证据表明,对于一些球迷来说,媒介化对橄榄球和民族主义的表达影响不大,但也有证据表明,媒介化进程改变了其他新西兰人与全黑队的关系,包括加剧了他们对橄榄球作为一种媒介化产品的抵触情绪。对媒体报道和公众对橄榄球世界杯这一媒介化对象的反应的分析表明,橄榄球的结构和媒介化方式的转变引发了强烈的情绪。职业橄榄球运动日益商业化、媒介化和政治化的发展轨迹,似乎引发了强烈的反应。围绕橄榄球的媒体和文化话语的情感力量似乎在两个方向上发挥了作用:一个是增强自豪感、爱国主义和国家归属感,另一个是疏远、愤怒或沮丧。

事实上,从这一纵向研究的证据来看,媒介化的视角揭示了人们对橄榄球的认同和参与模式正在发生变化,这强烈表明了人们对媒介化过程的一定程度的抵制。对于一些人来说,尤其是那些重视业余时代、40岁以上的人,这种抵制减少了他们以前对国家男子橄榄球队获得成功的坚定信念和情感投入。因此,橄榄球世界杯的媒介化似乎有助于改变人们对橄榄球在国民想象中的地位的“共同态度或观念”(Lundby,2014,p.22)。

如果伦德比的观点是正确的,即媒体饱和的程度“塑造”了个人的互动,包括是什么导致他们“采取行动或不采取行动”(ibid.,pp.22-23),那么,这里的证据表明,橄榄球的媒介化轨迹已经导致一些新西兰人远离了这项曾经带给他们快乐和归属感的运动,甚至令他们憎恨这项运动。笔者的结论是,在这项研究以及更广泛意义上的新西兰文化中,明显存在的各种反应都表明了对媒介化的一种质疑和抵制态度,这可能反映了新西兰体育民族主义构建方式的长期转变。

参考文献

Anderson, B. (1991). *Imagined communities: Reflections on the origin and spread of nationalism.* Verso, London.

Bruce.T. (2013). (Not) a stadium of 4 million: Speaking back to dominant discourses of the Rugby World Cup in New Zealand. *Sport in Society*, 16(7), 899-911.

Bruce, T. (2014). A spy in the house of rugby: Living(in) the emotional spaces of nationalism and sport. Emotion, *Space and Society*, 12, 32-40.

Bruce, T., Sedon, C. and Dawson, D. (2009). Media representation of sports in two New Zealand newspapers: Analysis of a full year of coverage. Unpublished manuscript, Univer-sity of Waikato, Hamilton.

Cunliffe, R. (2015). Prime announces 2015 Rugby World Cup coverage. *Throng*, 1 April. Retrieved from www.throng.co.nz/2015/04/prime-announces-2015-rugby-world-cup-coverage(accessed 24 November 2016).

Fougere, G. (1989). Sport, culture and identity: The case of rugby football. In D. Novitz and B. Willmott(eds), *Culture and identity in New Zealand*(pp.110-122). Wellington: G.P. Books.

Frandsen, K. (2014). Mediatization of sports. In K. Lundby(ed.), *Mediatization: Concept, changes, consequences*(pp.525-543). New York: Peter Lang.

Hepp, A. and Krotz, F. (eds) (2014). *Mediatized worlds: Culture and society in a media age.* Basingstoke: Palgrave Macmillan.

Herald(2002a). Editorial: Rugby Union wrong in World Cup fiasco. *New Zealand Herald*, 12 March. Retrieved from www.nzherald.co.nz/nz/news/article.cfm? c_id = 1&objectid = 1191084(accessed 24 November 2016).

Herald(2002b). Editorial: Rugby board must go. *New Zealand Herald*, 25 July. Retrieved from www.nzherald. co. nz/nz/news/article. cfm? c _ id = 1&objectid = 2196971 (accessed 5 January 2017).

Hobsbawm, E.J. (1991). *Nations and nationalism since* 1789: *Programme, myth, reality*(Canto edition). Cambridge: Cambridge University Press.

Hutchins, B. and Phillips, M. (1999). The global union: Globalization and the Rugby World Cup. In T.J.L. Chandler and J. Nauright(eds), *Making the rugby world: Race, gender, commerce*(pp. 149-164). London: Frank Cass.

Jackson, S.J. and Scherer, J. (2013). Rugby World Cup 2011: Sport mega-events and the contested terrain of space, bodies and commodities, *Sport in Society*, 16(7), 883–898.

Jorgensen, S. S. (2005). Industry or independence? Survey of the Scandinavian sports press. *Mondaymorning*, November, pp. 1–8.

Kunelius, R. (2014). Climate change challenges: An agenda for de-centered mediatization research. In K. Lundby (ed.), *Mediatization of communication* (pp. 63–86). Berlin: Mouton de Gruyter.

Laidlaw, C. (1999). *Rights of passage: Beyond the New Zealand identity crisis*. Auckland: Hodder Moa Beckett.

Livingstone, S. and Lunt, P. (2014). Mediatization: An emerging paradigm for media and communication research? In K. Lundby (ed.), *Mediatization of communication* (pp. 703–723). Berlin: Mouton de Gruyter.

Lundby, K. (ed.) (2014). *Mediatization of communication*. Berlin: Mouton de Gruyter.

MacLean, M. (1999). Of warriors and blokes: The problem of Maori rugby for Pakeha masculinity in New Zealand. In J. Nauright and T. Chandler (eds), *Making the rugby world: Race, gender, commerce* (pp. 1–26). London: Frank Cass.

Martin, G.J. (2003). The game is not the same: A history of professional rugby in New Zealand. Master's thesis, Auckland University of Technology, Auckland.

Pearson, J. (2015). Prime beats Sky as more than one million Kiwis tune in to watch the All Blacks win the Rugby World Cup final. *Stuff*, 2 November. Retrieved from www.stuff.co.nz/sport/rugby/international/73589391/Prime-beats-Sky-as-more-than-one-million-Kiwis-tune-in-to-watch-the-All-Blacks-win-the-Rugby-World-Cup-final (accessed 24 November 2016).

Phillips, J. (1999). The hard man: Rugby and the formation of male identity in New Zealand. In J. Nauright and T. Chandler (eds), *Making men: Rugby and masculine identity* (pp. 70–90). London: Frank Cass.

Phillips, J. (2000). Sport and future Australasian culture. In J. A. Mangan and J. Nauright (eds), *Sport in Australasian society: Past and present* (pp. 323–332). London: Frank Cass.

Philp, M. (1997). Stars and stripes: What does Adidas get for its $100 million deal with the All Blacks? *Listener*, 22 November, pp. 18–21.

Pullar-Strecker, T. (2016). Big drop in Sky TV subscribers after Rugby World Cup, $300m wiped off shares. *Stuff*, 6 May. Retrieved from www.stuff.co.nz/business/industries/79689666/Big-drop-in-Sky-TV-subscribers-after-Rugby-World-Cup-300m-wiped-off-shares (accessed 24 November 2016).

Quinn, K. (1993). *The engyclopedia of wonld ngby* (rev.ed.). Artamon, NSW, Austaia: ABC.

Richards, T. (1999). *Dancing on our bones: New Zeadland, South Africa, nugly and racism*. Welling-ton: Bridget Williams Books.

Riddiford, J. (2015). Stuff and NZ Herald audiences continue to grow in Nielsen's latest online ranking.*Stop Press*, 4 November. Retrieved from http://stoppress.co.nz/news/kiwis- prefergoogling-and-facebooking-stuffs -popularity-growing (acesed 6 April 2016).

Robson, T. (2009). Rugby's interest rates fall sharply. *The Dominion Post*, 6 August. Retriceved from www.stuff.co.nz/sport/rugby/2724314/Rugbys-interest-rates-fall-sharply (acessed 24 November 2016).

Romanos, J. (2002). *The Judas game: The betryal of New Zealand rmugby*. Wellington: Darius Press.

Ryan, G. (ed.). (2005). *Tackling rugby myths: Rugby and New Zealand society 1854-2004*. Dunedin: University of Otago Pres.

Scherer, J. and Jackson, S. J. (2007). Sports advertising, cultural production and corporate nationalism at the global-local nexus: Branding the New Zealand All Blacks. *Sport in Society*, 10(2). 268-284.

Silk, M. and Jackson, S. (2000). Globalisation and sport in New Zealand. In C. Collins (ed.), *Sport in New Zealand society* (pp.99-113). Palmerston North: Dunmore Press.

UMR (2011). *Rugby World Cup anticipation*. August. Thorndon, Wellington: UMR Research.

Wetherell, M. (2012). *Affect and emotion: A new social science understanding*. London: Sage.

Zierold, M. (2012). Mass media, media culture and mediatisation. In B. Neumann. and A. Nunning with M. Horn (eds), *Travelling concepts for the stuty of culture* (pp.337-352). Berlin: Mouton de Gruyter.

第八章　国际板球理事会板球世界杯

——“二流”的重大媒介体育事件?

多米尼克·马尔科姆[1],托马斯·弗莱彻[2]

2015 年的国际板球理事会(ICC)男子板球世界杯(CWC)[3]是 21 世纪历届比赛中最不重要的一次。此次赛事中唯一的“重大”争议来自国际板球理事会主席、孟加拉国的穆斯塔法·卡马尔(Mustafa Kamal)。卡马尔威胁说,如果不对他认为的导致孟加拉国出局的裁决进行调查,他就辞去职务。随后,他被禁止参加颁奖典礼,于是,他威胁要揭露国际板球政治的“黑幕”(ICC,2015a)。

当然,将板球世界杯描绘得平淡无奇是带了些反讽意味的,这个 4 年一届的赛事经常被争议破坏。2011 年板球世界杯由印度—巴基斯坦—孟加拉国—斯里兰卡联合申办,但申办时间较晚。由于安全原因被取消了共同主办国资格后,巴基斯坦对国际板球理事会提起法律诉讼(Samiuddin,2009)。比赛期间,在战胜英格兰队后,孟加拉国球迷袭击了西印度群岛队的大巴,并与警察发生冲突(Bandyopadhyay,2013)。4 年前,8 个加勒比海国家联合主办的板球世界杯,被巴基斯坦队教练、前英格兰板球运动员鲍勃·伍尔默(Bob Woolmer)遭到谋杀的猜测所困扰(Malcolm et al.,2010)。2003 年,由于津巴布韦和肯尼亚的安全问题,英格兰队与新西兰队放弃了比赛;对英格兰而言,这是对津巴布韦侵犯人权行为的外交抗议(Holden,2010)。世界顶尖球手之一、澳大利亚的肖恩·沃恩(Shane Warne)也未能通过兴奋剂检测。

---

① 英国拉夫堡大学体育健康科学学院高级讲师,诺贝特·埃利亚斯学者。他在体育社会学领域发表了大量文章,特别关注板球的社会发展以及体育与医学的相互依存关系。

② 英国利兹贝克特大学高级讲师。他的研究兴趣为体育休闲中的种族政治和白人性问题。

③ 我们认识到应明确区分“国际板球理事会女子板球世界杯”,但为了可读性,我们不会在本章始终提及“男子”比赛。

对那些不熟悉板球运动的人来说,这些事件与板球运动的优雅、文明的意识形态概念相冲突(Fletcher,2015;Malcolm,2013)。然而,本文引用这些事件意在提醒读者认识到理解板球世界杯作为一个"重大媒介体育"事件时语境的重要性,因为"媒介化……根本不是一种在不同领域遵循同样路径的统一的社会文化变革"(Frandsen,2014,p.530)。更确切地说,板球的某些元素对于理解这项运动,尤其是2015年国际板球理事会板球世界杯至关重要。因此,本章先概述了板球的结构和文化语境,然后按照弗兰德森(ibid.)的观点,对板球运动的商业化和媒介化提供了一个历史视角,最后考察了语境和发展对赛事结构与表现形式的影响。具体来说,对于2015年国际板球理事会板球世界杯的机构/制作与语境/文本的分析表明,媒介化强化了——而不是破坏了——这项运动的传统和惯例。因此,本章认为,媒体—体育的关系并不存在前者压倒后者的基本逻辑,而是由一项运动及其人员的特定语境构成的。

板球的组织结构与文化语境

理解板球运动的基础是三个相互关联的特征:赛制的复杂性和统计学特点;国际比赛的结构;多种并存的比赛模式。

复杂的规则

板球的比赛制度出了名地复杂。它的42条规则(和5个附录)多达116页(MCC,2010)。导致这种复杂性的是一种极端的量化形式。《维斯登板球运动员年鉴》(*Wisden Cricketers' Almanack*)是每年出版的板球"圣经",平均包含约1000页数据和50页文本,涵盖了比赛的各种细节(例如,在某一特定场地上,对阵某一特定球队的比赛中,在某一特定球门得分最多的比赛)。这种统计上的复杂性增强了这项运动的神秘性、深奥度和本质上的英国特色。板球是"英国人视觉上的独特表现,但同时,每个人都可以看到它,就像一个神秘的填字游戏,只有某些人掌握着理解它所需的'代码'"(Malcolm,2013,p.163)。

排他性结构

国际板球运动的结构因排斥机制导致分裂。板球运动的105个成员组成了一个相当严格的三层体系:正式成员(10个);预备成员(38个);附属成员(57个)(ICC,undated)。实际上,成员身份与该国家或地区同前大英帝国的关系密切相关。正式成员在国际板球理事会执行委员会中拥有更大的投票权,有更多的机会参与类似板球世界杯赛事的竞争,一旦获得"正式"成员资格,就永远不会被取消。使组织结构复杂化的是成员的组织多变性〔西印度群岛是一个多国家联盟;通常被称为"英格兰"的一方正式代表英格兰和威尔士板球委员会(ECB)〕,以及球员"国籍"的流动性。特别是英格兰板球队,它由于在帝国中居于中心地位,而吸纳了其他成员的板球人才。事实上,2015 年国际板球理事会板球世界杯的英格兰队队长埃欧因 · 摩根(Eoin Morgan)第一次参加国际板球比赛是代表预备成员爱尔兰队。许多新兴国家和地区(如苏格兰、加拿大、美国)高度依赖移民。我们可以断言,没有哪项体育运动如此深地卷入了后殖民政治(Malcolm & Waldman,2017;Fletcher,2015)。

比赛模式的多样化

国际板球比赛有多种比赛模式。最初,比赛由双方各 2 个进攻局组成,每局时长不限,但总时长通常限制在 5 天内。由于比赛的不平等性,早期的比赛中经常会出现参赛队伍人数不同的情况。因此,为了将这些比赛与双方球员人数相同的比赛区分开来,板球比赛就使用了"测试赛"(Test)和"一级赛"(First Class)这两个术语。在非国际水平的比赛中,简化版的规则始终是一个标准。

虽然许多体育运动有不同的变体,但板球的多样化比赛模式尤其突出——"测试赛"或"一级赛"〔通常由每方 50 轮组成的 1 日国际赛(ODIs)〕,以及最近的 T20 板球(由每方 20 轮组成)是截然不同的。首先,不同比赛模式之间的装备是不一样的。其次,板球比其他运动比赛模式的等级划分要清晰得多。国际足球联合会(FIFA)按性别制定了 1 份足球参赛方的排名表;国际板球理事会按性别为 3 种比赛模式各制定了 1 份表格。再次,国际板球项目非常复杂且各有侧重。除了国际板球理事会板球世界杯,还有国际板球理事会 T20 世界杯(ICC World Twenty20)(2 年一届,20 轮,16 支球队参加)和国际板球理事会冠军杯(ICC Champions Trophy)(4 年一届,50 轮,8 支球队参加),以及国际板球理事会洲际杯(ICC Intercontinental Cup)和国际板球理事会世界板球联盟锦标赛(ICC World Cricket League Championship)(分别为预备成员和附属成员举办,比赛时间超过 5 天和 1 天)。一项被称为"未来巡回赛计划"(Future Tours Programme)的制度要求所有正式成员每 4 年进行一次主场和客场的测试赛,该制度最近已经被放弃,而举办世界测试锦标赛(World Test Championship)的提议仍在讨论中(Wilson,2014)。奇怪的是,顶级板球比赛采用的赛制被板球术语含蓄地定义为“二流的”,这是一种反常现象。

板球的商业化与媒介化

这三个相互关联的特征需要结合商业和媒体的相关发展来理解,因为尽管当代板球的发展轨迹与过去100年来所追求的大相径庭,但板球作为一种理想和板球作为一个产业之间的冲突实际上早于大多数当代体育形式所出现的冲突。自比赛规则确立(18世纪中期)以来,板球已经历无数次以进步和现代化为名的变革。然而,也许并不令人惊讶的是,体育媒介复合体一直是板球运动近期发展的核心。在这项最传统的体育运动中,直到20世纪60年代,赛事管理者才做出重大让步,使得板球运动成为一种更便于理解、更具娱乐性的消费体育运动(Wright,1994)。随后,随着商业投资者和公众开始偏爱更短的比赛形式,耗时最长、最负盛名的比赛形式——测试赛——已经濒临灭绝。

文化变革的速度取决于当时文化的定义以及多方的要求和期望。人们普遍认为,1963年,随着第一个为期1天的比赛——吉列杯的引入,英国板球的商业化经历了一个阶段性的变化(Wright,1994)。吉列杯是英国17个“一流”郡(不同寻常地包括威尔士的格拉摩根郡)的淘汰赛,包括初级淘汰赛、三轮周中比赛和周六在伦敦洛德球场(板球的“精神家园”)举行的决赛。这项为期5天的板球比赛持续了4个月之久。在接下来的50年里,1日赛的频率和集中程度都有所提高。将转播权以这种形式出售,再加上板球运动的密集营销和全球化,使得板球成为一项“媒介体育”运动。

在过去的50年里,诞生时间较短的板球比赛模式不断发生变化。科里·帕克(Kerry Packer)主导的“世界板球系列赛”(World Series Cricket)是最早持续努力地尝试将板球转变为一种媒介奇观的(Harriss,1990;Cashman,2011)。在这个限制轮数的比赛中,球员们穿着彩色衣服(而不是传统的白色衣服),在探照灯下用一个白色的球进行比赛。这项赛事被广泛斥责为喧闹的“马戏团”和“睡衣板球”,遭到了板球界的强烈抵制(Sturm,2015b)。虽然帕克模式后来获得了一定程度的认可,但在追求商业利润的过程中,出现了更短的替代方案。例如,新西兰在1992—1993年举行了“动作板球赛”(Action Cricket)。这种20轮的模式允许同一天进行2场比赛。随后又有了“最大板球赛”(Cricket Max)(1996—2003年),这是一种3小时的比赛模式,每队在10轮中击球2次,引入了独特的卖点“最大区域”(max zone),即球场两端的特定区域。一旦球进入这个区域,射门得分就加倍。类似地,在澳大利亚,“超级八人赛”(Super Eights)(1996—1997年)将队伍人数从11人减少到8人。还有一种混合的“板球超级八人组赛”(Cricket Super Max Eights)也获得了有限的成功(Sturm,2015a)。

具有讽刺意味的是,尽管英国被认为是板球传统的守护者,但正是在这里,诞生了被许多人视为未来发展潜力最大的比赛模式T20。T20在商业上取得了巨大成功,在过去10年里,许多在国内和国际上引发共鸣的T20比赛接踵而至。目前有“印度超级联赛”(Indian Premier League)、澳大利亚“大聚会”(Big Bash)、“孟加拉国超级联赛”(Bangladesh Premier League)、“加勒比超级联赛”(Caribbean Premier League),以及“巴基斯坦超级联赛”(Pakistan Super League)(2016年成立)。尽管已经建立了这种模式,并在世界其他地方取得了商业上的成功,但英国目前的T20比赛被认为缺乏与之匹配的全球吸引力,导致人们猜测以英国城市为基础的竞争即将来临(Ammon,2015)。

在所有此类比赛中,印度超级联赛无疑具有最大的商业价值和文化影响力。印度超级联赛于2008年推出,基于城市特许经营体系,每年举行一次电视转播的球员交易。目前的8支球队都是印度(最少14名)和海外(最多10名)球员的混合体。首发阵容11名队员中最多允许有4名外籍球员。2008年该赛事开始时,最初的8支球队卖出了7.24亿美元,10年的电视转播权以19.4亿美元的价格卖给了索尼公司(Gupta,2010)。截至2014年,印度超级联赛的价值估计超过70亿美元。从经济效益上说,印度超级联赛让其他任何一个板球赛事都相形见绌,它每年赚的钱比两届板球世界杯赚的钱加起来还多(Rumford,2011);这是板球“后西方化”(Rumford,2007)权力关系转变的证据。因此,印度超级联赛直接挑战了板球世界杯作为板球世界第一赛事的地位。

印度超级联赛和T20比赛已经成为板球运动媒介化和商业化的象征。在体育运动中,T20比赛是文化变迁的一个典范,它“从带有神秘色彩的殖民象征(对很多人来说是无法传授的规则),变成了面向普通观众和市场的奇观”(Axford & Huggins,2010,p.1328)。尽管体育运动为适应电视、赞助商和其他利益相关者的需求而作出改变并不少见(Frandsen,2014),但板球为适应商业利益需求而改变的程度——改变规则、夜间比赛和从根本上重组比赛——是前所未有的。虽然T20比赛包含了板球运动的基本元素(即比赛仍是11名男子/女子在22码长的草地上进行,需要用到球棒和球),但观众的体验并不相同,这是一种“超级板球”(hyper-cricket)(Axford & Huggins,2011)。

然而,具有讽刺意味的是,这项运动仍然非常保守。格雷姆·赖特(Graeme Wright)(《维斯登板球运动员年鉴》前编辑)认为,“现代”范式冒犯了板球纯粹主义者敏感的神经。在指出玩家“对简单的渴望,对长远眼光的不耐烦,对即时满足的需求,以及对微妙事物的蔑视”(Wright,1994,p.17)的明显偏好时,赖特概括了这样的观点:为了进一步实现短期的商业目标,板球运动正在背叛其传统。的确,对于许多传统主义者来说,1 日板球赛——尤其是 T20 板球比赛——带来了一系列威胁,这些威胁来自这项运动的快速商业化和媒介化,以及不同模式之间悬而未决的紧张关系(Axford & Huggins,2011;Rumford & Wagg,2010)。ECB 是唯一禁止本国队员参加印度超级联赛的国家主管部门,尽管他们对潜在的经济损失提出了抗议(Mehta et al.,2009),但印度超级联赛继续在西印度群岛板球委员会(WICB)和西印度群岛球员之间制造紧张关系。

具体而言,拉姆福德和瓦格(Rumford & Wagg,2010,p.7)质疑板球的商业需求能否在三种不同模式下维持下去。他们指出,T20 比赛,特别是印度超级联赛,“并没有与其他板球比赛模式接轨,而是与之竞争(并对其构成威胁)”。因此,1 日国际赛/50 轮赛制的可持续性是值得怀疑的,特别是在印度如此压倒性地主导市场,如此明显地偏爱 T20 板球比赛而不是其他模式的情况下(Mehta,2009;Rumford,2011)。因此,板球世界杯作为顶级板球比赛目前和未来的地位并不稳定。板球世界杯不仅在名义上是“二流的”,在创收和观众数量方面也是如此。

2015 年国际板球理事会板球世界杯是这些发展趋势的交会点。国际板球理事会板球世界杯是一种最初专门为媒介消费而设计的比赛形式,也是国际板球日历上的旗舰赛事。然而,与此同时,它也被牢牢地锁定在板球传统的结构逻辑中,保持着神秘的复杂性,并展现出独特的国际动态。它经常被拿来与更有声望的(测试赛)和更受欢迎的/商业性更强的(T20 赛)的变体进行比较。在接下来的两节中,我们将探讨这些因素是如何影响比赛的结构及其通过媒介呈现的内容的。

国际板球理事会男子板球世界杯:一项重大媒介体育事件?

鉴于上述情况,重要的是考量板球世界杯在多大程度上是一个“重大媒介体育事件”。其重大事件的特征已经确立。重大事件是“大型文化(包括商业和体育)事件,具有戏剧性特征、大众吸引力和国际意义”(Roche,2000,p.1)。重大事件被认为对举办城市、地区或国家有重大影响，并吸引大量媒体报道(Horne，2010)。罗切(Roche，2008)认为，重大事件是短期事件，在事件前后会对主办国产生长期的重大影响。

体育重大事件可以根据规模、范围和影响力进一步分类(Roche，2000)。霍尔内(Horne，2010)提出，“一级”赛事包括夏季奥运会、残奥会以及国际足联足球世界杯(男子)。“二级”赛事包括冬季奥运会和冬残奥会、欧足联(UEFA)欧洲足球锦标赛(男子)和国际田联(IAAF)世界锦标赛。最后，“三级”赛事包括亚运会、泛美运动会、非洲国家杯足球赛和美洲杯帆船赛。

板球世界杯在这样的类型学中处于什么位置呢？板球世界杯显然是大规模事件。据报道，2011 年板球世界杯的电视观众总人数为 22 亿人(Sturm，2015b)，这促使 ESPN 和星空卫视(STAR)购买了国际板球理事会比赛的电视转播权(估计 8 年内花费 22 亿美元)，从而将这项运动与全球媒体巨头迪士尼(Disney)和新闻集团(News Corporation)结合在一起。[①] 2015 年板球世界杯用 7 种语言在 220 个国家和地区播出，共有 1400 名媒体人参与赛事报道(ICC，2015b)。在联合主办国之间进行的决赛成为澳大利亚有史以来观看人数最多的板球比赛，全国观看人数达到 421.8 万人(Sinclair，2015)。在早些时候的比赛中，印度队与巴基斯坦队之间的比赛成为历史上观看人数最多的板球比赛，估计全球电视观众超过 10 亿人(Sarkar，2015)。

阿克斯福德和哈金斯(Axford & Huggins，2010)所说的板球的(远程)媒介化在消费者可以通过板球的“新”媒体技术(如发短信、写博客、发推特、加入在线“社区”、玩在线游戏和在游戏内投注)进行互动的方式中是显而易见的。国际板球理事会宣称，赛事网站吸引了 2625 万名独立访客，以及总计 2.27 亿次的页面浏览量，赛事应用程序在 48 个国家和地区成为市场第一名(ICC，2015b)。比赛期间出现了两起基于推特的争议性事件。首先，西印度群岛板球委员会主席怀特克利夫·卡梅隆(Whycliffe Cameron)转发了一名粉丝呼吁开除西印度群岛击球手克里斯·盖尔(Chris Gayle)的推文(Premachandran，2015)。其次，苏格兰队队员马吉德·哈克(Majid Haq)发推文暗示他被除名是出于种族动机后被遣送回国(Madeley，2015)。

板球世界杯也可以被视为重大事件，因为比赛的影响力超出了赛事本身的

① ESPN 的母公司是沃尔特·迪士尼公司，STAR 的母公司是新闻集团。两家公司在新加坡成立了 ESPNSTAR(ESS)，它是亚洲范围内最有影响力的体育传媒集团之一。——译者注

范畴。在此之前是资格赛,这构成了预备成员和附属成员的国际赛程,2015 年板球世界杯还迫使当年的印度推迟了几周举办超级联赛,并推迟了一些宝莱坞电影的上映日期(Shah,2015)。

在随后的板球比赛中,这项赛事带来的影响显而易见。记者们纷纷猜测 2015 年板球世界杯如何给 1 日国际赛和测试赛带来战术的根本性变革。最令人难忘的是,这一事件为新西兰打响了品牌。新西兰"似乎获得了特别的关注,人们用陈词滥调和夸张的言辞来称赞他们是'完美的东道主',体现了板球世界杯的精神,作为一个国家集体拥抱了这次盛会"(Sturm,2015b,p.236)。因此,在这方面,2015 年板球世界杯是一个重大的文化和政治事件,重塑了板球的总体形象,以及新西兰的国家地位。

尽管国际板球联合会首席执行官将板球世界杯描述为"板球界最受追捧的奖项和世界体育运动中最伟大的赛事之一"(Horne,2010,p.1556),但它仍被排除在重大事件的第一级序列之外。造成这种情况的根本原因是板球运动的地缘政治地位,这项运动源自英国及其帝国传统。国际板球理事会的 10 个正式成员中有 7 个"发展中国家和地区",11 次板球世界杯中的 5 次是在"发展中国家和地区"举办的(见表 8.1)。

表 8.1　板球世界杯:主办国(地区)和比赛情况表

年份	主办国(地区)	球队数	比赛场次	持续时间(天)
1975	英国	8	15	14
1979	英国	8	15	14
1983	英国	8	27	16
1987	印度—巴基斯坦	8	27	31
1992	澳大利亚	9	39	31
1996	印度—巴基斯坦—斯里兰卡	12	37	31
1999	英国	12	42	36
2003	南非—津巴布韦—肯尼亚	14	54	42
2007	加勒比海地区	16	51	46
2011	印度—孟加拉国—斯里兰卡	14	49	42
2015	澳大利亚—新西兰	14	49	43

来源:资料来自阿诺德和韦恩-托马斯(Arnold & Wynne-Thomas,2009)以及 ESPN cricinfo 网站。

在发展中国家举办重大事件所面临的挑战已经引起人们的注意,因为历史上的情况表明,此类活动经常因组织缺陷、资金管理不善、国家政局不稳定和地方贫困而陷入困境(Horne,2010;Lorde,Greenidge & Devonish,2011)。此外,尽管越来越多的人主张板球全球化(Rumford & Wagg,2010),但板球世界杯仍然是准全球化的,参与者无一例外仅限于前大英帝国的成员。尽管板球世界杯号称世界上观看人数第三多的体育赛事(Sturm,2015b),但由于其地域吸引力有限,因此其商业市场有限(特别是在欧洲、东南亚和美洲),它与其他一级重大事件相比处于劣势。板球世界杯吸引的商业投资就说明了这一点,因为尽管包括百事可乐、LG、现代、嘉实多(Castrol)、速汇金(MoneyGram)、阿联酋航空和锐步在内的全球性公司是 2015 年赛事的官方赞助商,但另外两个赞助商信实集团(Reliance Group)和 MRF 轮胎基本上是国家级(印度)企业。

因此,板球世界杯作为一项重大媒介体育事件的地位受到质疑的关键在于这项运动独特的国际性结构。如表 8.1 所示,板球世界杯显示了其全球影响力与有意义的竞争之间、比赛规模与质量之间持续的紧张关系。比赛最初在英国举行,持续大约 2 周[①]。1975 年的参赛者是国际板球理事会的正式成员(英国、澳大利亚、西印度群岛、新西兰、印度、巴基斯坦),加上斯里兰卡和一支"东非"混合队(这明显是一个巧妙地兼顾全球化和竞争需要的案例)。比赛早期由 15 场比赛(每方 60 轮)组成,球员身穿传统的白色队服,比赛用球是红色的。由于印度和巴基斯坦的日照时间较短,1987 年的板球世界杯采用了每方 50 轮的比赛模式,当时的比赛由 27 场比赛组成,比赛时间超过 4 周。正式成员参赛以后,还有不同数量的预备成员想要加入,因此,参赛人数、比赛场次和赛事持续时间的稳步增长基本上是由成员的传统等级结构决定的。板球世界杯的比赛形式已经从简单的小组赛和淘汰赛阶段赛制(1975—1987 年)调整为循环赛(1992 年)、"超级六强赛"(Super-sixes)(1999—2003 年)和"超级八强赛"(Super-eights)(2007 年)(基本上是两组相互关联的循环赛),以此为新兴国家提供机会,同时保护老牌国家的参赛资格及商业利益。许多人认为板球世界杯已经变得过长,特别是在小组赛阶段(Rumford,2011),但是,根据比赛的发展趋势,2015 年的赛事有 14 支队伍参赛。有人提议将 2019 年的板球世界杯进一步缩减为 10 支球队参赛。

这些问题构成了 2015 年国际板球理事会板球世界杯的主要话题。国际板

① 强调了板球世界杯的独特性,女子赛事比男子赛事早两年举行(Velija,2015)。

球理事会首席执行官大卫·理查森(David Richardson)曾表示,这个世界管理机构希望创建“一个更大、更好的全球性盛会”,特别是将美国纳入其中(Wigmore,2015)。与此相反,国际球员联盟(International Players' Union)执行主席托尼·艾利什(Tony Irish)认为,未来排除“弱旅”(minnows)的提议违背了板球运动所需要的“全球化视野”(Booth,2015)。西方媒体将潜在的变化归因于印度未能进入 2007 年板球世界杯最后阶段的比赛,以及随之而来的收入损失,但未来的修正案被描绘成“实际上使其不再是世界杯,而是会员俱乐部的延续……国际板球理事会正在疏远他们原本应该珍惜的小国”(Brenkley,2015,p.6)。在 2015 年国际板球理事会板球世界杯期间,爱尔兰队战胜了两个正式成员(西印度群岛队和津巴布韦队),英格兰队在小组赛阶段被淘汰,以及“本届世界杯上一些最激烈、最吸引人的比赛是在预备成员之间进行的”,这些使得“球队越少,竞争越激烈,比赛越能吸引观众”的逻辑受到质疑(ibid.,p.9)。板球世界杯全球扩张的逻辑受到商业利益的影响,板球的历史遗留问题也使其复杂化。

虽然在某些方面媒体对板球有私人会员俱乐部的感觉(Booth,2015;Brenkley,2015)提出批评,但媒体也在另一些方面维护了现状。为了与国际板球的特殊结构保持一致,转播商之间也要共享资源,这样做吸引了一批不同寻常的独立评论员。世界杯期间,在一场比赛转播中同时配备印度〔桑杰·曼里卡尔(Sanjay Manjrekar)〕、英国〔迈克尔·阿瑟顿(Michael Atherton)〕、澳大利亚〔谢恩·沃恩(Shane Warne)〕和新西兰〔伊恩·史密斯(Ian Smith)〕的评论员并不罕见。独一无二的是,澳大利亚广播公司的主播马克·尼古拉斯(Mark Nicholas)是澳大利亚队最大的竞争对手英格兰队的前球员。

关于未来板球世界杯比赛形式的讨论仍在继续。一个核心的动力是商业收入以及媒体从涉及特定球队的特定类型比赛中获取的价值。然而,所有这些争论仍然受到国际比赛等级结构的影响,而这种等级结构本身源于板球的帝国历史。

2015 年国际板球理事会男子板球世界杯的呈现

与之前人们对 50 轮比赛模式的可持续性的担忧相反,2015 年国际板球理事会板球世界杯提供了一定程度的救赎,创造了“一个更具娱乐性的奇观”(Sturm,2015b,p.236)。赛事的成功源于令人振奋的场上表演。大量的新纪录被创造出来:球队最高分(417 分:澳大利亚队);单场最快得到 50 分〔18 球:布伦顿·麦卡勒姆(Brendon McCullum),新西兰队〕,最快得到150分〔62球:阿布·德·维利耶(AB de Villiers),南非队〕;两个单场最高个人得分〔215分,克里斯·盖尔(Chris Gayle),西印度群岛队;237分,马丁·格普蒂尔(Martin Guptil),新西兰队〕;第一个连续四届板球世界杯得分的球员〔库马尔·桑加卡拉(Kumar Sangakara),斯里兰卡队〕;第一支连续得分超过400分的球队(南非队)。我们在2015年板球世界杯上看到的是战术创新,这被认为是将测试赛的"最好"一面(攻击投球)和T20比赛的击球技巧移植到了50轮比赛的模式中。这些纪录的出现表明,这种模式可以继续改进。

这些统计数据上的成绩与媒介化表现的成功密不可分。尽管媒体的主要优势之一是"让大众更接近"个人和行为(Frandsen,2014,p.535),但板球比赛裁决时的细微差别使这项运动特别适合于媒介化。例如,斯图姆(Sturm,2015b)详细介绍了比赛通常如何利用大约30个摄像机和麦克风,这些摄像机和麦克风位于体育场内外的固定位置、球场周边/边界位置,甚至位于比赛场地中心的桩门上。然而,比赛还是需要使用更多的移动摄像机:赛格威上操作的斯坦尼康摄像机,悬挂在比赛场地上方电线上的蜘蛛摄像机(飞猫系统),以及安装在无人机上的摄像机,等等。这些设备,以及创新性框架和技术的部署,将观众带到赛事的核心,观众能够"以流畅和自由浮动的方式浏览现场比赛的空间和球手"(ibid.,p.237)。在斯图姆看来,2015年板球世界杯展示了"一个明显的风格取向和视觉表现的转变,即在板球比赛场地上进行导航……提供探索性的、漫游的和自由浮动的视觉表现,展现板球及其周围环境的不同方面"(ibid.,p.237)。

这种展示方式的第二个主要特点是斯图姆(Sturm,2015a,p.86)所说的将观众定位为"理想化的全知观察者"。除了提供多种视角,在裁判裁决中广泛使用电视新技术也创造了全知全能的效果。2015年国际板球理事会板球世界杯运用了决策审查系统(DRS),其"工具"包括各种慢动作和超慢动作回放(motion and ultra-slow motion replays)、"鹰眼"球跟踪技术("Hawk-Eye" ball-tracking technology)和预测板球潜在路径的建模软件,以及记录球棒、球和球员身体之间的碰撞的"实时声音"系统(real time sound system)。2015年国际板球理事会板球世界杯没有采用已广泛应用的"热点"技术(热成像技术,检测球或球棒撞击产生的摩擦热),而采用了创新的"闪威克系统"(Flashing Wicket System),在该系统中,红灯指示了横木和门柱之间的距离,使观众能够判断跑杀和触桩决定的正确性。

虽然斯图姆(Sturm,2015b)认为,这些技术的运用是板球运动民主化的结果,但这在很多方面也再次证实了板球比赛的复杂性。事实上,这些技术的运用也反映了板球运动崇尚统计数据的传统,电视在报道板球时显示 13 条及以上的信息是很正常的,包括:每位击球手的总得分和击球次数;哪位击球手"迎击"投球;投球手的已投球数、失误次数和最后一球的速度;比赛是否处于"集中攻势"(强制接球限制的阶段),得分和投球次数;当前得分率;获胜所需的得分数。

其他图形显示还包括击球手得分的顺序、比赛中"六分打"的总数、最后一个"六分打"的距离、击球手击中球的 360 度图像("车轮")、每局中得分变化的"曼哈顿"(Manhattan)条形图以及比较双方得分轨迹的"蠕虫"(worm)图,等等。虽然所有这些举措都是为了向观众提供"信息娱乐"(infotainment),但媒体再现数据的数量和复杂性使得外行观众无法理解这项运动。

这种复杂程度集中体现在用来澄清裁判裁决的技术上。例如,作为在触身出局(LBW)的裁决中部署决策审查系统的一部分,"鹰眼"被用于确定球是否击中门柱(如果击球手的腿没有介入的话)。然而,部分原因是认识到固有的误差范围,一部分也是由于尊重裁判权威的传统,该系统采用了一个"裁判裁决"(umpire's call)条款,以便在边缘情况下,裁判的初步裁决优先于技术得出的证据。同样令人困惑的是部分使用决策审查系统(例如,球队要求复核次数是有限的,裁判员只能复核特定类型的裁决),这样,观众有时会看到裁判员错误地将一名球员罚出场外(或留在场内)。四分之一决赛时就发生过这样的情况。裁判当时宣布印度选手苏雷什·雷纳(Suresh Raina)未被罚出场外的裁决被证明是错误的。事实上,决策审查系统的规则过于复杂,以至于在英格兰队与澳大利亚队的比赛中,裁判员错误地使用了它。最终,闪威克系统显示,在比赛中,爱尔兰球员艾德·乔伊斯(Ed Joyce)使得横木和门柱分离。然而,由于横木在无人干扰的情况下又重新落在了门柱上,根据比赛规则,他依然"没有出局"。

引入给受众带来"信息娱乐"的技术很有可能造成混乱,而不是简化程序;它只会让观众看到比赛规则和细微差别的更复杂的一面。因此,尽管媒介技术已经深深融入这项运动——并且在很大程度上是受商业利益驱动的——板球的语境逻辑继续定义着比赛的玩法,以及人们观赏与消费这项运动的方式。

结 语

像大多数其他体育运动一样,板球已经变得高度媒介化。这种媒介化背后的首要原则是,通过促进"速度、即时性、互动性和定制消费作为文化美学"的价值,来构建消费者如何参与文化形式和彼此之间进行互动的技术框架(Axford & Huggins,2010,pp.1328-1329)。事实上,与 10 年前相比,现在板球的电视包装方式已经不可同日而语。这一点在 2015 年途易(Tui)的宣传活动中得到了体现,身穿从赞助商那里购买的 T 恤单手接球的观众可以获得高达 100 万新西兰元的奖金。

斯图姆(Sturm,2015b,p.240)提出,板球被包装为"娱乐,辅以技术、商业和(跨)国家身份的奢华展示"。"信息娱乐"这一术语表明,虽然板球的包装、传播和消费方式明显发生了文化变迁,但它仍保持着对统计数据的奇特痴迷、特殊的国际结构和多赛事模式,这限制了它对新手产生吸引力。因此,板球是媒介化进程不均匀的一个绝佳例证(Frandsen,2014)。

因此,当代板球运动的表现是杂糅的:它既试图满足纯粹主义者对信息和统计数据的渴求,又想满足新来者对刺激和奇观的追求。这些表现在商业上很圆滑,对赞助商来说也很有吸引力,但对大多数人来说,这种杂糅是以牺牲这项运动的完整性为代价的。例如,斯图姆(Sturm,2015b)警告说,最近的板球技术创新虽然以能让观众"更接近"比赛而闻名,但对于正在进行的现场比赛来说,显得有些多余。从观众的角度来看,通过麦克风直接听到自己的偶像在球场上的声音显然很有趣,许多板球运动员和非板球运动员可能都喜欢通过"头盔摄像机"来体验米切尔·约翰逊(Mitchell Johnson)击出的速度超过 90 英里/小时的反弹球;事实上,这些都不是真正针对板球"纯粹主义者"的,而是为了试图吸引更广泛的观众(也许是被误导了)。这些创新针对的是对比赛细节关注较少的观众,反映了板球的当代转型,即"通过华丽的制作、技术创新和商业需求,将板球重新定位为一项强调吸引、娱乐和留住观众的大众电视体育运动"(ibid., p.82)。

走向娱乐化和奇观化的并不只有板球,甚至也不限于体育运动,相反,根据阿克斯福德和哈金斯(Axford & Huggins,2011,p.1327)的说法,它们经常在一种"文化悲观主义中进行排演,这种悲观主义附属于大量的有关社会生活媒介化的评论"。他们继续指出,新媒体对社会生活的主要威胁是其对"速度""互动性”“即时性”和“反思性”的关注,并警告说,我们有权对以速度为主要属性的媒体的“还原性简单化”感到焦虑。

尽管应该从这个角度来考虑对板球世界杯的可行性的批评,但在可预见的未来,在许多方面,板球世界杯仍将是一个“二流的”重大媒介体育事件。尽管印度次大陆的消费呈指数级增长,但除非板球摆脱其帝国传统,打入欧洲和北美市场(或许还有中国市场),否则板球世界杯就不会进入重大事件的第一级序列。只要这项运动保持其独特的历史定位,并继续弘扬其传统和更长的比赛模式,它就仍将停留在第二梯队当中。尽管其他模式在商业上更有利可图,在新兴市场上更利于消费,但就创收而言,板球世界杯仍将是“二流的”。

参考文献

Ammon,E.(2015).Sky bids £ 40m for rights to city-based domestic Twenty20 tournament.*The Guardian*, July 25. Retrieved from www. theguardian. com/sport/2015/jul/25/sky-ecb-twenty20-cricket-colin-graves(accessed 24 November 2016).

Arnold,P.and Wynne-Thomas,P.(2009).*The complete encyclopedia of cricket*.Dubai:Carlton Books.

Axford,B.and Huggins,R.(2010).The telemediatization of cricket:commerce,connectivity and culture in the post-television age.In C.Rumford and S.Wagg(eds),*Cricket and globalization*(pp. 122-151).Newcastle upon Tyne:Cambridge Scholars Press.

Axford,B.and Huggins,R.(2011).Cricket for the people who don't like cricket?:Twenty20 as expression of the cultural and media zeitgeist.*Sport in Society*,14(10),1326-1340.

Bandyopadhyay,K.(2013).Cricket as nationalist obsession.ICC World Cup 2011 and Bangladesh as co-host.*Sport in Society*,16(1),19-32.

Booth,L.(2015).A 10-team ICC Cricket World Cup that excludes minnows defies the "global view" the game needs,says international players' union boss Tony Irish.*The Daily Mail*,11 March. Retrieved from www.dailymail.co.uk/sport/cricket/article-2990401/A-10-team-ICC-Cricket-World-Cup-excludes-minnows-defies-global-view-game-needs-says-players-union-boss.html (accessed 24 November 2016).

Brenkley,S.(2015).Cricket World Cup:Why ICC attitude to minnows is "bonkers".*The Independent*,5 March.Retrieved from www.independent.co.uk/sport/cricket/cricket-world-cup-ireland-can-prove-icc-strategy-is-bonkers-10089166.html(accessed 24 November 2016).

Cashman,R.(2011).The Packer cricket war.In A.Bateman and J.Hill(eds),*The Cambridge companion to cricket*(pp.100-115).Cambridge:Cambridge University Press.

Fletcher, T. (2015). Cricket, migration and diasporic communities. *Identities: Global Studies in Culture and Power*, 22(2), 141–153.

Frandsen, K. (2014). Mediatization of sports. In K. Lundby (ed.), *Mediatization of communication* (pp.525–543). Berlin: Mouton de Gruyter.

Gupta, A. (2010). India: the epicentre of global cricket? In C. Rumford and S. Wagg (eds), *Cricket and globalization* (pp.41–59). Newcastle upon Tyne: Cambridge Scholars Press.

Harriss, I. (1990). Packer, cricket and postmodernism. In D. Rowe and G. Lawrence (eds), *Sport and leisure: Trends in Australian popular culture* (pp.109–121). Sydney: Harcourt Brace Jovanovich.

Holden, R. (2010). International cricket–the hegemony of commerce, the decline of government interest and the end of morality? In D. Malcolm, J. Gemmell and N. Mehta (eds), *The changing face of cricket: From imperial to global game* (pp.213–226). London: Routledge.

Horne, J. (2010). Cricket in consumer culture: Notes on the 2007 Cricket World Cup. *American Behavioral Scientist*, 53(10), 1549–1568.

ICC (2015a). ICC president Mustafa Kamal threatens to reveal "mischievous things" taking place at governing body. *The Telegraph*, 30 March. Retrieved from www.telegraph.co.uk/sport/cricket/cricket-world-cup/11503979/ICC-president-Mustafa-Kamal-threatens-to-reveal-mischievous-things-taking-place-at-governing-body.html (accessed 24 November 2016).

ICC (2015b). ICC Cricket World Cup: Breaking records and capturing hearts. 28 March. Retrieved from www.icc-cricket.com/cricket-world-cup/news/2015/media-releases/ 87514/icc-cricket-world-cup-2015-breaking-records-and-capturing-hearts (accessed 24 November 2016).

ICC (undated). Members overview. Retrieved from www.icc-cricket.com/about/96/icc-members/overview (accessed 24 November 2016).

Lorde, T., Greenidge, D. and Devonish, D. (2011). Local residents' perceptions of the impacts of the ICC Cricket World Cup 2007 on Barbados: Comparisons of pre- and post-games. *Tourism Management*, 32, 349–356.

Madeley, G. (2015). Top Scottish World Cup cricketer is sent home from the tournament after "racist tweet" row when he was dropped from squad for latest match. *The Daily Mail*, 12 March. Retrieved from www.dailymail.co.uk/news/article-2991053/Top-Scottish-World-Cup-cricketer-sent-home-tournament-racist-tweet-row-dropped-squad-latest-match.html (accessed 24 November 2016).

Malcolm, D. (2013). *Globalizing cricket*. London: Bloomsbury.

Malcolm, D. and Waldman, D. (2017). The politics of international cricket. In A. Bairner, J. Kelly and J.-W. Lee (eds), *Handbook of sport and politics*. (pp.520–531). London: Routledge.

Malcolm, D., Bairner, A. and Curry, G. (2010). "Woolmergate": Sport and the represen–tation of Islam and Muslims in the British Press, *Journal of Sport and Social Issues*, 34(2), 215–235.

MCC(2010).*The laws of cricket*.London:Gardners Books.

Mehta,N.(2009).Batting for the flag:Cricket,television and globalization in India.*Sport in Society*,12(4-5),579-599.

Mehta,N.,Gemmell,J.and Malcolm,D.(2009)."Bombay Sport Exchange":Cricket,globalization and the future.*Sport in Society*,12(4-5),694-707.

Premachandran,D.(2015).Chris Gayle didn't just batter Zimbabwe-his Twitter critics were routed too.*The Guardian*,24 February.Retrieved from www.theguardian.com/sport/ blog/2015/feb/24/chris-gayle-west-indies-cricket-world-cup-zimbabwe-record(accessed 24 November 2016).

Roche,M.(2000).*Mega-events and modernity*.London:Routledge.

Roche,M.(2008).Putting the London 2012 Olympics into perspective:The challenge of understanding mega-events.*Twenty-First Century Society*,3(3),285-290.

Rumford,C.(2007).More than a game:Globalization and the post-Westernization of world cricket.*Global Networks*,7(2):107-247.

Rumford,C.(2011).Introduction:Twenty20 and the future of cricket.*Sport in Society*,14(10),1311-1315.

Rumford,C.and Wagg,S.(2010).Introduction:Cricket and globalization.In C.Rumford and S. Wagg(eds),*Cricket and globalization*(pp.1-17).Newcastle upon Tyne:Cambridge Scholars Press.

Samiuddin,O.(2009).PCB issues legal notice to ICC for World Cup exclusion.Retrieved from www.espncricinfo.com/pakistan/content/story/403690.html(accessed 28 October 2015).

Sarkar,M.(2015).#IndvsPak cricket:A billion viewers expected to have tuned in.*CNN*,15 February.Retrieved from http://edition.cnn.com/2015/02/15/sport/india-pakistan-cricket(accessed 24 November 2016).

Shah,J.(2015).World Cup 2015 to affect March box office.*The Hindustan Times*,18 February. Retrieved from www.hindustantimes.com/bollywood/world-cup-2015-to-affect-march-box-office/story-URjJdKAoIo9u24MLFrLDQJ.html(accessed 24 November 2016).

Sinclair,L.(2015).World Cup win breaks ratings record.*The Australian*,30 March.Retrieved from www.theaustralian.com.au/business/media/cricket-world-cup-win-breaksratings-records/story-e6frg996-1227284674453(accessed 24 November 2016).

Sturm,D.(2015a).Smash and bash cricket? Affective technological innovations in the Big Bash.*Media International Australia*,155,80-88.

Sturm,D.(2015b)."Fluid spectator-tourists":Innovative televisual technologies,global audiences and the 2015 Cricket World Cup.*Comunicazioni Sociali*,2,230-240.

Velija,P.(2015).*Women's cricket and global processes:The emergence and development of women's cricket as a global game*.London:Macmillan.

Wigmore,T.(2015).Cricket,looking to grow,keeps shrinking World Cup.*The New York Times*,

25 February. Retrieved from www.nytimes.com/2015/02/25/sports/cricket/ cricket-looking-to-grow-keeps-shrinking-world-cup.html? _r=0(accessed 24 November 2016).

Wilson, A.(2014). World Test Championship set to be shelved due to lukewarm interest. *The Guardian*, 13 January. Retrieved from www.theguardian.com/sport/2014/jan/13/world-test-championship-shelved-england-cricket(accessed 24 November 2016).

Wright, G.(1994). *Betrayal: Struggle for cricket's soul*. London: H.F.& G.Witherby.

第九章　温布尔登网球公开赛

——一个重大媒介体育事件的传统

艾琳·肯尼迪[①],劳拉·希尔斯[②],阿里斯泰尔·约翰[③]

强化并提升温布尔登网球公开赛作为具有国家和国际意义的世界级体育赛事的地位。

保持温布尔登网球公开赛独一无二的特殊传统。

秉承“英国花园中的网球”的理念,为所有游客的娱乐和享受开发最好的环境和设施。

〔温布尔登网球公开赛总体规划(AELTC[④],2013)〕

温布尔登网球公开赛总体规划将温网的精神描述为“英国花园中的网球”,这让人不禁联想到草坪网球锦标赛起源于维多利亚时代的彬彬有礼的中上阶层。这就是温布尔登网球公开赛的逻辑——传统明显战胜了变革。温网的场地位于“郁郁葱葱的温布尔登郊区”(Holt,1990,p.125),球场的草坪一年到头

---

① 英国伦敦大学学院教育学院文化传播与媒体系UCL知识实验室研究员。她和劳拉·希尔斯一起写了大量关于体育、媒体与性别的文章,包括著作《体育、媒体和社会》(*Sport,Media and Society*)。她目前的研究重点是数字教育和在线学习。

② 英国布鲁内尔大学健康与生命科学学院(平等与多样性)副院长,体育、健康和运动科学部青年体育问题资深讲师。她的研究主要涉及体育和社会公正等问题,特别关注性别、社会阶层、定性方法和再现问题。

③ 英国布鲁内尔大学健康与生命科学学院体育发展问题讲师。他的研究方向是新自由主义城市企业战略,即企业家策略性地资助“体育城市”的精英体育赛事/基础设施,他还对通过体育广告进行企业民族主义活动感兴趣。

④ AELTC,全称为The All England Lawn Tennis & Croquet Club Limited,全英草地网球和槌球俱乐部有限公司。——译者注

都有人养护,以便在夏季两周达到完美比赛场地的要求。除了温网,全英俱乐部常年保持完好,就像被冻住了一样,基本上只有在几个外围球场练习的私人会员,以及有专人陪同的旅游团和博物馆参观者才能进入(Kennedy & Hills,2009)。与此同时,温布尔登网球公开赛的网站也在静候佳音,播放蒂姆·亨曼(Tim Henman)[1]和《通向温布尔登之路》(*the Road to Wimbledon*)的视频,以及尚未激活的下一年比赛的积分榜、视频和广播报道的链接。然而,在一年的其余时间里,你经过这里时,会发现这里似乎总在持续不断地施工建设。温布尔登网球公开赛有充裕的时间来准备——正如2016年2月6日温网的脸书主页上的帖子"距离比赛还有141天"所传达的那样,旁边是一张两名地勤人员在中央球场推割草机的照片。

时间一到,温布尔登网球公开赛就开始展示其引以为傲的传统:鲜花是"温网色的"(紫、白、金三色),其他一切都是绿色、绿色、绿色;奶油拌草莓在售卖;等候的人群盘绕着温布尔登公园缓慢移动,队伍甚至排到了南菲尔德地铁站。排队观看比赛的观众衣着考究,彬彬有礼,他们的良好举止似乎表明,温布尔登网球公开赛保持了网球作为重要社交活动的地位,它"连接着19世纪英格兰的中上阶层"(Holt,1990,p.126)。

霍尔特(Holt,1990)指出,乡村体育杂志《原野》(*The Field*)曾为网球在19世纪末的普及做了大量工作,更多的当代媒体似乎也扮演了类似的角色。事实上,可以说,温布尔登网球公开赛的逻辑与媒介逻辑密不可分,它为受众提供了一种完全媒介化的体验。因此,虽然温网作为一个体育奇观似乎不合时宜(anachronistic),但它是网球日历上其他三个大满贯赛事[2]的老古董表亲,依靠媒体来维持其精心构建的传统,这让它牢牢地融入当代。

在本章中,我们将从受众的角度来考察温布尔登网球公开赛的媒介化,分析媒体内容和现场/媒介化的受众体验,并考虑这一体育重大事件的特殊性所体现的制度逻辑。我们将通过对2015年温布尔登网球公开赛期间一天的比赛进行媒介分析,以及对现场观众和媒介报道中观众的观察,并结合自己作为观众的亲身经历,展示媒体和传统交织在温布尔登网球公开赛这一重大事件的社

---

① 20世纪末21世纪初英国最杰出的男子网球选手,世界排名最好成绩为第4位,6次进入大满贯比赛半决赛,但没有大满贯冠军头衔。他曾经4次进入温网半决赛,但每次都输给了最后夺冠的选手,被誉为温网冠军的"试金石"。——译者注

② 其他三个大满贯赛事分别是澳大利亚网球公开赛(Australian Open)、法国网球公开赛(French Open)和美国网球公开赛(US Open)。——译者注

会建构中的一系列例子。我们研究了电视、互联网、社交媒体、数字和材料广告以及宣传品,我们观察了温布尔登镇、队列、场地和球场边的观众和官员。我们记录了前往温布尔登,参与广告、社交媒体、电视报道和观看现场网球比赛的过程中自己的反应。我们将展示温布尔登网球公开赛的现场体验与媒介体验密不可分的方式,或者用夏瓦(Hjarvard,2008,p.110)的话来说,在温布尔登,"(非)媒介化的现实与互动形式依然存在","但媒介化意味着它们也受到在场媒体的影响"。然而,对于夏瓦来说,媒体的影响不仅源于它们与其他机构的运作方式的融合,也来自它们日益增强的独立性和自主性,这意味着它们开始迫使其他机构"或多或少地服从于它们的逻辑"(ibid.,p.106)。因此,本章的核心问题是,温布尔登网球公开赛在多大程度上屈从于媒体的逻辑,又或者说温网的逻辑仍然占据主导地位?

抵达:温网的媒介化之旅

> 在温布尔登火车站,售票处上方的横幅上印有"温布尔登在等待""传统在等待"以及"时尚在等待"的标语,并配以一系列图片:修剪整齐的草坪、紫色花朵、草莓和奶油,以及第一位在温布尔登网球公开赛上穿短裤的选手邦尼·奥斯汀(Bunny Austin)[①]的黑白照片。以"活出年轻"(live young)和"分享你的温网观赛体验"(share your reaction #wimblewatch)为口号宣传依云(Evian)品牌的大型广告牌,将莎拉波娃(sharapova)儿时和长大后的形象与身份不明的观众的形象混合在一起。
>
> (Field notes,2015 年 7 月 2 日)

我们的温网之旅向我们展示了媒介化的多重例证。温布尔登网球公开赛的官方标志印在楼梯和车站的墙上,离开车站后,迎面有一个巨大的拱门,上面不断重复着"温布尔登在等待"的主题和到达目的地的说明(需要乘坐公共汽车、出租车或地铁)。这一线路提供了更多广而告之的机会。例如,在车站前

① 英国杰出的男子网球选手,他毕业于剑桥大学,不仅外表俊朗,引领时尚,而且战绩卓越。在安迪·穆雷(Andy Murray)于 2012 年打入温网男单决赛之前,他是唯一一个进入过决赛的英国本土男选手,而且是在 1932 年和 1938 年两次进入决赛,此外,他还进入过 1937 年的法网决赛,可惜都与冠军失之交臂。——译者注

院，有更多的广告牌、一个网球“信息”小屋，以及一张奖杯的图片，背景是绿叶，供人们“自拍”(selfies)用。为了迎接比赛结束后返回车站的人群，车站设置了路标，上面印着温布尔登网球公开赛的图片和“历史”等字样。温布尔登镇中心也加入了这场盛事，莫里森超市(Morrisons supermarket)外的人造草坪上安装了一块大屏幕，摆放了条纹躺椅。意志薄弱的人可能会在那里停下脚步，与购物者和当地人一起观看实际上并不在温布尔登镇举行的温布尔登网球公开赛。

在离温布尔登最近的地铁站南菲尔德站，原本灰色的水泥地上铺着人造草地毯，墙上和座位上装饰着如今似乎无处不在的“温布尔登在等待”标志。我们加入了人群，沿着写着“排队5分钟”的牌子向前走去，因为指示牌告诉我们，我们离温布尔登越来越近了，从这里开始，我们看到了更多的紫色和绿色。当我们抵达著名的温布尔登队列，准备观看晚上的比赛时，我们通过由一系列写有“温布尔登在等待”的绿色旗帜组成的拱门加入队列，这才感觉到温网体验之旅已然开启。绿色的人行道围护着草地，紫白相间的花朵装点着甬道。人行道由类似网球场的栅栏和更多的“温布尔登在等待”广告牌围成。广告牌上的图片展示着温网的内部空间，除了鲜花、座椅和球场，还有网球运动员比赛的照片。

继库尔德利(Couldry，2014)之后，扬森(Jansson，2015，p.58)观察到，媒介化是一种元进程(meta-process)，它“以一种非线性和横向(non-linear and transversal)的方式运作，这意味着它会对不同的领域产生不同的影响”。温布尔登网球公开赛媒介化的独特方式表明了温网球场的特殊逻辑。扬森认为，媒体可以通过三种方式成为特定领域传播理念(communicational doxa)的一部分。媒体的这种“三重衔接”(triple articulation)涉及“技术”(technics)(媒体所创造的功能依赖性)、“属性”(properties)(表明机构身份所需的符号标记)和“质地”(textures)(将媒体融合为“理所当然的物质环境和日常生活的时间节奏”)(ibid.，p.58)。人们在温布尔登网球公开赛上可以观察到这些媒体的表达方式，它们共同传播的不仅仅是媒介化，还有温网的精髓。

> 排队让人感觉是体验的一部分。在路上，核心规则会被反复强调，例如路牌上会写“禁止使用自拍杆，只收现金，只能携带一个包，一人一票”。一位“荣誉管理员”(honourable stewards)(他的徽章上这样写着)负责派发“排队指南”——一本解释排队礼仪的小册子，观众们高兴地接受这一“礼物”。广告商还提供了一系列以温布尔登网球公开赛为主题的娱乐活动和茶点。汇丰银行(HSBC)在一个小球场上举

办了一场网球比赛，球场两旁摆放着花箱、汇丰红色惠灵顿长靴（HSBC-red Wellington boots）和白色尖桩栅栏（white picket fencing）。拉瓦扎（Lavazza）用紫色和绿色的杯子提供咖啡。比赛的顺序显示在一个大屏幕上，屏幕的框架是木制的，就像一个花园小屋。一个树篱造型的装饰品上写着"@wimbledon"，主题是将传统和技术融入这一抹温网的绿色。一个小时后，我们向管理员递交了排队卡，并被允许前往售票亭，此前我们因未能及时按要求出示排队卡而受到训斥。我们离开了最初的队伍，加入了一个短得多的队伍，购买进入球场的门票。

（Field notes，2015 年 7 月 2 日）

虽然媒体技术已经成为许多观众观看温布尔登的功能性必需品，但这并不适用于所有方面。在温布尔登排队的经历让我们接触到了非常传统的交流方式，因为我们收到了打印的排队指南和表明我们在队列中位置的纸质卡片。这些规则是由管理员来执行的，他们确保排队队伍是有序的和移动的，每个人在任何时候都可能被要求出示排队卡。我们当中的一名成员因为没有及时出示排队卡而受到管理员的处罚——我们在这次访问刚开始不久，便认识到在温布尔登对身体进行管理的重要性，以及英国通过培养正确的享乐习惯来实施道德控制的历史传统（Rojek，1991）。

我们在排队时看到的各种标志和广告也表明，温布尔登网球公开赛依赖媒体象征性地传播其属性。拉瓦扎，这家意大利咖啡公司，免费发放迷你版卡布奇诺咖啡。自 2011 年起，拉瓦扎就是温布尔登网球公开赛的"官方供应商"。温网官方供应商的逻辑使温网能够保持其吸引力，远离当代媒介体育赛事的粗暴商业化，避开那些会让其传统外观和感觉被外部营销活动掩盖的赞助，而选择温网官方网站（www.wimbledon.com）所说的"蓝筹股品牌"（blue chip brands），这些品牌提供各种便利设施，同时为温布尔登网球公开赛的整体形象增添其产品的高雅内涵。这些品牌包括史莱辛格（Slazenger）（网球装备）、罗宾逊（Robinsons）（软饮）、IBM（IT）、岚颂（Lanson）（香槟）、拉夫·劳伦（Ralph Lauren）（服装）、依云（矿泉水）、杰卡斯（Jacob's Creek）（红酒）和作为"官方计时设备"的劳力士（Rolex）。这些供应商并没有在温布尔登印上自己的商标，取而代之的，是它们被获准在广告中使用"温网"这一品牌，当然前提是遵从一些苛刻的规定。万内尔（Whannel，1992，p.179）观察到，温布尔登网球公开赛以这种方式拒绝头衔、竞争和赛场内赞助,“保持专属性光环”的举措是巧妙的。然而,在温网比赛期间,这些品牌点缀着场地,点缀着伦敦最著名的广告网站,并在电视和互联网上进行高调的宣传,从而同时宣传温布尔登网球公开赛。这些品牌成功地将温布尔登网球公开赛的形象与自己的品牌形象相结合,可以被视为温网媒介化的胜利。这也是温网传统价值观的胜利。然而,备受吹捧的温网价值观是以社会等级为基础的,这种等级制度可能被视为传统的、近乎浪漫的“独特性”(exclusive),但也可能被视为分裂性的(divisive),继续维持温网男性、上流社会和白人的身体规范(Hills & Kennedy,2006)。媒体通过提供“关于昨天的规范和行为的历史知识”(Hjarvard,2013,p.147)的来源,积极构建有关温网的传统,但这些历史知识是“在当代框架内阐释的”。

2013年温布尔登网球公开赛期间,拉瓦扎在伦敦的户外广告宣传活动就体现了对社会等级制度的推崇(Lavazza,2016)。该活动的口号是“新传统”(The New Tradition),伦敦地铁各处张贴着这样的广告海报。三位如假包换的温网赛事官员身着运动夹克,一男两女站在一起,每人手持一杯拉瓦扎意式浓缩咖啡。两位女性眺望着远方,她们眼神高傲地望向一侧,站在舞台中央的男子则低头看向镜头,进而看着观众。尽管官员们实际上可能并非温网高层,但他们作为温网规章制度的维护者,与之有着象征性的联系。拉瓦扎提出的“新传统”是每个人都知道自己的位置,并且社会地位的传统被严格遵守。唯一新鲜的是拉瓦扎供应的咖啡。

在下一节中,我们将探讨温布尔登网球公开赛与媒体沟通的不同方式,考察赛事在网络、电视和社交媒体上的媒介化,以及现场比赛期间媒体的整合。我们将揭示,媒体如何成为温网体验的核心,无论是在远处还是在重大事件的现场。

观赛:无论身在何处感受温网

英国广播公司(BBC)为2015年温布尔登网球公开赛制作的片头画面是这样的:白色屏幕逐渐显现出天蓝色,两个半球出现,在快速移动中逐渐合而为一——伴随着破风之声,在被网球拍击中之前,球体逐渐覆上黄色毛毡,变成了一只网球。随着温布尔登网球公开赛主题曲那标志性的铜管乐声响起,电脑生成的一段段画面展示了全英网球俱乐部。首先,树木和圣玛丽教堂的尖顶拔地而起,绿色的草坪开始覆盖大地。球网和绿色座位出现了,球在白线上反弹,中央球场聚集了一队闪闪发光的球员,他们在来回击球,球员包括塞雷娜·威廉姆斯(Serena Williams)、罗杰·费德勒(Roger Federer)、拉法埃尔·纳达尔(Rafael Nadal)、安迪·穆雷、玛丽亚·莎拉波娃(Maria Sharapova)、诺瓦克·德约科维奇(Novak Djokovic)、尤金妮·布沙尔(Eugenie Bouchard)和佩特拉·科维托娃(Petra Kvitová)。随着科维托娃捧起2014年女单冠军的银盘,德约科维奇在阳光照耀下亲吻男单冠军的奖杯,这一幕接近尾声。组装完毕的俱乐部场地、最后复位的建筑和灌木丛的鸟瞰图,成为"温网2015"和"英国广播公司体育"(BBC Sport)画面的背景,宣告电视转播行动的开始。

新旧融合意指温布尔登网球公开赛的逻辑——绿色和黄色、看似古老的传统(由邻近的12世纪教堂的形象所强调)、可辨又不变的声音、环境和人物——与媒介逻辑之间的张力,媒体强调新的——电脑图形、速度、特效、体育名流以及不可预知的赢家。随着英国广播公司开场镜头的出现,第一幕与第二幕之间无缝转化,温布尔登网球公开赛成了一个超本地化空间(hyper-local space)(位于伦敦郊区,缺乏当地知识的人可能永远找不到它),它被媒介化为一个全球重大事件,但并没有丧失传统的"本质"(essence)。

> 当我们排到队伍的前面时,我们进入通道,在楼梯口耐心地等待比赛的间隙。我们被允许进去时,并不能马上看到连在一起的3个座位,因为比赛就要开始了,我们被赶回通道里,等待下一次赛间休息。在我们等候的时候,我们后面的那群人因为太吵而受到警告。在第二次尝试中,我们成功了,在靠近球场中央的3个座位上坐了下来。得分间隙,观众们冲着斯洛文尼亚裔英籍选手阿利亚兹·贝德内(Aljaz Bedene)大声呼喊着"Ali,Ali,Ali,oy,oy,oy",这不禁让人想起了英国足球场上的口号。人群小声交谈着,在某一时刻,手机铃声响起,引来一阵嘲笑和谴责。从我们的有利位置还能远眺温布尔登的另外4个球场。有关媒体的证据随处可见——7台电视摄像机和大量的摄像师,另有2台摄像机在球场对面,1个媒体中心位于球场底线上方。记分牌兼做电视屏幕,用来显示得分和鹰眼回放。换球时,记分牌会显示其他比赛的比分。我们可以看到一堆赞助商,但它们都被巧妙地嵌入了温布尔登网球公开赛的色彩方案中。wimbledon.com出现在记分牌上,捷豹(Jaguar)和IBM出现在球速板上,史莱辛格出现在球网背面,劳力士出现在记分牌上,罗宾逊的瓶子放在裁判椅上。
>
> (Field notes,2015年7月2日)

人们可以在比赛现场观察到媒体和传统之间的复杂关系。鹰眼，“一种用于板球、网球和其他体育项目中，用于直观地跟踪球的轨迹，并以运动图像的形式显示其统计上最可能的轨迹记录的多样态计算机系统”(Singh Bal & Dureja, 2012, p.108)，鹰眼技术发展为一种电视回放手段，最初被应用于板球比赛的转播。2006年，电子线路呼叫系统(the electronic line calling system)首次被应用于温网的中央球场和一号球场，现在已经在所有6个球场运行了。鹰眼创新公司不仅提供精确到毫米级的跟踪球轨迹的功能，还声称能够“生成大量数据，使鹰眼技术能够提供分析和见解，从而真正提升球迷体验，并有助于通过转播和在线渠道讲故事”，包括球的轨迹、球的旋转速度/转数和运动员的跑动距离。其实，挑战鹰眼成功的比例并不高，2015年温网比赛中，男单比赛的鹰眼挑战判定成功的比例为26.5%，而女单比赛中的比例为27%(AELTC, 2015)。这一技术的使用，同时改变了现场和媒介化的体验。观众们在等待鹰眼挑战的视频图像时，会仪式性地“慢拍”(slow-clap)①。随后，网球的动态图像被呈现在一个数字化的“温布尔登”网球场中，在这个虚拟的网球场中，场边广告牌除了温网的品牌标志，并不显示其他公司的品牌标志。当球向白线移动时，劳力士赞助的“方框”(box)会显示确定球是落在“界内”还是“界外”之前的“官方审查”结果；这随后将令观众根据最终结果或喝彩或叹息。在很多方面，鹰眼所代表的媒介技术似乎与温布尔登网球公开赛总体规划中所推崇的“英国花园中的网球”的精神相悖。这似乎也与公然反对消费主义的做法不一致，观众要排一个又一个的队，即使他们已经进入场地，也要静静地观看比赛。然而，鹰眼与温布尔登网球公开赛的融合是如此成功，以至于它已经成为观众在电脑可视化比赛中为数不多的表情丰富的时刻之一。事实上，在我们观察温布尔登网球公开赛期间，除了“Ali, Ali, Ali, oy, oy, oy”口号的对抗声或笑声，鹰眼是引发观众兴奋的最明显的例子。

鹰眼已经成为温布尔登质地的一部分，如同1997年安装在“奥拉基露台”(Aorangi Terrace)的巨幕电视。这片原本的户外野餐场地也被称为“亨曼山”(Henman Hill)，因为英国本土网球运动员蒂姆·亨曼而名声大噪，他吸引了大量的观众，因为同样的理由，它现在被称为“穆雷山”(Murray Mount)。这一温布尔登网球公开赛媒介化的事实表明，媒体已经成为温网节奏的一部分，并规范了人们“对媒体实践的地位和规律性的某些期望”(Jansson, 2015, p.21)。毗

① 缓慢而有节奏地拍掌。——译者注

邻一号球场的人造草地上的屏幕给两周内的数十万名观众提供了一种强烈的“场地”(place)或“场地依恋”(topophilia)(Bale,1993)的感觉,这种感觉通过赋予景观深情的名字而得以体现。这座山也是赛事电视转播的重头戏。电视记者经常对山上的观众进行现场采访和“民意测验”(vox pops),电视摄像机经常扫过现场,以显示观众对特定比赛的兴趣。这里呈现出一个奇怪的循环方式,当观众注意到自己出现在大屏幕上时,他们或欢呼或挥手,对媒体表达敬意,从而制造出更多的媒体与受众之间的互动。

山上的电视画面吸引了前来观看比赛的观众,他们渴望重温比赛的乐趣——这是一片可以放纵身体的区域——吃喝、谈话、喊叫、笑闹、站着、躺着都是被允许的。然而,我们在山上的经历却并不完全符合它的媒体声誉。我们希望能在大屏幕上观看达斯汀·布朗(Dustin Brown)①和纳达尔的比赛,于是就在山上找了个位置坐下。观众数量庞大,把这块区域堵得水泄不通,连一寸空地也没有。安保人员在这一区域维持秩序,以防有人坐在并未标明的“人行道”上,在他们的注视之下从这么多人中间通过,“场地恐惧”(topophobia)远远超过了“场地依恋”。最终,我们别无选择,只能在一座挡住我们看大屏幕视线的建筑物后面休息,用平板电脑观看比赛。具有讽刺意味的是,这种经历可能只会强化温布尔登网球公开赛媒介化的成功,因为温网观众可以使用的各种媒体形式(无论是在现场还是在场外)是媒体试图满足观众对反映他们生活方式的内容和方向的需求的一部分(Hjarvard,2013)。

媒介化的功能性向度,如鹰眼和亨曼山,已经与传统相融合。正如人们总是在等待鹰眼判定结果时“慢拍”,人们总是聚集在亨曼山上,在全欧洲最大的户外屏幕上观看最重要的比赛(marquee matches)。媒介技术已经融入温布尔登网球公开赛的质地与节奏之中,媒体提供给受众的正是这些媒介化的现场体验。温布尔登网球公开赛是一个特殊的媒介化的社会空间实体。扬森(Jansson,2013)已经探讨过作为一种社会空间观念的媒介化。温布尔登网球公开赛媒介化的进程通过将自身提供给大众消费从而改变了温网的社交空间,但是“这些改变的形式取决于预先存在的社会空间与社会安排,而这些社会安排又充满了与空间/地点、流动性和交流有关的深层价值或形而上学”(ibid.,p.280)。

扬森提出了 5 种媒体趋向,以揭示“媒介化与社会化空间转型之间的密切

---

① 牙买加裔德国男子网球选手,职业生涯中最有名的一场比赛就是在 2015 年温网中击败纳达尔。——译者注

关系”。这5种趋向分别是:中介化/媒介化的流动性(mediated/mediatized mobility)、技术融合(technological convergence)、交互性(interactivity)、新界面(new interfaces)(让媒体更符合身体需求)与监控自动化(automation of surveillance)。社交媒体作为温布尔登网球公开赛媒介化的一部分,使用频率日益提高,这些媒体趋向显而易见。

例如,由温布尔登网球公开赛的供应商之一捷豹公司举办的一场比赛,就尝试使用新媒体技术将高品质的温网现场体验传达给安坐家中的观众。该活动让移动媒体与温布尔登网球公开赛观众的身体密切接触,采用了融合平台、用户互动、密切监视的手段,同时通过社交媒体挖掘更多参与者的数据。在捷豹公司“感受温网”(Feel Wimbledon)的主页(jaguar.wimbledon.com)上,视频摘要的主持人这样描述他们的使命:“捷豹一直在那里,每一步都为您带来所有情感——正如它所发生的那样。”“感受温网”活动试图通过对现场观众进行3次测量来考察人们对温布尔登的情绪强度。捷豹称其为生物测量(通过可穿戴技术记录球迷的心率)、大气测量(在温布尔登比赛场地周围设置运动传感器和其他传感器)和社会测量(监测推特上的热门推文)。捷豹公司用高度技术性的术语描述了来自这些数据源的组合和可视化结果:他们使用“定制算法”(bespoke algorithms)和“信息专家和神经科学家”(information specialists and neuroscientists)的专业知识,形成了一个“智能引擎”(intelligence engine)。他们在 jaguar.wimbledon.com 网站的宣传网页上的技术解释强调了其复杂性,并将潜在读者定位为拥有较高技术理解能力的人:“你会说极客(Geek)①话吗?”

该项目将温布尔登球迷的情绪可视化,用明亮的温布尔登颜色绘制了一个波形图,显示其心率的变化,“超级球迷”(superfans)的心率在关键时刻上升,心率变异性达到峰值,而亨曼山上球迷的声音变得更大。然而,这两项测量结果都不令人惊讶,也没有提供关于温布尔登网球公开赛感受的全新见解。这是媒体版的科学话语——肤浅的解释,它简单地确认了我们在观看温布尔登网球公开赛之前就获知的情形——观众变得兴奋。无数的传感器和监视器装饰着“超级球迷”,并记录着人群的输出符合媒介逻辑——既美观又有趣,但最终都是程式化的,而且可以轻松地将数据可视化技术专长转换到捷豹品牌上。然而,温布尔登网球公开赛的逻辑也存在于一种虚幻的承诺之中,即提供一种独家的现场体验。透过捷豹的镜头,观看特权阶层的兴奋之情,恰恰证实了拥有一张前

① 极客指在互联网时代引领全新的商业模式、尖端技术与时尚潮流的人。——译者注

往中央球场的门票与远距离消费之间的差距。毕竟,并不是每个人的经历都有机会被媒体报道:“特定人群是否会得到媒体的服务——其生活方式是否会在杂志、网站或电视节目中得到呈现——取决于特定人群的经济吸引力”(Hjarvard,2013,p.148)。

另一种移动媒体广告策略是通过推特和参与者的参与,将温布尔登网球公开赛的精英空间转化为大众的民主化空间,这一点在温网最古老的赞助商之一——软饮料制造商罗宾逊公司的广告活动中表现得很明显。随着温网的到来,罗宾逊公司雇用奥利弗经纪公司(Oliver agency)在推特上举办了一场比赛,来纪念他们成为温布尔登网球公开赛官方供应商 80 周年,也可能是希望借助这种当代的社交媒体活动来掩盖这个品牌与体育重大事件相关联的不合时宜之处。尽管罗宾逊公司追溯了其饮品研发的源头——1935 年,其产品正是为了满足温网运动员的补水需求而出现的,但在高科技运动饮料时代,他们的大麦“果汁饮料”(squash)似乎已经过时了。然而,2015 年,在被布利特维奇公司(Britvic)收购后,罗宾逊公司撤回了原来的配方,转而推出针对新健康意识消费者的“无添加糖”(no-added sugar)产品线。罗宾逊公司对推特的使用标志着其自身媒介化转型迈出了一步,因为为迎合消费者不断变化的生活方式而选择“受众至上”(audience maximization)“已经成为媒体的一个重要逻辑”(Hjarvard,2013,p.148)。

推特比赛奖励了在英国 14 个地方发现巨型网球的参与者,这些网球被认为“对温布尔登皇室来说意义重大”。推特上以“#为温网寻找”(#HuntforWimbledon)为标签来发布线索,参与者只须发布自己与那只球的自拍照,就可以赢得奖品。例如,@ DrinkRobinsons 在推特上发布了一段视频剪辑,内容是前英国网球运动员蒂姆·亨曼在温布尔登球场的弗雷德·佩里[①]雕像(Fred Perry statue)旁边,让参与者前往佩里的家(在英格兰北部的斯托克波特),然后在推特上发布了一张贴在房子外面的巨大网球的照片,以参加抽奖。正如夏瓦(Hjarvard,2013,p.147)所说,媒体“为当代社会创造了一种持续的表征,几乎所有社会机构的每个人都能接触到它”。@ DrinkRobinsons 代表了每个人在温布尔登网球公开赛的经历,而不仅仅是进入全英草地网球和槌球俱乐部有限公司

① 英国历史上最伟大的男子网球选手之一,曾 8 次获得大满贯单打冠军——1934—1936 年连续 3 年获得温网冠军,还获得了 3 次美网、1 次法网和 1 次澳网冠军,是名副其实的全满贯选手。在成为职业网球运动员之前,他曾在 20 岁时获世界乒乓球锦标赛男单冠军。他曾带领英格兰队从 1933 年到 1936 年连续 4 次获得戴维斯杯冠军。——译者注

的少数精英。

据奥利弗经纪公司(Oliver,2015)统计,“在活动的两周期间,@ DrinkRobinsons 的粉丝人数增长了 46%,拥有近 1200 万名独立用户”。活动团队向关注者发送了 1212 条回复,并认为这些高“质量”的回复帮助罗宾逊公司登上了英国最佳体育赞助商榜的榜首。这种关系营销是媒介化的缩影,因为它将有意义的人际传播流与社交媒体融合在一起。该活动将参与者积极参与温布尔登的体验与罗宾逊品牌结合在一起,通过将罗宾逊的商品与温网的体育体验相融合,将罗宾逊的商品延伸到他们的生活中。在温网比赛的最后一天,@ DrinkRobinsons 邀请参与者在推特上参加一场“找球”(spot the ball)游戏①,将推特作为媒体受众潜在的多屏幕体验之一,获胜者将获得实实在在的奖励——一张来年温布尔登网球公开赛的门票,这一举措产生了一个情感“反馈回路”(feedback loop)(Dean,2010)。这就是夏瓦所说的“好玩的社交性”(playful sociability)(Hjarvard,2013,p.149),这已经成为社交网络媒体的“首选互动模式”。通过媒介化,温布尔登网球公开赛能够将温网的空间扩展到其媒体受众个人的、有意义的和情感的领域,同时保持现场赛事的排他性。

回家:反思温网

> 有一个巨大的记分牌显示所有的比赛及其比分,并完全靠手写更新。我们经过时,一位管理员正站在梯子上,在记分牌上填写刚刚结束的一场比赛的比分。这些鲜活的实践与前数字时代遥相呼应,给人一种古雅可爱的感觉。不知何故,我们高兴地看到,这似乎是不朽的传统的一部分。
>
> (Field notes,2015 年 7 月 2 日)

温布尔登网球公开赛的体验——无论是现场的还是被媒介化的——都是媒介化的体验。扬森(Jansson,2013)提醒我们要从社会空间转型的角度考虑媒介化问题。在温布尔登网球公开赛上,扬森所指出的这种媒体趋势非常明显。在@ DrinkRobinsons 的推特帖子和拉瓦扎咖啡杯上可以看到媒介化的流动性、

① 报刊上常见的小游戏,通常利用球类比赛的新闻照片,并用与球大小一致的圆形色块将球的所在位置遮住,再添加多个类似的圆形色块以迷惑游戏者。游戏者需要在多个圆形色块中进行选择,找出哪个色块下才是真正的球。——译者注

模糊的文本和语境,这使得"媒体使用(生产和消费)的环境变得越来越不稳定"(ibid.,p.280)。同样,随着温网通过越来越多的平台和形式提供多屏体验,"技术融合"也一直存在。"交互性"(Interactivity)为温布尔登网球公开赛的观众创造了更多"身临其境"的机会,而"新界面"让媒体更贴近身体(捷豹公司的生物识别测量来自可穿戴技术)。反过来,这创造了一种"监控的自动化",因为从各地观看温布尔登网球公开赛的数据被循环利用到新的媒介化活动中。扬森(ibid.,p.281)认为,对媒介化的分析应"从某些社会空间安排的转型和维系开始,包括这些安排中各种媒介化实践的融合"。这就是我们在温布尔登试图展示的——媒体已经成为空间质地的一部分,并能邀请远距离的、媒介化的受众来分享这种质地,无论他们身在何处。

媒介化理论研究机构的性质如何因媒介而发生变化。然而,并不是所有机构都以同样的方式实现媒介化。媒介化并非与机构的特性无关。虽然我们在温布尔登网球公开赛的多个层面都指出了媒体的逻辑,但认为温网不得不"服从于媒体的逻辑"是没有道理的(Hjarvard,2008)。温网有自己的逻辑,这在其媒介化的各个方面都是显而易见的。温布尔登网球公开赛的媒介化证明了它经久不衰的品格。温网在一定程度上已经适应了不断变化的媒体惯例。然而,它也非常成功地将媒体融入现有的节奏中,在新的节奏中保留了旧的质地。

参考文献

AELTC.(2013).*The Wimbledon master plan*.Wimbledon:AELTC.

AELTC.(2015).Facts and figures/FAQ.Retrieved from www.wimbledon.com/en_GB/atoz/faq_and_facts_and_figures.html(accessed 10 February 2016).

Bale,J.(1993).*Sport,space and the city*.London:Routledge.

Couldry,N.(2014).Mediatization and the future of field theory.In K.Lundby(ed.),*Mediatization of communication*(pp.227-245).Berlin:Mouton de Gruyter.

Dean,J.(2010).*Blog theory:Feedback and capture in the circuits of drive*.Cambridge:Polity.

Hawk-Eye Innovations(2015).Hawk-Eye in tennis.Retrieved from www.hawkeyeinnov-ations.co.uk/sports/tennis(accessed 10 February 2016).

Hills,L.and Kennedy,E.(2006).Space invaders at Wimbledon:Televised sport and deterri-torialization.*Sociology of Sport Journal*,23(4),419-437.

Hjarvard,S.(2008).The mediatization of society.*Nordicom Review*,29,105-134.

Hjarvard,S.(2013).*The mediatization of culture and society*.London:Routledge.

Holt, R. (1990). *Sport and the British*. Oxford: Oxford University Press.

Jansson, A. (2013). Mediatization and social space: Reconstructing mediatization for the transmedia age. *Communication Theory*, 23(3), 279-296.

Jansson, A. (2015). Using Bourdieu in critical mediatization research: Communicational doxa and osmotic pressures. *MedieKultur*, 58, 13-29.

Kennedy, E. and Hills, L. (2009). *Sport, media and society*. Oxford: Berg.

Lavazza (2016). Advertising history-The past and present. Retrieved from www.lavazza.co.uk/uk/lavazza-world/advertising/advertising_history (accessed 24 November 2016).

Oliver (2015). Robinsons-#HuntForWimbledon. Retrieved from www.oliver.agency/en/work/robinsons-huntforwimbledon (accessed 5 January 2017).

Rojek, C. (1991). *Ways of escape: Modern transformations of leisure and travel*. Glasgow: University of Glasgow.

Singh Bal, B. and Dureja, G. (2012). Hawk Eye: A logical innovative technology use in sports for effective decision making. *Sport Science Review*, 21(1-2), 107-119.

Whannel, G. (1992). *Fields in vision: Television sport and cultural transformation*. London: Routledge.

第十章　美国高尔夫大师赛

——媒介重大事件、环境与奥古斯塔国家高尔夫球场综合征的起源

布拉德·米灵顿[①],布莱恩·维尔森[②]

在本章中,我们将研究并反思奥古斯塔国家高尔夫球场综合征(Augusta National syndrome)的病源,这是一种"疾病"(illness),据说"折磨"(afflict)着那些观看过电视转播的美国高尔夫大师赛的高尔夫球手,该赛事每年在佐治亚州奥古斯塔市的奥古斯塔国家高尔夫俱乐部举行。受折磨的高尔夫球手是那些在观看大师赛后,要求自己当地的球场拥有奥古斯塔田园牧歌般的比赛条件的人。在任何语境中,我们都可以称其为一个意义重大的发展。在第二次世界大战后,高尔夫产业获得了一批强大的工具,来帮助创造并维护"高尔夫景观",并牢牢吸引住大师赛的受众。所谓"工具",我们特指用于重新整修自然景观的机械装置和消除害虫的化学药剂。尽管高尔夫行业追求合理化以使比赛"更伟大"(即体育现代化)的历史可以追溯到二战以前,但奥古斯塔国家高尔夫球场综合征的出现——与20世纪60年代早期最早的大师赛彩色电视转播的时间重叠——给高尔夫球场的管理者带来了更大的压力,他们需要将球场维持在一个极高的审美标准之上。因此,在此情况下,这些球场管理者拥有构建"完美"的高尔夫球场美学的能力就显得尤为重要。

从这个意义上讲,本章在关注高尔夫球运动的同时,也尝试阐明体育、环

---

① 加拿大布鲁克大学体育管理学副教授。他的研究聚焦体育文化,特别关注体育与环境、健康与健身技术。

② 加拿大不列颠哥伦比亚大学运动学院教授,体育与可持续发展中心主任。他曾经出版《体育与和平:一个社会学的视角》(*Sport and Peace*:*A Sociological Perspective*,2012)、《高尔夫果岭:体育、全球化与环境》(*The Greening of Golf*:*Sport Globalization and the Environment*,与布拉德·米灵顿合著,2016)等,他的研究还涉及体育、社会公平、环境问题、媒介、社会活动和青年文化等。

境、媒体和现代化之间更广泛的相互联系。众所周知,这些年来,体育和媒体滋生出一种亲密关系,尤其是进入电视体育时代之后(Boyle & Haynes,2009)。同样众所周知的是,源于体育竞技与比赛场地生态环境之间的关系,体育对于物质感官拥有强烈的影响力(Wilson & Millington,2013,2015)。但几乎没有人关注媒介体育综合体与生态环境的相关议题是如何联系在一起的,例如,高尔夫球场中化学药剂的使用、过度灌溉、侵略性景观的操控等问题。因此,我们在本章选择了一个比较宽泛的视域,并以此来回应诸如弗兰德森(Frandsen,2014)这样的学者,他们在有关媒介的研究中,对此类"互联性进程"日趋敏感(Hjarvard,2009)。的确,在去中心化(decentring)媒体中,我们得以对媒介、体育三位一体的全部三个领域进行检视:机构或生产者,即奥古斯塔国家高尔夫球场以及对大师赛进行转播的电视网哥伦比亚广播公司(CBS),我们将分析二者的作用;媒介内容,即我们将讨论的奥古斯塔国家高尔夫球场俱乐部在电视中的形象;接收者,即我们将讨论的目标受众对大师赛节目的解读,在很大程度上,这刺激了奥古斯塔国家高尔夫球场综合征的"滋生"。与此同时,我们也将分析,诸如高尔夫电视转播这样的因素,是如何与更宽泛的一些因素(如高尔夫球场管理中技术应用的不断增长)联系在一起的,而其结果具有社会与文化上的深远意义,尤其是引起了生态环境的变革。

在此基础上,我们还将在本章中特别讨论媒介化概念的关键部分,这一概念启发并刺激了对一种复杂关联的批评性分析,"一方面是媒体与传播的变迁,另一方面是文化与社会的变迁"(Couldry & Hepp,2013,p.197)。媒介化是本章必不可少的一部分,我们将此作为一个宽泛的目标,以探究媒体随着时间流逝所发生的变化,这一变化与高尔夫球场的变化以及高尔夫球场的维护技术相关,而这也是回答"高尔夫球运动如何改变电视"以及"电视如何改变高尔夫球运动"等问题的一个重要途径。我们将进一步研究,在更普遍意义上,体育与环境关系的媒介化进程中,各种变化之间的复杂关联,虽然牺牲了其部分权益,但同样也成为当今一些新变化的基础,例如,数字化的出现令环保运动与高尔夫和一系列重大事件联系在一起。

在本章中,我们的分析参考了大量的有关高尔夫与环境问题的研究(Millington & Wilson,2016)。20 世纪至 21 世纪初,尤其在美国和加拿大,高尔夫产业提高了人们对环境问题的敏感度,这正是笔者研究的切入点。因此,后文所提及的高尔夫产业主要指的是它在这两个国家的状况。我们所说的"高尔夫行业",是指那些参与开发和维护高尔夫球场的人(例如球场所有者、建筑师、设计师和管理者)。在以下各节中,我们将从一系列相关材料入手逐步走近奥古斯塔国家高尔夫球场综合征,来解释它的出现及其在二战后的持续存在状态。相关的材料包括:两本关于大师赛历史的书(Owen,2003;Sampson,1999);大师赛球场的建筑师阿里斯泰尔·马肯泽(Alistair Mackenzie,1920)撰写的一本关于球场建设的书;关于奥古斯塔国家高尔夫球场综合征的媒体新闻报道;来自美国高尔夫球场管理协会(Golf Course Superintendents Association of America,GCSAA)和美国高尔夫球协会(United States Golf Association,USGA)等组织的行业出版物上的文章。我们将对其展开系统研究,以此来充实论证。

基于这些准备,在下一部分,我们将在具体的研究背景之下,着重分析奥古斯塔国家高尔夫俱乐部的落成,它与20世纪初期高尔夫球运动的广泛发展存在密切联系。紧接着,我们会分析大师赛在电视上的呈现,其最终在媒介体育综合体中构建出一种特殊的形态。我们会将其置于同时期高尔夫球运动广泛发展的大背景之下。自此,我们将注意力集中到奥古斯塔国家高尔夫球场综合征上,通过对它的分析思考其持续存在的缘由。最终的结论将反映我们这番分析的重要性,在普遍意义上关联着高尔夫球运动、媒体以及体育的现代化进程。

作为伪装的高尔夫球场:奥古斯塔国家高尔夫球俱乐部的诞生

奥古斯塔国家高尔夫俱乐部成立于20世纪30年代初,最初的规划场地在一个被称为“果地”(Fruitland)的地方——美国南北战争以前是种植园,19世纪中叶改造为果树苗圃。从其名称我们就不难想象,“果地”一定是块沃土;根据欧文(Owen,2003)的调查,1861年,“果地”当时的主人普洛斯帕·博克曼斯(Prosper Berckmans)“曾汇报,他的试验田包含了1300余株梨、900余株苹果、300余株葡萄和100余株杜鹃花——杜鹃花在美国的流行很大程度上要归功于博克曼斯”(Owen,2003,p.51;Nps.gov,undated)。据说,奥古斯塔国家高尔夫球场的设计者(同时也是著名的高尔夫球手)罗伯特·博比·琼斯(Robert Bobby T.Jones)在1930年初次见到这片土地时就被迷住了:“我立即意识到,这就是我一直梦寐以求的那种地形。”(Wind,1955)

在格里福德·罗伯茨(Glifford Roberts)——一位最终成为大师赛主席的投资银行家的帮助下,琼斯最终得到了“果地”。苏格兰人阿里斯泰尔·马肯泽被委任为球场的建筑师。诚然,马肯泽令人印象深刻的履历是他被录用的关键因素,但桑普森(Sampson,1999,p.19)曾经提到,是马肯泽富于艺术品质的高尔夫球场建设方案“直击博比·琼斯的心灵”,他同时关注到球场发展的效益问题,提出在经济大萧条时期应当注重建设的成本效益。马肯泽对于效益的关注也被记录进了他的《高尔夫球场建筑学:球场建设与绿地维护经济》(*Golf Architecture:Economy in Course Construction and Green-Keeping*,1920)一书中。为了达到“球场建设经济适用”这一目标,他在一个重要的段落中,记述了节约时间和节省劳动力的有效方式。

> 为了节约劳动力成本,我们最近引进了新的机械设备,我们的开支明显低于战前时期,效果很好。如果我们可以大规模地推广这项举措,蒸汽挖土机和蒸汽抓斗可以用来挖土或制造草皮小丘,牵引机可以有效地将小树连根拔起,大树则可以使用炸药来爆破。我最近就在利用爆破手段制造沙坑。
>
> (Mackenzie,1920,pp.68-69)

正如桑普森(Sampson,1999)所述,毋庸置疑,奥古斯塔国家高尔夫球场的设计事半功倍。例如,从某种意义上说,球场少了很多(昂贵的)沙坑;从另一个角度看,机械在球场建设中确实发挥了重要作用。

> 一队卡特履带式拖拉机推倒了树木,分离出球道,推高或挖出了厚重的黏土,以供建造果岭①、球座、排水沟、土丘等。乔加里纳(Georgalina)拖拉机公司提供了三辆 CAT60 型拖拉机(60 匹马力)、三辆 CAT30 型拖拉机、一辆 CAT20 型拖拉机和两辆 CAT15 型拖拉机。最大的那辆 CAT60 型拖拉机看起来就像一辆现代推土机,除了它的引擎悬挂在前端,看起来有点像别克车的引擎盖。
>
> (Sampson,1999,p.27)

因此,奥古斯塔国家高尔夫球场自诞生之日起,就是一个现代化球场。的确,我们可以在这样一个背景下思考它的出现,一个可以反映出我们兴趣的方式,即在比赛之外,还包含了许多环保的考量,大师赛是如何成为一项体育重大事件的。在我们对于高尔夫与环境关系的研究中,我们已经证明,20 世纪初期,高尔夫球运动经历了一个理性化的进程(Millington & Wilson,2015a,2016)。在 19 世纪欧洲向北美的移民潮到来之前,高尔夫被视为这个世界上的一个怪念头。

① 高尔夫球场中靠近球洞的平整区域,颜色与周围区域明显不同。——译者注

苏格兰的林克斯(Links)[①]球场通常在陆地的边缘地带,几乎没有改造的价值。正如马肯泽在他的《高尔夫球场建筑学》中所说的:“过去,许多高尔夫球场是由杰出的高尔夫球手设计的,他们在对球场进行初步的检视之后,只是简简单单地把小木桩插在地上,以标示今后要修建的球座、果岭和沙坑等的位置。”(Mackenzie,1920,p.127)他补充说,通常整个过程只持续几个小时。相比之下,到了20世纪,世界愈加服膺于体育领域的怪念头,马肯泽继续说:“另一方面,现代设计师为了取得最完美的效果,依据更加与时俱进的理念,更为充分地利用所有的自然特征。”(ibid.)

是什么支撑着高尔夫球运动由“前现代”向“现代”转型?一方面,在高尔夫球场的建设中,对于主要的利益相关者——如建筑师、设计师和球场管理者,理念和工具都在发生变化,正如桑普森之前对于奥古斯塔国家高尔夫球场的“土方作业”的那些描述。在球场建设过程中,除了构建地形,球场管理者也在试验用各种农药来对付令人厌烦的害虫和杂草。在20世纪20年代早期,美国农业部的利奇(Leach,1921)曾在美国高尔夫球协会的一本著名出版物上发表文章,记述了他对美国东北部高尔夫球场上一种日本甲虫横行的状况极大的忧虑。但是,仅过了几年,他就注意到,这一令人抓狂的环境问题已经平息:一种二硫化碳乳剂(carbon disulphide emulsion)——通过一架“配比计量机”得到了广泛使用——在解决这一问题上创造了奇迹(Leach,1925)。

另一方面,消费者的需求——或者至少可以说是一种需求感——已明显成为不可阻挡的高尔夫球现代化趋势的内驱力。《高尔夫球场》(*The Golf Course*)是一份高尔夫行业的出版物,在它的创刊号中,有一个特色板块“对话现代高尔夫”(Modern Golf Chats),其中明确表示,高尔夫球手正在变得“苛刻”和“挑剔”:“他们不再满足于那些早期的原始球场。”(Anon,1916a,p.2)同年晚些时候,有人在同一份杂志上又表达了类似的情绪:“常规的高尔夫球场将难以为继,人们自然地会选择最优化的方案来解决问题:成立一家新的俱乐部,或对已建设好的球场进行升级。”(Anon,1916b,p.114)

问题依然存在,为何在马肯泽和琼斯的叙述中,一种现代化、科学化的感觉,会弥漫在他们视高尔夫球场建设为艺术的浪漫观点中?马肯泽就这一点作

---

① 林克斯原指苏格兰海边的区域,即从大海向农田过渡的区域。林克斯土质属于沙质土壤,不适合种植庄稼。后来,林克斯的意思逐渐转化为建设在这种土地上的高尔夫球场。英国高尔夫博物馆认为,林克斯指一侧临海,一侧为内陆耕地,形状狭长的球场。——译者注

出比较。他写道,高尔夫球场建设,如同军事伪装,为了避免敌人的注意,枪炮的架设必须与环境融为一体。“还有什么比大地的自然起伏更自然?”(Mackenzie,1920,p.129)因此,在军事伪装和高尔夫球场建设中,“成功地模仿自然起伏的能力至关重要”(ibid.)。高尔夫球场,与其说是真实的,不如说是超真实的(hyperreal),人造景观完美地模仿了它的原型。

技术奇迹:二战后语境下的奥古斯塔国家高尔夫球场

1934年,奥古斯塔国家高尔夫球场邀请赛正式开幕。1939年,这一赛事拥有了一个新名称:大师赛。1956年,另一个里程碑事件出现了:大师赛首次通过电视进行转播。然而,大师赛在电视媒体上取得成功还远未成定局。

事实上,根据欧文(Owen,2003)的调查,1947年,高尔夫球赛的第一次电视转播并不成功。“高尔夫与那时的电视技术根本无法匹配,”欧文指出,“比赛在光线无法预测的户外进行,固定机位很难捕捉到在球场上移动的球员。”(ibid.,p.184)此外,据称,由于对电视的形象塑造能力颇有顾虑,大师赛主席格里福德·罗伯茨对于电视也非常谨慎(Cossar,2005;Sampson,1999)。正如下面所要描述的,保护大师赛的形象是至关重要的。

尽管如此,根据欧文的描述,罗伯茨还是奋力推进着年度大师赛的电视化,将其视为获得比赛奖金赞助的一个契机,令高尔夫球手真正进入职业运动员的行列。1956年,大师赛的第一次电视转播最终轰动一时,吸引了约1000万观众(Owen,2003,p.184)。转播技术自此得到推行。正如巴克雷(Barclay,1992,p.451)所述,直到20世纪60年代中叶,电视转播才从少量的摄像机和技术人员转变为“十几架各式摄像机,再加上各种便携、移动或固定的平台装置,数十位导演,还有数以百计的技术人员”。在这十年间,大师赛还通过彩色电视进行了转播——这都是奥古斯塔国家高尔夫球场的施压下实现的。

当然,我们应该记住,在那个年代,并不是任何赛事都能通过电视转播,尤其最终还是彩色电视转播。到20世纪60年代,美国高尔夫大师赛成为男子高尔夫四大满贯赛事之一。在1955年的《体育画报》(*Sports Illustrated*)上,赫伯特·沃伦·温德(Herbert Warren Wind)曾经撰文盛赞奥古斯塔“绿绿的草地”和湖蓝色的水域。博比·琼斯对奥古斯塔的山顶景色印象深刻,被他吸引至此的参观者也获得了同样的体验:“第一次来这儿参观的人,几乎没有一个不大声惊呼的,或自言自语,‘是的,这里跟传说中一样好,甚至更好’。”(Wind,1955)

此类溢美之词至今仍不鲜见。例如，霍格慈（Hodgetts，2014）称，奥古斯塔"被岸边的杜鹃花和参天青松所展现的丰富色彩所装点"，高尔夫频道的撰稿人霍金斯（Hawkins，2014）表示：奥古斯塔"具有人间天堂的品质"。当大师赛第一次通过彩色电视转播的时候，传播的内容并不仅仅是比赛，还有球场和果地的风光，这迅速吸引了数以百万计的观众。奥斯索克（Oosthoek，2012）指出："20世纪60年代末，对佐治亚州奥古斯塔国家高尔夫俱乐部的大师赛所进行的彩色电视转播，将一个精心打造的球场展现给全世界，它就像超凡脱俗的'翡翠城'[①]，所有的高尔夫球手都艳羡不已。"（Millington & Wilson，2014，2016）

我们再次将大师赛在二战后的这些发展置于其背景之中加以考量，以评估其意义。高尔夫运动在二战后被电视转播并不奇怪，即便这带来了后勤方面的困难。这一时期，体育与媒体的关系变得越来越复杂。弗兰德森（Frandsen，2014）声称，体育与电视的关系，呈现责任分担和相互支持的态势。就大师赛而言，最有趣的是，奥古斯塔国家高尔夫球场在与哥伦比亚广播公司的关系中拥有多大的权力。

格里福德·罗伯茨长期担任大师赛主席，他留下一份复杂的遗产。奥古斯塔国家高尔夫球场独一无二的历史众人皆知，罗伯茨的话也被反复引用，"只要我还活着，所有的高尔夫球手都是白人，所有的球童都是黑人"（Crouse，2012）。而在媒体方面，罗伯茨却是一位创新人物。例如，他发现了增强转播戏剧化的方式，即在拍摄高尔夫球比赛时，从球手的视角跟踪击球，以此将球的运动轨迹展现给观众（Owen，2003）。罗伯茨还想出一个方便电视观众的办法，即在记分牌上显示球手的总得分与标准杆得分（Cossar，2005）。比这些更具意义的是，凭借罗伯茨对媒体力量的深刻理解，奥古斯塔国家高尔夫俱乐部对大师赛如何通过电视机向坐在家中的观众展现自己的形象有着巨大的影响力。是奥古斯塔国家高尔夫球场，而非哥伦比亚广播公司，挑选了大师赛的赞助商，并决定了他们将支付的费用和获得的广告时间（Owen，2003，p.197；Sampson，1999，p.205）。桑普森（Sampson，1999）也提到，只有"端庄"的赞助商才会被考虑。转播语言也受到严格审查（Cossar，2005；Myers，2014）。

因此，在战后的岁月里，高尔夫和大师赛成了媒介体育综合体的一部分，尽管奥古斯塔国家高尔夫球场在与媒体的关系中保留了更多的控制权。额外的控制权换来的是版权费；但人们普遍认为，大师赛在这方面的收入低于市场可

① 童话故事《绿野仙踪》中的仙境。——译者注

能带来的收益(Boudway,2013)。当然,这种“妥协”可能被视为对“不足商业化”(under-commercialized)品牌进行战略性管理的一种方式——它本身就是一种商业驱动的方法。正如欧文(Owen,2003,xxvi)所言,大师赛的部分吸引力在于其表面的“纯洁性”:“三明治只卖 1.5 美元,配对表和停车免费,整个场地没有任何广告。”对于这一分析,关键的一点是奥古斯塔国家高尔夫球场在电视上的“高贵”形象与球场的“完美”美学品质相得益彰。奥古斯塔国家高尔夫球场是天堂;“想必天堂里不会有痔疮膏广告吧”(Sampson,1999,p. 210)。

与此同时,大师赛在二战后日渐崭露头角,这与这一时期高尔夫产业的蓬勃发展息息相关。我们已经在上文描述过 20 世纪早期的状况,这一时期,高尔夫产业的典型特征是有了新技术和新方法,例如,土方机械和除虫剂。二战后,高尔夫球场的建筑师和设计师更加大胆地运用他们的能力来对土地进行改造(Strawn,Barger & Rogers,2011)。球场管理者凭借持续的职业化的努力,现在普遍地被视为“负责人”(superintendent),相比过去,他们现在可以支配更为高效的化学药剂——在这一点上最有说服力的证据就是强力杀虫剂 DDT 的使用。的确,作为一种战时产品,DDT 能够高效地驱除那些“问题”害虫。它之所以能够被充分地应用,主要是由于这一阶段应用化学技术的发展。高尔夫球场负责人约瑟夫·瓦伦丁(Joseph Valentine,1947)曾经在《高尔夫球界》(*Golfdom*)上发表过一篇文章,通过检视在宾夕法尼亚州的球场管理实践,他清晰地表达了类似的观点:

> 通过帆布之下的管子,我们用一种喷粉机喷洒杀虫剂,这种喷粉机与一台吹风机相连。喷粉机有 16 英尺宽。在一些球道上,我们同时喷洒了 DDT 和砷酸铅杀虫剂,在另一组球道上只喷洒了 DDT,第三组球道上则只喷洒了砷酸铅杀虫剂。
>
> (Valentine,1947,p.70)

二战后,高尔夫产业拥有了相较从前更强的控制自然的能力。阿里斯泰尔·马肯泽(Mackenzie,1920)描述了这种人类干预与自然特征之间微妙的平衡关系——如同军事伪装,人类的工程能力能够将高尔夫球场建设得形同自然——奥古斯塔国家高尔夫球场最终不仅因其自然之美,还因其“伪造”之美而名声大噪。实际上,大师赛的球场被认为得益于大量不同寻常的工作人员,也得益于其高昂的维护保养预算——远远超过常规球场的此类预算(尽管预算的细节并不为人所知)。正如斯特巴(Sterba,2001)所写的那样,这使得对球场的管理达到了非凡的水平：在微观层面，管理关注到了最细微的细节；在宏观层面，奥古斯塔国家高尔夫球场“拥有最先进的高尔夫球场技术”，比如在地下铺设管道，以便从地下烘干推杆留下的痕迹（Klein，2013；Shackelford，2012）。

从这个角度看，说奥古斯塔国家高尔夫球场像军事伪装还远远不够：它是自然的拟像，而且是透明的。赫伯特·沃伦·温德在 1955 年盛赞奥古斯塔的唯美时，似乎也意识到了其人为元素。“各种各样的‘小细节’都源于罗伯茨对于效率和秩序的追求”，其中之一就是“通过添加钙碱染料（Calcozine dye），褐色的污水才变成了湖蓝色”（Wind，1955）。

奥古斯塔国家高尔夫球场综合征

站在批判的角度，我们要说，在二战之后的几年，高尔夫的理性化进程达到了一个非理性的地步。高尔夫已经变成了一项现代运动，其特点是标准化（如规则、设备和技术）和高效率（如通过科学和技术改进的方法建造和维护球场）。对于体育项目来说，这算不上一种罕见的发展轨迹。电视加剧了对标准化的需求——或至少存在这种感觉——也并非罕见。霍尔内等学者提出：

> 20 世纪 70 年代，随着世界各地的观众习惯于收看高质量的主要体育赛事的现场直播，电视行业开始关注转播的一致性。北美和欧洲主要电视国家已经形成的惯例被推广至世界其他地区……区域多样性和特殊性开始衰落，到了 20 世纪 80 年代，甚至连体育场馆的内部设计也趋向于风格统一。
>
> （Horne et al.，2013，p.152）

但是高尔夫行业的效率，至少在某种程度上，意味着使用强效化学品的效率和破坏自然环境的效率。事后看来，在高尔夫球场上喷洒 DDT，可以被视为理性化达到了非理性的地步；事实上，这种做法近年来在高尔夫行业内部也受到了质疑（Millington & Wilson，2013）。同样重要的是，高尔夫的标准化涉及这样一种观点，即高尔夫“球场”应特别倾向于高度修剪的风格。

这正是“奥古斯塔国家高尔夫球场综合征”一词变得如此重要的原因。回想一下我们在前文中提及的奥斯索克（Oosthoek，2012）的观点，当大师赛通过彩色电视转播时，“高尔夫球手都艳羡不已”。奥古斯塔国家高尔夫球场坐落在独一无二的“果地”上，得到了可能也是独一无二的水准的维护，获得了与其他任何球场都不同的媒体报道,但它仍然成为整个高尔夫产业的标杆。1982 年,美国高尔夫球场管理协会主席詹姆斯 · 威利(James A.Wyllie)将他的月度讲话刊登在了行业杂志《高尔夫球场管理》(*Golf Course Management*)上,并将文章赫然命名为"大师赛,有目共睹的标准"。

具体来说,高尔夫球手们曾经——有时甚至仍然——被普遍认为"患有"奥古斯塔国家高尔夫球场综合征。当高尔夫球手们看到奥古斯塔国家高尔夫球场展现出一个高尔夫球场能够和应该呈现的样子,他们表现出明显的嫉妒。夏普(Sharp,2000)据此提出了一个假设的案例,据说它每年都会在美国发生。在电视上观看大师赛后,作为一名高尔夫球业余爱好者的你便出发去本地球场:

> 但是在第一次开球时,现实就扑面而来……你的挥杆动作只有你的母亲才会喜欢,你的短杆总是由于计算失误而出错,你最爱的这片球场,根本无法和杜鹃花与山茱萸丛中的博比 · 琼斯及阿里斯泰尔 · 马肯泽的杰作相提并论。当然,你也许会责怪自己没有能力突破 90 杆①,但你是否也应该向球场负责人施加一些压力,让他提供像奥古斯塔那样的球场条件呢?
>
> (Sharp,2000,p.20)

同样,在 2002 年大师赛之前,鲁本斯坦(Rubenstein,2009)评论过高尔夫球手们不切实际的期望带来的后果——其中包括"大量用水和使用化学品"(Rubenstein,2009,p.104)。正如 20 世纪初,高尔夫球手被视为挑剔而苛刻的人。不同的是,在 20 世纪后期,高尔夫行业可以做得更多,以满足其挑剔的消费者,而这样做对地球造成了更大的破坏。

当然,奥古斯塔国家高尔夫球场综合征是否真的存在仍然是个悬而未决的问题。一方面,高尔夫行业在回应外界对其环保行为的批评时强调,现在的高尔夫球场在使用化学品、用水以及破坏当地生态系统方面比过去更负责任。我们称之为高尔夫的"负责任"转型(Millington & Wilson,2016)。甚至有人说奥古斯塔国家高尔夫球场比大家通常认为的"更环保":"与人们的普遍看法相反,俱乐部不施用大量肥料或杀虫剂来保持外观……事实上,情况正好相反。"(Boyette,2012)另一方面,高尔夫球手坚持"完美"的比赛条件,以至于用疾病来比喻是恰当的。也许恰恰相反,《高尔夫文摘》(*Golf Digest*)近期的一项调查发

---

① 职业高尔夫球赛事 18 洞的标准杆普遍在 72 杆左右。——译者注

现,64%的受访高尔夫球手愿意“在条件较差的情况下打球,以尽量减少球场上杀虫剂的使用”(Barton,2008)。

至少,奥古斯塔国家高尔夫球场综合征是一个显而易见的问题。按照鲁本斯坦(Rubenstein,2009)的说法,“只要”高尔夫球手能够意识到奥古斯塔国家高尔夫球场壮观的外观所带来的弊端,问题就能迎刃而解。“病人”既受到“病症”的折磨,又造成了其“病症”。

但是,奥古斯塔国家高尔夫球场综合征同样也可以被解释为产业构建。从这个角度讲,它实际上是两方面的结果,一方面是高尔夫产业通过自身球场管理实践,努力追求“奥古斯塔标准”;另一方面,这也是通过各种媒体宣传这一标准的产物。换言之,这种观点认为,责任应归咎于建筑师、球场管理者和电视节目制作人,他们共同制定了不切实际的标准。在1993年美国高尔夫球协会的会刊《果岭部分记录》(*Green Section Record*)[①]中,电视评论员兼高尔夫球场设计师杰瑞·佩特(Jerry Pate)令人信服地阐述了他的观点。低矮的球道(low-cut fairway)、可以打出极快球速的轻击区(putting green)、全年无杂草的草坪,以及完美的比赛条件:“电视向与高尔夫有关的各界人士宣传了这些品质,今天的高尔夫球手也想在自己的球场拥有这样的环境。”(Pate,1993,p.19)佩特认为,球场管理者和球场建筑师应该承担部分责任。如果说奥古斯塔国家高尔夫球场综合征是一种产业构建,其实就是说,需求本质上也是被构建出来的。正如麦克切斯尼(McChesney,2015)在谈及企业媒体(corporate media)时所指出的,认为企业媒体——在这个案例中,当然是与高尔夫行业合作的企业媒体——只是简单地满足消费者需求的观点是一种误解。

我们认为,与其说奥古斯塔国家高尔夫球场综合征是一种困扰某个群体的疾病,不如将其理解为奥古斯塔国家高尔夫球场的“意识形态”:它是一套没有特定“所有者”的思想体系,受其影响的人甚至可能并不全心全意地相信这套思想体系,但这套思想体系将特定的审美观和相关的实践规范化。事实上,高尔夫行业已经接受了环境伦理,摒弃了对环境破坏最严重的做法,但是公众对高尔夫球场的旧有印象仍挥之不去。2015年美国男子高尔夫球公开赛(US Open),令高尔夫产业拥有了一个绝佳的机会,来展现自己最新的环保成果。比赛场地位于华盛顿州的钱伯斯湾,这里之前是一个沙石场,如今已获得环保组

① 在美国高尔夫球协会内部,有一个机构名为“果岭部分”(Green Section),此刊物可能是这个部门的一本行业刊物。——译者注

织奥杜邦国际协会（Audubon International）颁发的“银牌保护区”（Silver Signature Sanctuary）认证。然而，根据我们的观察，在为期四天的公开赛中，奥古斯塔国家高尔夫球场综合征又出现了（Millington & Wilson，2015b）。据体育评论员和球手反馈，球场太粗糙了，球洞区质量也不高。高尔夫球手亨里克·斯坦森（Henrik Stenson）称果岭“近乎可笑”，并将其比作西兰花和月球表面（Murray，2015）。同为高尔夫球手的洛里·麦克洛伊（Rory McIlroy）则幽默地修正了他的说法：“我并不认为（果岭）像西兰花那么绿……我觉得它们更像花椰菜。”（Pennington，2015）

结论：解构现代体育

在本章中，我们对奥古斯塔国家高尔夫球场综合征进行了研究和背景分析，这是一种意识形态，产生于一个特定的体育重大事件，但对整个高尔夫产业都产生了影响。同时，我们也阐明了高尔夫球，尤其是美国大师赛如何影响媒体，以及媒体，尤其是彩色电视的发展，如何影响高尔夫球场与环境的关系。在审视这些影响和相互关系的过程中，我们一直在思考媒介化的概念——这一术语承认了媒介的普遍性，当代媒介影响的分散性和异质性（Couldry & Hepp，2013）——以及在我们的研究中，媒介在再现高尔夫和环境相关论述中的作用。

我们得出这一结论，首先是因为对20世纪初围绕高尔夫球运动的社会和文化变化进行了分析。当时，高尔夫行业的代表们显然希望使这项运动现代化，以满足挑剔的消费者市场的需求。奥古斯塔国家高尔夫球场最终成为美国高尔夫大师赛的举办地，从这个意义上说，这个球场是其时代的产物，尽管建筑师阿里斯泰尔·马肯泽认为现代方法仍然与自然相容。在战后时期，由于DDT等化学品和化学喷洒器等技术的出现，高尔夫产业具有了彻底改造地球的能力。奥古斯塔国家高尔夫球场再次代表了这种变化，它被视为所有球场中最被精心打理的球场，对许多人来说，其维护标准在过去和现在都是不可能达到的。尽管奥古斯塔国家高尔夫球场拥有诸多优势，但它还是成了业内的标准。奥古斯塔国家高尔夫球场综合征据称令消费者产生了不切实际的期望，并给球场的建设者和维护者带来了压力，迫使他们不得不满足这些期望。如果球场管理者的化学“工具箱”的有效性还不足以成为使用这种工具箱的理由，那么，高尔夫球场应该没有杂草和拥有完美的绿色草坪的想法进一步使这种行为理性化。

奥古斯塔国家高尔夫球场综合征的出现，对于高尔夫来说无疑意义重大。

并且,正如前文所述,在这件事上有趣的是,一个特定的球场和媒介重大事件在媒体中的呈现何以能够对整个高尔夫产业产生显而易见的影响。但从我们的分析来看,这同样也是对体育运动的一种启示。本章的论述主旨之一,就是试图解释,为何消除体育现代化的负面影响如此困难,尤其是在这样一个背景下,即体育和媒体如此紧密地结合在一起,高尔夫球运动影响着媒体,同时,媒体也影响着高尔夫球运动和球场发展。从乐观的视角来看,近年来,高尔夫行业的确在寻求方法,来纠正现代化进程中出现的环境问题——例如,利用最新的科学技术,更为安全地使用化学药剂。我们已经对过去的方式有过批判,但批判的力度远不及事情本身的严重程度(Millington & Wilson,2013,2016)。大约在20世纪80年代初,高尔夫行业采纳了一种全新的、负责任的环境伦理观,但高尔夫在公众心目中挥之不去的形象似乎也使得球场管理方面的适度变革难以实施。二战后,不但高尔夫球场的开发者和管理者可以对地球进行大刀阔斧的改造,而且当时电视也让人们看到了完美的绿色高尔夫球场是正常的——甚至是理性的。在这个意义上,环境保护的"最优实践"与高尔夫球运动呈现于电视上的"最佳形象"相竞争。

事实上,在鲁本斯坦对奥古斯塔国家高尔夫球场综合征的评论中,他引用了高尔夫球场建筑批评家布拉德·克莱因(Brad Klein)的观点,即"绿色很美,但是棕色更棒"(Rubenstein,2009,p.105)。正如鲁本斯坦所述,"消除奥古斯塔国家高尔夫球场综合征的办法,就是让球场变成棕色的"(ibid.)。或许随着时间的流逝,这会是个有效的方法。又或许,高尔夫球可以理性化,避免非理性的做法。但钱伯斯湾球场和2015年美国高尔夫球公开赛的案例提醒我们,想在短期内消除奥古斯塔国家高尔夫球场综合征十分困难。花椰菜一般的高尔夫球场仍然令人难以接受。

与此同时,弗兰德森(Frandsen,2014)已经开始思考数字媒体在媒介化中的作用,这是个值得思考的重要课题。一方面,奥古斯塔国家高尔夫球场的景观可以通过"新"媒体(如电子游戏、高尔夫球推广网站)来呈现、推广与消费;另一方面,如何应对与高尔夫相关的环境问题,以及更普遍的与体育重大事件有关的环境问题,已经成为互联网和社交媒体推动的激进活动的焦点,这些活动旨在提高人们对这种发展的认识(有时是抵制)。在此之前,它通常被视为理所当然,从未受到过挑战。全球反高尔夫运动(Global Anti-Golf Movement)就是这样一个特殊的例子,它随互联网的出现而出现,也是社交媒体所主导的激进主义的复杂形态(Millington & Wilson,2016)。但我们也要认识到,即使有对活动分子友好的媒体,也不能保证奥古斯塔国家高尔夫球场综合征会完全“康复”——不过,至少在当下的社会和文化背景下,支持环保的潜力得到了增强(Wilson,2007)。这就是媒介化概念的价值所在,它将引导我们就体育重大事件内外不断变化的媒体与日新月异的社会和文化环境之间的变化关系提出问题。

参考文献

Anon.(1916a).[No title.] *The Golf Course*,January,2.

Anon.(1916b).[No title.] *The Golf Course*,November,114.

Barclay,J.A.(1992).*Golf in Canada:A history*.Toronto:McClelland & Stewart.

Barton, J. (2008). How green is golf? *Golf Digest*. Retrieved from www. golfdigest. com/magazine/2008-05/environment_intro(accessed July 2014).

Boudway,I.(2013).The Masters:A sponsorship tradition unlike any other.*Bloomberg*.Retrieved from www.bloomberg.com/bw/articles/2013-04-12/the-masters-a-sponsor ship-tradition-unlike-any-other(accessed February 2016).

Boyette,J.(2012).Augusta National Golf Club:Nothing cosmetic.*The Augusta Chronicle*.Retrieved from www.augusta.com/node/45(accessed February 2016).

Boyle,R.and Haynes,R.(2009).*Power play:Sport,the media and popular culture*.Edinburgh:Edinburgh University Press.

Cossar,H.(2005).Televised golf and the creation of narrative.*Film and History:An Inter-disciplinary Journal of Film and Television Studies*,35(1),52-59.

Couldry,N. and Hepp, A. (2013). Conceptualizing mediatization: Contexts, traditions, arguments.*Communication Theory*,23(3),191-202.

Crouse,K.(2012).Treasure of golf's sad past,black caddies vanish in era of riches.*New York Times*,3 April.Retrieved from www.nytimes.com/2012/04/03/sports/golf/from-a-symbol-of-segregation-to-a-victim-of-golfs-success.html? _r=3(accessed February 2016).

Frandsen,K.(2014). Mediatization of sports. In K. Lundby (ed.), *Mediatization of communication*(pp.525-543).Berlin:Mouton de Gruyter.

Hawkins,J.(2014).Hawk's nest:10 reasons why we love the Masters.*Golf Channel*.Retrieved from www.golfchannel.com/news/john-hawkins/hawks-nest-10-reasons-why-we-love-masters (accessed December 2014).

Hjarvard,S.(2009).The meditization of society:A theory of the media as agents of social and cultural change.*Nordicom Review*,29(2),105-134.

Hodgetts,R.(2014).Masters 2014:18 reasons to love Augusta-golf's unique event.*BBC*.Retrieved from www.bbc.com/sport/0/golf/26887265(accessed December 2014).

Horne, J., Tomlinson, A., Whannel, G. and Woodward, K. (2013). *Understanding sport: A socio cultural analysis* (2nd ed.). New York: Routledge.

Klein, B.S. (2013). Green with envy? Don't be. *Golfweek*. Retrieved from http://golfweek.com/news/2012/apr/01/green-envy-dont-be-augusta-national-unique(accessed February 2016).

Leach, B.R. (1921). The Japanese beetle in relation to golf grounds. *Bulletin of the Green Section of the US Golf Association*, October, 210-211.

Leach, B.R. (1925). Improvements in the method of treating golf greens for the control of the Japanese beetle. *Bulletin of the Green Section of the US Golf Association*, May, 100-102.

Mackenzie, A. (1920). *Golf architecture: Economy in course construction and green-keeping*. London: Simpkin, Marshall, Hamilton, Kent & Co.

McChesney, R. W. (2015). *Rich media, poor democracy: Communication politics in dubious times*. New York: The New Press.

Millington, B. and Wilson, B. (2013). Super intentions: Golf course management and the evolution of environmental responsibility. *Sociological Quarterly*, 54(3), 450-475.

Millington, B. and Wilson, B. (2014). The masters of nature: Golf, non-humans, and consumer culture. In J. Gillett and M. Gilbert (eds), *Sport, animals and society* (pp.52-66). New York: Routledge.

Millington, B. and Wilson, B. (2015a). Golf and the environmental politics of modernization. *Geoforum*, 66, 37-40.

Millington, B. and Wilson, B. (2015b). Eco-friendly golf means not worrying if the grass is greener on the other course. Retrieved from http://theconversation.com/eco-friendly-golf-means-not-worrying-if-the-grass-is-greener-on-the-other-course-44688(accessed February 2016).

Millington, B. and Wilson, B. (2016). *The greening of golf: Sport, globalization and the environment*. Manchester: Manchester University Press.

Murray, E. (2015). US Open: Chambers Bay greens cause red faces but finest will prevail. *The Guardian*. Retrieved from www.theguardian.com/sport/2015/jun/20/us-open-chambers-bay-greens-red-faces(accessed February 2015).

Myers, A. (2014). Recalling that time Gary McCord was banned from the Masters (Oh, and Tiger Woods won his first of three straight US Amateurs). *Golf Digest*. Retrieved from www.golfdigest.com/story/tiger-woods-gary-mccord-cbs-masters(accessed February 2016).

Nps.gov. (undated). Fruitlands/Augusta National Golf Club. *National Park Service*. Retrieved from www.nps.gov/nr/travel/augusta/fruitlands.html(accessed February 2016).

Oosthoek, S. (2012). How golf courses are getting greener. *The Globe and Mail*. Retrieved from www.theglobeandmail.com/report-on-business/careers/top-employers/how-golf-courses-are-getting-greener/article577697(accessed October 2012).

Owen, D. (2003). *The making of the Masters: Clifford Roberts, Augusta National, and golf's most prestigious tournament.* New York: Simon & Schuster.

Pate, J. (1993). Television golf and the golf course superintendent. *USGA Green Section Record*, May/June, 19–21.

Pennington, B. (2015). "Like putting on broccoli," or cauliflower, and results are bumpy. *New York Times*, 21 June. Retrieved from www.nytimes.com/2015/06/21/sports/golf/like-putting-on-broccoli-or-cauliflower-and-results-are-bumpy.html? _r=0(accessed February 2016).

Rubenstein, L. (2009). *This round's on me: Lorne Rubenstein on golf.* Toronto: McClelland & Stewart.

Sampson, C. (1999). *The Masters: Golf, money, and power in Augusta, Georgia.* New York: Random House.

Shackelford, G. (2012). The Augusta syndrome revisited. Retrieved from www.golfdigest-canada.ca/courses-and-travel/the-augusta-syndrome-revisited(accessed October 2012).

Sharp, S. (2000). Great expectations. Battling the dreaded "Augusta National syndrome". *Golfdom*, May, 20–24.

Sterba, J.P. (2001). Augusta National's hyper green leads to copycats and critics. *Wall Street Journal.* Retrieved from www.wsj.com/articles/SB98650267594856710(accessed February 2016).

Strawn, J., Barger, J. and Rogers, J.D. (2011). Earth as medium: The art and engineering of golf course construction. In S.D. Brunn (ed.), *Engineering earth: The impacts of megaengineering projects*, Volume 1 (pp.1159–1190). London: Springer.

Valentine, J. (1947). Efficiency is keynote of better course management. *Golfdom*, Fall, 68–70.

Wheeler, K. and Nauright, J. (2006). A global perspective on the environmental impact of golf. *Sport in Society*, 9(3), 427–443.

Wilson, B. (2007). New media, social movements, and global sport studies: A revolutionary moment and the sociology of sport. *Sociology of Sport Journal*, 24(4), 457–477.

Wilson, B. and Millington, B. (2013). Sport, ecological modernization, and the environment. In D. Andrews and B. Carrington (eds), *A companion to sport* (pp.129–142). Malden, MA: Blackwell Publishing.

Wilson, B. and Millington, B. (2015). Sport and environmentalism. In R. Giulianotti (ed.), *Routledge handbook of the sociology of sport* (pp.366–376). New York: Routledge.

Wind, H.W. (1955). The Masters. *Sports Illustrated*, 4 April. Retrieved from www.si.com/ vault/1955/04/04/605310/the-masters(accessed December 2014).

Wyllie, J.A. (1982). Message from your president: The Masters, a visible standard. *Golf Course Management*, May, 5.

第十一章　环法自行车赛

——体育与空间的媒介化

科斯滕·弗兰德森①

环法自行车赛是1903年兴起于法国的一年一度的公路自行车赛。百余年来,尽管环法自行车赛的赛车手以及车队主要来自临近法国的其他欧洲国家,并且赛事长年在国际报刊上常规报道,但它仍然被视为法国的一项全国性事件(Reed,2015)。然而,特别是自20世纪80年代以来,环法自行车赛在参赛车队、赛车手、赞助商,尤其是在媒体报道方面都逐渐全球化(Reed,2003;Palmer,2010)。作为一项体育重大事件,环法自行车赛因其出色的时间、空间组织脱颖而出。本章将重点关注这种构架如何引起了一个特别的媒介化过程,即旅游以独特的方式与体育融合,并且影响到事件本身以及媒体报道。

媒介化,指媒介与其他社会文化领域的相互关系,以及它们如何从长期视角对结构变革作出贡献(Frandsen,2014)。正如我们将看到的,多年来,在环法自行车赛中,媒介、体育与旅游业之间有着密切的联系和共同利益。举办重大赛事的背后混杂着地方、区域的政治经济利益,将赛事作为促进区域品牌和经济发展的工具,以及这些努力带来的总体影响同样被广泛地记录和讨论。事实上,这些复杂的、相互关联的利益已经成为定义"重大事件"的元素(Horne & Manzenreiter,2006;Müller,2015;Roche,2000)。事实上,将主办重大事件作为"标志性"事件,并且将其作为"现代旅游的形象建构者"的优点,近年来受到学术界的广泛关注。

在环法自行车赛的案例中,体育与地理空间的关系对于定义事件的意义起

① 丹麦奥胡斯大学传播与文化学院媒介研究教授,她的研究主要集中在体育与媒介的关系方面,重点聚焦体育新闻、电视、数字媒体和受众的发展历程。

到了至关重要的作用。与许多其他主要事件相比，当比赛开始时，东道主的知名度和身份往往趋于消失，或者在报道中处于更加边缘的位置（Evans，2014）。在许多层面，“地理”概念是理解环法自行车赛的基础。自电视问世以来，环法自行车赛已发展为一个具有启发意义的视听奇观，并以一种非常独特的方式将产生和表达的地点意义与体育运动的意义结合起来。近年来，这种共生关系使得环法自行车赛成了一种特殊的宣传工具，不仅吸引了众多自行车企业赞助商，还吸引了日益寻求全球曝光的旅游业。

然而，作为一个全球性的事件，环法自行车赛却不是一个“集体”，它既有“核心”，也有“外围”（Evans，2014；Puijk，2000）。拥有法语背景的组织者阿莫里体育组织〔Amaury Sport Organisation，简称 ASO，其前身是环法自行车赛公司（La Société de Tour de France）〕以比赛的形式提供核心产品，法国的电视台为拥有赛事转播权的广播电视公司制作视听信号。然而，该产品却被各个广播电视公司广泛地个性订制，以推动实现与当地背景相关的战略目标，更好地满足当地受众的需求。因此，这项重大事件的制作是一个复杂而多层次的过程，涉及来自媒体、体育、合作企业以及政府的许多部门。我们在本章的最后会通过一个丹麦的案例对此进行简单的概述，表明在体育重大事件的外围，媒介是如何成为文化与社会变革的推动者的。

特色鲜明的体育重大事件

目前，环法自行车赛是世界上最大的免费年度体育赛事，每年累计大约有1000 万到 1500 万沿途观众（Andreff，2016）。3 周赛期内总赛程大约为 3664 千米，其中有一些冲刺赛段。2015 年的比赛共有 22 支参赛车队，每支车队有 9 名车手，每天大约有 4500 人（组织者、车队、媒体、合作伙伴、广告大篷车和后勤保障人员）在这条路线上跟随比赛。大约有 2000 名经过认证的专业媒体人士参与当代环法赛的媒体报道，赛事在 190 个国家和地区播出。法国电视台（France Télévisions）是官方的直播平台，负责制作国际信号，在 2015 年全程转播了 21 个赛段中的 8 个，并且为有转播权的国际广播电视商提供了 80 小时的直播信号。组织机构 ASO 预计会有 2400 多小时的电视报道。在过去几十年，该赛事的全球收视率一直在上升，但因为它由不同国家和地区的收视率组成，其增长的确切规模很难确定。多年来，ASO 给出的官方受众规模为 35 亿人次。然而，官方赞助商斯柯达（Skoda）在 2014 年估计，2013 年的全球收视规模为 14 亿人次

(Skoda,2014;Tour de France,2015;VeloNews,2015a)。

环法自行车赛有三个特点,这使其成为了解媒体如何与商业化和全球化等宏观社会文化进程一道推动变革的重要案例。首先,环法自行车赛与同时代的其他自行车赛事一样,是由新闻界发起的(Reed,2005;Thompson,2008),当时法国的体育报纸《汽车报》(*L'Auto*)想要增加夏季发行量,以击败其他竞争对手。因此,从一开始,这一事件是受法国媒体在国有化背景下的现实和商业需求驱动的。环法自行车赛最初主要是作为媒体报道的对象,但在整个 20 世纪,它的普及给了它的法国组织者"正式的和非正式的力量,来塑造这项全球体育运动"(Reed,2015,p.4)。报纸的商业化与日益兴盛的自行车制造业的商业利益交织在一起,这一产业支持了赛事,因为它可以利用赛事、媒体报道以及广告作为宣传工具(ibid.;Thompson,2008;Wille,2003)。因此,环法自行车赛越来越多地被看作一个突出的"媒介化"事件(而非"媒介事件")的早期案例,人们认识到媒体的作用远比调节日常生活要深远得多(Evans,2014;Livingstone,2009)。环法自行车赛很好地说明了媒体在历史上如何参与了对当代体育的改造。环法自行车赛是第一波自行车赛媒介化浪潮的基础,它促成了职业自行车赛的形成,成为最悠久的职业运动之一(Desbordes,2006)。在市场经济蓬勃发展的时代,这项赛事以盈利为目的,在最初的 20 年是围绕自行车行业赞助的车队展开的。

其次,环法自行车赛是一项流动的赛事,它在运动项目和地理空间之间建立起了一种独特的关系。赛事的发起者深受民族认同的影响:"因此,赛事与民族认同的关系不仅是一个当代事实,还是其创始人的历史意图。"(Campos,2003,p.153)环法自行车赛的设计也具有教育意义和意识形态的意图,它旨在促进法兰西民族身份同一性的构建。19 世纪 70 年代在普法战争中被耻辱地击败后,一直到 20 世纪初期,法国的政治家都在寻求强化民族认同感的方法。他们试图把法国建设成为"一片有着厚重文化传统的国土"(ibid.p.151)。与此同时,随着工业化和城市化的扩大,这个国家面临着社会动荡和文化紧张局势。环法自行车赛依然流行起来,并在商业上获得成功,因为它通过访问不同的城镇和地区,展示了法国的多样性,并在工业化的现代法国(自行车和城市工人)与乡村之间建立了联系(Thompson,2008)。

作为一项流动的赛事,环法自行车赛从未局限于或依赖于限制公众进入的大型体育场馆。因为它是在法国和周边国家的乡村、城镇以及开放景观的公路上进行的,为公众提供了独一无二的、亲密却短暂的体育活动体验。观众和车手之间没有物理障碍,这就使赛事不仅成为"世界上最盛大的免费体育盛会"

(Wille,2003,p.128),同时催生出一种紧张的、亲密的且多样化的奇观——尽管观众对体育活动的体验仅限于车手骑过时的匆匆一瞥。

因为对于身在比赛现场的观众来说,要想“了解比赛的‘大局’”太难,因此媒体对于比赛的重要性凸显在以下两个方面。第一,路边的现场观众不能以一种连贯的方式去感受比赛。他们的体验与那些在每个赛段、每条路都跟随车手的有限的组织者、VIP 观众,参赛车队教练员、训练师和理疗师的体验截然不同。包括持证记者和评论员在内的其他人都依赖广播电视报道使用的视听设备和用于内部交流的专用无线电频道来获得赛道上的实况消息。第二,因为无须售卖门票,媒体具有促进和组织公众关注和曝光赛事的能力,因此在财务结构和赛事的成功方面扮演了非常重要的角色。

最后,作为一项年度赛事,环法赛不可避免地被夏天的假日气氛所笼罩。从一开始,它就吸引了沿途成群的观众,因此,它与旅游活动密切相关。《汽车报》的报道最初以导游的叙述风格为特点,早期的报道甚至描述了一些与游客的体验相似的参赛者经历。在赛事的头 20 年,报纸与旅行社、铁路公司合作,向车迷提供旅游套餐(Thompson,2008)。20 世纪 20 年代,赛事的商业价值促使主办城市主动向赛事组织方提供补贴以吸引比赛在当地举办。随着同时期自行车产业增长的放缓,这项收入对于组织者而言变得越来越重要。1930 年,一种全新的赛事商业模式开始兴起。比赛由来自法国、比利时、意大利、西班牙和德国的国家队组成(由《汽车报》选拔和组织)。由于自行车企业、轮胎制造商和自行车配件生产商暂停了团队赞助,所以《汽车报》需要承担所有的花销,包括住宿、自行车等,这导致对新收入渠道的需求急剧增加。于是,宣传大篷车应运而生。“任何人只要支付入场费都可以参加”(Reed,2015,p.39),付费者可以在这个交通工具上宣传它们的产品。20 世纪 30 年代,这一模式为广泛的企业赞助打开了大门,超过 13 个不同类别的产品和企业,特别是酒精饮料、食品、自行车/汽车相关设备,还有家具/家居用品、服装和娱乐业纷纷参与进来。这些企业中的许多从一开始就试图使用装饰和音乐,以富有创意和喜庆的方式传达企业信息,因此,宣传大篷车为路边观众带来了一种“狂欢节般的感受”(ibid.,p.40)。

这种新的赛事模式同样引发了对组织者补贴的激增。1938 年,承办赛事的城镇提供的补贴占到了预算的 21%(ibid.,p.42)。因此,一项媒介化的自行车赛事——环法自行车赛业已成为法国外省旅游业媒介化的重要引擎,这一点可以得到很好的证明。

戏剧与“凝视”的杂糅品

旅游是“一种从劳动实践和日常生活的时空特征中有条不紊地撤退”(Jansson,2002,p.431)。根据詹森的观点,媒介化必须被理解为这样一个过程:人们的文化框架越来越基于媒体消费而建立。做一名游客,需要一种特殊的“凝视”,“通过这种凝视,游客可以客观地解读他游览过的地方”(ibid.,p.431),这种“凝视”与媒体图像的消费越来越紧密地交织在一起。

环法自行车赛产生了一种“媒介化的凝视”(Lamont & McKay,2012),它是一种特殊的凝视,因为它将地理和地方体验与长期的、戏剧性的运动体验联系在一起。因此,它是一个杂糅品,服务于自行车运动之外的其他利益:“基本上,我们成了自己国家某些方面的非自愿的和间接的伟大大使,特别是在旅游方面。”(Marchetti,2003,p.46)因为赛事是流动的,它进一步产生了一种永远在路上的体验。根据拉蒙特和马凯(Lamont & McKay,2012)的研究,这是当今旅游业的重要组成部分。因为环法自行车赛总是在每年的同一时间举行,组织者非常小心,不会对比赛线路的基本设计做出重大改变,它因而成为一种强大的注意力传播结构,逐渐塑造了受众对于法国和自行车运动的文化构架。对于很多人来说,这种想象的杂糅品成为在为期 3 周的欧洲黄金假期期间从日常生活中解脱出来的不可或缺的一部分。

这种体验的产生既与空间规划有关,也与中介化有关。普拉默(Plamer,2010)曾经描述过当前环法自行车赛的组织者 ASO 是如何从空间维度来运营赛事的。赛事制作的一个重要组成部分就是比赛开始前的线路设计以及东道主城镇、乡村的空间改造。前期规划始于正式比赛的两年前,由希望承办赛段起点或终点的城镇竞标。在这里,当地对吸引游客和获得曝光的兴趣、“法国性”(Frenchness)的关键叙事和形象的突出、环法自行车赛的历史、经济激励以及组织的实用主义联系在一起,共同塑造了赛事的后勤和文化框架。基于收到的投标(一般会超过 200 份)(Andreff,2016),组织者会起草一条路线,选择举办城镇(这些城镇为该权利支付 5 万至 10 万欧元的费用,提前 12 个月得到通知以着手赛事筹备工作)。对于相关城镇而言,除了做好从电信到花卉等一切实际安排,准备工作还可能包括改造环形路、鹅卵石路等空间基础设施,将公共花园改造为起点区,将建筑改造为媒体中心,并设置临时食品、饮料和商品摊位。一方面,这些城镇的改造是一个“举办地乡村的公共空间被改造和重塑为环法赛空间”的过程(Palmer,2010,p.875)。另一方面,人们和组织机构在沿线以多种方式表达地方和地区身份。

环法自行车赛是通过相互关联的参与者、代理人和协会来制作的。ASO 的组织者是关键的代理人,他们不仅决定比赛线路和空间安排,还决定哪些车队可以参赛,哪些媒体可以采访。帕尔默(Palmer,2000)强调,ASO 团队是由具有媒体专业背景的人主导的,因此,赛事的逻辑是由高度媒介化的体育组织驱动的(Frandsen,2016)。其他的媒体组织、当地官员、企业推广人员以及车队教练同样对核心赛事的制作作出了重要贡献。

本章的剩余部分主要聚焦电视作为一种特别有影响力的、特别复杂的媒介,在打造环法赛这一赛事中的作用。电视的变革性力量多体现在它确定了环法赛及其举办地与观众接触的方式,以及它与其他宏观结构力量(尤其是商业化和全球化)相互作用的性质上。

图像被可视化为实时的和流动的

电视和环法自行车赛之间的关系是在第二次世界大战之后建立起来的。环法自行车赛的普及流行使其成为法国国家电视台吸引观众、促进电视销售以及鼓励体验新技术的战略工具(Dunne,2002)。1948 年在巴黎举行的最后一站比赛是法国电视台首批现场直播的对象之一,同时,对赛事的报道又成为 1949 年夏季新闻节目的重要内容(ibid.)。从一开始,法国制片人就热衷于电视技术试验——从摩托车后方拍摄,优化镜头的传输和剪辑过程,以便及时将影像提供给观众。环法自行车赛的制作是“名副其实的拍摄实验室和新的电视技术、拍摄技术的试验场”(ibid.,p.31)。尽管山地赛段为传播技术提供了一个重要的试验场所,但制作的重点始终是通过对比赛和车手的移动拍摄,为法国观众制造亲密感。这就促成了观看环法大赛的内部视角,在很多方面比路边观众收获的短暂一瞥要好。与此同时,地理上的多样性为观看赛事报道的人群提供了更大背景的“附加价值”(Wille,2003)。

公司利益的暴露

在 20 世纪 60 年代初期,电视成为一个强大的因素,它间接推动了比赛的组织机构和商业模式的深刻变化。二战后,环法自行车赛面临越来越大的财政困难,因为报业和自行车产业都在遭受销售额下降的影响。但与此同时,法国经济开始转暖,广告商开始寻求新的营销渠道。为了解决职业自行车运动的财务困难,法国自行车运动管理机构通过准许车手的运动衫和短裤上出现广告的方式来满足增加赞助的需求。营销人员将环法自行车赛及其车队视作获得曝光率的最佳工具,因为电视将这个项目直接带进了法国人的客厅,并且随着1954年欧洲电视网的出现跨越了国界。这时,环法赛的制片人越来越趋于将该赛事视作“法国遗产的有力象征”(Reed,2003,p.111)。在促进国家队之间的竞争方面,它应当被视为与奥林匹克运动有着共同的特征。在这一点上,他看到了保护法国文化和法国自行车运动免于进一步商品化这份特殊的责任。

然而,在整个20世纪50年代,财政困难、电视的日益普及以及赛事报道越来越受欢迎,加剧了商业压力,要求恢复企业车队。一些来自自行车传统商业伙伴之外的新赞助商(常常被称作“非体育赞助商”)认为,由于国家队的模式,这项赛事缺乏商业价值。因此,在20世纪50年代末60年代初,由这些赞助商赞助的部分顶尖车手没有参加比赛。

最后,在20世纪60年代初,赛事组织方在这个问题上做出妥协。企业车队自1962年起被重新引入,现在包括自行车产业以及新的商业伙伴在内都成为车队的赞助商。一般而言,在这种模式下,电视在未来的赛事以及自行车运动中赢得了重要的地位。体育赛事最初被组织该赛事的报纸用来增加发行量和广告收入,但这种结构逐渐被抛弃,取而代之的是一种基于电视的独特模式,它可以在全国(最终是国际)传播企业赞助商的信息、自行车运动和环法赛沿线特色景点。1968年以前,法国电视节目中禁止出现广告,这为赛事构建了一个“有吸引力的广告漏洞”(Dunne,2002,p.316)。通过这种方式,环法自行车赛不仅成为法国电视技术创新与发展的驱动者,同时还成为法国电视商业化的推动者(Reed,2003;Wille,2003)。

1962年,在日益商业化和重新引入企业车队的背景下,法国电视台计划推出现场直播。法国电视台不顾地方报纸媒体的反对,从1963年起开始提供每个赛段冲刺部分的现场直播(Wille,2003),这开启了一个新时代。为了适应企业的电视曝光需求,组织者将参赛车队数量从11支增加到13支,引入了新的官方赞助类别,并且增加了一些新的赞助商资助的奖项和奖品(Reed,2003)。所有这一切都增加了比赛的竞争压力。各支车队完全由企业赞助。电视转播以及越来越多的车队为了赢得比赛,在镜头前露面,获得曝光率而竞争,使得比赛的速度越来越快。因此,电视也被视作兴奋剂背后的一个因素(Mignon,2003)。

作为经济增长点的转播权费用

环法自行车赛与电视的关系的下一个转折点开始于 20 世纪 80 年代初期，卫星和自由市场导向促进了全球化开启新进程，欧洲的电视管制放松了。虽然法国电视台一直都为转播权支付少量费用，但直到 20 世纪 80 年代末期，当竞争激烈的电视系统被引入西欧时，电视转播权费用才开始成为赛事的一项重要收入。越来越多的欧洲本地和国际电视频道对热门内容的需求呈增长趋势，使转播费成为一项新的、至关重要的收入来源。正如赛事前活动总监让-玛利·勒布朗克(Jean-Marie Leblanc)提到电视的优先性时所指出的那样："今天，我们仍然关心报纸，为此我不会少说，但与电视的比例相比它确实不那么重要。"(Marchetti，2003，p.37) 1960 年，电视转播费占赛事总收入的 1.5%。1992 年，这个费用已经增加到了占总收入的 26%，到 2010 年，转播费已经增长到占赛事总收入的 44%(Andreff，2016；Reed，2003)。

因此，以市场为驱动力的电视持续改变着环法自行车赛的财务结构，使得转播费成为与企业赞助同等重要的收入来源(Marchetti，2003)。电视转播权的收入从 20 世纪 80 年代到 90 年代末期增长了 65 倍(从 25 万欧元到 1600 万欧元)(Andreff，2016)。自 21 世纪初开始，转播费占到总收入的 45%~50%，从 1980 年的 500 万欧元增加到 2013 年的 1.3 亿欧元(Andreff，2016；Marchetti，2003；Reed，2015)。

赛事举办城镇补贴的占比从 1952 年的 40%下降到 2010 年的 5%(Andreff，2016)。然而，举办地依然很重要，因为它们是制造电视奇观的重要组成部分。

与欧洲电视市场内部的竞争同时发生的是，组织者越来越关注环法自行车赛在全球传播的前景。基于此，赛事在诸多层面都发生了改变。自 20 世纪 80 年代初以来，管理层采取了几项举措来支持欧洲以外丰富的媒体市场对公路自行车赛的兴趣，寻求战略性地拓展转播权市场并吸引更多的受众(Reed，2003)。与此同时，大批的车队、车手和注册媒体加入，并且在规划赛事路线时，基础设施、后勤问题也得到了优先考虑。根据帕尔默(Palmer，2010)的研究，从 20 世纪 90 年代末期开始，这种向更加全球化的赛事的转变获得了动力。越来越多的外国车手和国际车队加盟赛事，2015 年的 22 支车队中仅有 4 支由法国公司赞助。越来越多的车队希望能加入其中，越来越多的车队老板和赞助商围绕环法自行车赛的表现来建设车队(Marchetti，2003)。赛事现在的特点是，竞争越来越激烈，注册并进行报道的媒体日益国际化。2002 年，只有 40%的注册记者是法国人(ibid.)。到 2015 年,有数据表明,全球范围内对于这一赛事的兴趣在增长,但法国本土对赛事的兴趣却有所下降(VeloNews,2015b)。

将体育观众变为“扶手椅游客”

自 1954 年起,环法自行车赛的起点通常安排在某个邻国,特别是从 20 世纪 90 年代末以来,这种现象发生得愈来愈频繁。2007 年,环法自行车赛的总经理克里斯蒂安·普吕多姆(Christian Prudhomme)表示,他预计法国境外的“盛大起点”(grand départs)将变得更加重要,未来 5 年中的 3 次赛事揭幕战会在国外举行。这种转变得益于人们对通过举办体育重大事件来促进旅游业的普遍兴趣。就环法自行车赛而言,这是一个既定的战略问题,但由于电视居于主导地位,它在两个方面得到了加强。首先,从 1992 年开始,技术已经允许法国电视台通过使用航拍机展示比赛的高清图像和比赛场地的吸引力(Wille,2003)。其次,在企业曝光率和转播权相结合的基础上,赛事经济日益繁荣,促使电视直播时长持续增加,地方形象成了一个重要资产。随着对尽可能多的高清赛事转播需求的增加,赛事转播权的价格也在提高(John Jäger,个人交流,June 12,2015;Marchetti,2003)。境外“盛大起点”主办方的费用日益提高,车队赞助商也希望获得更高的曝光率。作为回应,也出于这些原因,法国电视台不断提升和改善赛事直播的质量。更多的赛段开始全程转播,包括平地赛段,也包括那些传统上没有激烈竞争的赛段。

随着赛事转播范围的扩大,比赛地的地理和文化历史背景变得愈发重要。连贯运动动作的缺席被越来越多的壮观的景观、城堡、桥梁以及遗迹画面所弥补,通常还有路边的壮观观众画面作为补充。我们对 1995 年和 2015 年法国北部平地赛段美学传播进行的研究就证明了这一点。在这段时间里,图像焦点从比赛转移到景观、建筑或遗迹上的时间比例从 6%增加到 13%。到 2015 年,地理和地点不再仅仅被视作体育运动的风景背景。提供背景已经成为塑造更复杂的视听奇观的一个不可或缺的元素。因此,环法自行车赛的报道带有一些旅游和景观节目的特征,被描述为“缓慢”和“壮观”的结合(Wheatley,2011)。然而,在报道环法赛时,“旅行”(travelogue)画面与比赛和观众的报道穿插在一起。沿途的观众得到了突出的视觉呈现,针对观众的各种表演、赛车从他们身边经过,以及他们对电视观众的认可,凡此种种,都成为赛事媒介化的一部分。从某种程度上说,这一奇观是由沿途观众和地点共同创造的。

通过向广播公司那些讲述“故事”的人提供其他类型的信息资料,环法自行车赛增强了景观、地标、建筑和人的美学整合。如今,一份环法自行车赛历史指南、一份赛区旅游指南、一份评论员手册以及一份路书都会在赛事开始前分发给国际广播公司。后两种材料不仅有关于安全驾驶、汽油站位置、车队酒店停车场、各赛段路线,以及处理垃圾的实用小贴士,还有关于各个赛段的站点、地点、地区的全面而详细的人口、历史和文化信息。这些信息部分由承办赛事的城市提供,部分由法国电视台和 ASO 提供。从 20 世纪 90 年代开始,路书只提供法语版;但是从 21 世纪第一个十年的中期开始,ASO 开始制作英文版路书,以适应国际媒体。对于每个赛段,路书都会指出一些具有文化和历史意义的建筑、遗迹和风景,法国电视台也计划在直升机拍摄时重点强调这些地点。这些镜头"客观化并阐释了地点"(Jansson,2002,p.431),为体育观众提供了成为"扶手椅游客"的独一无二的机会(Waade,2008)。根据惠特利(Wheatley,2011)对"景观"节目的研究,这些影像的焦点有可能解释了为什么相较其他体育赛事,环法自行车赛吸引了"较少的工人阶级"和"更少的年轻"的媒体受众。

外围的夏日之声

就如导言里简要提到的,环法自行车赛并非仅由 ASO 和法国电视台制作。电视观众的感受也受到各广播公司及其国家或地方战略利益的影响。国家广播公司是该活动的联合制作者,提供各种形式的节目前和节目后的评论、采访和专题报道。它们将赛事重新语境化,甚至可能会增加新的意义层面。因此,普伊克(Puijk,2000)和埃文斯(Evans,2014)强调,从受众和制作的角度来考虑有助于分析赛事的"核心"和"外围"的区别。从丹麦的案例不难看出,人们的注意力集中在环法自行车赛制作的"本土化"方面。这个特别的案例提供了一个例证,即媒介化是一个多层次的变化过程。媒介化既是媒体积极地塑造人们有关自行车和法国的文化框架的过程,同时也是体育、媒体和旅游机构相互影响的变革过程,甚至在地方生产层面也是如此。

从 1990 年开始,丹麦国家电视台一直对环法自行车赛进行现场直播。这一报道为新成立的国家公共电视频道 TV2 带来了首批成功案例。从那时起,TV2 每年都会对环法赛进行全方位的报道,TV2 的体育总编辑认为环法自行车赛是该频道战略品牌的重要组成部分。

环法自行车赛是人们将其与特定电视台联系在一起的少数体育

> 赛事之一。它是TV2频道的特色之一。它发生在夏季,这是个很难让人们看电视的时节。这就是为什么环法赛对我们来说很重要……因为环法自行车赛,我们拥有了夏天……我们与环法赛合奏的乐章,是夏日之声。
>
> (John Jäger,个人交流,2015年6月12日)

取得这一成功的一个主要原因是TV2特意更多地关注赛事背景。他们聘请了一位丹麦艺术家担任专家解说员,这位艺术家长期以来以对体育充满热情而家喻户晓,并以新闻报道和创意作品著称。他为观众提供了富有表现力和戏剧性的比赛解读,把车手及其策略与当地的地理、文化和历史联系起来。对于TV2而言,环法自行车赛成为展示自己的一种手段,它是一个在体育报道方面具有创新精神的优质频道,吸引了更多的观众收看国际性自行车赛的报道(丹麦电视界的第一次)。从1993年起,以文化为导向的黄金时段节目强化了这一报道方式,这些节目融合了对法国充满热情的丹麦人或生活在法国的丹麦人的专题报道和访谈,重点介绍比赛赛段相关地区的法国生活方式、美食和艺术。

从2000年开始,TV2与另一家丹麦广播公司共享转播权,并仅限于通过现场直播的方式报道环法自行车赛。然而,2014年,他们推出了一档新节目《环法大赛在TV2》(*TV 2 on Tour*),安排在每天现场直播前播出。但《环法大赛在TV2》不仅仅是一个电视节目,它还包括了由TV2联合地方政府、旅游机构和自行车组织举办的少儿和成人自行车赛,比赛在丹麦10个不同城镇举办。因此,这是一个社会文化事件,它试图利用环法自行车赛的优势,是各种形式的利益融合。与此同时,它提供了关于自行车运动的另一个故事——一个关于自行车作为一种本土化的、娱乐性的、与家庭和休闲相关的活动的故事。《环法大赛在TV2》报道了少年组和青年组的比赛,以及当地市长用自行车模拟器在传奇的阿尔卑斯山赛段进行的比赛。所有这一切都发生在一个重新建构的环法赛空间内,因环法自行车赛报道而广为人知的符号和标志(从主持人和记者到图形和布景设计,以及重点使用的黄色)都被用来构建这个当地另类的自行车赛事、其电视报道和体育重大事件之间的关系。

节目结束后,观众可以在当地电视台的大屏幕上观看环法自行车赛的报道。通过这种方式,丹麦电视台将自己定位为赛事协办方,旨在"将阿尔卑斯山带到丹麦的夏日小镇"(www.tv2.dk)。除了激发游客对主办城镇和地区的兴趣,该项目还促进了自20世纪90年代起在丹麦兴起的自发的休闲自行车运动的蓬勃发展。然而,最重要的是,这一举措为该频道树立了形象品牌,通过展示对自行车运动的兴趣,与丹麦各地的普通丹麦人建立了良好的关系,这既有创新价值,又与重大事件有关。因此,媒体对环法自行车赛的重视为其他媒介提供了一个“注意力的媒介化结构”,从而在地方层面再现了体育与旅游业的媒介化进程。

结　语

本章重点探讨了媒体,特别是电视媒体是如何积极地塑造和改变环法自行车赛的形成与举办的。在很多方面,环法自行车赛提供了一个早期案例,说明“一切”是如何日益媒介化的。在这一点上,如果研究此类事件只考虑其与媒体机构和进程的关系,已经远远不够。

由一家报纸创办的环法自行车赛是一个经典案例,说明体育领域是如何受到更大的媒介化进程挑战和丰富的,媒介化是一个持续的进程,媒体渗透并影响着各种社会和文化领域。创始者《汽车报》是一家体育报纸,人们因此可以认为,在环法自行车赛中,媒体与赛事的关系首先表现为自行车运动的媒介化与媒体的商业化和差异化之间相互关联的复杂过程。

此外,环法自行车赛在时间和空间的安排上也与众不同。媒体不仅改变了观众对这一赛事的体验,事实上对于观众来说,媒体已经成为充分体验比赛的先决条件。随着时间的推移,观众与赛事及其车手的社会关系越来越多地被媒体组织、策略和科学技术所塑造。

通过其传播特性,电视在改变我们对这项曾经较为温和的全国自行车赛事的理解方面发挥了非凡的推动作用。这种影响在很大程度上源于商业化和全球化的强大的宏观社会力量。从长远来看,电视不仅在改变环法自行车赛的财务和组织结构方面起到了重要作用,还通过环法自行车赛独有的混合传播方式,改变了我们对体育和地点相互联系的文化想象,其“媒介逻辑”的影响力随着国际观众的增多而不断扩大。

参考文献

Andreff, W. (2016). The Tour de France: A success story in spite of competitive imbalance and doping. In D. Van Reeth and D. J. Larson (eds), *The economics of professional road cycling* (pp.233–

255).Heidelberg:Springer.

Bull,C.and Lovell,J.(2010).The impact of hosting major sporting events on local residents: An analysis of the views and perceptions of Canterbury residents in relation to the Tour de France 2007.*Journal of Sport and Tourism*,12,229–248.

Campos,C.(2003).Beating the bounds:The Tour de France and national identity.In H.Dauncy and G.Hare(eds),*The Tour de France 1903–2003*(pp.149–174).London:Routledge.

Desbordes,M.(2006).The economics of cycling.In W.A.and S.Szymanski(eds),*Handbook on the economics of sport*(pp.398–410).Cheltenham:Edward Elgar Publishing.

Dunne.K.(2002).Sport as media propaganda vehicle:The Tour de France and French tele-vision,1948–62.*French Cultural Studies*,13,309–317.

Evans,C.(2014).The discursive representation of host locations in a sports media event:Locating the"real site"of Formula One.*Interactions:Studies in Communication and Culture*,5,231–245.

Frandsen,K.(2014).Mediatization of sports.In K.Lundby(ed.),*Handbook of communications sciences,vol. 21:Mediatization of communication*(pp.525–543).Berlin:Mouton de Gruyter.

Frandsen,K.(2016).Sports organizations in a new wave of mediatization.*Communication and Sport*,4(4),385–400.

Horne,J.and Manzenreiter,W.(2006).An introduction to the sociology of sports megaevents. *The Sociological Review*,54(s2),1–24.

Jansson,A.(2002).Spatial phantasmagoria.The mediatization of tourism experience.*Euro-pean Journal of Communication*,17,429–443.

Lamont,M.and McKay,J.(2012).Intimations of postmodernity in sports tourism at the Tour de France.*Journal of Sport and Tourism*,17,313–331.

Livingstone,S.(2009).Foreword:Coming to terms with"mediatization."In K.T.Lundby(ed.), *Mediatization. Concept,changes,consequences*(pp.ix–xi).Bonn:Peter Lang.

Marchetti,D.(2003).The changing organization of the Tour de France and its media coverage–an interview with Jean–Marie Leblanc.In H.Dauncy and G.Hare(eds),*The Tour de France 1903–2003*(pp.33–56).London:Routledge.

Mignon,P.(2003).The Tour de France and the doping issue.In H.Dauncy and G.Hare(eds), *The Tour de France 1903–2003*(pp.227–245).London:Routledge.

Müller,M.(2015).What makes an event a mega–event? Definitions and sizes.*Leisure Studies*, 34(6),627–642.

Palmer,C.(2000).Spin doctors and sportsbrokers:Researching elites in contemporary sport–a research note on the Tour de France.*International Review for the Sociology of Sport*,35,364–377.

Palmer,C.(2010)."We close towns down for a living":Spatial transformation and the Tour de France.*Social and Cultural Geography*,11,865–881.

Puijk, R. (2000). A global media event? Coverage of the 1994 Lillehammer Olympic Games. *International Reviews for the Sociology of Sport*, 35, 309–330.

Reed, E. (2003). The economics of the Tour, 1930–2003. In H. Dauncy and G. Hare (eds), *The Tour de France 1903–2003* (pp. 103–127). London: Routledge.

Reed, E. (2015). *Selling the yellow jersey. Chicago*, IL: University of Chicago Press.

Roche, M. (2000). *Mega-events and modernity*. London: Routledge.

Skoda (2014) Skoda-official Tour de France partner until 2018. March 4. Retrieved from www.skoda-auto.com/en/mobile/newsdetail? newsid = 369&nids = 373, 372, 371, 370, 369, 368, 367, 366, 365, 364&lurl = www.skoda-auto.com/en/mobile/Pages/news.aspx? pageindex = 5 (accessed 24 November 2016).

Thompson, C.S. (2008). *The Tour de France*. Berkeley, CA: University of California Press.

Tour de France (2015). Infographic: Tour de France 2015 interesting facts and stats. Retrieved from www.tourdefrance2015live.com/2015/06/infographic-tour-de-france-2015-facts-stats.html (accessed 24 November 2016).

VeloNews (2015a). The 2015 Tour de France by the numbers. *VeloNews*, June 24. Retrieved from www.velonews.competitor.com/2015/06/tour-de-france/the-2015-tour-de-france-by-the-numbers_375008 (accessed 24 November 2016).

VeloNews (2015b). Tour de France fan numbers grow...but not in France. *VeloNews*, July 22. Retrieved from www.velonews.competitor.com/2015/07/news/tour-de-france-fan-numbers-grow-but-not-in-france_379225 (accessed 24 November 2016).

Waade, A.M. (2008). Travel as TV entertainment. Paper presented to the annual meeting of European Communication Research and Education, Barcelona 2008.

Wheatley, H. (2011). Beautiful images in spectacular clarity: Spectacular television, landscape programming and the question of (tele) visual pleasure. *Screen*, 52, 233–248.

Wille, F. (2003). The Tour de France as an agent of change in media production. In H. Dauncy and G. Hare (eds), *The Tour de France 1903–2003* (pp. 128–146). London: Routledge.

第十二章　摩纳哥大奖赛和印地 500 车赛

——彰显欧洲魅力与全球美国特色

达米恩·斯图姆[①]

摩纳哥大奖赛和印第安纳波利斯 500 车赛(印地 500 车赛)是国际赛车日历上享誉全球的年度顶级赛事。虽然它们在各自大型系列赛〔分别为一级方程式车赛(F1)和印地方程式赛〕中是一次性的比赛,但它们被尊为各自特定赛车日历上最杰出的赛事。事实上,在某种程度上,鉴于它们的重要性、优越性和全球关注度,它们似乎是作为独立的赛事(尤其是印地 500 车赛)运作的。例如,奥凯恩断言:

> 在开轮式车赛中,摩纳哥大奖赛是一级方程式世界锦标赛“王冠上的宝石”,与每年在美国印第安纳波利斯赛道举行的著名的印第安纳波利斯 500 英里大赛一起,代表着世界上最令人向往的开轮式车赛的胜利。
>
> (O'Kane,2011,p.282)

奥凯恩还指出,“可以说,这两场赛事被认为比……它们被包含其中的赛事系列更重要,更有声望”,赢得任何一场比赛都“会获得名誉、声望、财富,以及车手和赛车爱好者的尊重”。当然,这也很容易夸大这两个赛事的关联性和重要性。揭开它们的神秘面纱,可以让我们对这些赛车活动有深入的了解。

从文字意义和象征意义上讲,这两个比赛都呈现、再现和具象化了围绕传统、魅力、声望、历史和宏伟等概念的神话投射。两个比赛的时代感都很突出,

① 新西兰梅西大学体育管理学高级讲师。他的研究兴趣是全球媒介文化(体育、名流、粉丝和物质文化),包括对作为媒介化体育的一级方程式赛车、板球和英式橄榄球等项目的研究。

唤起了跨越100年的印地500车赛和超过85年(一级方程式车赛长达65年)的摩纳哥大奖赛的辉煌历史。因此,这些历史形成并巩固了经久不衰的传统,比如在印第安纳波利斯,获胜车手要喝牛奶。

摩纳哥大奖赛和印地500车赛作为体育主要事件的声望主要源自其独特的场地环境,这吸引了人们去关注它们的历史,这些环境以截然不同的方式传递着速度、风险和危险。对于摩纳哥大奖赛来说,这条狭窄、紧凑、弯曲的街道赛道在一级方程式车赛全球电视转播中能被大家一眼认出,每年有5亿电视观众收看(Sturm,2014)。据报道,自2013年以来,摩纳哥大奖赛仅在英国就有超过400万观众(F1 Broad-casting,2015)。对车手来说,他们在距离金属栅栏和墙壁仅有几英寸的小公国赛道上疾驰,穿过昏暗的隧道来到明亮的灯光下,他们没有任何喘息或出错的余地。尽管赛车的速度相对较慢,但由于其复杂性,摩纳哥赛道通常被认为是一级方程式车赛日历中最危险的赛道。三届世界冠军尼尔森·皮盖特(Nelson Piquet)形容摩纳哥赛道的比赛感受为“就像在客厅骑自行车”(Widdows,2011)。

相比之下,印地500车赛的33辆赛车在比赛的大部分时间里全速前进。在印第安纳波利斯车场,赛车在4千米长的椭圆形赛道上持续以每小时225英里(360千米)以上的速度飞驰。但它“体育重大事件”的地位不那么令人放心。自2013年以来,美国电视观众人数一直徘徊在400万到600万之间,几乎是20世纪90年代和21世纪前十年报道的700万至1000万观众人数的一半(Sports Media Watch,2014)。尽管众所周知全球数据难以获取,但2015年的英国电视观众不足5万,这表明印地500车赛全球受欢迎程度有限(F1 Broadcasting,2015)。然而,其场馆的容量和规模、每年25万到40万的现场观众(O'kane,2011),以及它身为历史最悠久、规模最大的赛事之一,都再次证明了它在美国乃至全球体育界的地位。具体来说,与在法国勒芒举办的勒芒24小时耐力赛一起,这三项比赛(印地500车赛、摩纳哥大奖赛和勒芒24小时耐力赛)共同组成了非官方的“三冠王”,被认为是全球顶级赛车比赛的终极成就(O'Kane,2011)。历史上,只有一名赛车手——英国人格拉汉姆·希尔(Graham Hill),完成了赢得印地500车赛、摩纳哥大奖赛和勒芒24小时耐力赛的壮举。

一级方程式车赛与印地车赛的起源

现代赛车运动稍早于印地500车赛,始于19世纪90年代的法国。历史学家们对 1894 年巴黎至鲁昂的比赛到底是一场比赛又或者只是 1895 年巴黎至波尔多比赛的可靠性试验存在争议(Hughes,2004;Rendall,2000)。然而,这些赛事产生了两个关键方面。首先,正如弗兰德森(Frandsen,2014,p.531)提醒我们的,许多体育项目都是与现代大众传媒同步发展的,尤其是“报纸会组织体育赛事,以增加人们对体育的兴趣和报纸的销量”。《纽约先驱报》的老板,美国人詹姆斯·戈登·本内特(James Gordon Bennett)赞助了 1900 年至 1905 年在欧洲举办的年度戈登·本内特杯车赛,这是 1906 年首届“摩纳哥大奖赛”的前身(Rendall,2000)。赛车运动的历史受到媒体和商业因素的影响,这种影响在后来的一级方程式车赛和印地 500 车赛的报道中表现得更加明显。

其次,在 1903 年巴黎至马德里的比赛中,参赛者和观众的死亡迫使法国政府禁止了公路赛车,其他国家也采取了同样的做法(Hughes,2004)。但赛车运动依然很受欢迎。欧洲专注于设计封闭的“公路式”赛道,以保持类似于公路比赛的效果。在美国,公路赛车从未被允许过,1909 年,印第安纳波利斯赛道建成,提供了一条巨大的倾斜椭圆赛道进行汽车比赛和测试。总的来说,椭圆形状和赛道的设计同时也揭示了赛车运动的商业潜力——能够容纳大量观众并向他们收费(Sturm,2013)。

印地车赛和一级方程式车赛的起源都是业余性质的。在 20 世纪 20 年代和 30 年代的欧洲大奖赛系列的基础上,一级方程式世界锦标赛于 1950 年成立,共有包括摩纳哥大奖赛和印第安纳波利斯 500 车赛在内的七场“官方”比赛(Rendall,2000)。在美国,从 1911 年起,印地 500 车赛成为其核心赛事,肖(Shaw,2014,p.20)指出,“美国汽车协会从 20 世纪初开始监管美国大部分的汽车比赛活动”。从 1916 年起,全国锦标赛断断续续地举行,但可以说,当美国汽车俱乐部(USAC)从 1955 年开始控制赛事时,印地车赛的影响更为明显(ibid.)。总的来说,这两个系列赛在其形成期都是由“私人车手”和“发烧友”组成的,选手们常常自己制造并资助自己的赛车(Sturm,2013)。从 20 世纪 60 年代末开始,大型公司(主要是烟草公司)赞助赛车的情况出现了,汽车制造商也越来越多地参与进来,成本不断攀升,实际上将许多私人车手赶了出去(ibid.)。

摩纳哥大奖赛是重大媒介体育事件吗?

鉴于这些历史发展,摩纳哥大奖赛和印地 500 车赛可以被视为重大媒介体育事件吗?罗切(Roche,2000,p.1)提出,“重大事件是大型文化(包括商业和体育)事件,具有戏剧性特征、大众吸引力和国际意义"。摩纳哥大奖赛需要被放置在年度一级方程式世界锦标赛的背景下进行评估。斯图姆(Sturm,2014)认为,"凭借其庞大的规模、全球曝光率、精英定位、巨大的商业和企业利益,以及大众媒体对它的关注度",一级方程式车赛似乎符合罗切(Roche,2000,p.69)的标准。至于一级方程式车赛能否成为霍尔内划分的(Horne,2010)"第一级"重大事件,如夏季奥运会或男子足球世界杯,是值得商榷的。霍尔内划分的(ibid.)"第二级"重大事件包括与国际田径、英式橄榄球、板球有关的世界锦标赛和世界杯等赛事,以及冬季奥运会。可以说,按照霍尔内的类型学,一级方程式赛更符合"第二级"事件的标准。

重大事件在举办前和举办后对举办地的文化、经济和政治的影响和留下的遗产是另一个突出因素(Horne,2010;Roche,2008)。这还包括事件的范围、规模和影响力(Roche,2000)。一级方程式车赛的"重大"分量似乎是无可争议的。它向全球185个国家和地区的5亿多电视观众传播,在21世纪前十年每个赛季花费超过20亿美元(Sturm,2014),目前在全球的21个城市举办。各承办城市为获得东道主地位每年支付超过4亿美元(Lefebvre and Roult,2011)。这项运动还扩展到了起源地欧洲以外的亚洲和中东地区(Bromber and Krawietz,2013;Silk and Manley,2012)。可以说,其发展方向是"增长全球的"(grobal)而不是全球的(global)①,这反映了一级方程式车赛在非传统地区实现经济和媒体利益的帝国主义全球野心(Andrews & Ritzer,2007)。各地也利用一级方程式车赛的全球声望和影响力,将这项运动的媒体和营销平台作为进步、自豪的象征并促进旅游业的发展(Bromber & Krawietz,2013;Silk & Manley,2012)。

摩纳哥大奖赛一直被誉为一级方程式车赛"王冠上的宝石"(O'Kane,2011)。1929年,摩纳哥大奖赛为获胜的车手提供了10万法郎的奖金,巩固了自己在欧洲赛车日历上的地位(ibid.)。摩纳哥从1955年起成为一级方程式赛的永久赛站(Rendall,2000)。与声望、复杂性和魅力进化的密切联系贯穿其历史。在讨论21世纪初的一级方程式赛时,列斐伏尔和鲁(Lefebvre & Roult,2011)指出,"这项运动的受众主要是西方城市精英。少数几个标志性城市目的地举办的比赛象征着整个运动,比如蒙特卡洛或蒙扎大奖赛"(ibid.,p.330)。摩纳哥大奖赛作为一级方程式车赛日历上的"盛事"受到了特别关注。作为一

① 美国学者乔治·里茨尔(George Ritzer)在《虚无的全球化》(*The Globalization of Nothing*)一书中提出了"增长全球化"(grobalization)的概念,与"全球化"(globalization)、"全球本土化"(glocalization)和"本土全球"(lobalization)几个概念遥相呼应。——译者注

项重大事件，摩纳哥大奖赛的规模和影响力在一级方程式车赛的全球、非西方转变中也体现得很明显。阿布扎比和新加坡的新赛道模仿了摩纳哥赛道负有盛名的部分，新加坡因其“奢华与魅力”而被誉为“东方的摩纳哥”（Silk & Manley，2012）。摩纳哥大奖赛展示了一级方程式车赛的精英主义、财富和魅力的概念，后面的章节将进一步阐述这些内容。

印地 500 车赛是重大媒介体育事件吗？

将印地 500 车赛评为“重大媒介体育”事件问题更大。作为一项观赏性的赛事，它依然很受欢迎。印地 500 车赛被誉为世界上最大的单日体育赛事，现场观众人数超过 40 万（O'Kane，2011）。最近由于座位的减少，上座人数稳定在 25 万至 30 万（Cavin，2013）。历史上的分歧和排斥削弱了它重大事件的地位。肖（Shaw，2014，p.21）指出，美国汽车俱乐部“对印地 500 车赛的片面关注”促使原有团队于 1978 年组建了一个与之竞争的卡特系列赛（CART）。从 1983 年到 1995 年，卡特系列赛和美国汽车俱乐部一直存在分歧。美国汽车俱乐部批准了印地 500 车赛，卡特系列赛车队会参加该比赛，但他们也单独举办自己的赛事。这种分歧从 1996 年起变得更加严重。印第安纳波利斯赛车场老板托尼・乔治（Tony George）创建了一个竞争对手——印地赛车联盟（IRL），将许多卡特系列赛车队排除在印地 500 车赛之外（ibid.）。最终，2008 年，卡特系列赛和印地赛车联盟重组，统一为印地车赛系列赛。

可以说，印地 500 车赛已经沦为介于第二级和第三级之间的重大事件（Horne，2010）。克劳福德（Crawford，1999，p.195）提出，“直到 20 世纪 60 年代，印地 500 车赛仍然是美国最伟大的汽车比赛”。随后，随着英国一级方程式车手的胜利，“印地 500 车赛成为世界上最著名的汽车追逐赛”（ibid.，p.196）。20 世纪八九十年代，印地 500 车赛的重大事件地位进一步得到巩固。肖（Shaw，2014，p.21）观察到，随着国际制造商和跨国赞助商的增加，“更多的国际车手把卡特系列赛看作一级方程式车赛的可行替代品”。备受瞩目的车手曾参加并赢得印地 500 车赛，如巴西的埃摩森・费迪帕尔蒂（Emerson Fittipaldi）和加拿大的雅克・维伦纽夫（Jacques Villeneuve）（Crawford，1999）。在其巅峰时期，印地 500 车赛和卡特系列赛对一级方程式车赛的霸主地位构成了重大挑战（O'kane，2011），电视转播覆盖了 120 个国家（Shaw，2014）。

印地赛车联盟和卡特系列赛车队的分歧影响了印地 500 车赛的当代地位

和影响力。在赛址和赞助商方面,印地 500 车赛变得更加封闭和以美国为中心(尽管仍有很多国际赛车手)。在美国国内,房车系列赛已经超过了它的受欢迎程度。21 世纪的头几年,纽曼(Newman,2007,p.292)观察到,纳斯卡车赛是“北美地区第二大最受欢迎的观赏性运动(在电视收视率和赛事上座率方面)”,仅次于美式橄榄球。尽管纳斯卡车赛的电视收视率和上座率已经趋于平稳,但该系列赛较之印地 500 车赛吸引了更多的商业投资和媒体报道(Newman & Beissel,2009),其中包括旗舰赛事。印地 500 车赛比同日举行的纳斯卡—可口可乐 600 车赛吸引了更多的美国电视观众,如 2016 年两项赛事分别有 600 万和 570 万电视观众(Sports Media Watch,2016)。相比之下,代托纳 500[①],这场纳斯卡车赛的主要比赛在 2016 年吸引了 1160 万观众(ibid.)。如果按照电视观众数量稳定、没有下滑的情况来推算,印地 500 车赛与霍尔内(Horne,2010)描绘的“第三级”赛事相吻合,其中包括美洲杯帆船赛、亚运会和泛美运动会。印地 500 车赛作为一项重大事件,其未来的国际化程度、规模和影响力仍不确定。

中介化与媒介化

除了本身是重要的体育赛事,摩纳哥大奖赛和印地 500 车赛都被转化成了中介化事件。全球媒介为这两个独特的汽车比赛提供了信息、娱乐,并保留了其历史运行的社会文化和经济意义。然而,弗兰德森(Frandsen,2014)提醒,以媒体为中心的方法常将体育运动视为一般商品。弗兰德森引用了“相关进程”(interrelation processes)理论(ibid.,p.529),他指出,“媒介化是一个社会进程,媒体对社会的影响越来越大,它在社会和文化领域的变革中扮演着重要角色”(ibid.)。

学者们还强调了体育、媒体、文化、商业和政治之间的相互依存关系(Horne,2010;Hutchins & Rowe,2012,2013;Whannel,1992)。特别是文内尔(Wenner,1998)提出的“媒介体育”(mediasport)一词,指出了媒体和体育机制之间在社会和文化领域的相互渗透。体育结构和领域也有其自身的变化、复杂性和细微差别。弗兰德森提出:

如果我们想了解媒体在体育运动中的作用,就必须对体育领域、

① 纳斯卡系列赛中最重要的比赛之一,比赛地位于佛罗里达州的代托纳海滩。——译者注

> 电视领域的特殊性，以及媒体系统和体育系统语境的差异和历史变化进行深刻反思。
>
> （Frandsen，2014，p.530）

摩纳哥大奖赛和印地 500 车赛在组织方面的历史差异，揭示了其中一些微妙的背景。两项赛事还融入了社会和文化的相互关联过程，这反映了它们各自的欧洲和美国血统。这些本地化的元素和符号被整合到媒体表现中。具体来说，电视报道展现了一场全球联合的速度奇观，它概括了摩纳哥大奖赛的欧洲魅力，以及印地 500 车赛的“全球美国特色”。之后的章节将对上述赛事进行具体论述。

哈钦斯和洛弗（Hutchins & Rowe，2012）认为，随着媒介技术变得越来越复杂，它们对“真正的”体育实践和社会关系产生了深远的影响。技术的变革为体育运动提供了“全新的”互动能力和创新性，体现在体育运动的表现形式、消费方式及其内部结构等方面（Whannel，2014）。这包括体育迷的体验与表达（Hutchins & Rowe，2012）。然而，在表现形式上，数字技术往往是电视报道的再现和补充（Hutchins & Rowe，2013）。在所谓的“后转播”（post-broadcast）时代，电视体育直播仍有能力吸引全球观众和赞助商，并将观众吸引到广告商那里（Whannel，2014）。

斯图姆（Sturm，2014，p.69）认为，一级方程式车赛在 20 世纪 80 年代被重新包装成“一个媒介事件”。这包括谈判全球电视转播权，目前每年的转播权价值为 6 亿美元（ibid.）。一级方程式车赛一直在抵制新媒体的侵蚀。电视转播比赛享有特权，因此，未经许可的或由粉丝制作的内容会被强行监管并从网上删除（ibid.）。主要的创新是游戏厂商 Codemasters 公司每年在全球发布一级方程式车赛电子游戏，游戏以惊人的逼真度再现了一级方程式车赛的赛道（Conway & Finn，2014）。印地车赛系列迎合了电视和网络观众的需求。冠名赞助商美国威瑞森通信公司（Verizon Communications）提供各种流媒体直播选项，并通过社交媒体推广该系列赛。令人惊讶的是，印地 500 车赛自 2005 年以来就一直没有推出过该品牌的电子游戏。在电视观众方面，这项运动在全球一些地方有线电视的转播受到限制。在美国国内，印地 500 车赛的观众人数有所增加，平均每场比赛不到 100 万人，而竞争对手纳斯卡车赛估计有 500 万观众（Schoettle，2014）。

再现媒介化赛车奇观

依靠传统的广播媒体形式进行全球传播和消费，摩纳哥大奖赛和印地 500 车赛被重新塑造成电视转播的速度奇观。格鲁诺（Gruneau，1989，p.135）在描述将现场体育赛事转化为电视奇观的过程时指出："将'发生的事情'转化为'好的电视节目'，需要广泛的视觉和叙事表现过程——对图像、语言、摄像机位置和故事情节的选择。"这个过程旨在告知及娱乐受众，展现赛车奇观的速度和戏剧性（Whannel，1992）。电视奇观还试图通过呈现现场观众亲眼看见的"现场"第一手事件体验元素，来为全球电视观众营造一种现场性和即时性氛围（Billings，2010）。

摩纳哥大奖赛和印地 500 车赛共用了一些再现策略。这两场比赛（以及系列赛）都是通过一级方程式车赛中常见的高度流动性来建构的（Sturm，2014）。从表现形式上看，赛事转播切合万内尔提到的（Whannel，1992，p.98）"高度移动的理想观众"，通过连续的赛道转换和现场观众无法获得的视角，为电视观众提供了一个"完美的视角"。频繁的剪接、切换以及镜头角度和视角的并置，旨在使观众对有时可能变得单调乏味的赛车事件保持兴趣。例如，除非发生撞车、车手失误或技术问题，摩纳哥大奖赛是呈队列比赛的。由于车手通常无法在这条狭窄而曲折的赛道上超车，因此在 78 圈的比赛中，他们通常都是按照相同的比赛顺序跑完大部分圈数。反过来，虽然印地 500 车赛可以更有规律地超车，但在现实中，观看赛车在 4 个倾斜的弯道上连续行驶 200 圈，可以说吸引力也有限。然而，这些再现手法并不能还原现场观众在赛道边体验到的"真实"速度（Whannel，1992）。

为了解决这个问题，媒体经常从固定的壁挂式摄像机切换到赛车手视角，以显示赛车在摩纳哥赛道上离障碍物有多近，或在印第安纳波利斯赛道上离其他车手有多近。提供这些视角，是为了表达车手们必须以极快的速度驾驶赛车灵活地穿越游泳池一般的摩纳哥赛道，或按照密集的队形，以超过 230 英里/小时的速度冲过印第安纳波利斯的长直道。此外，频繁使用长镜头和从高空升降机或直升机上拍摄的戏剧性角度，也增强了现场感。当我们亲眼看见摩纳哥的历史建筑、海港和当地的富饶景象时，这样的镜头持续强化了大奖赛的迷人氛围。在印第安纳波利斯，一方面，使用长焦镜头和变焦技术来缩短一千米长的直道，以方便跟踪捕捉赛车动作。另一方面，直升机在赛道上空飞行，呈现并强化了该设施巨大的规模，看似微小的赛车在赛道上来回穿梭，直到变焦技术或其他转换技术将观众带回近距离观看比赛。

总的来说，这些技术反映并加强了传递信息和娱乐观众的二元性。这些技术提供了使人专注于赛车运动的“愉悦点”，让观众可以欣赏到戏剧性瞬间，并与明星车手亲密接触，从而将比赛塑造为能吸引更多观众的市场化电视商品（Whannel，2014）。富有信息性和娱乐性的制作技术的使用支撑着这两项赛事的呈现。然而，印地 500 车赛的制作并不像一级方程式车赛那样强调魅力，也不依赖特殊“高科技”效果（Sturm，2014）。相反，制作这场比赛是基于美国价值观理想化的传统和壮观的场面。这两项赛事的表现手法相互交织，巩固了其在全球赛车运动中的历史地位与声望。现在，我们对这些独特的速度奇观进行更深入的分析。

“王冠上的宝石”：作为欧洲荣耀的摩纳哥大奖赛

弗兰德森（Frandsen，2014，p.533）提醒我们：“作为有舞台的活动，体育赛事是传达某些意义的形式，在社会关系中具有强大的力量。它们有自己的文化价值。”摩纳哥大奖赛通过一系列标志性的全球形象符号（例如名流、游艇、时尚、珠宝和千篇一律的美丽女性），来展示欧洲的“魅力”与精致，这些符号象征了财富、声望、精英主义和奢侈。人们很难不借助一系列的陈词滥调来解释这些“迷人的”形象和过度的展示。奥凯恩对摩纳哥大奖赛意义的描述充满了这样的情愫：

> 摩纳哥大奖赛长久以来被视为一级方程式世界锦标赛“王冠上的宝石”，同时它也是世界上最负盛名的赛车比赛之一……因为其历史、盛名以及极富魅力的比赛地，摩纳哥大奖赛一直是一级方程式车赛日历上最重要的比赛。摩纳哥以其炫耀性消费、财富以及蒙特卡洛的博彩中心而闻名于世。事实上，摩纳哥公国是一个避税天堂，这使其成了富人和名人的游乐场，同时也为一级方程式车赛这样有活力的运动提供了完美的场地。
>
> （O'Kane，2011，p.287）

摩纳哥作为一个比赛地，证明了一级方程式车赛的魅力和精英主义基础。摩纳哥还代表并再现了加蒂纳（Giardina，2001）所谓的“欧洲的光环”（aura of Europeanness），这种光环是“19 世纪旧世界魅力和 20 世纪新魅力的结合——伦敦、巴黎和米兰所代表的高科技简奢(jet-set)的魅力”(ibid.,p.210)。一个“欧洲性”的特征同样弥漫开来,带着“世俗”形象、文化品位和时尚形象,是“精致的有力象征”(ibid.)。作为“欧洲性”的先驱,摩纳哥的富有、奢华和“魅力”形象正好契合一级方程式车赛的社会文化结构,从而唤起了消费和精英主义,促进了一种简奢的生活方式,并将当地作为高科技竞速赛车的奢侈背景(Sturm,2014)。

对魅力的夸张宣传有利于营造摩纳哥的光环。繁华的城市街道为飞驰的赛车提供了田园诗般的背景,再加上令人惊叹的历史建筑和港口里昂贵的游艇。此外,富豪和名流也会出席,促成了一场媒介化的鸡尾酒会,混合了名流、时尚、企业赞助商、豪华游艇和美女,与屏幕上赛车飞驰的画面相得益彰,有时甚至有过之而无不及。对这项运动的处理似乎是为了促进人们对这些赛车手英雄般的理解,他们是高贵的车手,通过非凡的技术“击败”对手,“征服”摩纳哥狭窄的街道,获胜者还会受到摩纳哥王室的皇家接待。肯尼迪(Kennedy,2000,p.65)观察到,摩纳哥大奖赛特别依赖于对男车手的英雄式描述,男车手是“战斗的骑士”,美丽的女性则至少是象征性地包括在获胜车手的“战利品”中,明确的性感化描写将其蔑视为“魅力”(Sturm,2014)。

除了英雄车手通过展示自己的技术和气魄来“驯服”赛道的性别观念,摩纳哥的光环很大程度上来自充满挑战的赛道。事实上,摩纳哥大奖赛“王冠上的宝石”的美誉不是来自赛车本身,而是来自它与一级方程式车赛的魅力、财富和奢华的象征性联系。与此同时,摩纳哥大奖赛提供了许多促进商业发展的机会。许多团队利用这场赛事进行宣传,把它作为“搭讪”重要客户和推进商业交易的机会。事实上,摩纳哥大奖赛是唯一在周四(周五是正式的“休息日”)进行练习的一级方程式赛事,这主要是为了提供更多的商业机会,同时满足整个比赛周末的其他场外活动、促销和比赛的需求。自始至终,时装秀、设计师珠宝展和密集的赞助商活动都在此举办,车队也参与企业搭卖,包括在车手〔如2007年和2008年的刘易斯·汉密尔顿(Lewis Hamilton)〕的头盔上镶嵌宝石和在赛车(如2004年的捷豹车队)上安装钻石。

一级方程式车赛在设计上基本以欧洲为中心,由大型跨国公司资助,这项运动向全球观众传播了一种高度媒介化、商品化和消费化的同质化奇观(Sturm,2014)。媒体对摩纳哥大奖赛的重要性、历史传统和在赛史上的声望大加赞扬。因此,摩纳哥提供了一个重要的模板,将一级方程式车赛的全球“愿景”描绘成富有和雄心勃勃的样子。新兴地区对这些特点的认同,体现了摩纳哥大奖赛的影响力。

尽管缺乏摩纳哥那样的历史和传统，但新加坡和阿布扎比的新赛道采纳并复制了摩纳哥赛道的一些元素，以提供明确的自我参照宣传技巧。总的来说，这两个地方都很成功，产生了希尔克和曼利（Silk & Manley，2012，p.475）所称的"程式化的全球异国情调"的理想化形象。新加坡在灯火通明、物欲横流的城市地标和摩天大楼背景下举行夜间比赛，打造全球媒介奇观。阿布扎比的"银河视觉"（Bromber & Krawietz，2013，p.200）则是在专门为设置赛道而建造的人工岛上，突出未来主义的酒店和昂贵的游艇。

作为一个重大事件，摩纳哥大奖赛保持了其在全球赛车运动中领先的和"宝石"般的地位。作为一级方程式车赛最原始、高度复杂的街头赛道，摩纳哥大奖赛的赛道和比赛都体现、概括并强化了一级方程式车赛的声望、历史和传统。奥凯恩指出：

> 摩纳哥大奖赛代表了赛车可以吸引车手和观众的一切——速度、魅力、激情和声望……摩纳哥是每一位车手在一级方程式车赛日历上最想获胜的大奖赛。
>
> （O'Kane，2011，p.292）

比赛的背景是皇室和宫殿、赌场和高风险赌博、坐满名流和美女的豪华游艇，以及法国南部阳光明媚的避税天堂，摩纳哥大奖赛集中展现了奢华的欧洲魅力。

"最伟大的赛车奇观"：作为全球美国特色的印地 500 车赛

印地 500 车赛也试图以不同的方式展现其作为历史悠久的赛事的声望和荣耀。印地 500 车赛通过对赛事传统的描述，描绘了一幅人们想象中的美国画卷，为全球观众提供了一个美国文化的快照。与这一赛事相关的色彩和壮观景象很大程度上都源于其宏伟而充满历史感的场地。印第安纳波利斯赛车场（IMS）的面积和规模是惊人的。这个巨大的体育设施本身就是一个奇观，而赛车在 60 英尺高的椭圆形斜坡上飞驰更突显了这一点。位于印第安纳波利斯城郊的印第安纳波利斯赛车场占地面积为 80 英亩，包括一个 2.5 英里（4 千米）长的倾斜椭圆赛道。赛车场设施还包括一处高尔夫球场、一家酒店，甚至在内场还有一个独立赛道。它拥有 23.5 万个永久座位，是世界上容量最大的体育场馆（Cavin，2013），并且还有扩张空间。

仪式感是举办这一赛事的基础,也是其作为一项以观赏性为主的运动比赛长盛不衰的原因。2016 年是第 100 届印地 500 车赛,这是国际赛车运动中一个享有盛誉且史无前例的里程碑。历史弥漫在这个标志性的设施中,循环往复的传统继续吸引着人们回到印第安纳波利斯。奥凯恩指出:

> 这场赛事在美国文化中占有重要地位,已成为许多美国家庭一年一度的朝圣之旅……赛前的仪式和传统活动需要花费一些时间,但这有助于在现场 40 多万观众中营造气氛。这一切都有助于将比赛打造成美国人心目中的文化宝库,现在它已经成为美国精神的一部分。
>
> (O'Kane,2011,p.284)

这种文化宝库暗示着体育仪式如何为社区或国家提供社会功能和文化联系(Butterworth,2005;Newman,2007)。印地 500 车赛作为一种间接的生活体验,以及印第安纳波利斯赛车场作为一个令人难忘的场地,大众对这两者的熟悉程度进一步强调了这种场合感。

对于现场观众和电视观众来说,许多标志性的时刻已成为与比赛相关的民间传统。反过来,这些标志性的时刻也成为赛道边人们期待的例行仪式,同时也是赛事媒介化的重要焦点。例如,“先生们,请启动你们的引擎”一直是印地 500 车赛长久以来的特征(O'Kane,2011),随着更多的女车手参加比赛,这一句于 1977 年被修订为“女士们,先生们,请启动你们的引擎”。比赛结束的时候,获胜车手同样会为观众、赞助商和媒体表演一系列仪式。尤其引人注目的是获胜车手将会喝牛奶,这一仪式要追溯到 1936 年,当时的三届冠军获得者卢·梅耶尔(Lou Meyer)要求喝脱脂牛奶(O'Kane,2011)。今天,喝牛奶庆祝已经成为一个有利可图的营销活动,美国乳制品公司付给获胜车手 1 万美元,以获得其产品与胜利相关联的权利(Jenkins,2015)。

印地 500 车赛还有其他仪式和表演。其中的许多仪式和表演揭示了“相互关联过程”的复杂性(Frandsen,2014,p.529),同时指出了印地 500 车赛作为文化机构的政治和意识形态潜流。在比赛日,媒体精心策划一系列仪式,以进一步提升印地 500 车赛的奇观性和壮观性。这场比赛在阵亡将士纪念日周末举行,旨在建立与美国传统和民间传说的联系。许多诸如此类的仪式通过与教会、军队和国家联系在一起,而散发出美国爱国主义的气息。

由于比赛在周日进行,因此,自 1974 年以来,罗马天主教的宗教祈祷就成了比赛的开场白,为军队、车手和比赛祝福祈祷。接下来是演奏“熄灯号”、军用飞机低空飞行表演,以及一位重要的军方或政府官员的公开讲话,作为对军人的缅怀和致敬。当地名人弗洛伦斯·亨德森(Florence Henderson)(Brady Bunch 乐队的成员)经常演唱《美丽的亚美利加》和《天佑美利坚》,然后由另一著名的美国嘉宾歌手演唱国歌,这进一步调动了狂热的爱国主义情绪。最后一首歌清晰地反映了印第安纳波利斯的起源——《重回印第安纳家园》自 1946 年起就开始演唱,从 1972 年到 2014 年,吉姆·纳伯斯(Jim Nabors)(因傻子派尔[①]而出名)演唱得最多。然后,车手们被指示走到自己的赛车前,等待“启动引擎”的指令,同时,一位名人嘉宾挥动绿旗示意比赛开始(O'Kane,2011)。

就爱国主义表现而言,这些表演与美国其他体育运动,尤其是棒球和纳斯卡车赛不谋而合(Butterworth,2005;Newman,2007;Newman & Beissel,2009)。例如,纳斯卡车赛的仪式通过与基督教、宗教右翼、军队以及以保守、白人和南方价值观为主的价值观结合在一起,从而显得更具爱国主义色彩。纽曼(Newman,2007)认为,这些赛前仪式有助于“突出纳斯卡车赛国家偏爱的、超军国主义的、新保守主义的身份政治”(Newman,2007,p.302)。由于赋予类似的保守价值观和意识形态以特权,印地 500 车赛的仪式似乎引起了高度争议。然而,它们是以一种毋庸置疑和毫无疑问的方式呈现的。矛盾的是,尽管美国人关注这场比赛(和系列赛),但印地 500 车赛具有明显的国际性。在 33 名参赛选手中,2014 年只有 11 位是美国人,2015 年只有 12 位是美国人。尽管参赛车手中不乏往届冠军或系列赛冠军,但这种国际性既没有得到认可,也没有被纳入赛前的习俗。虽然这很麻烦,但越来越多的“外国”车手的参与可能是近年来美国电视转播比赛收视率下降的部分原因,就像纳斯卡车赛发生的那样(Newman & Beissel,2009)。另一方面,对美国和资本主义意识形态宣言的依赖也可能是收看印地 500 车赛的全球电视观众减少的部分原因。

尽管印地 500 车赛是一场国际性的重大全球体育赛事,但它的媒介化表现及一系列赛前仪式,却将一系列美国传统、宣言和对美国精神的无尽呼唤背后的意识形态理想化了。奥凯恩(O'Kane,2011)断言:“围绕比赛形成的传统极大地促进了它受欢迎的程度和持久吸引力。许多车迷把比赛产生的习俗和仪式看作一种特殊形式的美国精神。”(ibid.,p.283)在很多方面,这就是印地 500 车赛的精髓——尽管其持久吸引力正越来越多地受到质疑。尽管需要吸引全球

---

① 好莱坞电影《全金属外壳》(*Full Metal Jacket*)里面有个新兵,体重明显超标,训练成绩很不好,叫莱昂纳多·劳伦,绰号“傻子派尔”。——译者注

受众,尽管车手来自世界各地,尽管存在当代多元文化主义,印地 500 车赛仍然保持着孤立的、持久的、单一的对美国宣言的关注。印地 500 车赛通过其对美国爱国价值观的狭隘关注,塑造、保护并巩固了这些对美国传统和保守理想的理想化表达。

结　语

作为国际赛车日历上最重要的两个年度赛事,摩纳哥大奖赛和印地 500 车赛通过强化其独一无二的丰富传统、独特的声望和传奇的历史,共同巩固了自身的崇高地位。反过来,这些情感又通过媒介化进程重新编码,使全球观众感受到它们作为“速度奇观”的光环与魅力。电视技术和表现手法采用高度程式化和流动的形式来呈现摩纳哥大奖赛和印地 500 车赛,通过一系列制作技术和对本土(当地)的关注,来放大和丰富观众的比赛体验。反之,在通过互补技术建构赛事框架的同时,这些不同赛事的独特“精髓”也在全球范围内得到传播。

摩纳哥大奖赛将一级方程式车赛的精英主义、理想主义主题传达给了遍布全球的观众。欧洲魅力通过一系列象征性图像和相关符号投射出来,这些图像和符号重申了欧洲的地位、特权、奢侈和炫耀性消费。摩纳哥对欧洲魅力的幻想与一级方程式车赛的全球尊贵形象完美契合,并保持了其“重大媒介体育事件”的地位。而印地 500 车赛在试图打造一个具有全球吸引力的赛事的同时,也顽强地依赖美国本土化的视角。通过赛前的盛典、仪式和典礼,印地 500 车赛强调并保留了围绕理想化的美国价值观和狂热的爱国主义所建立的持久的、以民族主义为中心的美国精神。可以说,这对美国国内的核心车迷群体而言,仍然是持久的和讨喜的,他们中的多数人仍然踊跃参加。然而,最近的电视收视数据表明,这种“美国式”的短视可能正在削弱印地 500 车赛作为全球“重大媒介体育事件”的声望和地位。

参考文献

Andrews, D.and Ritzer, G.(2007).The grobal in the sporting glocal.In R.Giulianotti and R.Robertson(eds), *Globalization and sport*(pp.28–45).Oxford: Blackwell.

Billings, A.(2010).*Communicating about sports media: Cultures collide*.Barcelona: Aresta.Bromber, K.and Krawietz, B.(2013).The United Arab Emirates, Qatar and Bahrain as a modern sport hub.In K. Bromber, B. Krawietz and J. Maguire (eds), *Sport across Asia: Politics, cultures and* identities(pp.189-211).New York:Routledge.

Butterworth,M.(2005).Ritual in the"church of baseball":Suppressing the discourse of democracy after 9/11.*Communication and Critical/Cultural Studies*,2(2),107-129.

Cavin,C.(2013).Indy 500 will have smallest capacity since 2000.*USA Today*, 16 May. Retrieved from www.usatoday.com/story/sports/motor/indycar/2013/05/15/indianapolis-motor-speedway-indy-500-seating-capacity/2164499/#(accessed 24 November 2016).

Conway,S.and Finn,M.(2014).Carnival mirrors:Sport and digital games.In B.Hutchins and D.Rowe(eds),*Digital media sport:Technology,power and culture in the network society*(pp.219-234).London:Routledge.

Crawford,S.(1999).Indy auto racing.In D.Levinson and K.Christiansen(eds),*Encyclo pedia of world sport*(pp.195-197).New York:Oxford University Press.

F1 Broadcasting(2015).Monaco Grand Prix remains above 4 million.*The F1 Broadcasting Blog*, 25 May.Retrieved from http://f1broadcasting.co/2015/05/25/monaco-grand-prix-remains-above-4-million(accessed 24 November 2016).

Frandsen,K.(2014).Mediatization of sports.In K.Lundby(ed.),*Mediatization of communication*(pp.525-543).Berlin:Mouton de Gruyter.

Giardina,M.(2001).Global Hingis:Flexible citizenship and the transnational celebrity.In D. Andrews and S.Jackson(eds),*Sport stars.The cultural politics of sporting celebrity*(pp.201-217). New York:Routledge.

Gruneau,R.(1989).Making spectacle:A case study in television sports production.In L.A. Wenner(ed.),*Media,sports,and society*(pp.134-154).Thousand Oaks,CA:Sage.

Horne,J.(2010).Cricket in consumer culture:Notes on the 2007 Cricket World Cup.*American Behavioral Scientist*,53(10),1549-1568.

Hughes,M.(2004).*The unofficial Formula One encyclopedia*.London:Anness.

Hutchins,B.and Rowe,D.(2012).*Sport beyond television:The Internet,digital media and the rise of networked media sport*.London:Routledge.

Hutchins,B.and Rowe,D.(eds),(2013).*Digital media sport:Technology,power and culture in the network society*.New York:Routledge.

Jenkins,C.(2015).Why does the Indy 500 winner drink milk? *USA Today*,May 24.Retrieved from http://ftw.usatoday.com/2015/05/indy-500-milk-2#(accessed 24 November 2016).

Kennedy,E.(2000).Bad boys and gentlemen:Gendered narrative in televised sport. *International Review for the Sociology of Sport*,35(1),59-73.

Lefebvre,S. and Roult, R.(2011).Formula One's new urban economies. *Cities*, 28(4), 330-339.

Newman,J.(2007).A detour through"NASCAR Nation":Ethnographic articulations of a neoliberal sporting spectacle.*International Review for the Sociology of Sport*,42(3),289–308.

Newman,J.and Beissel,A.(2009).The limits to"NASCAR Nation":Sport and the "recovery movement" in disjunctural times.*Sociology of Sport Journal*,26(4)517–539.

O'Kane,P.(2011).A history of the"Triple Crown"of motor racing:The Indianapolis 500,the Le Mans 24 Hours and the Monaco Grand Prix.*The International Journal of the History of Sport*, 28(2),281–299.

Rendall,I.(2000).*The power game:The history of Formula* 1 *and the world championship*.London:Cassell & Co.

Roche,M.(2000).*Mega–events and modernity*.London:Routledge.

Roche,M.(2008).Putting the London 2012 Olympics into perspective:The challenge of understanding mega–events.*Twenty–First Century Society*,3(3),285–290.

Schoettle,A.(2014).Indy 500 TV ratings tick up,but Miles still has miles to go.*Indianapolis Business Journal*,27 May.Retrieved from www.ibj.com/blogs/4–the–score/post/47853–indy–500–tv–ratings–tick–up–but–miles–still–has–miles–to–go(accessed 24 November 2016).

Shaw,J.(2014).The full story of America's F1 rival.*Autosport*,14 August,20–24.

Silk,M.and Manley,A.(2012).Globalization,urbanization and sporting spectacle in Pacific Asia:places,peoples and pastness.*Sociology of Sport Journal*,29(4),455–484.

Sports Media Watch(2014).Indy 500 TV ratings up slightly,but third–lowest ever.*Sports Media Watch*,28 May.Retrieved from www.sportsmediawatch.com/2014/05/indy–500–tv–ratings–up–slightly–but–third–lowest–ever(accessed 24 November 2016).

Sports Media Watch(2016).Indy 500 hits three–year low,but edges NASCAR's Coke 600.*Sports Media Watch*,1 June.Retrieved from www.sportsmediawatch.com/2016/06/indy–500–ratings–down–abc–viewership–tops–nascar(accessed 24 November 2016).

Sturm,D.(2013).Motorvehicle sports:Formula One racing.In D.Levinson and G.Pfister(eds), *Berkshire encyclopedia of world sport*(3rd ed.),(pp.830–837).Great Barrington,MA:Berkshire.

Sturm,D.(2014).A glamorous and high–tech global spectacle of speed:Formula One motor racing as mediated, global and corporate spectacle. In K. Dashper, T. Fletcher and N. McCullough (eds).*Sports events,society and culture*(pp.68–82).London:Routledge.

Wenner,L.A.(ed.)(1998).*MediaSport*.New York:Routledge.

Whannel,G.(1992).*Fields in vision:Television sport and cultural transformation*.London:Rout–ledge.

Whannel,G.(2014).The paradoxical character of live television sport in the twenty–first century.*Television and New Media*,15(8),769–776.

Widdows, R. (2011). Monaco challenge remains unique. *Motorsport Magazine*, 24 May. Retrieved from www.motorsportmagazine.com/f1/monaco–challenge–remains–unique(accessed 24 November 2016).

第十三章　亚足联亚洲杯

——洲际竞争,全球格局

大卫·洛弗①

引言:洲际的,还是全球的?

确切地说,是什么构成了一场全球性的体育奇观,可能并不像人们通常认为的那样显而易见。虽然夏季奥运会和国际足联(FIFA)世界杯与当前的任何文化现象一样接近合法的全球地位,但许多其他媒介体育(mediasport)〔根据文内尔(Wenner,1998)的术语〕活动可以说在某种意义上是全球性的,因为它们集合了规模、媒体报道和散布在全球各地的爱好者。

亚足联(AFC)亚洲杯就是这样一项赛事。它是世界上最大的足球协会锦标赛之一,2015年,该赛事在澳大利亚举行前,澳大利亚体育部长估计,“全球电视观众将(大约累计)超过25亿人次”(Lundy,cited in AFC,2013a)。尽管按照惯例,本次赛事的全球电视观众实际数量相当不准确,但据估计(同样,大概是一个累计数字)已经“超过10亿人次”(Jump media and marketing,2015,para. 7)。特别是,亚洲杯吸引了世界各地电视观众的兴趣,包括足球迷,尤其是散居在其他各大洲的亚洲人和澳大利亚人,因此,亚洲杯既是洲际性的,也是全球性的。正是出于这个原因,笔者从洲际竞争和全球格局两方面来描述这一赛事。就像其他空间特定的体育重大事件一样,如超级碗和网球四大满贯赛,亚洲杯在地区、国家、洲际和全球范围内有不同的标志。

① 澳大利亚西悉尼大学文化与社会研究所荣休教授,澳大利亚社会科学院院士,澳大利亚人文学院院士。他的研究聚焦媒介与大众文化社会学领域,尤其是体育、文化与媒介的关系,以及新闻和娱乐媒体在公民形成知情意识方面的作用。

本章评估亚洲杯在当代重大媒介体育事件中的地位，重点关注媒体和赛事发起人在2015年赛事中的作用。该赛事在其他地方举办了15届之后，首次在澳大利亚这个从地缘政治上来说不太可能举办此项赛事的地方举办。研究特别探讨了媒体制作和提出看待体育赛事的方式，以及作为在不同层面和不同背景下就身份和权力进行更广泛谈判的一部分的主办方和参与方。

特别值得关注的是媒介化进程的力量，它通过对体育的处理来绘制和重绘符号性的存在边界。这一过程不应与体育赛事中简单的大规模中介化相混淆，因为中介化本身深刻地影响着所传播的内容及其与其他社会文化现象的关系。正如弗兰德森(Frandsen,2014,p.527)在谈到体育的媒介化时所指出的，“电视和体育之间的合作使得体育赛事、体育赛事的中介化再现和第三方商业利益之间的界限变得模糊”。在亚洲杯的具体实例中，媒体是一项全球性体育赛事的符号化和物质形式的组成部分，因为它涉及协会制足球①的“世界级比赛”，在国际足联联盟结构的框架内被标记为洲际性的(之后我们会提到澳大利亚是如何扩大洲际比赛范围的例子)，然后分裂成区域集团，并由对国际竞技体育赛事的逻辑至关重要的国家概念来激励。当然，这并不是说媒体凭空创造了体育赛事；相反，媒体为了一系列不同的目的——社会、文化、政治和经济的——而利用现有的材料。就亚洲杯而言，这项传播工作包括它对亚洲意味着什么，以及一项赛事如何在不断变化着的以“亚洲”为名的地域内外引发共鸣，同时被投射到全球范围。

向东方

虽然亚足联曾经根据制度要求其成员必须在空间上属于亚洲的一部分，但这种资格的放宽意味着亚洲杯现在有了非亚洲国家澳大利亚参加，澳大利亚2006年退出了大洋洲足球联盟，加入了更大的亚足联。然而，尽管亚足联在21世纪初接纳了一个非亚洲国家，但在1974年它曾经开除以色列(1964年亚洲杯的东道主和冠军)，后者后来加入了欧足联。1998年，亚足联收获了雄心勃勃的民族国家巴勒斯坦(它在2012年被联合国授予非会员观察员国地位)，同年，巴勒斯坦成为世界级的管理机构国际足联的成员。亚足联成立于1954年，总部设在马来西亚吉隆坡，管理着46个协会成员和一个准成员实体(北马里亚纳群

① 指与美式橄榄球相对应的英式足球。——译者注

岛联邦)。亚足联管辖范围幅员辽阔,划分为西亚、中亚、南亚、东亚和东南亚地区(最后还有澳大利亚),涵盖了包括南北半球在内的广阔而多样的区域,包括许多时区和独立的陆地区域,从而揭示了大洲分类的相对随意性,同时也表明了亚洲在人口(超过40亿,约占世界人口的60%)和陆地面积(超过4400万平方千米,约占世界陆地面积的30%)方面的全球重要性。

因此,亚足联几乎无法控制的规模和区域多样性,使其首要赛事亚洲杯在空间足迹和社会文化复杂性方面具有"原始的全球"(proto-global)地位。因此,就像国际足联世界杯与夏季和冬季奥运会一样,它每4年举行1次。自2007年以来,男足亚洲杯一直在非奥运年和国际足联世界杯后的一年举行,这种安排可以避免大型体育赛事的拥堵。亚足联女足亚洲杯在1975年至2010年期间每2年或3年举办1次,但从2014年开始,每4年举办1次,以适应自1991年以来每4年举办1次的国际足联女足世界杯(男足亚洲杯也是如此)。亚洲对全球体育而言越来越重要,正如它对广泛的经济和政治领域的重要性一样。尽管亚洲各国发展速度不均衡,但现在通常被称为"亚洲世纪"(Australian Government,2012;Kohli,Sharma & Sood,2011),特别需要强调的是中国崛起为一个有能力挑战——甚至超越——美国的国家(Enright,Scott & Chang,2005)。亚洲的发展不仅意味着其政治影响力的扩大,也意味着西方资本被不断增长的"不发达的"亚洲消费市场的新机遇所吸引。

在体育这一特定领域,北美和欧洲有着成熟且日益饱和的媒体体育市场。他们已经开始系统性尝试在人口众多、经济发展迅速的亚洲语境中培育体育项目和体育迷。2008年北京奥运会、2020年东京奥运会、2018年平昌冬奥会和2022年北京冬奥会,都是在亚洲举办的全球性多项目体育重大事件的突出例子,当然还有自1951年以来就已经开始举办的4年1届的亚运会。但就单项体育赛事而言,亚洲杯在亚洲尤为重要,因为亚洲接受了一种足球规则,这种规则推动了几乎每个亚洲国家的人普遍参与和密切关注世界顶级体育运动,这一点与板球或棒球等运动不同。

人们普遍认为,英式足球在亚洲有相当大的潜力。尽管拥有强大国内俱乐部联盟的韩国和日本在2002年举办了世界杯,卡塔尔(颇具争议地)被选为2022年世界杯的主办国(Manfred,2014),但亚洲足球运动的发展并不一致。这种有时步履蹒跚的发展态势的一个关键原因是,一系列因素使得建立和维持强大的国内联赛存在一些特殊难题,包括腐败和欧洲足球俱乐部的关键品牌优势,如曼联、皇家马德里、阿森纳、巴塞罗那、尤文图斯、切尔西和AC米兰,这导致许多亚洲球迷更喜欢在电视上观看欧洲各大联赛，而不是观看自己国家的联赛（Rowe & Gilmour，2010）。为了应对这些难题，中国在足球领域开展了反腐败工作，并在习近平主席的热情支持下制订了一项计划，旨在到2025年使中国成为世界上最大的体育市场，其中包括申办国际足联世界杯（Chadwick，2015a）。这一雄心体现在中国通过从世界各地招募顶级球员来提高国内足球水平的支出上：

> 巨额投资涌入上海上港俱乐部并不是一个孤立的故事，它发生在中国各地的俱乐部中。当江苏苏宁签下拉米雷斯（Ramires）和阿历克斯·特谢拉（Alex Teixeira）（特谢拉为了留在南京拒绝了利物浦队的邀请）成为全球头条新闻时，或许更能说明问题的是这样一个事实：在冬季转会窗口，中超联赛花的钱比世界上其他任何联赛花的都多。第二名是英超联赛。第三名是中甲联赛。
>
> （Kelly，2016）

尽管规模不及中国对足球的投资，但2014年印度超级联赛在这个世界第二人口大国成立，被全印度足球联合会（AIFF）秘书长库沙·达斯（Kushai Das）描述为"一个巨人终于醒来了"，它"准备起床，征服世界"（Wilson，2014，paras 32–33）。事实上，中国资本试图通过投资欧洲足球来完成这一任务（Chadwick，2015b），类似于之前的一些中东企业（East，2015）。因此，很明显，体育、俱乐部、运动员、品牌、形象和金钱的全球流通促成了一种多向的交流，这种交流在一些地方为体育提供了支持，而在另一些地方则破坏了体育的稳定（Rowe，2011）。因此，像亚洲杯这样的区域性重大事件不可避免地会延伸到一个大洲之外，因为它已经融入一个全球互联的网络。因此，它的特点是身份和扩张之间的紧张关系，以及"亚洲性"和全球性概念之间的紧张关系。

国际足联与亚足联

温伯格（Weinberg，2012）在描述亚足联在亚洲足球发展中的作用时，提出了一个核心—外围模型。在这个模型中，欧洲是国际足联（成立于1904年，最初只有少部分欧洲大陆成员）的发起地，这项运动最强大的国家协会也聚集于此。在这项运动传遍全球的过程中，欧洲一直努力保持对这项运动的控制。因此，尽管南美洲可以宣称其拥有阿根廷、巴西和乌拉圭等多个国际足联世界杯冠军得主（包括东道主乌拉圭在1930年赢得首届世界杯冠军），但直到20世纪70年代，国际足联主席和大权一直牢牢地被欧洲掌握。亚洲和非洲的足球体系仍在发展中，分布在广阔的领土上，存在相当明显的分裂、多样性和一些情况下的动荡（Cho，2015），它们缺乏元能力来重新定位自己，使自己超越制度依赖的状况。然而，它却与最著名的超国家机构联合国一样——联合国本身也是推动全球体育进步的力量，例如，它曾发出体育促进发展与和平倡议（United Nations，2016）——是多成员组成的地缘政治力量集团，这些集团本身几乎不会发挥政治效力，但可以对政府产生重大影响。联合国目前有193个会员国，而国际足联有209个会员协会（并非全部都是国家，还有两个成员，科威特和印度尼西亚，目前处于被禁赛的状态），国际奥委会由206个国家或地区奥委会组成。虽然这类组织的权力往往集中在创始成员和最杰出成员的核心群体中，但治理结构的民主化使得这种权力能够以合法和非法的形式分散。当然，这种情况也可能发生在核心群体中〔参见汤姆林森（Tomlinson）2014年对国际足联的全面批判性历史分析〕。

就国际足联而言，任期最长的主席是巴西人若昂·阿维兰热（Joao Havelange）（1974—1998），他通过积极游说西欧以外的国家，巧妙地从他的前任、英国人斯坦利·鲁斯（Stanley Rous）手中夺取了控制权，因为大多数主席选票集中在西欧。阿维兰热发表了一系列“解放主义”言论，以求获得亚足联、非洲足球联合会（CAF）等地区联合会及其成员的支持，包括反对恢复种族隔离时期的南非国家足球协会会员资格（1963年被取缔），增加世界杯举办地、举办世界杯和其他重大足球赛事的机会，以及国际足联对欧洲以外地区和国家的足球运动提供更多资金支持。正如萨登和汤姆林森提到的那样：

> 第三世界国家显得焦躁不安。他们希望以欧洲为中心的足球能给他们一些尊重。他们没有资源来打自己的仗，所以挑战是由第二世界的世界主义者阿维兰热领导的。当阿维兰热用反帝国主义的修辞来做文章时，很少有人注意到他得到了欧美强硬的资本家的支持。
>
> （Sugden & Tomlinson，1999，pp.14-15）

阿维兰热“把竞选活动集中在非洲和亚洲”，告诉他们“是时候打破前殖民统治者的束缚了”（ibid.，p.31）。然而，这种对国际足联全球政治层面的强调，需要得到承诺为他的竞选提供资金的全球商业资本的支持。正是在这一点上——就像胡安·安东尼奥·萨马兰奇（Juan Antonio Samaranch）担任国际奥委会主席期间(1980—2001)发生的那样——全球资本(尤其是媒体资本)对国际足联的运作变得至关重要,体育营销者帕特里克·纳利(Patrick Nally)和阿迪达斯运动休闲服装和营销公司的创始人霍斯特·达斯勒(Horst Dassler)的成功,为可口可乐和麦当劳等美国跨国公司作为国际足联合作伙伴的重大投资创造了条件,也为电视转播权购买商福克斯(FOX)、世界电视网(西班牙语Telemundo)①和欧洲广播联盟(European Broadcasting Union)等机构创造了条件。这种全球性的联系必然会使地区足球协会的发展与作为国际管理机构的国际足联联系在一起,而且与金融关系网联系在一起,金融关系网最终将包括亚洲主要企业品牌,如现代起亚、阿联酋航空、东芝和索尼。

亚足联于1954年成立——20年后,阿维兰热成为国际足联主席——出席会议的只有“来自阿富汗、缅甸、中国台湾地区、中国香港地区、印度、印度尼西亚、日本、韩国、巴基斯坦、菲律宾和越南的代表”(Weinberg,2012,p.537)。两年后(1956年),首届亚足联亚洲杯在中国香港举行,上面的讨论清楚地表明,亚足联最初的发展步履蹒跚(Straits Times,1964),因此,其成员接受了阿维兰热的邀请。特别令人关注的是,亚足联认为自己在国际足联的委员会系统中,尤其是在关键的执行委员会中没有得到足够的重视,而且它与国际足联就国际足联在接纳/排除以色列等敏感政治问题的立场上产生了各种分歧。韩国和日本举办2002年国际足联世界杯巩固了亚洲在世界足坛的地位,这两个国家国内联赛(K联赛和J联赛)的强劲实力以及世界上最重要的发展中贸易经济体中国对成为足球强国日益增长的兴趣也同样巩固了亚洲在世界足坛的地位。

因此,自成立以来,亚足联举办了一系列不断扩大的基于性别、年龄、形式和能力的比赛(AFC,2016),现在主要运营着三个发展项目——亚洲愿景(Vsion Asia)、援助27(Aid 27)和梦想亚洲(Dream Asia),作为其公开承诺的“社会责任”的一部分(AFC,2015a)。它的规模和影响力也有所扩大,特别是在卡塔尔人穆罕默德·本·哈曼(Mohamed bin Hammam)担任主席(2002—2011)期间,他在2006年允许澳大利亚足协加入亚足联。事实上,亚足联的两位代表的举动表明了其影响力的扩大,他们分别是2011年的本·哈曼和2015年的阿里·本·侯赛因王子(Ali bin al-Hussein)(约旦足球协会主席兼西亚足球协会创始人和主席),他们在国际足联主席选举中与阿维兰热的继任者、他的门生约瑟

① 指传媒巨头NBC拥有的美国西班牙语电视频道,由于拉美裔,尤其是墨西哥裔移民在美国境内数量的激增,所以他们比较重视各级足球比赛的转播。——译者注

夫·塞普·布拉特(Joseph Sepp Blatter)竞争。尽管哈曼退出并随后因道德原因被终身禁止参与跟足球相关的活动,侯赛因王子在第一轮选举失败后没有继续参选(没有得到亚足联的支持),但他们的选举人资格可以被理解为在国际足联内部开启了创建新领导层的可能性。

在布拉特失势之后(Moyer,2015),侯赛因王子和时任亚足联主席、巴林的谢赫·萨勒曼·本·易卜拉欣·阿尔哈利法(Sheikh Salman bin Ebrahim al-Khalifa)(2013年上任)都在2016年2月下旬的国际足联大会上宣布,有意接替布拉特担任国际足联主席。亚足联在6名国际足联主席候选人中占了两名,这既表明了亚足联正在崛起,也表明了亚足联内部缺乏团结,因为亚足联执委会已宣布支持萨勒曼(AFC,2015b)。亚洲在国际足联中的政治地位固然重要,但要确保亚洲在全球足球领域的合法地位,还必须被公认为世界上最好的足球赛事的举办地区之一,这一点尤为重要。亚洲的球队在世界杯赛场上的表现一直不尽如人意,没有一支亚洲球队赢得过世界杯或进入决赛,在2014年巴西世界杯上的表现尤其糟糕。在这届世界杯上,亚足联(以澳大利亚、韩国、日本和伊朗为代表)是唯一没有一支球队获胜或晋级小组赛的洲际联合会。如果亚洲不能在世界杯上大放异彩,那么,它自己的地区性赛事至少得在规模、赛事管理质量、媒体观众和足球观赏性方面给人留下深刻印象。下文将重点讨论2015年澳大利亚亚洲杯,以及亚洲杯作为区域性和全球性体育赛事的身份。

亚足联亚洲杯

国际足联的每个大洲成员都有俱乐部和国家队的比赛。前者是一年一度的,时间跨度很长,涉及多个主场和客场比赛。俱乐部比赛的声望和形象与参与比赛的俱乐部的全球地位密切相关。因此,譬如,以欧洲最著名的俱乐部为特色的欧洲冠军联赛,吸引了来自欧洲以外的注意力——正如前面所指出的,尤其是亚洲的注意力。因此,2015年在柏林举行的巴塞罗那队和尤文图斯队之间的欧冠决赛(Ashby,2015),根据欧足联提供的信息,比赛"吸引了全球数亿支持者,他们观看了比赛,并在社交媒体上分享自己的观点"(Ashby,2015,para.1)。作为"全球最受关注的年度体育赛事",它吸引了"约1.8亿名全球电视观众,分布在200多个国家和地区",同时"约有4亿名全球观众"①,而在脸书上"谈论比赛"的

① 该数字包括所有播出平台。——译者注

排在前6名的国家中，印度尼西亚排名第三（ibid.）。相比之下，亚冠联赛没有像皇家马德里队或切尔西队那样的全球俱乐部“品牌”，它更依赖于吸引亚洲观众。例如，2013年广州恒大队在主场迎战首尔FC队的决赛第二回合（赛制不同于欧洲冠军联赛），亚足联（AFC，2013b）强调其是“本年度中国电视观众数量最多的体育赛事，平均观众总数超过3000万”“决赛第二回合所有播出平台的总观众人数接近1.2亿”。

然而，对于亚洲杯这样的赛事来说，媒介化的观赛动态是不同的。亚洲杯每4年在其中一个国家或地区举行，16支球队参加比赛，持续约3周，并以一场“定胜负”的（knockout）决赛作为其高潮（国际足联世界杯也是如此）。这种安排结合了时间和空间上的集中与显著的民族主义，通过规模、戏剧性、“大众吸引力和国际意义”的结合，更有利于使世界杯成为罗切（Roche，2000，p.1）所定义的具有影响力的重大事件。亚洲是一个足够大的实体，它只要能吸引足够多的同时在场的和中介化的观众的兴趣，就能凭借自身的力量构建一个体育重大事件，尽管体育重大事件的精确定义令人难以捉摸（Horne & Manzenreiter，2006）。但是，在具有限定特质的重大事件（符合条件的洲际联盟之间的赛事）与远远超出其自身政府主办能力的扩张性冲动之间存在着紧张关系①。即使是联合会成员资格也可能有争议，因为澳大利亚在2006年加入亚足联时并没有受到一些国家（尤其是西亚国家）的普遍欢迎，这导致了2015年亚洲杯决赛前出现一条令人尴尬的新闻报道，即澳大利亚队被亚足联主席阿尔哈利法驱逐（Hassett，2015）。这里的问题是，作为亚洲人意味着什么？澳大利亚是否本质上是一个“白人国家”，视自己为美国在亚太地区的“副警长”，并被亚洲国家视为一个白人、西方“至上主义”的大国（Carniel，2012；Rowe，2015a）？然而，这种认同和治理问题（亚足联前成员以色列、新西兰和哈萨克斯坦也以不同方式遇到过）可能没有全球增长需要得到认可那么重要。因此，就像欧锦赛（以及关注度较低的非洲国家杯和美洲杯）是具有全球影响力的体育重大事件一样（例如，2012年在基辅举行的西班牙和意大利之间的决赛，“全球有2.99亿名电视观众”观看）（Associated Press，2013），亚足联寻求的是亚洲以外的可供比较的电视收视率——当然也包括散居在外的亚洲侨民的收视率。

负责“制作”亚足联亚洲杯的人必须以各种方式展示其价值，主办国则需要证明举办这一赛事的成本和努力是合理的。2015年，上述观点就出现于一篇名

① 例如国际足联男子俱乐部世界杯。——译者注

为“创建澳大利亚足球共同体:关于足球持续性发展的建议”的报告中,此报告由澳大利亚联邦政府委托撰写(Commonwealth of Australia,2011),并非巧合的是,联邦政府曾拨款“4160 万澳元(不含 GST 商品与服务税)给澳大利亚足协(FFA),以帮助其获得国际足联世界杯主办权”(Football Federation Australia,2011,p.5)。众所周知的是,澳大利亚在 2022 年世界杯主办权争夺战中仅仅获得了国际足联执委会一票的支持(Rowe,2015b)。鉴于举办 2015 年亚洲杯需要得到英联邦、新南威尔士州、维多利亚州、昆士兰州和澳大利亚首都领地政府的支持,其集体责任债务高达 6100 万澳元,因此,人们批评政府将更多的公共资源“浪费”在足球上也是可以理解的。

举办 2015 年亚洲杯的好处是多方面的。首先是它的洲际声望和全球雄心——“亚洲杯被认为是亚洲最重要的体育赛事。这是亚洲 16 支最佳球队之间的比赛,其中包括许多由世界级球员组成的高排名球队……亚足联希望看到这一赛事在世界足球最负盛名的赛事中占据一席之地”(Commonwealth of Australia,2011,p.37)。其次,有人认为(具有讽刺意味的是,鉴于上述一些亚足联成员对澳大利亚提出的动议),这将“巩固”澳大利亚在“亚洲足球界的地位”,同时也有利于其国内比赛。再次,就更广泛的(即与足球无关的)利益而言,它“对澳大利亚经济和社会”有好处,“通过人数可能高达 10 亿的电视观众获得重大国际曝光”,可以带来多达 1000 个新的当地就业机会、50 万名现场观众,以及从“旅游、贸易和对外关系角度”获得的其他优惠经济利益“杠杆”。最后,还有所谓社会政策优势,包括“增加基层参与和社会包容”,如“有机会与其他政府支持的倡议联系起来,如街头足球”(ibid.,pp.37-38)。

从这里可以看出,与所有体育重大事件一样,既有对内的宣传话语,也有对外的宣传话语,除了给主办国带来经济和社会效益,还涵盖了区域、国际和全球因素。媒体的作用尤其重要,尽管“亚足联独家营销合作伙伴世界体育集团(World Sports Group)拥有亚洲杯的商业权利,包括所有的转播权和赞助权”,导致当地对门票销售的依赖,但是“这在历史上一直是适度的”(ibid.,p.40)。该赛事本身在一个相对偏远的中等规模国家举办,这意味着它深深依赖于中介化过程,以表明其重要性超越了足球和国家的范畴。正如库德利(Couldry,2008)所认为的,“中介化”和“媒介化”并不是同义词,前者更一般地指媒体机构对体育等社会文化现象的“利用”,而后者则描述了对这些现象各种各样的更彻底的改造,因为它们越来越依赖于媒体,可以被视为越来越符合它们自己的形象。应该注意的是,中介化与媒介化这两个过程可以共存,并根据语境以不同的方式运行。在这里,重点是作为一个过程的媒介化,亚洲杯这样的重大事件运用了一种媒介逻辑的修辞来吸引全球瞩目。

因此,亚洲杯是一个重大媒体事件,它通过媒体将不同的观众与赞助商联系起来。官方的亚洲地区广播公司(免费的和付费的),如中国的中央广播电视总台、伊朗的 IRIB 和泰国的第 7 频道(BBTV),加上中东和北非的报道〔分别通过拜因体育(BeIn Sport)和阿尔卡斯(Al Kass)完成〕,以及作为连接亚足联所谓“世界其他地区”的桥梁:南美的巴西的环球电视台(TV Globo);欧洲的欧洲体育(Europesport);新西兰的天空电视台(Sky NZ);美国和加拿大的同一个世界体育(One World Sports)。这份名单还包括那些通过数字和移动平台合法或非法传播亚洲杯相关内容的媒体,以及许多在体育场内和其他地方上传自己拍摄的和转发的内容的粉丝。同样,许多赞助商和广告商,包括那些不花钱就将自己与活动联系在一起而“突袭”受众的企业,使用多种媒介载体来提升品牌形象。正如上文所述,管理澳大利亚媒体运营的公司估计,“亚洲杯的全球电视观众人数超过了 10 亿”(Jump Media and Marketing,2015,para.7)。在有些国家,观众数字是惊人的,例如,37%的韩国人观看了该国与伊拉克的半决赛(ibid.)。同样,一项针对澳大利亚在韩国在线新闻中 6 个月内的表现的研究发现,“尽管我们预计人们对亚洲杯会有很大兴趣,澳大利亚和韩国在 2015 年 1 月的决赛中一较高下,但我们没有预见随之而来的新闻报道会急剧增加”(Spry & Ewyer,2015,p.5)。

这些观众与足球赛及其“官方赞助商”和“官方支持商”相遇,2015 年亚洲杯的赞助商和支持商大多是大型亚洲公司(主要是日本公司),这些公司的子公司和产品/服务范围远远超出了该地区,此外,美国和欧洲也各有 1 家。2015 年亚洲杯的 16 家官方赞助商/支持商中,有 10 家是日本公司〔朝日新闻(Asahi Shimbun)、赛森信用(Credit Saison)、爱普生(Epson)、家庭超市(Family Mart)、牧田(Makita)、尼康(Nikon)、麒麟(Kirin)、柯尼卡美能达(Konica Minolta)、东芝(Toshiba)、丰田(Toyota)〕,2 家是韩国公司〔现代(Hyundai)、三星(Samsung)〕,其余的公司来自阿拉伯联合酋长国〔阿联酋航空(Emirates)〕、卡塔尔〔卡塔尔石油(Qatar Petroleum)〕、德国〔大陆(Continental)〕和美国〔耐克(Nike)〕。2015 年 4 月下旬在巴林举行的亚足联大会上,也就是在悉尼决赛仅仅 3 个月后,澳大利亚足协的一份报告指出了赛场和中介化空间之间持续不断地相互作用,跨越了国家、地区和全球环境:

在主要会议期间，巨大的视频屏幕上播放着本届亚洲杯的许多精彩瞬间，并不断闪现各种事实和数字，提醒包括国际足联主席布拉特在内的代表们注意，无论是在球场上，还是在球场外，亚洲杯都取得了巨大的成功。

约65万名球迷到现场观看比赛，85个进球，275次射门，15万次应用程序下载，1270万分钟的油管(YouTube)观看时间——榜单还在持续更新中。

(Duerden，2015，paras.2-3)

总部位于美国的波普洛斯(Populous)体育建筑公司在讨论体育场设计与全球传播之间的关系时，披露了亚洲杯(以及其他媒介体育事件)对多媒体的综合依赖。公司资深建筑师保罗·亨利(Paul Henry，2015)描述了与5万人一起观看中国队与澳大利亚队四分之一决赛的情景，“在中国，2000多万人在电视上观看同一场比赛，这种感觉简直棒极了，”他说，这展现了“在当今数字化互联世界的一场主要体育赛事中，现场观众和远程观众之间的真正交会，以及体育赛事为一个城市提供的真正的全球互联互通”(ibid.，para.1)。他指出，“截至今年年底，官方发布的#AC2015推特标签的用户已经达到31亿”(ibid.，para.2)。此外，如果不使用它，就会有更多的人就该事件进行交流。现在，体育场设计、转播技术和社交媒体传播有望实现和谐相处，从而实现多向交流和经验交流。尽管体育场被严格封闭，其物理边界受到监管，但那些负责管理赛场内赛事的人正在改进方法，使体育场“更容易被赛事现场的国际广播公司所利用，这样他们就能更好地讲述客场球队的故事，让端坐在北京、首尔、纽约或巴黎的球迷与比赛的关联性更强”(Henry，2015，para.5)。这是一种明显的媒介化，那些设计亚洲杯体育场空间的人，以及那些用视听手段来传播亚洲杯的人，不仅关注亲临现场的观众，也同样关注那些遥远的人——其中许多人来自亚洲以外的地区。

结论：自我超越的亚洲

在2016年国际足联主席选举中，两名亚足联候选人均未当选，而当选的是瑞士出生的欧足联秘书长詹尼·因凡蒂诺(Gianni Infantino)。值得注意的是，澳大利亚没有支持亚足联认同的阿尔哈利法，而是像2015年那样，选择支持阿里·侯赛因。亚足联对这个结果是失望的，因为如果轮值主席来自亚洲，将会提高其权力和形象,包括吸引更多的人关注亚洲杯。关于体育与媒体化,我们可以从中吸取的教训是,像亚洲杯这样的重大事件可能会盛大而成功(正如2015年在澳大利亚举办的那届一样);它可以在国家文化层面有效运作,增强区域和洲际的连通性(既有积极的,也有消极的),并具有全球影响力。但是,无论包装和营销多么专业,尽管媒体(特别是数字媒体)通过其获得的机会越来越多(Hutchins & Rowe,2012,2013),但一项赛事的体育媒介化不可避免地发生在多事件媒介化的条件下,并且,其他权力资源被不均匀地配置。

关于英式足球,欧洲目前在国际足联内部拥有统治性的权力(无论其章程是否实行一员一票制),尽管亚洲(尤其是中国)对这项运动进行了大规模投资,但包括亚洲在内的世界上最好的球员和最多的媒体受众,都被其享有盛誉、品牌丰富的国际/国家俱乐部和国家队比赛所吸引。目前世界上最大的赛事是国际足联世界杯,它保证了亚洲球队的参与,并且按照目前的计划,将于2022年再次在亚洲举办(应该指出的是,2018年的赛事由横跨欧亚大陆的俄罗斯主办),世界杯总体上确认了欧洲和南美足球的优势。亚洲杯是一项合法的体育重大事件,可供全球观看,但其吸引力在亚洲之外是有限的。亚洲杯吸引了散居在外的亚洲人的兴趣,具有讽刺意味的是,它还吸引了关注欧洲精英俱乐部足球运动员的球迷,如德甲勒沃库森队的韩国球员孙兴慜,以及在他之前的英超曼联队的朴智星,回到他们的“主场”参赛。看来,亚洲的国内联赛和国际俱乐部/国家队比赛还需要多年的投资和发展,才能扭转这种体育表演失衡和观众流失的局面(Gilmour & Rowe,2012;Weinberg,2012)。

因此,正如亚洲杯这一具体案例所展示的那样,这一重大事件的宽泛概念可能掩盖了那些在技术上符合条件的赛事之间的重大差异。此外,体育的媒介化进程正在多个竞争性领域进行,这些领域与体育本身一样,会产生赢家和输家,这些赢家和输家的前景是由历史上沿袭下来的全球权力动态所决定的,即使是资本投资、人口规模、经济潜力、体育雄心和媒体影响力的强大组合也无法克服这种权力动态。

参考文献

AFC(2013a).Australia 2015 venues and match schedule unveiled.26 March.Retrieved from www.the-afc.com/asian-cup-2015-news/australia-2015-venues-and-match-schedule-unveiled (accessed 24 November 2016).

AFC(2013b).ACL final attracts record TV viewers.13 November 1.Retrieved from www.the-afc.com/marketing-afc-champions-league-2013/acl-final-attracts-record-tv-viewers(accessed 24 November 2016).

AFC(2015a).AFC Dream Asia award winners announced.5 October.Retrieved from www.the-afc.com/social-responsibility/afc-dream-asia-award-winners-announced(accessed 24 November 2016).

AFC(2015b). AFC Executive Committee backs Shaikh Salman for FIFA presidency. 27 November.Retrieved from www.the-afc.com/afc-president/afc-executive-committee-backs-shaikh-salman-for-fifa-presidency(accessed 24 November 2016).

AFC(2016).All competitions.Retrieved from www.the-afc.com/all-competitions(accessed 24 November 2016).

Ashby,K.(2015).Berlin final captures the world's imagination.8 June.Retrieved from www.uefa.com/uefachampionsleague/news/newsid=2255318.html(accessed 24 November 2016).

Associated Press(2013).UEFA reports TV audience of 299 million for Euro 2012 final,167 million for Champions League.23 January.Retrieved from www.timescolonist.com/entertainment/television/uefa-reports-tv-audience-of-299-million-for-euro-2012-final-167-million-for-champions-league-1.54426#sthash.uN7DVeEA.dpuf(accessed 24 November 2016).

Australian Government(2012).*Australia in the Asian Century White Paper*.Canberra:Department of the Prime Minister and Cabinet.Retrieved from www.murdoch.edu.au/ALTC-Fellowship/_document/Resources/australia-in-the-asian-century-white-paper.pdf(accessed 24 November 2016).

Carniel,J.(2012).Reflections on race, regionalism and geopolitical trends via Australian soccer.*The International Journal of the History of Sport*,29(17),2405-2420.

Chadwick,S.(2015a).Football and China's World Cup goal.*Asia and the Pacific Policy Society Policy Forum*,23 September.Retrieved from www.policyforum.net/football-and-chinas-world-cup-goal(accessed 24 November 2016).

Chadwick,S.(2015b).Football's "bamboo revolution".*Asia and the Pacific Policy Society Policy Forum*,3 December.Retrieved from www.policyforum.net/footballs-bamboo-revolution(accessed 24 November 2016).

Cho,Y.(ed.)(2015).*Football in Asia:History,culture and business*.Abingdon:Routledge.

Commonwealth of Australia(2011).*Building Australia's football community:A review into the sustainability of football*(authored by W.Smith).Canberra:Commonwealth of Australia.Retrieved from www.ausport.gov.au/__data/assets/pdf_file/0020/624161/FFA_sustainability_report.pdf(accessed 24 November 2016).

Couldry,N.(2008).Mediatization or mediation? Alternative understandings of the emergent space of digital storytelling.*New Media and Society*,10(3),373-391.

Duerden,J.(2015).AFC leaders in awe of Australia's Asian Cup.1 May.Retrieved from www.footballaustralia.com.au/article/afc - leaders - in - awe - of - australias - asian - cup/je5qsf125fdb1e4ym8ysws3z8#qXhp0wgMa5jKvzc3.99(accessed 24 November 2016).

East,S.(2015).Middle East millions fueling European football,CNN,12 January.Retrieved from http://edition.cnn.com/2015/01/12/football/qatar-uae-sponsor-football-europe(accessed 24 November 2016).

Enright,M.J.,Scott,E.E.and Chang,K.(2005).*Regional powerhouse:The Greater Pearl River Delta and the rise of China*.Singapore:John Wiley & Sons(Asia).

Fédération Internationale de Football Association(2016).Governance.Retrieved from www.fifa.com/governance/index.html(accessed 24 November 2016).

Football Federation Australia(2011).*Bidding nation Australia:Final report*.Sydney:FFA.

Frandsen, K. (2014). Mediatization of sports. In K. Lundby (ed.), *Mediatization of communication*(pp.523-543).Berlin:Mouton de Gruyter.

Gilmour,C.and Rowe,D.(2012).Sport in Malaysia:National imperatives and Western seductions.*Sociology of Sport Journal*,29(4),485-505.

Hassett,S.(2015).Angry Gulf nations leading charge to kick Australia out of Asian Football Confederation.*The Sydney Morning Herald*,29 January.Retrieved from www.smh.com.au/sport/soccer/afc-asian-cup/angry-gulf-nations-leading-charge-to-kick-australia-out-of-asian-football-confederation-20150129-131e5g.html(accessed 24 November 2016).

Henry,P.(2015).The AFC Asian Cup was one of the most talked about football events ever in Asia.What does that mean for the future of stadium design? *Populous*,23 February.Retrieved from http://populous.com/posts/the-afc-asian-cup-was-one-of-the-most-talked-about-football-events-ever-in-asia-what-does-that-mean-for-the-future-of-stadium-design(accessed 24 November 2016).

Horne,J.and Manzenreiter,W.(2006).*Sports mega-events:Social scientific analyses of a global phenomenon*.Oxford:Blackwell.

Hutchins,B.and Rowe,D.(2012).*Sport beyond television:The Internet,digital media and the rise of networked media sport*.New York:Routledge.

Hutchins,B.and Rowe,D.(eds)(2013).*Digital media sport:Technology,power and culture in the network society*.New York:Routledge.

Jump Media and Marketing(2015).AFC Asian Cup Australia 2015.Retrieved from www.jump-media.com.au/projects/afc-asian-cup-australia-2015(accessed 24 November 2016).

Kelly,N.(2016).Revealed:How one man's obsession is turning China into a football superpower.*The Telegraph*,8 February.Retrieved from www.telegraph.co.uk/sport/football/12146017/

Revealed–How–one–mans–obsession–is–turning–China–into–a–football–superpower. html (accessed 24 November 2016).

Kohli, H. S., Sharma, A. and Sood, A. (2011). *Asia 2050: Realizing the Asian century*. New Delhi: Sage.

Manfred, T. (2014) 14 Reasons why the Qatar World Cup is going to be a disaster. *Business Insider Australia*, 22 April. Retrieved from www.businessinsider.com.au/qatar–world–cup–problems–2014–4? r=US&IR=T (accessed 24 November 2016).

Moyer, J.M. (2015). Soccer czar Sepp Blatter banned from FIFA for 8 years. *The Washington Post*, 21 December. Retrieved from www.washingtonpost.com/news/morning–mix/wp/2015/12/21/former–soccer–czar–sepp–blatter–banned–from–fifa–for–8–years (accessed 24 November 2016).

Roche, M. (2000). *Mega–Events and modernity: Olympics and expos in the growth of global culture*. New York: Routledge.

Rowe, D. (2011). *Global media sport: Flows, forms and futures*. London: Bloomsbury Academic.

Rowe, D. (2015a). Sport, diplomacy and Australia in the Asian Century: The case of the 2015 AFC Asian Cup. Unpublished paper delivered at Sport and Diplomacy Colloquium: Message, Mode and Metaphor?, Centre for International Studies and Diplomacy, School of Oriental and African Studies, University of London, 3 July.

Rowe, D. (2015b). The player played: Frank Lowy and Australia's failed World Cup bid. *The Conversation*, 18 November. Retrieved from https://theconversation.com/the–player–played–frank–lowy–and–australias–failed–world–cup–bid–50007 (accessed 24 November 2016).

Rowe, D. and Gilmour, C. (2010). Sport, media and consumption in Asia: A merchandized milieu. *American Behavioral Scientist*, 53(10), 1530–1548.

Spry, D. and Dwyer, T. (2016). *The Representation of Australia in South Korean online news: October 2014–April 2015. A report for the Australia–Korea Foundation*. Sydney: University of Sydney. Retrieved from www.academia.edu/20423611/The_Representation_of_ Australia_in_South_Korean_Online_News_October_2014_April_2015 (accessed 24 November 2016).

Straits Times (1964). AFC tells Indonesia: Pay or be sacked. *The Straits Times*, 28 August. Retrieved from http://eresources.nlb.gov.sg/newspapers/Digitised/Article/straits times19640828–1.2.130.6.aspx (accessed 24 November 2016).

Sugden, J. and Tomlinson, A. (1999). *Great balls of fire: How big money is hijacking world football*. Edinburgh: Mainstream.

Tomlinson, A. (2014). *FIFA (Fédération Internationale de Football Association): The men, the myths and the money*. Abingdon: Routledge.

United Nations (2016). Sport for development and peace. Retrieved from www.un.org/ wcm/content/site/sport/home/unplayers/goodwillambassadors (accessed 24 November 2016).

Weinberg, B. (2012). "The future is Asia?" The role of the Asian Football Confederation in the governance and development of football in Asia. *International Journal of the History of Sport*, 29(4), 535-552.

Wenner, L. (ed.) (1998). *MediaSport*. London: Routledge.

Wilson, B. (2014). Indian Super League to waken football "sleeping giant". *BBC News Business*, 8 September. Retrieved from www.bbc.com/news/business-29110757 (accessed 24 November 2016).

第十四章　超级碗

——重访神话奇观

迈克尔·R.里尔[1],劳伦斯·A.文内尔

> 超级碗的结构性价值观可以被简要地概括为:美式橄榄球是一种具有侵略性的、受到严格监管的团队比赛,比赛在男性之间进行,在民族主义娱乐背景下,他们使用暴力和技术来控制财产,以获取个人经济利益。超级碗通过将一场比赛提升到集体庆祝美国意识形态奇观的高度来传播这种价值观。
>
> (Real,1975,p.42)

> 事物变化越多,不变的就越多。
>
> ——法国谚语

2016 年是超级碗创立 50 周年,我们对它的回顾将从两个方面开始。第一方面是重新回顾传播学领域率先对超级碗进行研究的总结(Real,1975),更广泛地说,是认真对待媒介体育日益增长的文化重要性。这项对 1974 年第 7 届超级碗的研究讲述了一个更大的故事,即美国本土顶级体育重大事件的神话和奇观如何揭示了这个国家当时的情感。第二方面的考察通过引用具有讽刺意味的至理名言——虽然很多东西看似改变了,但其实大多并没有改变——我们认为超级碗的神话和文化功能在今天仍然有效。然而,变化是不可避免的。因此,在本章中,我们将重新审视超级碗那些深层次的和持续稳定的方面,并评估

[1] 加拿大皇家路大学传播与文化学院荣休教授,已去世。他的研究方向主要是媒介与文化的交融,特别是体育对美国和全球人文价值的影响。

商品化、媒介化和数字化带来的变化。为了设定舞台,我们将“超级”视为语境、事件和逻辑。

超级语境

在过去的半个世纪里,超级碗逐渐主宰了美国的文化景观,成为终极国家庆典。越来越多的美国人会在每年的这个时候聚集在一起观看超级碗,规模超过其他任何一项活动。相较其他赛事,广告商为了博得专注的眼球,愿意为超级碗的每秒钟花费更多资金。超级碗不仅仅是一个大型赛事,它是最大的赛事。超级碗不仅仅是一场决赛,它是终极奇观。在美国,超级碗就如同购物之于圣诞节,美食之于感恩节,香槟和宿醉之于新年前夜,爱国主义和烟花之于美国国庆日。结合所有这些特性,超级碗已经成为美国最完整的自我庆祝活动。

1969 年的第三次冠军对决赛被冠以“超级”之名,当时除了超市和漫画书中的英雄,几乎没有什么是“超级”的。显然,全国橄榄球联盟(NFL)和美国橄榄球联盟(AFL)之间这场冠军对决赛的制度化既有雄心壮志,也有自命不凡。超级碗的目标不仅是大、巨大,或者是伟大,超级碗的“超级”是在宣示其目标是超越美国一切其他的体育运动。它开创了一个时代,预示着“超级媒体”的到来(Real,1989),超级碗大摇大摆地使用罗马数字来反复强调自身的重要性,并为这个新生的赛事连续多年举办注入了历史的永恒性与重要性。

1967 年的首届超级碗比赛采用了原始的制作技术,电视转播暴露了现场有非常多的空位,这显然没那么“超级”(Sandomir,2016a),但这项赛事的影响力和意义不断扩大。超级碗的自我庆祝式的历史主义促使 NFL 在 2016 年最终重组了第 1 届赛事的片段,并在联盟自己的频道上播出,但在此过程中,NFL 却拒绝为唯一已知的原版转播支付所需的费用(Sandomir,2016b)。在越来越高的电视收视率的推动下,围绕它建立起来的大量商品化的“庆典”已经令人信服地将其定位为美国首屈一指的文化事件。

2016 年的第 50 届超级碗在很多关键方面都具有里程碑意义。当“黄金周年纪念日”来临时,用罗马数字命名每年赛事的历史性做法第一次被摒弃。虽然 NFL 将这一变化吹捧为“升华和庆祝历史性”周年纪念日的方式,但使用现代的“标志友好型”阿拉伯数字“50”可能比营销超级碗的“L”更加容易令人们理解(Garcia,2015,p.3)。

然而,这场 NFL 的联盟冠军卡罗来纳黑豹队和丹佛野马队的比赛,其本身在很多方面与其他比赛并没有什么不同。根据记录,野马队以 24 比 10 的比分战胜了黑豹队。尽管尼尔森收视调查显示有 1.12 亿美国观众观看了比赛转播,其在美国电视史上收视率最高的节目榜单中占据了主导地位,但较之前两届超级碗的观众人数略有下降(Kissell,2016),但它的全球观众人数增长了 1.6 亿(Whittle,2016)。对于这项美国独有的橄榄球形式来说,这些数据是“超级”的,但这些数字如果与最近世界杯决赛预估的 6 亿 9500 万家庭观众和收看超过 1 分钟的 10 亿观众(如果加上家庭外收视人群)的数字相比,就显得黯然失色了(FIFA,2015)。

尽管如此,有证据表明,大约有一半的美国家庭收看了这场比赛,再加上很多人在酒吧和公共场所观看比赛,还有数百万人通过流媒体观看比赛,不可否认的是,超级碗就是美国体育重大事件(Breech,2015)。在“庆祝”超级碗 50 周年的过程中,NFL 及其众多附属机构和合作伙伴不会错过进一步“超级化”和货币化赛事的机会。

超级事件

自从我们最早对超级碗在文化和商业上的作用进行剖析以来(Real,1975;Wenner,1989),学术界对媒体时代对大型文化事件的研究给予了相当大的关注。很多人都认识到,媒体,更重要的是,“媒介逻辑”作为一种“观察”和解读文化的方式被广泛使用,改变了游戏规则(Altheide & Snow,1979)。许多学者看到,在“媒介事件”面前,仪式的节奏和神话中的英雄不可避免地发生了变化(Dayan & Katz,1992),变得程序化、奇观化和商品化(Real,2013)。

因为这些特征在伊斯特曼、牛顿和帕克(Eastman,Newton & Pack,1994)对“体育重大事件”的描述中是如此重要,即作为大众日程表中的重要体育赛事,所以体育重大事件在重大事件研究中占据主导地位也就不足为奇了(Gruneau & Horne,2016)。当然,超级碗就符合罗切(Roche,2000,p.1)的标准,即重大事件是“大型文化(包括商业和体育)事件,具有戏剧性特征、大众吸引力和国际意义”。尽管超级碗在美国受到热烈追捧,但它的全球吸引力有限(尽管在不断增大)。因此,与其他那些具有地区或小众吸引力的赛事一样,超级碗更适合被定性为“第三级”重大事件(Horne,2010)或“主要”体育事件(Muller,2015)。

虽然存在争议,但超级碗在国际体育重大事件中的排名可能并不重要。在

“对主办城市、地区或国家产生重大影响”和吸引“大量媒体报道”(Horne & Manzenreiter,2006,p.1)这两个关键的评判标准方面,超级碗表现出色。这主要得益于两周的媒体“超级炒作”(superhype)(Wenner,1989),它策略性地发生在冬季中期文化和体育“死角”,即假期和大学橄榄球赛季结束之后、职业篮球季后赛和职业棒球新赛季开始之前。

有鉴于此,作为媒介重大事件的超级碗在制造现代神话奇观时,是建立在以下三个必要条件的基础上取得成功的:

1.技术基础设置,能够覆盖全国,有声音、动作和色彩的现场直播;

2.公众能感同身受的故事,生动活泼,传达强烈的情感,能抓住大众的想象力;

3.这些故事的呈现方式能与美国文化中最深层的意义联系在一起,概括和生动化了这个国家共同的基本价值观(Real,1977)。

事实上,超级碗作为一个神话奇观,代表着一种文化,并将其成员团结在一起,这让人想起在不同的传统文化中庆祝成员关系和意义的部落奇观(Geertz,1973)。

这些特征使得超级碗不仅成为一个“媒体怪兽”,而且成为一个以人为制造的“神圣节日”(high holy day)(Dayan & Katz,1992)为标志的、以庆祝其壮观景象的仪式为特色的文化季。在这一点上,超级碗成了用幽灵“取代”现实的典型,波德里亚(Baudrillard,1981/2006)称之为拟像。事实上,今天的超级碗“活动”已经成为社会生活被商品及其逻辑更严重地殖民化的象征。这正如德波(Debord, 1967/1995)所认为的,当代文化是通过“奇观”来定义的。由于这种“超级逻辑”的自然化是我们分析超级碗不可或缺的一部分,所以我们将转向两个相关的思想流派。

超级逻辑

超级碗赛事融合了重大事件、媒介事件、仪式和奇观神话的特点,依赖于更广泛的商品化和媒介化的双重逻辑,理论家们越来越多地将这两种逻辑视为后现代状态的支柱。消费文化理论的兴起(Arnould & Thompson,2005;Smart,2010)放大了德波(Debord,1967/1995,p.29)关于“商品世界”中的景观社会的观察。鲍曼将后现代“流动的现代生活”描述为一种被“消费社会性”所包围的生活,在这种生活中,享乐主宰一切,人们在一种强制性的“市场媒介化的生活模式”中做出选择，这种生活模式被“消费主义态度”或“综合征”所主导，将生存视为一系列市场挑战（Bauman，2007；Blackshaw，2008）。对鲍曼来说，消费主义文化“是一个恶性循环（circulum vitiosus），这个魔幻圆圈拥有渗透性的圆周——容易进入，却没有出口”（Rojek，2004，p.304）。

事实上，像超级碗这样的重大事件，在很大程度上形成了一种消费狂欢，使消费逻辑无处不在。这是惊人的，即使对特别适应这一趋势的观察者来说也是如此。

> 即便我对 NFL 的商业魔性早有准备，我也永远不会想到，譬如，他们竟会出售赛前掷硬币活动的冠名权，并请橄榄球名流参与策划。1974 年的 4 个小时的电视节目，如今已经没有时间和频道的限制。当时还不存在的 ESPN，现在全天候报道超级碗赛前的方方面面。NFL 频道以及在特定年份拥有转播权的主要电视网，提供超级碗赛前的特别节目、综艺节目、迷你纪录片、插播植入广告等。它是 1974 年最盛大的赛事，此后它的规模不断扩大。
>
> （Real，2013，pp.236－237）

这种对当代重大事件的“超级商品化”（hypercommodification）不但普遍存在，而且是不可或缺的。德波、鲍曼和不少人已经认识到，没有媒体，推动奇观的商品化逻辑是不可能的。事实上，霍尔内和曼泽雷特（Horne & Manzenreiter，2006，p.2）断言：“一个未经媒介化的重大事件是一个矛盾术语。”

认识到这一点，我们接纳了当代关于媒体“逻辑”如何与理解和体验日常生活相交融的思考。近年来，“媒介化”（Hepp，2013；Hjavard，2013；Lundby，2009）作为理解当代文化环境的一种理论框架，它是建立在早期对于“媒介逻辑”的研究之上的（Altheide & Snow，1979）。人们不仅认识到“超级媒体”的力量（正如壮观的媒体事件所阐述的）如何使“超级”成为解释普通事物的框架（Real，1989），还将关注点放在“万事万物的媒介化”上（Livingstone，2009）。媒介化承认“社会机构和文化过程如何因媒体的无所不在而改变了特征、功能和结构”（Hjarvard，2013，p.2）。弗兰德森（Frandsen，2014）认为，与体育相关的媒介化过程——特别是在其巨型化的过程中——传播了它们自身的“逻辑”。根据这一观点，我们将考虑超级碗的情感如何与社会、文化和媒介化生活的其他方面发生关联。

在框架化我们的分析时，我们注意到，如果通过“数字”来看待超级碗 50 周年，人们可能会认为赛事从创始以来已经发生了巨变。事实上，关键指标已经

"超级规模化",导致了天价门票、最昂贵的电视广告以及越来越多的搭售活动相继出现。然而,关于超级碗是如何神话般运作的,在结构上是如何被控制和约束的,答案仍然相对稳定。因此,在接下来的章节中,我们将重新审视超级碗赛事的神话和结构形式,依靠早先使用过的分类方式(Real,1975,1977)来评估由日益商品化、媒介化和数字化所推动的变化中的稳定性。

神　话

神话活动作为"表达特定文化的共同情感和理想的符号原型的集体重现",以及它作为"监管和指导机制"的力量(Real,1977,pp.96-97),在超级碗比赛中以环环相扣的方式被催化,这在历史上使神话变得迷人而强大。尽管超级碗神话功能的基本轮廓——通过英雄原型建立个人认同以推动公共关注,以及调节时间、空间和经济生态——保持稳定,但变化仍然比比皆是,尤其是在促进社群和消费叙事审美化的文化体验商品化方面。

个人认同

在推进身份认同以促进参与的过程中,超级碗继续建立在各种认同"锚定"的基础上,这些"锚定"是球迷关系的基础,并促进替代性参与。媒介叙事——从 NFL 通过其多样化的媒体机器塑造的叙事,到报道比赛筹备过程的媒体叙事,再到那些由"炒作"衍生的"特别"电视节目和狂欢派对以及沐浴在超级碗光芒下的博览会——为认同和参与提供了符号性的"挂钩"。当这种由商品驱动的对事件本身的根源和意义的理解通过社交媒体的"回声室"(echo chambers)被接受、自然化和放大时,与超级碗相关的参与、认同和意义的媒介化术语揭示了埃卢尔(Ellul,1964)所认为的定义一个技术型社会中人际关系轨迹的位移。

英雄原型

超级碗持续为美国人提供最盛大的舞台,来庆祝植根于神话和浪漫主义的体育英雄的理念(Crepeau,1981)。体育英雄叙事通常被视为推动了美国竞技运动发挥神话功能,并经常在情景动作和令人钦佩的角色中融合"伟大",已经开始主导当代英雄空间(Allison & Goethels,2011)。橄榄球是"美国国球",NFL由"最伟大"的橄榄球球员组成,通过为无处不在的英雄人物塑造一种令人信服的"神圣"形象(holiness),战略性地构建自己的精英品牌。通过自己的媒体渠道和品牌,如 NFL 电影公司和 NFL 频道,其历史化的英雄逻辑在其名人堂中得到延伸并自然化。联盟的"转播合作伙伴"通过将关键比赛中的"明星"塑造成英雄来推进这一进程,当赌注达到最高时,这种偏好就会增强,就像在超级碗比赛中一样。

共同焦点

集体参与仪式化的活动能够分享超越个人的经验和关切,这是神话信仰的核心(Cassirer,1944)。在美国,没有什么比超级碗更能引起公众关注了。如今,在媒体碎片化、微观受众分散、时间转向专业节目的时代,超级碗仍然是最大的文化帐篷,"分享"现场体验的人比其他任何活动的都要多。作为电视收视率的大赢家,除了取代了其他文化活动和减少了交通流量,举行超级碗的那个星期天还是一个"神圣的日子"。亲朋好友聚在一起,举行地方性的消费和订婚仪式,以食物、饮料和博彩为基础。

4300 万球迷聚集在一起,在家聚会,"分享"超级碗的经验,继续为这项赛事的神话功能提供最广泛的基础。在一系列专题报道和在线指南的刺激下,超级碗星期天已经成为消费引擎。近年来,成人饮料的销量在超级碗比赛前达到了新的水平,超级碗星期天是人们吃比萨和鸡翅最多的一天,食物消费规模仅次于感恩节(Earls,2016;Nielsen,2016)。近年来,将超级碗推广为"一流"庆典的努力,越来越多地受到商品化计划的影响,其中的许多计划是为精英和企业服务的。在地方层面,尤其是在某一年有"主场"球队参加超级碗比赛的城市,"派对"和特别活动在酒吧和餐馆"举办",许多酒吧和餐馆会向希望升级"主场"的球迷群体提供昂贵的"套餐"。

没有什么地方的升级比体育旅游服务业为精英阶层提供的服务更明显了,这些精英拥有资源或关系,能够享受观看超级碗比赛的特权。由于 850~2500 美元的"无须预约"门票渠道基本关闭,转售市场门票平均为 5000 美元,昂贵的"全包式"超级碗套餐(包括四星级和五星级酒店住宿、比赛门票、独家派对和活动门票)的价格在每人 10000 美元的范围内,"聚焦"游戏庆典的"社群"与那些依赖媒体表演的"社群"大不相同(Fortune Editors,2016)。进入这个社群的其他入口的是那些有特权的人,他们被那些希望通过"招待"客户来扩大自己影响力的公司用酒宴款待,同时还要承担一笔业务费用。

超级碗 50 周年由当地主办委员会推动,旨在推动旧金山湾区经济增长 2.2

亿美元(以抵消提供公共安全服务的可观的额外成本),整个地区约有50个公共活动通过嘉年华式的庆祝环节来吸引公众的关注(Wagner,2016)。随着超级碗中介化受欢迎程度的提升,以球迷为中心的活动,如"NFL体验""超级碗球迷快车""超级碗开幕夜""超级碗媒体日"等,也成为媒体专题报道的"背景"(backdrops),进一步为超级碗神话"造势",并使其合法化。尽管各种各样的活动不尽相同,从免费入场的活动到费用昂贵的私人"热门"派对(只有受邀的人才能入场),但其共同点是,通过媒体报道,这些活动向待在家里的球迷展示了特权阶层如何引人注目地消费超级碗。

标记时空

随着后现代城市生活使人类越来越远离自然,体育赛事的赛季也越来越具有标记时间和空间的神话功能(Real,1977)。NFL战略性地将超级碗比赛安排在了冬季间歇期、年终假期和主要赛事的结束期(或者是赛季中期的低迷期),这为埃利亚德(Eliade,1959)所说的"神圣"时间和空间提供了便利,让这项赛事在每天的"世俗"(profane)生活中得以存在。这种"整洁"的神圣空间继续为超级碗提供独特的文化开放敞口,以塑造一个充满了商品化的仪式活动和市场化的英雄原型的由原始媒体驱动的赛事。

生态调节机制

正如农村和部落文化中的神话与仪式模式有助于务实地调节环境和关系实践,以实现可持续性发展(Rappaport,1968),超级碗的一个关键调节功能是通过销售产品和服务来推进经济体系的形成。虽然在早期,超级碗作为一个营销平台,并不比其他体育赛事或媒体产品更不寻常,但今天,它作为美国最引人注目、最受尊崇的商业主义庆典,却是无与伦比的。虽然"超级碗"比赛转播的广告宣传成本很高,30秒的广告费用高达500万美元,但更能说明问题的是,观看比赛的许多人的关注焦点发生了变化。与德波(Debord,1967/1995)对"商品世界"中景观的观察一致,如今,更多的人(39%)将商业广告而不是比赛本身(28%)作为他们"最喜欢的超级碗"景观(Garibian,2013)。

这种图形—背景关系的变化使超级碗成为一种"商业庆典"(McAllister,2001),这源于超级碗广告已经成为一个小众文化产业。在这里,广告商策划如何制作"最佳的"(通常也是最昂贵的)广告,以使产品和服务在美国最壮观的赛事舞台上引起轰动(且收获好评)。

广告商之间的竞争,不但要“打破杂乱”的竞争信息,而且要让他们的商业叙事得到美学上的评价,这已经被正式定义为“赛事中的比赛”,被视为“广告的超级碗”(Wenner,2015,p.26)。这项赛事是由媒体关注、计分和稳定的广告效果来激励的,从而将这一活动提升到奇观的程度。除了专家对这些商业广告的大量评价,机构化的媒体企业,如《今日美国》(*USA Today*)的广告量表(Admeter)、油管(YouTube)的广告宣传(AdBlitz)和哥伦比亚广播公司(CBS)两小时的“超级碗 2016 年最伟大的商业广告”(Super Bowl's Greatest Commercial 2016)黄金时段特别节目,通过鼓励消费者通过“投票”来表达他们的声音,以选出他们认为的美学上的“最佳”商业广告。我们很难找到一种文化进程能通过豪格(Haug,1986)所说的“商品美学”(commodity aesthetics)的颂扬,更清晰地体现马克思(Marx,1867/1981)的“商品拜物教”(commodity fetishism)概念。我们注意到德波(Debord,1967/1995)对于景观社会的观察,文内尔(Wenner,2015,p.26)将这种情况视为“‘终极奇观’,因为奇观不仅仅是商品化的载体,而且是由商业本身组成的奇观”。

结　构

与超级碗的神话功能一致,稳定性掩盖了赛事结构维度的变化。在肯定“超级碗是美国社会和文化制度与意识形态结构的正式模拟”(Real,1977,p.103)时,我们重新审视了领地与财产、劳动力、管理、行动动机、基础设施和包装的结构化如何吸引和涵盖奇观。虽然许多轮廓的变化是显而易见的,但我们特别关注由“博彩化”(gamblification)所激发的动机的关键维度,以及包装如何与数字和社交媒体一起推进战略品牌的构建。

领地与财产

和资本主义一样,美式橄榄球是通过竞争获得利益的。此外,橄榄球就像战争一样,需要使用武力向敌方的领地推进,并最终占领它。触地得分,标志着突破到对手达阵区,这象征着积累,控制生产和占有最多财产的球队获胜(Paolantonio,2008)。对民族主义和军队支持的盛大庆典,经常出现在超级碗赛前和中场表演中,这强化了根深蒂固的主题(Swanson,2016)。

时 间

1974年第7届超级碗赛事只播放了不到7分钟的现场画面,关于这一发现(Real,1975)已经有人取得了很大进展(Durslag,1976)。被比赛解说、赛前和赛后节目以及广告所掩盖的是,实际比赛直播的时间只占赛事转播时间总长度的3%。随着当代长达12个小时的赛前和赛后“特别节目”的出现及广告时间的延长,超级碗比赛现场直播的时间很容易被缩减为不到播出总时长的1%。然而,美式橄榄球比赛的核心是有效地“利用时间”(由外部技术精确控制),在不同的“攻防推进”中以4~9秒的间断动作爆发。由于超级碗比赛的解说一直备受关注,这项工作引导并颂扬了用时的高效性。

劳动力

超级碗比赛期间展示的劳动力,仍然是美国多样性和机会的糟糕反映。虽然参与NFL庆典的女性现在占其球迷总量的45%(Beahm,2015),但是女性和男性都只崇拜超级碗文化舞台上的男性体育成就。在这个男性堡垒中,很少有女性被视为超级碗文化表演的现场指挥官(教练和团队成员)或评论员(除了偶尔出现的边线记者[①])。最引人注目的女性仍然是性感的艺人,比如碧昂斯(Beyonce),在性别“适当”的中场休息和赛前庆祝活动期间,她们可以吸引男性的目光。在其他劳动力战线上,人们也可以看到种族分歧。虽然NFL有色人种主教练的数量从2011年的最高点8人之后有所下降,但非洲裔美国球员的比例却上升到了近70%,这导致比例失当的黑人角斗士在不同的电视观众和观众席上为数众多的白人特权观众面前战斗。除了黑人和白人球员,NFL其他种族球员的总比例仅为3.7%(Lapchick & Robinson,2015)。

管 理

超级碗球队及其配套公司的结构仍然是美国公司商业体系的直接翻版。超级碗汇集了两大阵营,两大阵营中的每一个都是大公司,它们相互“竞争”,同时分享一个更大的合作和垄断的NFL商业联盟。长期电视转播权合同(在门票销售之前,联盟32支球队每年每支球队的收益超过2亿美元)推动了风险的降低,导致个人特许经营价值超过40亿美元,平均收入在3亿至5亿美元之间

① 在中国,边线记者一般被称为“单边注入点记者”。——译者注

(Badenshausen,2011;Forbes,2016)。这些公司的运营预算通常超过1亿美元,它们是复杂的企业,在每一个环节都有重要的高管,从主教练到负责发掘新秀、培训、营销、传播、设施和赛事运营的专家,再到大批律师和会计师的支持。

行　动

这种管理和劳动力的融合产生了市场化“行动”。在今天的超级碗报道中,身体接触的声画(从300多磅重的线卫在“等待区”准备上场到正面全速碰撞)仍然是促进观众参与的关键焦点,并在回放中受到热烈欢迎。与1974年超级碗中平均6英尺2英寸(1.88米左右)高和225磅(102千克左右)重的球员相比,如今站在场上的角斗士们已经是超大号了(Real,1977)。现代的速度型球员,如卡罗来纳黑豹队6英尺5英寸(1.96米左右)、250磅(113千克左右)的四分卫卡姆·牛顿,就像早期的矮个子前锋(Gaines,2015)。在奇观赛事中,动作更迅捷,撞击更剧烈,伤病也更频繁。作为娱乐的这种动作表演的纯粹性被玷污,受到了越来越多的关注,包括终身伤害的正常化和后来在退役运动员中发现的广泛存在的慢性创伤性脑部疾病(Beck,2015)。

动　机

虽然休闲运动员可能是出于“对比赛的热爱”或“喜欢竞争的刺激”而参加比赛,但职业橄榄球赛和赢得超级碗是最受金钱驱动的。虽然今天赢球和输球的球队球员获得的奖金(分别为9.7万美元和4.9万美元)要比参加1974年的超级碗比赛获得的奖金(分别为1.5万美元和7500美元)多,但这类比赛的“奖金”在激励蛋糕中所占的比例要小得多,尤其是考虑到NFL球员的平均工资为210万美元(Gerencer,2016;Real,1975;Reimer,2016)。获胜的动机更多地是由球员和球队作为获胜的“品牌”所带来的巨大市场价值所激发的(Badenhausen,Ozanian,& Settimi,2015)。

虽然NFL及其球队和球员的动机很明显,但他们并不是唯一被金钱游戏所激励的人。正如格尔茨(Geertz,1973)在他对巴厘岛斗鸡的研究中生动记载的那样,整个球迷群体长期以来一直享受着在游戏中拥有“皮肤”的感觉。格尔茨认为,通过博彩参与体育运动是由“深度游戏”驱动的,因为可能赢得的钱并不足以证明所冒的风险是合理的。更重要的是,西美尔(Schimmel,2006,p.160)认为,博彩下注的钱深化了游戏,促进了“身份等级制度向事件主体迁移”。因此,超级碗在这种重大媒体主导地位的推动下,几乎每一项评估都将这场比赛描述为“每年最大的一项博彩活动”也就不足为奇了。据估计,每年约有2亿人在这项赛事上下注,赌注高达100亿美元(www.superbowlbets.com)。即使在美国这样的国家,很多在线博彩也是非法的,97%的投注是非法的,但有证据表明,2016年的超级碗投注比前一年的增加了8%(Fortune Editors,2016)。在如今无处不在的离岸博彩网站与体育“博彩化”(Pillsbury,2015)日益结合的形势下,人们下注更加方便,而在社交媒体与“谷歌和脸书等信息技术公司错综复杂的网络监控和有针对性的广告曝光”(Rowe,2015,p.151)共同推动下,超级碗博彩已经成为该事件更值得关注的媒介化效应之一。这些影响显然与那些与强迫性赌博相关的功能障碍和社会代价一起,使情况更为复杂。

基础设施

早期对超级碗“基础设施”的思考源于这样的观察:“机构组织不同于美国企业;这是美国的生意(Real,1975,p.40)。当球队(作为商业实体)和NFL(作为一个复杂的联盟)继续将自己和超级碗赛事复制成企业过度狂欢中的变形虫时,最值得注意的是该赛事如何被视为对主办该赛事的城市的经济和社群心理造成了影响。城市,无论是政府还是商业团体,在申办超级碗的过程中都会卷入“地域之战”(Haider,1992),享受着它的荣耀和显而易见的好处。参赛门槛通常要求提供昂贵的新体育场来展示比赛,并为那些参加企业赞助的橄榄球迷嘉年华的特权人士提供吃喝的场所。尽管从五星级酒店到强大的技术骨干,确保所需基础设施的成本可能令人望而生畏,但令人欣喜的收益报告,如举办超级碗50周年(Wagner,2016)带给旧金山湾区的2.2亿美元收益,掩盖了有据可查的“非理性经济”(economic irrationality)(Schimmel,2006)。

包 装

虽然包装超级碗体验的基础设施有着相当高的要求,但是如果没有宣传和围绕超级碗的媒体力量的持续性和凝聚力,这种体验作为当地社区人类经验的价值和存在本身就不可能实现。媒体包装的核心是“转播日”活动,其基本内容包括一个赛前节目、比赛转播和一个赛后节目,由拥有当年电视转播权的电视网制作。虽然1974年的转播日有今天看上去似乎适度的半小时赛前表演(Real,1975),但CBS在超级碗50周年之前的播出时间延长至7个半小时,并以5个赛前节目为特色:一个是持续4小时的《今日超级碗》(*The Super Bowl Today*),另一个是《超级碗50年:在他们成为职业球员之前》(*Super Bowl 50:Be-*

fore They Were Pros）和《通往超级碗之路》（*Road to the Super Bowl*），由 NFL 电影公司制作，该公司的内部宣传部门以宣传历史和英雄的方式讲述 NFL 的故事。越来越壮观的中场秀加入以后（它同样属于 NFL），人们就可以把转播日看作一个不能后悔的 NFL 包裹，它被媒体合作伙伴系上了一个漂亮的蝴蝶结，这是为获得特权而付费的。

虽然在转播合作伙伴的网络上播放更多的节目可能被视作一种进化，但它只是一个更大的包装生态系统的一部分，该系统促进了超级碗品牌变得无处不在。在比赛开始前的两周，三种力量——放大、回响和混响联合起来使超级碗在媒体领域占据主导地位。

NFL 和它的转播合作伙伴（在第 50 届超级碗是 CBS）的媒体部门目前处于领先地位，它们起到了带头作用，放大了这一事件的重要性，更广泛地颂扬了 NFL 文化的重要性。在这里，NFL 电影公司的各种节目记录了超级碗的过去，颂扬了 NFL 的英雄主义，这些节目几乎像童话一样，在 NFL 频道、CBS/维亚康姆（Viacom）的表演时间和尼克顿频道（Nicktoon）的转播时间表中传播，并在 ESPN 和福克斯体育频道（Fox Sports）播出。进一步的扩大化则来自 NFL 传播部，他们在 NFL.com 和 SuperBowl.com 网站上，用"无处不在的报道和独家内容"覆盖了数字空间，并借助威瑞森（Verizon）的 NFL 移动和 Xbox（微软游戏机品牌）上 NFL 的这些数字媒体伙伴展示了它。在比赛的前一周，CBS 在黄金时段播出了 3 个小时的特别节目——《超级碗最伟大的广告》（*Super Bowl's Greatest Commercials*），还有由 NFL 制作的 2 个 2 小时特别节目，一个是《庆祝超级碗最伟大的中场秀》（*Super Bowl's Greatest Halftime Shows*），另一个是《第 5 届 NFL 荣誉年会》（*5th Annual NFL Honors*），它们都值得一看。

与 NFL 和 CBS 提供的核心媒体叙事相呼应的是一个大型媒体合唱团，它"报道"并讨论与"重大比赛"有关的"突发新闻"。在各种以体育为中心的多平台巨型品牌 ESPN 和福克斯体育（它们作为 NFL 的合作伙伴在更大的比赛中脱颖而出）的巨大声音的引领下，其反响是支持性的、响亮的和占主导地位的。从日报到地方电视新闻，再到平面媒体和网络体育出版物，一支以体育为中心的商业报道大军的每个构成个体虽小，但集体规模却相当可观，原则上可以提供更多的"独立"（detached）报道，主要是推波助澜，既不会因错过超级碗的"重大故事"而被视为"不合拍"，也不会利用比赛的魅力来吸引观众和读者。

越来越数字化的媒体包装生态系统为超级碗增添了一个相对较新的元素，这就是公民和企业参与社交媒体的声音。在这里，通过推特、脸书和其他社交媒体平台，球迷可以接触大量与“超级碗”所有变种相关联的“品牌”账户，从普通事件到特别的超级碗50周年庆典，再到超级碗广告、超级碗派对和食谱。当超级碗球队和球员的社交媒体账号也加入其中后，产生的影响就变得相当大了。不过，如文内尔（Wenner，2014，p.734）指出的那样，“新媒体和社交媒体，就像‘前数字化’的社会传播，在很大程度上是从主流媒体的飞溅中生发的涟漪，在这种情况下，博主和推特用户礼貌地争相成为媒介、重大体育联合设定的更大议程的意见领袖，以主导这个媒介体育产品综合体”。因此，社交媒体的反响在很大程度上是为了推动超级碗套餐进一步成为“奇观”。

超级奇观

在早期的分析（Real，1975，1977）中，“奇观”被认为是超级碗的终极结构特征。在评估超级碗的商品化和媒介化作为体育重大事件的独特表达方式的进展时，本文的分析表明，奇观不仅仅需要被视为一个结构性元素。如今，我们更倾向于把超级碗视为一场“终极比赛”，这是它独特的神话功能和结构共同塑造情感的结果。在超级碗比赛中，我们认为技术、历史和国家这三种相互交织的力量将持续发挥巨大的作用，并操控文化的影响力。

首先，超级碗的奇观价值是通过广泛使用尖端技术来体现的。第50届超级碗除了使用创历史纪录的70台摄像机捕捉比赛，还使用了“震撼”技术，例如360度视野重放摄像机，捕捉高清晰度视频和音频的达阵区角塔摄像机，以及改进运动视界（Sportvision）的视频技术，可以在电视屏幕上从任何角度呈现场地上叠加“一码和十码线”。除了电视，李维斯（Levi）体育场里400英里长的光纤和铜缆、1200个Wi-Fi接入点也为赛事提供了便利，推动了与赛事相关的社交媒体帖子和应用程序（譬如《超级碗50年之路》等）的发布，提高了球迷无论是在体育场、酒吧还是家里的参与度（Basile，2016）。

其次，媒体对超级碗历史及其英雄人物的持续报道，强化了这一奇观的重大意义。每一届超级碗都在“我们的”集体过去的历史轨迹上标记了自己在当时的位置，提供了连续性和仪式感。NFL通过其媒体部门和合作伙伴推广的故事，以及媒体机构将伟大的体育神话视为吸引消费者的一种方式的跨平台专题报道，强化了这种重复的练习。虽然得到了“以体育为中心”的媒体的帮助和支持，如ESPN、福克斯体育、博客网站SB Nation和一系列球迷网站，但最重要的“媒介逻辑”是由NFL推动的。对于超级碗50周年盛典，NFL电影公司提供了大量的博物馆级别的节目。从《超级碗的记忆》到《50 个超级碗故事》,再到每一届超级碗、季后赛和赛季的特别报道,这些节目不仅占据了 NFL 频道及 CBS 转播合作伙伴的节目表,也占据了 ESPN 和福克斯体育的节目表。再加上 NFL 在体育场附近的一个艺术博物馆举办的巡回展览"橄榄球荣耀:最佳职业橄榄球名人堂",以及在其 50 周年庆典比赛开始时派出前超级碗最有价值球员阵容,NFL 对历史的重视可见一斑。

最后,超级碗的合法性是由它的历史和意义与国家的历史和意义的战略配对促成的。NFL 自吹自擂地宣称"几十年来,NFL 与军方在超级碗中保持了密切的关系"(National Football League,2011,3),这一说法招来了大量的批评。批评人士指出,NFL 试图将庆祝超级碗(作为"美国国球"的倒数第二场表演)与庆祝美国军队及其在战争中使用的力量联系在一起,这种逻辑穿越是有问题的(King,2008;Schimmel,2012)。鲜为人知的是,美国军方实际上付钱给 NFL,以换取出现在超级碗上的特权(Swanson,2016)。

在庆祝超级碗 50 周年庆典时,"美国帝国的力量得到了充分展示"(Lazare,2016,1)。基于赛前和中场表演的传统,观众被要求通过欢呼来"为军队感到骄傲",比如武装部队合唱团演唱《美丽的美利坚》期间,CBS 插播了名为"美国驻阿富汗部队"的镜头,在体育场和电视屏幕上引起了人们的注意。在 Lady Gaga 演唱完美国国歌后,美国海军蓝天使表演队在体育场上空表演的"立交桥"受到了观众的欢呼,其"震慑性"的表演令人震撼。在后 9・11 时代,超级碗赛事的军事化已经从媒体延伸到体育场安全方面(Schimmel,2012)。作为美国国土安全部一级安全事件,美国空军 F-15 老鹰战机在体育场上空巡逻。地面上到处都是金属探测器,大量的军警力量部署在媒体入口附近的安全区,大批伪装过的悍马车在周边巡逻(Swanson,2016)。

最后一枪

作为其文化力量的核心,"超级碗"这一奇观来自强大的三要素,即前沿技术、稳定的神话般的历史魅力,以及强大的国家吸引力和力量。在许多方面,正是这些元素使得超级碗的所有其他神话和结构元素以一种比它们各部分之和更大的方式融合在一起。因此,超级碗仍然是在更大的商品化逻辑中媒介化研究的一个不断更新的案例。虽然很容易看出其运作背后的一些动力是如何适应和拥抱当今数字化和社交媒体时代特有的变化的,但我们分析中的大部分证据支持一个不言而喻的事实："万变不离其宗。"

与此同时，本文的分析也提醒我们，媒体的可塑性、媒介化过程，以及最重要的是，蕴含在更大的资本主义逻辑中的商品化力量。在许多方面，我们对超级碗的研究主要是实证的。如，麦克卢汉（McLuhan，1964）的观点，即新媒体重新利用旧媒体的观点；戴扬和卡茨（Dayan & Katz，1992）的观点，即媒介事件变成了"神圣节日"，以它们自己的仪式庆祝它们自己的壮观；波德里亚（Baudrillard，1981/2006）的主张，即拟像将经常性地取代真实；鲍曼（Bauman，2007）关于消费文化的描述，即一个恶性循环，一种强制性的"市场媒介化的生活模式"被内在化地循环；德波（Debord，1967/1995）的观察，文化生活被商品殖民化，创造出一个景观社会。

我们认为，这里的证据超越了单纯的媒介化。这并不是说媒介化的视角（Hjarvard，2013）与此无关，该视角关注的是媒体的普遍存在如何改变了社会制度、文化进程和日常生活。事实上，我们的分析展示了许多体现出这些趋势的例子。此外，正如前面提到的许多学者与法兰克福学派（Wiggerhaus，1995）的核心论点一致，我们认为大众需要被认真对待，并作为意识形态加以审视。正如西尔弗斯通（Silverstone，1999，p.152）提醒那些分析媒体的人："一切都与权力有关。"鉴于对体育重大事件的案例研究（如关于"超级碗"的研究）必然会运用阿尔都塞（Althusser，1971/2001）提出的两个最重要的意识形态国家机器（或ISAs）——体育和媒体——来为其"逻辑"服务，因此，从这个角度对媒介化进行语境分析似乎至关重要。所有这一切都提醒我们，超级碗的媒介化依靠的是对技术的战略掌控、对历史的描述，以及在通过英雄原型建立身份认同的背景下对国家的召唤，从而引导公众关注，自然而然地将自己定位为在更大的商品世界中美国最大的奇观。

参考文献

Allison，S.T. and Goethels，G.R.（2011）.*Heroes：What they do and why we need them.* New York：Oxford University Press.

Altheide，D.L. and Snow，R.P.（1979）.*Media logic.* Beverly Hills，CA：Sage.

Althusser，L.（1971/2001）.*Lenin and philosophy and other essays*（trans. B. Brewster）. New York：Monthly Review Press.

Arnould，E.J. and Thompson，C.J.（2005）. Consumer culture theory（CCT）：Twenty years of research. *Journal of Consumer Research*，31，868-882.

Badenshausen, K. (2011). The NFL signs TV deals worth $27 billion. Forbes, December 14. Retrieved from www.forbes.com/sites/kurtbadenhausen/2011/12/14/the-nfl-signs-tv-deals-worth-26-billion/#6c56668c2a67 (accessed 24 November 2016).

Badenshausen, K., Ozanian, M. and Settimi, C. (2015). The business of football. *Forbes*, September 14. Retrieved from www.forbes.com/nfl-valuations/ (accessed 24 November 2016).

Basile, D. (2016). The evolving technology of the Super Bowl. *Tech Crunch*, February 7. Retrieved from http://techcrunch.com/2016/02/07/the-evolving-technology-of-the-super-bowl (accessed 24 November 2016).

Baudrillard, J. (1981/2006). *Simulacra and simulation* (trans. S. F. Glaser). Ann Arbor, MI: Univer sity of Michigan Press.

Bauman, Z. (2007). *Consuming life*. Cambridge: Polity.

Beahm, D. (2015). For NFL teams, treating women like real fans can offer big payoff. *Sporting News*, September 30. Retrieved from www.sportingnews.com/nfl/news/nfl-fan-clubs-women-roger-goodell-buccaneers-red-colts-patriots-steelers-packers/175qo1qlsfwu51 u4zk27ikhzkx (accessed 24 November 2016).

Beck, J. (2015). The NFL's continuing concussion nightmare. *The Atlantic*, September 21. Retrieved from www.theatlantic.com/health/archive/2015/09/researchers-find-brain-damage-in-96-percent-of-former-nfl-players/406462 (accessed 24 November 2016).

Blackshaw, T. (2008). Bauman on consumerism: Living the market-mediated life. In M. H. Jacobsen and P. Poder (eds), *The sociology of Zygmunt Bauman: Challenges and critiques* (pp. 117-135). London: Routledge.

Breech, J. (2015). Super Bowl 49 watched by 114.4M, sets US TV viewership record. *CBS Sports*, February 15. Retrieved from www.cbssports.com/nfl/eye-on-football/250190 76/super-bowl-49-watched-by-1144m-sets-us-tv-viewership-record (accessed 24 November 2016).

Cassirer, E. (1944). *Essay on man*. New Haven, CT: Yale University Press.

Crepeau, R.C. (1981). *Sport, heroes and myth. Journal of Sport and Social Issues*, 5(1), 23-31.

Dayan, D. and Katz, E. (1992). *Media events: The live broadcasting of history*. Cambridge, MA: Harvard University Press.

Debord, G. (1967/1995). *The society of the spectacle* (trans. D. Nicholson-Smith). NewYork: Zone Books.

Durslag, M. (1976). Two weeks of ballyhoo, seven minutes of action. *TV Guide*, January 17, 14-16.

Earls, S. (2016). Super Bowl 50: By the numbers-the wagers, the people, the wings and the pizza. *The Gazette*, February 7. Retrieved from http://gazette.com/super-bowl-50-by-the-numbers-the-wagers-the-people-the-wings-and-pizza/article/1569425 (accessed 24 November 2016).

Eastman, S.T., Newton, G.D. and Pack, L.(1996). Promoting prime-time programs in megasporting events. *Journal of Broadcasting and Electronic Media*, 40, 366-388.

Eliade, M.(1959). *The sacred and the profane*. New York: Harper & Row.

Ellul, J.(1964). *Technological society*. New York: Knopf.

FIFA(2015). 2014 FIFA World Cup reached 3.2 billion viewers, one billion watched final. FIFA.com, December 16. Retrieved from www.fifa.com/worldcup/news/y=2015/ m=12/news=2014-fifa-world-cuptm-reached-3-2-billion-viewers-one-billion-watched—2745519.html(accessed 24 November 2016).

Forbes(2016). NFL team values 2015. *Forbes*. Retrieved from www.forbes.com/pictures/mlm45fljdi/nfl-team-values-2015/#74a691064e36(accessed 24 November 2016).

Fortune Editors (2016). Super Bowl by the numbers. *Fortune*, February 7. Retrieved from http://fortune.com/super-bowl-by-the-numbers(accessed 24 November 2016).

Frandsen, K.(2014). Mediatization of sports. In K. Lundby (ed.), *The handbook of mediatization of communication*(pp.525-543). Berlin: Mouton de Gruyter.

Gaines, C.(2015). NFL lineman weren't always so enormous. *Business Insider*, September 13. Retrieved from www.businessinsider.com/nfl-offensive-lineman-are-big-2011-10(accessed 24 November 2016).

Garcia, A.(2015). NFL ditches Roman numerals for Super Bowl 50. *CNN Money*, September 10. Retrieved from http://money.cnn.com/2015/09/10/news/companies/ super-bowl-50-nfl/(accessed 24 November 2016).

Garibian, L.(2013). Super Bowl ads more popular than game action. Retrieved from www.marketingprofs.com/charts/2013/9990/super-bowl-ads-more-popular-than-game-action(accessed 24 November 2016).

Geertz, C.(1973). *The interpretation of cultures*. New York: Basic Books.

Gerencer, T.(2016). How much money do NFL players make? *Money Nation*, January 5. Retrieved from http://moneynation.com/how-much-money-do-nfl-players-make(accessed 24 November 2016).

Gruneau, R. and Horne, J.(eds)(2016). *Mega-events and globalization: Capital and spectacle in a changing world order*. London: Routledge.

Haider, D.(1992). Place wars: New realities of the 1990s. *Economic Development Quarterly*, 6, 588-601.

Haug, W.F.(1986). *Critique of commodity aesthetics: Appearance, sexuality, and advertising in capitalist society*. Minneapolis, MN: University of Minnesota Press.

Hepp, A.(2013). *Cultures of mediatization*. Cambridge: Polity.

Hjarvard, S.(2013). *The mediatization of culture and society*. London: Routledge.

Horne, J. (2010). Cricket in consumer culture: Notes on the 2007 Cricket World Cup. *American Behavioral Scientist*, 53, 1549–1568.

Horne, J. and Manzenreiter, W. (2006). An introduction to the sociology of mega-events. *Sociological Review*, 54(suppl.s2), 1–24.

King, S. (2008). Offensive lines: Sport-state synergy in an era of perpetual war. *Cultural Studies Critical Methodologies*, 8, 527–539.

Kissell, R. (2016). Super Bowl 50 ratings: CBS draws third largest audience on record. *Variety*, February 8. Retrieved from http://variety.com/2016/tv/news/super-bowl-50-ratings-cbs-third-largest-audience-on-record-1201699814 (accessed 24 November 2016).

Lapchick, R. and Robinson, L. (2015). *The 2015 racial and gender report card: National Football League. Orlando*, FL: Institute for Diversity and Ethics in Sport. Retrieved from www.tidesport.org/nfl-rgrc.html (accessed 24 November 2016).

Lazare, S. (2016). The might of the American empire was on full display at Super Bowl 50: A bizarre war spectacle extraordinaire. *Alternet*, February 8. Retrieved from www.alternet.org/civil-liberties/might-american-empire-was-full-display-super-bowl-50-bizarre-war-spectacle (accessed 24 November 2016).

Livingston, S. (2009). On the mediation of everything. *Journal of Communication*, 59, 1–18.

Lundby, K. (ed.) (2009). *Mediatization: Concept, changes, consequences.* New York: Peter Lang.

Marx, K. (1867/1981). *Capital, Volume 1: A critique of political economy.* London: Penguin.

McAllister, M. (2001). Super Bowl advertising as commercial celebration. *The Communication Review*, 3, 403–428.

McLuhan, M. (1964). *Understanding media.* New York: McGraw-Hill.

Müller, M. (2015). What makes an event a mega-event? Definitions and sizes. *Leisure Studies*, 34, 627–642.

National Football League (2011). NFL and the military event outreach. October 25. Retrieved from www.nfl.com/news/story/09000d5d8237c745/article/nfl-and-the-military-event-outreach (accessed 24 November 2016).

NFL Communications (2016). NFL digital media celebrates Super Bowl 50 with wall-to-wall coverage and exclusive content. February 7. Retrieved from https://nflcomm unications.com/Pages/NFL-Digital-Media-Celebrates-Super-Bowl-50-With-Wall-To-Wall-Coverage-and-Exclusive-Content.aspx (accessed 24 November 2016).

Nielsen (2016). Super Bowl Sunday is no longer just a beer holiday. *Nielsen Insights*, February 3. Retrieved from www.nielsen.com/us/en/insights/news/2016/super-bowl-sunday-is-no-longer-just-a-beer-holiday.html (accessed 24 November 2016).

Paolantonio, S. (2008). *How football explains America.* Chicago, IL: Triumph Books.

Pillsbury(2015).Gamblification:An overview of legal issues with gambling in social games and social media.Retrieved from www.pillsburylaw.com/siteFiles/MDT/FACTSHEET _SMG_Gamblification_011714.pdf(accessed 24 November 2016).

Rappaport,R.A.(1968).*Pigs for the ancestors:Ritual in the ecology of a New Guinea people*. New Haven,CT:Yale University Press.

Real,M.R.(1975).The Super Bowl:Mythic spectacle.*Journal of Communication*,25,31-43.

Real,M.R.(1977).*Mass-mediated culture*.Englewood Cliffs,NJ:Prentice-Hall.

Real,M.R.(1989).*Super media:A cultural studies approach*.Newbury Park,CA:Sage.

Real,M.R.(2013).Reflections on communication and sport:On spectacle and megaevents. *Communication and Sport*,1,30-42.

Reimer,A.(2016).Super Bowl 2016:Winning shares of $97K is low in comparison to other sports.*SB Nation*,February 7.Retrieved from www.sbnation.com/nfl/2016/2/7/ 10930756/2016-super-bowl-50-winner-shares-broncos-panthers(accessed 24 November 2016).

Roche,M.(2000).*Mega-events and modernity:Olympics and expos in the growth of global culture*.London:Routledge.

Rojek,C.(2004).The consumerist syndrome in contemporary society.*Journal of Consumer Culture*,4,291-312.

Rowe,D.(2015).Afterward:Media sport-coming to a screen near and on you.*Media International Australia*,155(May),149-152.

Sandomir,R.(2016a)For broadcast of Super Bowl I,NFL Network picks excess over tact.*New York Times*, January 16. Retrieved from www. nytimes. com/2016/01/17/ sports/football/for-broadcast-of-super-bowl-i-nfl-network-picks-excess-over-tact.html(accessed 29 January 2016).

Sandomir,R.(2016b).Out of a rare Super Bowl I recording,a clash with the NFL unspools.*The New York Times*,February 2.Retrieved from www.nytimes.com/2016/02/03/ sports/football/super-bowl-i-recording-broadcast-nfl-troy-haupt.html(accessed 7 Feb-ruary 2016).

Schimmel,K.(2006).Deep play:Sport mega-events and urban social conditions in the USA. *Sociological Review*,54(Supplement),160-174.

Schimmel,K.(2012).Protecting the NFL/militarizing the homeland:Citzen soldiers and urban resilience in post-9/11 America,*International Review for the Sociology of Sport*,47,338-337.

Silverstone,R.(1999).*Why study the media*? London:Sage.

Smart,B.(2010).*Consumer society:Critical issues and environmental consequences*.London: Sage.

Swanson,D.(2016).The Super Bowl promotes war.February 16.Retrieved from www.filmsforaction.org/articles/the-super-bowl-promotes-war(accessed 24 November 2016).

Wagner, S. (2016). Forget Carolina and Denver: The real Super Bowl winner is the Bay Area. *Bloomberg Business*, February 4. Retrieved from www.bloomberg.com/news/articles/ 2016-02-04/ forget-carolina-and-denver-the-real-super-bowl-winner-is-the-bay-area (accessed 24 November 2016).

Wenner, L.A. (1989). The Super Bowl pregame show: Cultural fantasies and political subtext. In L.A. Wenner (ed.), *Media, sports, and society* (pp.157-179). Newbury Park, CA: Sage.

Wenner, L.A. (2014). On the limits of the new and the lasting power of the mediasport interpellation. *Television and New Media*, 15, 732-740.

Wenner, L.A. (2015). Connecting events to advertising: Narrative strategies and dirty logics in Super Bowl commercials. In K. Dashper, T. Fletcher and N. McCullough (eds), *Sports events, society and culture* (pp.25-39). London: Routledge.

Whittle, M. (2016). The $5m question: What does Super Bowl 50 offer to advertisers? *The Guardian*, February 4. Retrieved from www.nytimes.com/2016/02/03/sports/football/ super-bowl-i-recording-broadcast-nfl-troy-haupt.html (accessed 24 November 2016).

Wiggerhaus, R. (1995). *The Frankfurt School: Its history, theories, and political significance*. Cambridge: Polity.

第十五章　世界系列赛

——棒球、美国例外主义与媒介仪式

迈克尔 · L.巴特沃斯[1]

2015 年 11 月 3 日，堪萨斯城皇家队(Kansas City Royals)的成员们出现在 80 万名球迷面前，庆祝他们在美国职棒大联盟(MLB)世界系列赛中战胜纽约大都会队(New York Mets)。这是堪萨斯城 30 年来首次夺冠，更让人满意的是，来自美国心脏地带的小市场球队战胜了来自沿海地区的挥金如土的对手。作为一个神话，该腹地“为‘全美国’的认同、道德救赎、面对面的社区、神圣性和被搁置的理想提供了一个简短的文化常识框架，渴望和怀旧的公共话语反复回归到这些理想中”(Johnson，2008，p.5)。这种美国中产阶级的精神在游行中得到了充分展示，游行中展示了国家身份的各种符号：成千上万的人站在洒满阳光的街道两旁，一辆消防车和一辆雪佛兰皮卡车走在游行队伍的最前面。一个观察者可能会认为这是一个独立纪念日的庆祝活动，除了美国的红、白、蓝三色国旗在很大程度上被皇家蓝旗帜所取代。这些图片展示了一个“全美式”的快照，唤起了人们熟悉的棒球神话，把它与美国假定的农业起源的天真和纯洁联系在一起，并肯定了以美国心脏地带为象征的美国中产阶级的价值观。

虽然游行的画面提供了一些熟悉的线索，巧妙地将棒球与美国人的身份编织在一起，但世界系列赛庆祝活动的另一个时刻捕捉到了一种更为大胆的方式。强尼 · 戈麦斯(Jonny Gomes)在 2015 年堪萨斯城队的 162 场比赛中只出场了 12 场，而且他的名字并没有在比赛的名单之列，然而他却是在联合车站(Union Station)的集会上向人群发表讲话的队员之一。戈麦斯发表了关于团队

---

① 美国得克萨斯大学奥斯汀分校传播学系教授，体育传播与媒介中心主任，得克萨斯州体育与媒介项目安 · 理查兹州长冠名讲席教授。他的研究涉及修辞、民主与体育之间的关系，尤其对国家认同、军国主义和公共记忆等感兴趣。

精神和毅力的演讲,怀着近乎疯狂的热情,他携带了一面巨大的美国国旗在台上昂首阔步。尽管棒球是"国家消遣"的符号,但并没有必要将星条旗展示出来。尽管如此,戈麦斯还是骄傲地举着它,在台上踱步,每当提到被皇家队击败的球队中的获奖球员时,他都会"插上"星条旗。用《赫芬顿邮报》(*Huffington Post*)专栏作家贾斯汀·布洛克的话来说,这是"总统在独立日发表演讲以来,涉及美国例外主义的最富有激情的演讲"(Justin Block,2015,2)。

美国例外主义通常被理解为美国优越性的体现。依照韦斯和爱德华兹的观点(Weiss & Edwards,2011,p.1),"美国例外主义的拥护者认为,美国是一个特殊的国家,它的国家信条、历史演变和独特的起源注定了它在人类历史上扮演着特殊的角色(这可能是上帝的旨意)"。几乎所有与世界系列赛相关的事情都可以从美国例外主义的角度来理解,因此,笔者将戈麦斯的表演视为一种邀请,邀请人们思考这一国家基础神话与这个国家最持久的文化机构之一之间的符号联系。更确切地说,笔者关注的是自 2000 年以来一直由福克斯电视台制作的年度秋季经典赛这一媒介化产品,该节目将至少持续到 2021 年(Newman,2012)。

世界系列赛是棒球的标志性媒介事件,某七场四胜制的赛制为媒介仪式提供了多种机会,以肯定这项国家消遣的固有价值。此外,与其他体育重大事件一样,世界系列赛也正处在一个急剧变化的媒体环境之中。正如洛弗所描述的那样:

> 媒体体育文化联合体的经济学及其实践模式正在发生变化,例如,超级碗和国际足联世界杯等体育重大事件的媒介体验可以同时涉及广播电视、移动媒体、社交网络、微博等。
>
> (Rowe,2013,p.73)

在这篇文章中,洛弗赞扬了以"体育/媒体联合体"(sports/media complex)(Jhally,1984)或"媒介体育"(mediasport)(Wenner,1998)思想为基础的学术传统。这些传统建构为传媒与传播学学者的研究提供了良好的基础,但也有一些学者(Frandsen,2014;Hjarvard,2013;Hutchins,2016)认为"媒介化"是一个更现代、更微妙的术语,我们可以通过它来评估媒介逻辑、其内容的总体敏感性,以及为受众创造的意义之间的关系。

弗兰德森(Frandsen,2014)担心,媒介与体育研究的主流方法往往是孤立的个案研究,并且受到 20 世纪 80 年代和 90 年代历史语境的限制。她发现,媒介化是一个富有成效的研究方向,因为它是一个社会化和历史化的过程,某一方面的发展构建在与他者的关系之中,如与全球化和商业化的关系。正如她所解释的那样,媒介化具有“连续性、变化性,有时甚至是矛盾性的特征”(ibid., p.529)。虽然有些学者(Couldry,2008;Deacon & Stayner,2014)表达了一种担忧,即媒介化可能被作为一种普遍的或简化的概念框架,夏瓦(Hjarvard,2013, p.17)坚持认为,这可以被理解为对“媒体的各种制度、美学和技术实施模式(modus operandi)的概念简写”。具体来说,体育是理解媒介化的一个有效场域,因为“职业体育赛事(主要是男性)与大众媒体之间的共生关系”恰恰是在20世纪文化语境下产生的(Hutchins,2016,p.423)。因此,世界系列赛是考量媒介化的有效场域,因为它的演变凸显了连续性和变化之间的紧张关系。事实上,自2014年起,福克斯开始在线播放比赛,用福克斯体育执行副总裁约翰·恩茨(John Entz)的话来说,福克斯的目标是提供“我们有史以来技术最全面的世界系列赛”(Barr,2014,p.19)。与此同时,许多宣传世界系列赛和描述球场上行动的努力都依赖于人们熟悉的棒球神话,这些神话强调了比赛的历史以及对过去的怀念。尤其是棒球,它常常是美国例外主义寻找仪式表达的载体。然而,与此同时,世界系列赛也是另一种意义上的例外主义——也就是说,它对神话和怀旧的承诺使其在重大事件中独树一帜。因此,结合当代赛事发展的语境,世界系列赛的转播无疑是当代媒体实践和历史传统的产物。

在本章中,笔者将评估世界系列赛的媒体仪式(Real,1989)创造美国例外主义神话的具体方式。首先,笔者对这个神话的系谱展开研究,因为它与棒球和秋季经典赛有关。接下来,笔者将在有关重大事件和媒介化的学术讨论中,阐述世界系列赛的地位。最后,笔者关注了最近几年的转播报道,以此来确定美国例外主义仪式化的表达,尤其关注报道对怀旧情绪的使用。此外,笔者还将评估棒球和世界系列赛在当代全球化时代作为媒介化体育运动典范的作用。

棒球与美国例外主义

在拙作《棒球和纯粹修辞学》中,笔者认为棒球在“反恐战争”中作为对美国国家认同纯粹化的一种修辞手段而存在,而国家消遣与政治的结合“将美国人塑造成天真和善良的,从而放大了长期以来作为美国身份特征的美国例外主义的神话”(Butterworth,2010,p.2)。作为一名修辞学学者,笔者更关心的不是“神话”作为一种虚构的陈述,而是它在一个特定的社群之中诱导人们的态度和行为的符号性手段。神话是叙事，但它们不只是聪明的故事；相反，它们“解释世界”（Robertson，1980，p. xvii），“作为适当行为的道德指南”（Hart，1990，p. 305）。它们因为是“原型和修辞元素的复杂混合”（Rushing，1989，p.2），所以具有广泛的、有时是普遍的吸引力。因而，费舍尔（Fisher，1984，p.160）得出结论：“最有吸引力和说服力的故事都是神话形式的。”

休斯（Hughes，2004，p.5）认为，美国有 5 个基本的神话，都“根植于对现实的宗教式理解”。这 5 个神话——美国是一个被选中的国家，由被选中的人民居住，他们被赋予了自然权利，他们是天真善良的，并将带来一个千年的自由时代——每一个表达的维度都被浓缩成一个美国例外主义神话。这个神话，从技术上简单地将美国标记为“与众不同，却不一定更好”（Lipset，1996，p.18），而更常将美国人标记为“在道德上与其他国家的人不同的民众”（Motter，2010，p.512）。正如韦斯和爱德华兹（Weiss & Edwards，2011，p.2）总结的那样，在美国的文化、政治和社会机构中，美国例外主义的普遍存在表明，这个神话“是美国政治和社会文化的基本特征，甚至可能是主要的特征”。

在对美国例外主义（及其衰落）的历史叙述中，皮斯（Pease，2009）认为，这个神话的修辞演变植根于 20 世纪的地缘政治和民族主义叙事，这种叙事肯定了美国的全球使命。正如他所解释的，特别是在冷战期间，“在此基础上的解释性假设为美国公民提供了图像和信念，这些图像和信念规范了他们产生、传播和维持作为美国人意味着什么的理解”（ibid.，p.8）。因此，美国例外主义强化声明的提出，与棒球被美式橄榄球取代，成为美国最为流行的体育运动的时期遥相呼应。然而，近年来，棒球受欢迎程度的下降似乎只是强化了它的符号意义，即“作为一种文化资源，它戏剧化地展现了这个国家最美好的希望”（Butterworth，2010，p.53）。

如果美国的政治文化确实越来越多地表现出对其独特性的怀疑（Pease，2009），那么，我们可能会预料到这种焦虑会与怀旧话语和仪式表现联系在一起，据称，这是美国特有的价值观。就棒球而言，“自 19 世纪中期出现棒球运动以来，人们就一直称赞棒球是美国的精髓”（Springwood，1996，p.1）。1856 年，《纽约水星报》（*New York Mercury*）将棒球誉为“国家消遣”，1860 年，库里尔（Currier）和埃弗斯（Ives）的一部漫画将其称为“国球”（Tygiel，2000，p.4）。直到 20 世纪初，该项运动已经完全职业化，且受到民众的广泛欢迎。考虑到它的符号地位，它也被视为一种确认国家作为新兴世界大国地位的机制。在《帝国的出击》（*The Empire Strikes Out*）一书中，罗伯特·埃利亚斯（Robert Elias，2010）

详细地描述了国家消遣在将美国身份投射到其国界之外的各种方式。正如他所观察到的：

> 基于美国例外主义的观点，美国被认为优于其他所有国家。棒球很快就分享了这种沙文主义精神。在《美国国球》一书中，阿尔伯特·斯伯丁（Albert Spalding）提供了美国棒球的沙文主义历史。美国内在的优越感，构建了美国如何以自己的形象改造世界的外部愿景。
>
> （Elias，2010，pp.12－13）

斯伯丁这个人尤为重要，因为他在塑造1839年阿布纳·道布尔戴（Abner Doubleday）在纽约库珀斯敦（Cooperstown）发明棒球的神话中扮演了重要角色。正如现在已经被详细记录的那样，斯伯丁组织了米尔斯委员会（Mills Commission），该委员会负责发现棒球运动独特的美国起源。尽管道布尔戴很有可能从未玩过棒球，更别提发明它了，但由于人们在库珀斯敦的一个阁楼上发现了所谓的"道布尔戴棒球"，这一发明神话得到了巩固（Springwood，1996，p.39）。这项运动的诞生地位于一个田园般的纽约乡村，那里是一位内战英雄的家乡，米尔斯委员会明确地得出结论："棒球起源于美国。"（Lieb，1950，p.13）与此同时，在1903年，国家棒球联盟和美国棒球联盟以冠军赛的形式结束了他们的赛季：世界系列赛。当然，尽管传教团试图将棒球运动传播到世界各地，但美国职业棒球大联盟仍局限于美国东北部地区。正如埃利亚斯所指出的：

> 由于各种各样的活动都试图在全球范围内传播这项运动，"世界"系列赛可能只是一个对未来的希望的过早的标签。然而，这个名字的寓意可能更深远，折射出棒球之外的时代精神。美国已经把自己看作世界玩家和新兴帝国。因此，美国棒球锦标赛当然也会被视为世界棒球锦标赛。
>
> （Elias，2010，p.75）

棒球已经成为美国民族自豪感的明确符号，随着美国被卷入第一次世界大战，"政府成为积极的参与者和推动者，这主要表现在动员了爱国运动，促进了特别偏狭和专制的爱国主义的形成"（O'Leary，1999，p.221）。棒球运动是这种动员的重要载体，第一次世界大战期间，许多我们今天习以为常的情形得到了引入和扩展：军人和退伍军人可以免费观看比赛，制服装饰着美国国旗的颜色——红色、白色和蓝色。尤其是在1918年的世界系列赛上，第七局延长赛中观众高唱《星条旗永不落》(*Star-Spangled Banner*)成为一大亮点。这首歌之后受到了民众的热烈欢迎,并于1931年正式成为美国国歌,埃利亚斯(Elias,2010,p.95)认为棒球对《星条旗永不落》最终成为国歌功不可没。富兰克林·罗斯福(Franklin D.Roosevelt)写了著名的《绿灯信》(*Green Light Letter*),尽管发生了日本偷袭珍珠港事件,他仍然敦促MLB总裁肯内索·芒顿·兰迪斯(Kenesaw Mountain Landis)保留1942年的比赛,显而易见,国家认同与国家消遣是密不可分的。

媒介化与仪式

这段被删减的历史忽略了许多细节,但它仍然捕捉到了反映棒球与美国例外主义的联系的一些神话轮廓,其中许多在9·11恐怖袭击以及美国政府和军方随后做出的反应所定义的时代仍能引起共鸣。在它的历史进程中,棒球神话以各种方式呈现,例如,文学和电影、名人堂中英雄人物的册封,当然还离不开媒体的报道。正如特鲁希略和埃克多姆(Trujillo & Ekdom,1985)所指出的,早期的体育写作是肯定文化价值的一种手段。早期的媒体内容大多与棒球神话有关,目的是为了"宣传比赛本身及其球员,同时将这些英雄商品化,以帮助媒体销售更多的报纸"(Roessner,2009,p.40)。与这一传统相一致的是,当代体育写作以对棒球运动及其明星的神话式描写为基础,往往通过肯定白人、男性认同的偏见(Butterworth,2007),或者一种短视的怀旧情绪来颂扬棒球的优点,同时忽略其历史局限性(Aden,1995;Von Burg & Johnson,2009)。

尽管体育写作具有基础性的意义,但电视和越来越多的网络媒体的出现,在很大程度上促进了棒球神话的仪式化制作。尤其是当我们把注意力从棒球本身转移到世界系列赛上时,电视早就定义了比赛和仪式之间的关系。正如洛弗(Rowe,2013,p.65)提醒我们的,尽管互联网和社交媒体的影响力很大,但电视"毫无疑问是体育/媒体联合体的核心"。贾利(Jhally,1984)是第一个提出"体育/媒体联合体"概念的人,后来的学者要么采用这一概念,要么如同文内尔一样将其改为"媒介体育"(mediasport)来使用。文内尔(Wenner,2013,p.83)反思了这一有近30年传统的学术研究,解释说:"在当代超商品化(hypercommodified)的形式中,媒介体育景观的意识形态轮廓和伦理敏感性主导了与体育相关的文化意义。""尤其是高度商业化的、视觉上壮观的体育赛事,是演绎集体神话的强有力的舞台,尤其是那些可以表达国家认同的神话。"(Rowe,1999)

主要体育事件的“壮观”性质吸引了诸多对“重大事件”(如奥运会和世界杯)感兴趣的媒体学者的关注。罗切(Roche,2000,p.1)将重大事件定义为“大型文化(包括商业和体育)事件,具有戏剧性特征、大众吸引力和国际意义”。霍尔内和曼泽莱特(Horne & Manzenreiter,2006,p.1)在媒介体育景观的文献梳理中保持了批判性的态度,认为“体育重大事件和全球体育文化是后现代资本主义社会的核心”,并补充说,这种体育赛事在当地城市具有重要的意义并吸引了大量媒体的关注。根据这个定义,我们目前还不清楚 MLB 的世界系列赛是否可以被理解为“重大事件”〔当然,相对年轻的世界棒球经典赛(World Baseball Classic)也许位列其中〕。尽管如此,世界系列赛的规模和媒体报道还是让我们产生了类似的疑问和担忧——主要是,经过高度媒介化和精心仪式化的赛事是美国神话的一种引人注目的修辞表演。

如果世界系列赛使重大事件的概念变得复杂,那么,它也会让我们暂停对变迁中的媒体本质的判断。的确,在线流媒体、用户生成内容(UGC)和社交媒体都在改变体育中介化的生产和消费;然而,电视转播的棒球比赛仍然深度依赖于怀旧神话。这种模棱两可的行为促使我们不得不从“媒介化”的角度来考虑世界系列赛的制作,“媒介化”是媒介研究的一个术语,目的是用以捕捉媒体演进的过渡状态。夏瓦指出了一个重要的区别:

> 媒介与传播研究主要集中在对“中介化”的研究上,即利用媒介进行传播实践,而“媒介化”研究则关注媒体对文化、社会结构和中介的长期影响。
>
> (Hjarvard,2016,p.9)

弗兰德森(Frandsen,2014,p.530)进一步强调,媒介化既是一种社会过程,也是一种历史过程,它与“全球化、个性化和商业化等其他社会历史过程有关”。毫无疑问,MLB 正处于这些过程之中,特别是它试图通过努力来扩大全球影响力(Klein,2006)。例如,MLB 对世界棒球经典赛的影响,使人们回想起了棒球在 19 世纪末 20 世纪初在推广方面所做出的努力。那些“被美国例外主义的神话所框定”(Butterworth,2010,p.134)的尝试,被符号性地用以对其他国家施加控制。考虑到这一传统,世界棒球经典赛是在美国领导的“反恐战争”中发展起来的,这并非偶然,一位日本官员暗示,“整件事都带有 MLB 帝国主义的意味”(Klein,2006,p.246)。

正如笔者在上面所详细叙述的,通常情况下,棒球与世界系列赛通过一些引人注目的仪式,包括美国国歌的表演和红色、白色和蓝色的装饰,来突出美国例外主义的神话特色。尽管这些历史的重复是令人信服的,但也是具有颠覆性的,展示了它们如何有力地加强了公共神话。1968 年,恰逢越战时期,在世界系列赛的第 5 场比赛中,出生于波多黎各的歌手何塞·费利西亚诺(José Feliciano)可能是首位用非传统唱法演唱美国国歌的歌手。按照今天的标准来看,他那深情的、充满创造性的演唱是真诚的,但在激烈的文化冲突中,费利西亚诺却招来了嘲笑和愤怒。对于观看电视节目的 5500 万观众来说,他的表现代表着"一种近乎崩溃的爱国主义仪式"(Zang,2001,p.7)。

越南战争带来的一个教训是,确保永远不要重复那个时代所犯的"错误",那些被认为"不爱国"的人——不管是歌手还是抗议者——削弱了美国在国内和战场上的决心。20 世纪 80 年代,是冷战和里根强势民族主义的巅峰时期,这种"修辞手法与 20 世纪 80 年代的一种宣传叙事相吻合,即与越南交战不是在战场上败下阵来,而是输给了国内的媒体、政客和抗议者"(Stahl,2010,p.29)。考虑到这一点,不难发现体育赛事——从新奥尔良的第 15 届超级碗(Super Bowl XV),到 1992 年奥运会的美国篮球"梦之队"(Dream Team),再到 9·11 之后在棒球场上举行的"上帝保佑美国"(God Bless America)的表演,都强化了美国例外主义的神话。正如笔者在别处所指出的,特别是在 9·11 刚发生后的那些年里,在棒球(和其他运动)中,美国认同的仪式表演已经变得司空见惯,而且已经变成了"常态"(Butterworth,2014),与洛弗的观察相一致,"神话"展示了特定的符号和叙事的力量,它们可以被广泛地、无意识地、深刻地表达,同时在任何一个既定社会中都是"自然的"(Rowe,1999,p.85)。

世界系列赛的媒介仪式

很多人认为,何塞·费利西亚诺的国歌表演在 48 年后的今天,应该被人们铭记于心。棒球的官方叙事经常以这样的方式运作——没有比公开纪念杰基·罗宾森(Jackie Robinson)更好的例子了,他的卓越地位体现在他是当代联盟中第一个非洲裔美国球员,他的地位通常被用来作为那些不应再存在于我们社会中的问题的象征;事实上,人们庆祝棒球运动的存在,并不是因为棒球运动 60 年来禁止非洲裔美国人加入,而是因为其作为一项"突破肤色障碍"的高尚运动而存在,而"肤色障碍"从一开始就不应该存在。所有这一切都是为了说明,棒球神话通过仪式来吸收比赛丰富的历史和田园意象,使"家"的理想确定化,甚至将国家的失败纳入一个终极的胜利故事中。在这一节中,笔者将重点关注世界系列赛的当代案例,特别关注自 2000 年以来由福克斯电视网控制的电视转播。

正如笔者所指出的,9・11 恐怖袭击事件引起了 MLB 和美国其他体育联盟的强烈反应。在美国,棒球是第一个恢复比赛的主流运动项目——在袭击发生后的第 6 天。然而,有争议的是,将近两个月后,时任美国总统乔治・布什(George W. Bush)在洋基体育场(Yankee Stadium)举行的世界系列赛第三场比赛中投掷出第一球时,这个神话般的时刻就出现了。这一时刻符号化地与布什总统的领导地位和国家的决心相联系,因此可以说"棒球不仅塑造了布什政府,还定义了布什政府"(Butterworth,2010,p.5)。这一事件已经在多个地方被记录下来,最近的如 ESPN 制作的 30 年 30 部短片中的《第一投》(*First Pitch*)。"格兰特兰德"(Grantland)[①]的作家路易莎・托马斯(Louisa Thomas)在 2015 年就投球和电影的事采访了布什总统。在评论这些事件时,她写道:

> 对一些人来说,记忆正在褪去。其他人还太年轻,根本不记得。布什描述的方式阐明了他对美国历史、美国的例外主义,以及当今美国的特权的理解。他说道:"现在美国有很多人,随着时间的推移,显然会有更多的人,看待 9・11 事件就像看待珍珠港事件一样,将其看作历史书中的一段话。"但问题是,邪恶仍然真实存在。所以这部电影——在某种程度上,它让人们想起了我们生活的世界的现实——是很重要的。
>
> (Thomas,2015,25)

布什第一投的重要性,以及对美国例外主义的诠释,都是在爱国主义和军国主义仪式得到强化的背景下产生的。现在,在 9・11 事件发生数年后,民众的狂热已经减弱了。然而,像世界系列赛这样的特殊场合,揭示了对强烈表达美国认同的持续需要。也许这些仪式中最明显的表现,是比赛前的国歌表演和第七局延长期时唱响《天佑亚美利加》(*God Bless America*)。这首圣歌是"棒球教会"赞美诗中最神圣的部分,在 9・11 后的时代,《天佑亚美利加》几乎达到与国歌平等的地位。这首歌被认为是促进团结的重要因素,以至于 MLB 总裁巴德・塞利格(Bud Selig)在 2002 年下令,所有比赛中都要演唱这首歌。福克斯电视

---

① ESPN 拥有并经营的一个体育和流行文化博客,2011 年起由知名体育记者比尔・西蒙斯担任主编。该博客是以 20 世纪著名体育记者格兰特兰德・莱斯的名字命名的。2015 年 10 月底,ESPN 宣布该博客停止更新。——译者注

台是自9·11以来唯一一个转播世界系列赛的媒体，它总是会播放《天佑亚美利加》的表演，而其他媒体则倾向于在第七局时播出广告，而不是播放日常曲目《带我去看球赛》(*Take Me Out to the Ballgame*)。此外，军事人员和急救人员也会参与演唱，他们都拥有金嗓子〔也许是受到了大众对纽约的丹尼尔·罗德里格斯(Daniel Rodriguez)赞誉的影响，他被称为"警察歌唱家"〕(Henson,2011)。

美国国歌或许由一位著名的音乐家演唱，例如2010年在旧金山进行的世界系列赛第一场比赛上，演唱国歌的就是约翰·传奇(John Legend)，同时，《天佑亚美利加》总是表现出在向爱国主义和军国主义致敬。然而，在旧金山举办的2012年世界系列赛第一场比赛中，这首歌却是由旧金山警察局的杰瑞·达西(Jerry D'Arcy)中士演唱的；2013年，芬威球场①的第六场比赛中，演唱者是美国空军传统乐队(the US Air Force Heritage of American Band)；2014年，在考夫曼体育场②举行的第一场比赛中，观众们听到了退役的海军军官杰内拉尔德·威尔逊(Generald Wilson)的声音。此外，这些表演还不时穿插着各种人群的照片，其中包括挥舞着旗帜的球迷，或者是驻扎在海外的军事人员的实时图像，比如2014年在阿富汗巴格拉姆机场的联合特遣部队第10组的实时图像。这不仅仅是通过一首例外主义歌曲《天佑亚美利加》来凸显国家身份，同时，转播也实现了其重要的商业功能。在2013年和2014年的慈善活动中，福克斯电视台的体育解说员乔·巴克(Joe Buck)宣布，美国银行将向帮助退伍军人的非营利组织捐赠100万美元，用以支持"受伤勇士项目"(the Wounded Warriors Project)等服务退伍军人的项目。美国银行在《天佑亚美利加》表演之前和之后都出现了，从而推动了资本主义和爱国主义的相互融合。此外，转播中还展现了一系列其他的符号性仪式——在播放国歌的同时，球场中间出现巨幅美国国旗；一些比赛，比如2010年的第一场比赛中出现了飞机编队低空飞行的特写镜头；军事人员经常出现在球场上；以及军事和政治人物会抛出象征性的第一球。

此外，前球员受邀参加第一投仪式也很常见。例如，在堪萨斯城举行的2015年世界系列赛中，皇家队的传奇人物乔治·布雷特(George Brett)就开启了这一仪式。纽约大都会队在第三场比赛中用他们的前伟大球员迈克·皮亚扎(Mike Piazza)来做出回应。事实上，世界系列赛的媒介化产品通常都是对赛事历史的致敬。2012年世界系列赛第一场比赛前的剪影，着重展现了世界系列赛的一些标

① MLB球队波士顿红袜队的主场球场。——译者注
② MLB球队堪萨斯城皇家队的主场球场。——译者注

志性时刻,包括:威利·梅斯(Willie Mays)1954年在系列赛第一场比赛中的过肩接球;比尔·马泽洛斯基(Bill Mazeroski)在1960年拿下了赢得系列赛的本垒打;卡尔顿·菲斯克(Carlton Fisk)在1975年的比赛中赢得了第六场比赛的本垒打。这些精心的剪辑着重于展示棒球怀旧之风,它纪念的是许多观众可能会记得的时间和地点,或许有些不准确,却是简单而快乐的。转播商本身也经常使用类似的模式。例如,解说员哈罗德·雷诺兹(Harold Reynolds)在2015年世界系列赛的第一场比赛中首先对大都会队的大卫·墨菲(David Murphy)展开评论:"不管他们想做什么,如果你一直在追逐季后赛,观看这名球员的击打,你一定会很兴奋。这可以把你带回童年,如同雷吉·杰克逊(Reggie Jackson)带给你的感觉一样。"即使是对棒球历史知之甚少的人,都可能会想起杰克逊在1977年的世界系列赛第六场比赛中的3次本垒打。这场比赛奠定了他"十月先生"(Mr.October)的地位。诸如此类的瞬间是建立在一个棒球记忆库基础之上的,以此来庆祝这场比赛,进而来庆祝这个国家。电影《梦幻成真》(*Field of Dreams*)中的人物特伦斯·曼恩(Terence Mann)曾经说过,棒球"让我们想起曾经的美好,这一美好仍将继续"(Robinson,1989)。

一个额外的时刻特别强调了仪式的怀旧情绪,即使是最现代、技术最先进的福克斯公司也是如此。2010年的世界系列赛由一段两分钟的短片开始,该片由肯·伯恩斯(Ken Burns)的一首诗《家》(*Home*)改编而来(Burns,2010)。关于九局的纪录片《棒球》(*Baseball*)大受好评,伯恩斯为此推出了这一关于"第十局"的纪录片,该片在比赛前一个月就已经上映了,而他的这首诗也同样唤起了人们的思念和感伤。《家》是个两分钟的短片,充满怀旧之情:影片叙事点明棒球是"永恒的",孩子的形象和与家庭的联系体现了棒球的平等主义和包容性,电影摄影让球场沐浴在琥珀色的阳光下。影片歌颂了国民消遣,称其为"我们永远的归宿:家"。需要说明的是,笔者非常喜欢这部短片,但笔者也认为它对棒球能否代表一个理想化的美国做出了明确判断。影片的重点是"家",它不是字面意义上的住所,而是一个共享的符号空间,一个"想象的共同体"(Anderson,1991),一种不同于其他任何形式的消遣和国家的融合。从这种观点来看,棒球的国家例外主义证明了它并不适用于对重大事件、媒介化景观的一般讨论。换句话说,仅凭棒球比赛的神话地位,似乎就可以宣称,支配其他重大事件的规则并不适用于这一美国的国家消遣。

例外主义的衰落?

MLB前总裁巴特·吉亚马蒂(Bart Giamatti)对棒球给出过一种标志性的浪漫诠释:

> 它让你心碎。它注定是来使你伤心的。比赛于春天开始,那是万物都重新生长的时候,它在夏天开花,充斥着整个下午和晚上,然后当寒冷的雨来临时,就停下来了,留你独自一人面对即将到来的秋。你指望它,依靠它来缓冲时间的流逝,保持着对阳光和高空的记忆,然而就在暮色四合,当你最需要它的时候,它却停止了……和夏天一样,一去不复返了。
>
> (Berkow,1989,p.1-2)

这种有关生死的富有说服力的比喻,对这个国家同样适用。在关于美国例外主义和最近美国对英式足球兴趣高涨的文章中,法里德(Farred,2013,p.482)提出了一种具有明显反讽意味的论断:“美国作为一个衰落的帝国力量……却在国际足球圈备受尊敬。”也许比承认美国作为一个足球国家更令人吃惊的是,它暗示美国最好的日子已经过去了。的确,这成了许多美国人所担心的,美国世纪的“阳光和蓝天”已经让位给了“衰落”(fall)。一些学者(Noble,2002;Pease,2009)也由此得出这样的结论,那就是,用“例外主义”来定义美国已经不再贴切。

我们即使不能断定美国是一个正在衰落的国家,也可以肯定地说,它正处于转型期。新自由主义的资本主义、全球化和媒介化使得曾经相当简单的叙事变得复杂——美国,一个由上帝选择的特别的国家,实现了这个星球历史上最伟大的民主,并给全球数以百万计的人民带来了自由。这个强有力的神话得到了国家文化机构的支持,尤其是棒球方面的。想一想这项运动的历史,以及对棒球仪式的怀旧情结,我们会在庆祝世界系列赛的群众集会上感受到美国例外主义就不足为奇了。

然而,如果国家消遣在媒介化时代表现出了神话般的适应力,那么很可能会面临不稳定的因素。毕竟,在2015年世界系列赛的第一场比赛中,福克斯电视台由于遇到技术问题,导致当时直播中断。因此,在电视台切换到MLB国际报道前,观众短暂地错过了比赛现场的精彩镜头。很多观众,至少是那些也使用推特等自媒体平台的观众,似乎更喜欢这种切换(Nathan,2015)。也许这种反应更多的是对解说员乔·巴克的厌倦,而不是比赛或国家衰落的隐喻。不过,这确实凸显了当今媒介体育景观的脆弱性——一个全球性的、技术先进的、高度商业化的企业,所有这一切都可能因人为失误或电脑故障而被削弱。鉴于世界系列赛包含的双重例外主义(在地缘政治不断变化的时代,世界系列赛将美国认同持续神话化;而作为一个重大事件,它又处于边缘化地位),这一点就显得尤为重要。因此,世界系列赛代表了媒介仪式的符号可能性,以及美国例外主义在全球化、媒介化世界中的物质局限性。事实上,它凸显了美国人在21世纪初所处于的岌岌可危的例外状态。渐渐地,这种不确定性就像冠军游行一样越来越具有美国特色。

参考文献

Aden,R.C.(1995).Nostalgic communication as temporal escape:*When it was a game's* reconstruction of a baseball/work community.*Western Journal of Communication*,59,20-38.

Anderson, B. (1991). *Imagined communities: Reflections on the origin and spread of nationalism*.London:Verso.

Barr,J. (2014). Fox Sports president on future of World Series broadcast. *PoliticoMedia*, October 21.Retrieved from www.capitalnewyork.com/article/media/2014/10/8554928/fox-sports-president-future-world-series-broadcast(accessed 31 January 2016).

Berkow,I.(1989).The green fields of Bart's mind.New York Times,September 2.Retrieved from www.nytimes.com/1989/09/02/sports/sports-of-the-times-the-green-fields-of-bart-s-mind.html(accessed 3 February 2016).

Block,J.(2015).Kansas City Royals' Jonny Gomes delivers patriotic and confrontational World Series victory speech.Huffington Post,November 4.Retrieved from www.huffing tonpost.com/entry/kansas-city-royals-jonny-gomes-parade-speech_us_563a0e3ee4 b0b24aee48254b (accessed 30 January 2016).

Burns,K.(2010).Home.October 28.Retrieved from http://m.mlb.com/video/topic/6479266/v12919391/ken-burns-poem-opens-the-2010-world-series(accessed 29 January 2016).

Butterworth,M.L.(2007).Race in"the race":Mark McGwire,Sammy Sosa,and heroic constructions of whiteness.*Critical Studies in Media Communication*,24,228-244.

Butterworth,M.L.(2010).*Baseball and rhetorics of purity:The national pastime and American identity during the war on terror*.Tuscaloosa,AL:University of Alabama Press.

Butterworth,M.L.(2014).Public memorializing in the stadium:Mediated sport,the 10th anniversary of 9/11, and the illusion of democracy. *Communication and Sport*, 2, 203–224.

Couldry, N. (2008). Mediatization or mediation? Alternative understandings of the emergent space of digital storytelling. *New Media and Society*, 10, 373–391.

Deacon, D. and Stayner, J. (2014). Mediatization: Key concept or conceptual bandwagon? *Media, Culture and Society*, 36, 1032–1044.

Elias, R. (2010). *The empire strikes out: How baseball sold US foreign policy and promoted the American way abroad*. New York: New Press.

Farred, G. (2013). To be like everyone else, only better: The U.S. men's football team and the World Cup. In D.L. Andrews and B. Carrington (eds), *A companion to sport* (pp.481–492). Malden, MA: Wiley Blackwell.

Fisher, W. (1984). Narration as human communication paradigm: The case of public moral argument. *Communication Monographs*, 51, 1–22.

Frandsen, K. (2014). Mediatization of sports. In K. Lundby (ed.), *Mediatization of communication* (pp.525–543). Berlin: Mouton de Gruyter.

Hart, R. (1990). *Modern rhetorical criticism*. Glenview, IL: Scott Foresman.

Henson, S. (2011). Singing tenors helped healing process, one 7th–inning stretch at a time. *Yahoo! Sports*, September 5. Retrieved from www.yahoo.com/news/9–11–mlb–ronan–tynan–daniel–rodriguez–god–bless–america.html (accessed 20 June 2016).

Hjarvard, S. (2013). *The mediatization of culture and society*. London: Routledge.

Hjarvard, S. (2016). Mediatization and the changing authority of religion. *Media, Culture and Society*, 38, 8–17.

Horne, J. and Manzenreiter, W. (eds) (2006). *Sports mega–events: Social scientific analyses of a global phenomenon*. Oxford: Blackwell.

Hughes, R. (2004). *Myths America lives by*. Urbana, IL: University of Illinois Press.

Hutchins, B. (2016). "We don't need no stinkin' smartphones!" Live stadium sports events, mediatization, and the non–use of mobile media. *Media, Culture and Society*, 38, 420–436.

Jhally, S. (1984). The spectacle of accumulation: Material and cultural factors in the evolution of the sports/media complex. *Insurgent Sociologist*, 12, 41–57.

Johnson, V.E. (2008). *Heartland TV: Prime time television and the struggle for US identity*. New York: New York University Press.

Klein, A.M. (2006). *Growing the game: The globalization of major league baseball*. New Haven, CT: Yale University Press.

Lieb, F.G. (1950). *The baseball story*. New York: G.P. Putnam's Sons.

Lipset, S. M. (1996). *American exceptionalism: A double – edged sword*. New York: W. W. Norton & Co.

Motter, J. (2010). American exceptionalism and the rhetoric of humanitarian militarism: The case of the 2004 Indian Ocean tsunami relief effort. *Communication Studies*, 61, 507–525.

Nathan, A. (2015). Twitter reacts to World Series Game 1 delay due to Fox technical issues. *Bleacher Report*, October 27. Retrieved from http://bleacherreport.com/articles/2583463-twitter-reacts-to-world-series-game-1-delay-due-to-fox-technical-issues (accessed 29 January 2016).

Newman, M. (2012). MLB reaches eight-year agreement with FOX, Turner. *MLB.com*, October 2. Retrieved from http://m.mlb.com/news/article/39362362 (accessed 31 January 2016).

Noble, D.W. (2002). *Death of a nation: American culture and the end of exceptionalism*. Minneapolis, MN: University of Minnesota Press.

O'Leary, C.E. (1999). *To die for: The paradox of American patriotism*. Princeton, NJ: Princeton University Press.

Pease, D.E. (2009). *The new American exceptionalism. Minneapolis*, MN: University of Minnesota Press.

Real, M.R. (1989). *Super media: A cultural studies approach*. Newbury Park, CA: Sage.

Robertson, J.O. (1980). *American myth, American reality*. New York: Hill & Wang.

Robinson, P. A. (director and writer). (1989). *Field of dreams* [movie]. Hollywood, CA: Universal Pictures.

Roche, M. (2000). *Mega-events and modernity*. London: Routledge.

Roessner, L.A. (2009). Hero crafting in *Sporting Life*, an early baseball journal. *American Journalism*, 26, 39–65.

Rowe, D. (1999). *Sport, culture, and the media: The unruly trinity*. Buckingham: Open University Press.

Rowe, D. (2013). The sport/media complex: Formation, flowering, and future. In D. L. Andrews and B. Carrington (eds), *A companion to sport* (pp. 61–77). Malden, MA: Wiley Blackwell.

Rushing, J.H. (1989). Evolution of "The New Frontier" in *Alien* and *Aliens*: Patriarchal co-optation of the feminine archetype. *Quarterly Journal of Speech*, 75, 1–24.

Springwood, C.F. (1996). *Cooperstown to Dyersville: A geography of baseball nostalgia*. Boulder, CO: Westview Press.

Stahl, R. (2010). *Militainment, inc.: War, media, and popular culture*. New York: Routledge.

Thomas, L. (2015). The pitch. *Grantland*, September 11. Retrieved from http://grantland.com/features/the-pitch (accessed 3 February 2016).

Trujillo, N. and Ekdom, L. R. (1985). Sportswriting and American cultural values: The 1984 Chicago Cubs. *Critical Studies in Mass Communication*, 2, 262–281.

Tygiel, J. (2000). *Past time: Baseball as history*. Oxford: Oxford University Press.

Von Burg, R. and Johnson, P.E. (2009). Yearning for a past that never was: Baseball, steroids, and the anxiety of the American dream. *Critical Studies in Media Communication*, 26, 351-371.

Weiss, D. and Edwards, J. A. (2011). Introduction: American exceptionalism's champions and challengers. In J. A. Edwards and D. Weiss (eds), *The rhetoric of American exceptionalism: Critical essays* (pp. 1-10). Jefferson, NC: McFarland.

Wenner, L. A. (ed.) (1998). *MediaSport*. London: Routledge.

Wenner, L. A. (2013). The mediasport interpellation: Gender, fanship, and consumer culture. *Sociology of Sport Journal*, 30, 83-103.

Zang, D. W. (2001). *Sportswars: Athletes in the age of aquarius*. Fayetteville, AR: University of Arkansas Press.

第十六章　NCAA 美国大学篮球锦标赛

——“疯狂 3 月”走向全球

布莱恩·E.邓汉姆①

1966 年 3 月 19 日,一场 20 世纪最重要的体育比赛之一在马里兰大学的科尔·菲尔德球馆(Cole Field House)举行。这场全国大学体育协会(NCAA)男子篮球锦标赛决赛,由阿道夫·鲁普(Adolph Rupp)教练带领的全部由白人球员组成的肯塔基野猫队(Kentucky Wildcat)对阵名帅唐·哈斯金斯(Don Haskins)带领的以黑人球员为主的得克萨斯西部矿工队(Texas Western)。这场比赛发生在美国总统林顿·约翰逊于 1964 年签署《民权法案》的两年后,民权运动领袖马丁·路德·金遇刺身亡前两年,比赛象征着美国黑色人种争取社会认同的斗争以及作为少数族裔希望得到尊重。据作家弗兰克·菲茨帕特里克(Fitzpatrick,1999)回忆,体育记者曾期待训练有素的肯塔基队在进防两端运用合理的战术来击败得克萨斯西部队。与此相反,体育记者们预计矿工队将会玩一种不守纪律的“跑轰”(run-and-gun)式打法,最终难以匹敌经验丰富的野猫队。但正如菲茨帕特里克所描述的那样,矿工队打得沉静专注,其后卫在球场上游刃有余,掌控着节奏,带领球队以 72 比 65 的比分战胜了备受青睐的野猫队。肯塔基队的一名队员、未来的职业教练帕特·莱利(Pat Riley)将这场冠军决赛称为“1966 年的解放宣言”(Emancipation Proclamation of 1966)(Fitzpatrick,1999,p.25)。

事实上,在那个社会动荡的时代,矿工队的胜利超越了科尔·菲尔德球馆,增强了美国黑人的力量。在美国南方,大学篮球一直是一项存在种族隔离的运动(Martin,1993),特别是鲁普教练,拒绝招募黑人球员。但是,正如莱利指出的

① 美国克莱姆森大学体育传播系主任、坎贝尔冠名讲席教授。他的研究包括大众媒介的议程设置和议程构建功能,近期研究聚焦媒介间议程设置过程。

那样，得克萨斯西部大学取得了历史性的胜利，而矿工队也在这一过程中发表了大胆的声明：只要有一个公平的竞争环境（赛场地），黑人运动员可以表现得和白人运动员一样好，甚至更胜一筹。因为帮忙证明了这一点，哈斯金斯收到了大约 4 万封恐吓信（Price，1991）。

2016 年是肯塔基队与得克萨斯西部队冠军决赛 50 周年，尽管这场比赛的结果代表了体育和社会的一个转折点，但只有很少的人亲眼见证了这场比赛。菲茨帕特里克（Fitzpatrick，2003）指出："这场比赛开始于东部时间晚上 10 点，它并没有被主流电视网转播，只在美国部分城市延时播出录像。"它的大部分影响发生在接下来的几天中，因为比赛结果的消息是通过口头传播的。那时 ESPN 和其他体育电视网还不存在，也没有互联网和手机应用程序。在油管（YouTube）上观看 1966 年比赛的片段时，你会看到一段模糊的黑白画面，展现了一个逝去的时代。2006 年，美国博伟影业公司（Buena Vista Pictures）在全国电影院发行了由这段故事改编的电影《光荣之路》（*Glory Road*），电影观众们确实体验到了这场冠军赛的戏剧化。

在肯塔基队与得克萨斯西部队比赛后的 50 年间，NCAA 美国大学篮球锦标赛逐渐成为重大媒体事件。罗切（Roche，2000）认为这样的比赛至少都应该包含三种元素：戏剧性、大众吸引力和国际意义（Giulianotti et al.，2015；Horne & Manzenreiter，2006；Maennig & Zimbalist，2012）。"疯狂 3 月"是一个包罗万象的术语，用来推广 NCAA 篮球赛，这其中就包括罗切所说的元素；实景比赛（live-action games）为全世界数以百万计的篮球迷提供了戏剧化的故事（Feinstein，1998，2006）。2015 年，全美平均有 2830 万电视观众观看了杜克大学击败威斯康星大学，从而获得其第五个 NCAA 男子篮球全国冠军。在 CBS 播出的最后时段，平均有 3340 万电视观众观看（Pallotta，2015）。2830 万的平均观众人数使得 2015 年的这场比赛成为 18 年以来最受关注的冠军赛。CNN 报道（ibid.），NCAA"疯狂 3 月"直播，这个锦标赛的流媒体应用程序，产生了 8070 万条实时视频流，在社交媒体中，脸书和推特上有超过 3.5 亿次的浏览量（比 2014 年增加了 45%）。ESPN 国际部通过美国以外的 26 个电视网络，在 179 个国家和地区转播了 2015 年的男子四强赛（Humes，2015）。在女子赛方面，2015 年康涅狄格大学和圣母大学之间的全国锦标赛决赛吸引了 310 万观众（Paulsen，2015），ESPN 家庭网络转播了所有 63 场比赛（Siegal，2015）。ESPN 国际部通过 ESPN 2 澳大利亚频道、ESPN 巴西高清频道、ESPN 加勒比频道、ESPN 北拉丁频道、ESPN 北 3 频道、ESPN 南 3 频道和 ESPN 英国频道提供了最后四强赛的转播。

ESPN 还利用社交媒体来补充对 2015 年女子四强赛的报道(ibid.)。

“疯狂 3 月”的整体影响可以通过其年度广告效应来观察,史密斯(Smith,2008,p.387)将其解释为“一个成功的学院或大学品牌已经能够将其体育实力转化为学校学术使命的有形利益”。麦考密克和廷斯利(McCormick & Tinsley,1987)开创了这一领域的研究,他们观察到体育成功和学术质量之间的正相关关系。波普和波普(Pope & Pope,2009,2014)发现,大学体育的成功,包括在 NCAA 篮球锦标赛中的亮相,会导致学生申请人数的增加。这在男性、非洲裔美国人、外州学生和高中时参加体育活动的学生中体现得尤为明显。托马和克罗斯(Toma & Cross,1998)曾观察到,在一个篮球锦标赛赛季结束后,学生申请人数略有增加,米克森(Mixon,1995)发现,篮球成功与学术能力评估测试(SAT)得分之间存在正相关关系。里谢(Rishe,2003)发现,运动员的成功有助于预测学生运动员和其他本科生的毕业率;特伦坎普(Trenkamp,2009)观察到了篮球成功与学术排名之间的联系;巴德和桑德伯格(Baade & Sundberg,1996)发现,篮球比赛的出场次数与公立大学收到的捐赠之间存在正相关关系;盖茨和西格弗莱德(Getz & Siegfried,2010)总结了体育运动成功的直接和间接益处。

虽然有些研究没有观察到广告效应(Bremmer & Kesselring,1993;Smith,2008;Tucker,2004),但“疯狂 3 月”确实为大学提供了全国性的曝光机会;正如体育记者约翰·费恩斯坦(Feinstein,2006)指出的那样,1400 多名持证记者报道了 NCAA 男篮四强赛。此外,参加“疯狂 3 月”活动还为大学的宣传活动提供了视频内容。正如洛弗(Rowe,2004,p.74)所解释的,“因为其灵活性和相互关联性,媒介体育文本是特别有价值的资产。一场体育比赛的‘现场’电视直播可以‘实时’播出,之后还可以无休止地播出,并且可以以无数种方式进行剪辑和包装”。

大学经常“剪辑”视频材料用于宣传,戴普肯(Depken,2010)解释道,成功(以及通过媒介强化的成功)往往被证明具有传染性,从而使更多的人参与随后的体育赛事。NCAA 也从中受益,尤其是男子锦标赛的电视收入对该组织的财务稳定起到了重要作用(Mondello,2006,p.292)。

本章将“疯狂 3 月”作为一个重大媒介事件来审视,其中包括男性和女性球员在体育精英行列中的表现。本章解释了 NCAA 男子和女子锦标赛如何促进了篮球运动的全球扩张,从而影响了每年参赛球队的名单,并进而影响电视体育节目的内容。媒介化在这里被概念化为一个过程,在此过程中,媒体对某一事件的处理会影响人们对围绕该事件的社会现实的看法(Frandsen,2014),进而影响该事件本身的未来发展,这为我们提供了理论指导。

媒介化

在美国,人们经常亲自参加体育赛事,但是那些生活在世界其他地方的人可能只能通过媒体渠道来体验这些赛事。在大众媒体提供大学篮球赛的国际转播之前,在互联网允许国际观众观看在美国举行的体育赛事之前,广大观众很少有机会观看美国的重大赛事。国际运动员可以了解美国体育赛事上发生的事情,但他们无法观看现场比赛,这限制了他们模仿精英运动员的能力。随着科技的进步,空间距离已变得不那么重要,英国伦敦的人可以和肯塔基州伦敦镇的人观看相同的体育赛事。

舒尔茨(Schulz,2004)讨论了社会变革背景下的媒介化,认为媒体参与了扩展、替代、融合和适应。舒尔茨观察到,人类传播受到时间、空间等因素的限制,但大众媒体有扩展交流的能力——"弥合时空距离"(ibid.,p.88)。关于替代,舒尔茨认为媒体对事件的报道改变了事件的性质;与本章特别相关的是媒体赋予体育重要赛事符号意义的能力。譬如,学者们观察到了媒介化体育与爱国主义之间的交集(Butterworth,2014),"疯狂 3 月"通过其隐含的信息象征着对美国梦的追求,即任何人都可以凭借奉献和努力获得成功。在 NCAA 篮球锦标赛中,来自全国知名度不高的联盟〔如地平线联盟(Horizon)、爱国者联盟(Patriot League)、太阳区联盟(Sun Belt)和殖民地运动协会(Colonial Athletic Association)〕的球队,可以与来自大西洋海岸联盟(ACC)、大十联盟(Big Ten)、大东联盟(Big East)和太十二联盟(Pac-12)[①]等主要联盟的球队同台竞技。

要想获得参加 NCAA 锦标赛的资格,每支队伍必须赢得其所在联盟的比赛或者大量的投票。近几年,男子比赛增加了"赛中赛"(play-in)的赛程模式,即 4 支来自小联盟的球队和 4 支排名在后四位的大联盟球队对决,来争夺进入六十四强的资格。参加这一阶段比赛的队伍都希望成为"灰姑娘",在适度的期望中翩翩起舞(The Dance),在最初的几轮比赛中不断超越并前进。"灰姑娘"队在男子锦标赛中出现得更频繁,主要是因为各队实力相当。在女子锦标赛中,相对较少的几支球队(如康涅狄格大学队、田纳西大学队和贝勒大学队)在过去 30 年里一直占据着主导地位(Hersh,2015)。实际上,在 21 世纪,在本文截稿

① NCAA 的美式橄榄球和篮球等联盟一般分为三级,ACC、大十、太十二和大东等联盟属于一级联盟,常春藤等属于三级联盟。——译者注

前，康涅狄格大学一共获得了9次全国冠军。

全世界的业余篮球运动员都看到NCAA的男女球员在成千上万的球迷面前争夺冠军，受到媒体的追捧，签订利润丰厚的职业合同。不足为奇的是，许多外国出生的运动员试图效仿他们的NCAA对手，最终通过获得奖学金和尝试打职业比赛的方式加入NCAA。在这种语境下，媒介化与全球化在概念上发生了交叉，马奎尔（Maguire，2006，p.436）解释说，全球化可以被理解为“休闲风格、习俗和实践从世界的一个地方流向另一个地方”。

舒尔茨（Schulz，2004）认为，通过媒介化过程，媒介化现实和社会现实趋于融合或合并。“例如，”舒尔茨指出，“我们开车时听收音机，在地铁里看报纸，在晚餐时看电视，在看电影时约会。”（ibid.，p.89）尤其是“疯狂3月”，劳动分析表明，在相关比赛期间，雇主将损失高达19亿美元的工资，约有6000万人在工作时至少观看了部分赛事（Bukszpan，2015）。2015年，普尔杜姆（Purdum，2015）指出，美国博彩协会预计4000万人会完成7000万笔有关锦标赛的交易，总投注额将超过90亿美金（Real，2014，p.35）。

最后，舒尔茨（Schulz，2004）建议，大众媒体需要经济和政治行动者的配合，这些行动者往往依赖媒体的报道（Giulianotti et al.，2015）。在参与方面，NCAA关于国际运动员参赛资格的政策发生了重大变化，运动员获得学生签证的程序也发生了重大变化（Greer，2013；Kosmider，2014）；两者都促进了其他国家的运动员的参与。20世纪90年代，NCAA对参与国际篮球学院的运动员施加了限制，但在澄清“业余”的定义后，官方后来放宽了某些参与标准，允许更多的运动员在美国参赛。

随比赛成长

NCAA搜集的数据显示，在21世纪的头10年和第二个10年，“非常驻外籍篮球学生运动员”的数量有了显著增长①。从1999—2000赛季到2014—2015赛季，在NCAA一级联盟中，外国出生的男性运动员所占的比例从3.0%增加到7.1%。1999—2000年，有140名外国出生的男性运动员参加了一级联盟的比赛，而2014—2015年的参赛人数为358人。1999—2000年，272名男性运动员

---

① NCAA提供了一个在线数据库，用于识别大学体育的统计趋势。该数据库可以通过http://web1.ncaa.org/rgdSearch/exec/saSearch网站访问。考虑到随机变化，美国以外国家出生的男女篮球运动员的百分比通常呈线性上升趋势。

参加了比赛,而 2014—2015 年,692 名外国出生的男性运动员参加了比赛。在女性运动员中,从 1999—2000 赛季到 2014—2015 赛季,外国出生的运动员在一级联盟比赛中的比例从 2.6%(n=110)上升到 5.1%(n=236)。1999—2000 年,173 名女运动员参加了比赛,而 2014—2015 年,388 名外国出生的女运动员参加了比赛。因此,把男性和女性都算上,外国出生的篮球运动员的数量在这两个时间段内增加了一倍多。

图 16.1 提供了一个概念性描述,说明了在本案例中"疯狂 3 月"的体育媒介化如何影响国际运动员对美国大学篮球的认知,以及最终注册并成功进入大学篮球队的国际运动员如何影响电视节目的内容,并含蓄地鼓励更多的国际运动员在美国从事大学体育运动。该模式将已成名国际球员定位为潜力球员的榜样,其中一些潜力球员将发展出足以进入一级联盟的技能。潜力球员可能会在他们的祖国得到大量的媒体关注,他们也可能会运用现有的技术,比如油管,为教练和球探制作精彩的视频。根据各队的需要(如后卫、前锋或中锋),教练可以通过媒体渠道招募他们关注的球员。事实上,ESPN 和《纽约时报》等媒体报道了大学篮球教练如何利用油管等新媒体,以及脸书和推特等社交媒体平台,在美国国内和国际招聘中获得优势(Medcalf,2012;Thamel,2011)。一些新招募的成员将加入美国大学篮球队,成为固定的球员,继续图 16.1 中的循环。正如下面所讨论的,来自非洲和欧洲的球员帮助启动了这一进程。

在成为 NBA 休斯敦火箭队的明星之前,哈基姆・奥拉朱旺(Hakeem Olajuwon)一共跟随休斯敦大学美洲豹队参加了 3 次 NCAA 四强赛,还于 1984 年入选了全美最佳球员。20 世纪 80 年代初,主流大学的篮球队中只有相对较少的队员来自世界其他地区,在奥拉朱旺出现在这个赛场之前,实际上还没有来自非洲的球员成为超级巨星。奥拉朱旺,这个来自尼日利亚拉各斯的移民,改变了这种情况,他独自来到美国,在此锻炼自己的篮球技能,同时证明自己在球场上的杰出。正如他在自传(Olajuwon & Knobler,1996)中回忆的那样,文化的改变具有挑战性,部分原因是很少有人选择类似的运动道路。

实际上,在 20 世纪 80 年代,除了奥拉朱旺,只有 2 名来自非洲国家的球员在美国大学打篮球。来自现在的南苏丹的身高 7 英尺 7 英寸(约 2.31 米)的马努特・波尔(Manute Bol)在加入 NBA 华盛顿子弹队之前,于 1984—1985 赛季在康涅狄格州的桥港大学打球(Medcalf,2012;Thamel,2011)。来自刚果民主共和国的迪肯贝・穆托姆博(Dikembe Mutombo)在 1988—1991 赛季为乔治城大学惊叹队效力,之后加入 NBA,并 8 次入选 NBA 全明星阵容。沃什本

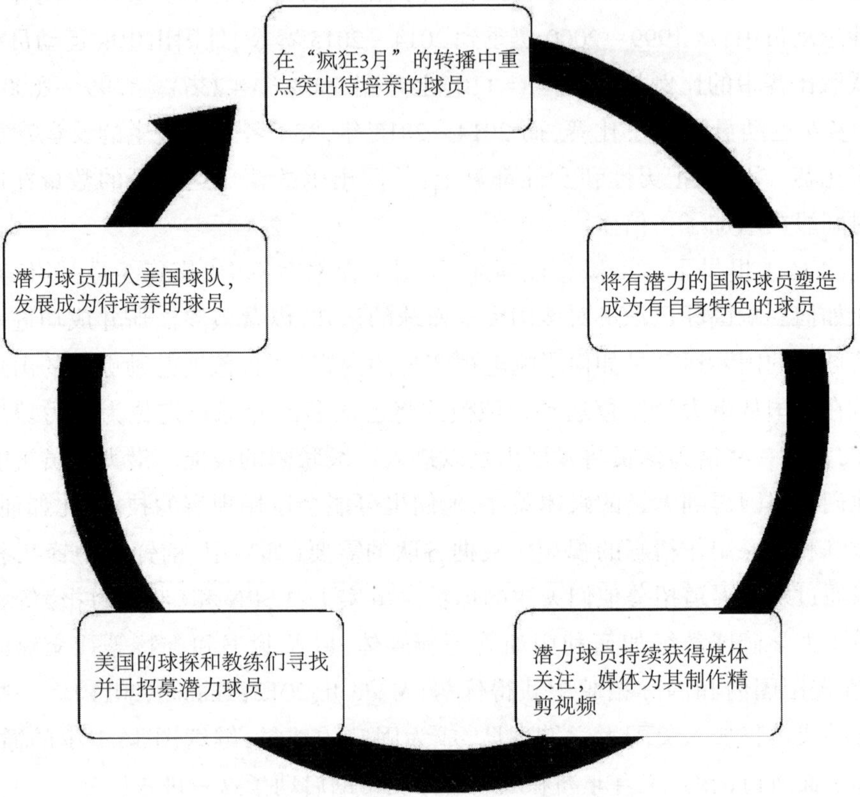

图 16.1　大学篮球全球化中的媒体定位

(Washburn,2015)认为,奥拉朱旺、波尔和穆托姆博表明来自非洲国家的球员一样可以在美国最高水平的赛事中对抗,事实上,现在有超过 30 名来自非洲的球员在 NBA 效力,其中包括最近的选秀前十位的贾希尔·奥卡福(Jahlil Okafor)(杜克大学)和维克托·奥拉迪波(Victor Oladipo)(印第安纳大学)。

1980 年,迪特莱夫·施拉姆夫(Detlef Schrempf)从西德的勒沃库森移民到华盛顿州,正好就读高中四年级。施拉姆夫在 1981 年开始为华盛顿大学效力,直至 1985 年,1984 年曾随队进入甜蜜十六强(Sweet 16)。在他的大学生涯之后,施拉姆夫一共在 NBA 赛场上征战了 16 个赛季,3 次入选全明星阵容。另外一名来自德国的球员克里斯蒂安·韦尔普(Christian Welp)于 1983 年至 1987 年在华盛顿队大学打球,他和施拉姆夫一道获得过 2 次太十联盟的冠军。第三个德国运动员是乌韦·布拉布(Uwe Blab),出生于慕尼黑的他于 1981 年至 1985 年为印第安纳大学打球,1984 年帮助印第安纳大学山地人队打入精英八强。现今有超过 35 名德国球员参加过美国大学篮球赛,其中大多数人都是在施拉姆夫等人证明了外国球员可以取得成功后出现的。其他西欧或者东欧国家的运动员也纷纷效仿,同样的情况存在于亚洲、澳大利亚和南美洲。当康涅狄格大学在 2014 年获得 NCAA 男篮全国冠军时,其名单就包括了 2 名德国球员、1 名加纳球员和 1 名牙买加球员。

在讨论国际运动员对美国大学篮球的影响时,科斯米德(Kosmider,2014)指出,位于科罗拉多州丹佛的大都会州立大学拥有来自塞内加尔的 6 英尺 10 英寸(约 2.08 米)的布纳马 · 凯塔(Bounama Keita)。科斯米德注意到了大众媒体的作用,他指出:“布纳马 · 凯塔的哥哥巴耶 · 穆萨 · 凯塔(Baye Moussa Keita)在雪城大学打过球,布纳马惊讶于能在 ESPN 上看到这么多他哥哥的比赛。”美国体育赛事的国际转播,使布纳马 · 凯塔这样的运动员得以效仿电视上出现的运动员,在某些情况下,甚至模仿油管等网站上出现的运动员。如上所述,海外运动员经常在油管上发布精彩视频,向美国教练展示他们的运动能力。在这方面,非洲的篮球运动员可以在一个赛季中观察和模仿某个球员,学习在球场的攻防两端模仿该球员;在某个时刻,该球员可能会在网上发布一段精彩视频,试图引起教练的注意。正如卡扎迪(Kazadi,2013)所报道的,西亚利桑那州女队教练帕特里克 · 康宁汉姆(Patrick Cunningham)在油管上观察了刚果运动员艾米莉 · 穆阿南蒂布(Emilie Muanandibu)和丽塞特 · 朗格莫(Lisette Longomo)的能力后决定招募她俩。

尽管国际运动员在大学女子篮球赛中没有像在男子篮球赛中那样频繁地跻身上游,但外国出生的运动员肯定不会缺席。例如,俄罗斯前锋斯维特拉娜 · 阿布拉西莫娃(Svetlana Abrosimova)在康涅狄格大学 3 次入选全美最佳阵容,并帮助康涅狄格大学在 2000 年获得全国冠军(Auriemma & MacMullan,2006)。在得克萨斯州瓦克的贝勒大学,教练金 · 穆尔基(Kim Mulkey)招募了索菲娅 · 杨(Sophia Young),后者本是路易斯安那州什里波特路的伊万格尔基督教学校的国际交换生(Mulkey & May,2007),后来她在贝勒大学入选全美最佳阵容。穆尔基还招募了意大利帕尔马的阿比奥拉 · 瓦巴拉(Abiola Wabara),阿比奥拉和杨一同为贝勒大学在 2005 年取得 NCAA 冠军作出了贡献。通过 10 年的努力,在 2015 年的女子篮球冠军赛中,加拿大后卫吉雅 · 讷斯(Kia Nurse)作为康涅狄格大学爱斯基摩犬队的一员,为学校赢得了第 10 座全国冠军的奖杯。布雷迪(Brady,2015)指出,总共有 20 名来自加拿大的运动员参加了 2015 年 NCAA 女子篮球比赛。

虽然爱达荷大学的女子篮球没有康涅狄格大学的那么受欢迎，但爱达荷大学最近成为4所至少拥有7名国际篮球运动员的大学之一（Athletics，2015）。来自3个大洲5个国家的运动员出现在该校2014—2015赛季的名单上，其中4名运动员来自澳大利亚。其他队员来自波黑、挪威和西班牙。

2015年甜蜜十六强中的国际运动员

男子比赛

表16.1列出了参加2015年男子甜蜜十六强的国际运动员。如表格所示，运动员来自下列国家和地区：澳大利亚、奥地利、巴哈马、加拿大、埃及、爱沙尼亚、法国、德国、匈牙利、肯尼亚、立陶宛、尼日利亚、挪威、波兰、波多黎各和塞尔维亚。除了国籍，该表格还包括每个球员的身高和在球场上的位置，从而便利了人们对美国职业篮球，特别是对NBA进行定量分析。学者们从经济学和市场的角度研究了外国出生的球员的增加，尤其是将身高视为一种稀缺资源（Eschker，Perez & Siegler，2004；Lee & Berri，2008）。正如贝里等人（Berri et al.，2005，p.1037）指出的，“在2003—2004赛季，19名身高至少7英尺（2.13米）的球员在NBA打了相当长的时间。其中有9人，也就是47%的人，出生在美国以外的国家”。

表16.1　NCAA 2015赛季男子篮球甜蜜十六强中的国际运动员名单

所在队	球员
亚利桑那大学	杜桑·里斯蒂奇（Dusan Ristic），2.13米，中锋，塞尔维亚诺维萨德
杜克大学	西恩·奥比（Sean Obi），2.06米，前锋，尼日利亚卡杜纳
贡萨加大学	凯文·潘格思（Kevin Pangos），1.88米，后卫，加拿大安大略省 多曼塔斯·萨博尼斯（Domantas Sabonis），2.08米，前锋，立陶宛考纳斯 普尔泽梅克·卡诺维斯基（Przemek Karnowski），2.15米，中锋，波兰托伦布朗尼 达斯丁·特里亚诺（Dustin Triano），1.90米，后卫，加拿大温哥华
路易斯维尔大学	马茨·斯托克曼（Matz Stockman），2.13米，中锋，挪威奥斯陆 曼格克·马西昂（Mangok Mathiang），2.08米，中锋，澳大利亚墨尔本 阿纳斯·马赫穆德（Anas Mahmoud），2.13米，前锋，埃及开罗
密歇根州立大学	路劳斯·奈恩（Lourawls Nairn），1.78米，后卫，巴哈马拿骚 埃里克·卡腾达（Eric Katenda），2.06米，前锋，法国巴黎 马蒂纳斯·戈本（Martinas Geben），2.06米，前锋，立陶宛维尔纽斯

续表

所在队	球员
俄克拉荷马大学	巴蒂·希尔德(Buddy Hield),1.93 米,后卫,巴哈马弗里波特 丁耶尔·沃克(Dinjiyl Walker),1.85 米,后卫,加拿大安大略省旺市
犹他大学	达令·巴赫尼斯基(Dallin Bachynski),2.13 米,中锋,加拿大卡尔加里 肯内斯·奥格比(Kenneth Ogbe),1.98 米,后卫,德国慕尼黑 雅各布·波特尔(Jakob Poeltl),2.13 米,前锋,奥地利维也纳
西弗吉尼亚大学	加里·布朗(Gary Browne),1.85 米,后卫,波多黎各圣胡安
威奇塔州立大学	劳诺·讷格尔(Rauno Nurger),2.08 米,中锋,爱沙尼亚凯拉 汤姆·瓦穆科塔(Tom Wamukota),2.10 米,中锋,肯尼亚奔戈马
加州大学洛杉矶分校	乔治·戈罗曼(Gyorgy Goloman),2.08 米,前锋,匈牙利克尔门德 约纳·博尔登(Jonah Bolden),2.08 米,后卫,澳大利亚悉尼

备注:肯塔基大学、北卡罗来纳大学、北卡罗来纳州立大学、威斯康星大学和泽维尔大学没有将其国际球员列入球队花名册。

表 16.1 显示,在男子篮球精英队伍中,多支球队招募了国际运动员担任中锋或大前锋。尽管贡萨加大学和犹他大学等学校拥有强大的资金支持,但它们吸引的美国高中明星可能不如长期在篮球界享有盛誉的球队吸引的那么多。从媒体的角度来看,美国西部时间晚上 8 点开始的比赛要到东部时间晚上 11 点才开始,而在这之前,ESPN 和其他体育电视网已经为黄金时段的观众报道了比赛的比分。在东部和中西部的人口中心区域,很少有新秀会观看西部的比赛,更少人认为这些项目是可行的选择。他们的朋友和家人可能要跋涉 2000 英里(3200 千米以上)才能亲自观看比赛。因此,在某些情况下,贡萨加大学和犹他大学等学校的教练可能会效仿 NBA,在国际人才库中寻找某个位置的球员。像肯塔基大学和北卡罗来纳大学这样的球队可以挑选美国最好的高中球员,他们中的许多人从小就梦想成为野猫队或焦油鞋跟队的一员。国际球员往往不那么挑剔;这些运动员中有不少人可能从小就梦想在美国参加比赛,除了肯塔基大学和北卡罗来纳大学,还有许多学校可以提供激烈的竞争和在职业球探面前曝光的机会。

但有时即使是最精英的项目也无法逃脱市场的力量。例如,在美国,运动员只有在大学篮球阶段至少打一个赛季(或年满 19 岁)才能参加 NBA 的比赛。这条“大一结束就进 NBA”(one and done)的规则允许优秀的运动员将大学比赛视为职业篮球的预备学校。2015 年,创纪录的 7 名来自肯塔基大学的低年级男子球员进入 NBA 选秀(Associated Press,2015),教练约翰·卡利帕里(John Calipari)只留下了很少的球员。卡利帕里着眼于全球人才库,在2015—2016赛季的球员名单中增加了4名国际球员:伊萨克·亨弗里斯(Isaac Humphries),一名来自澳大利亚悉尼的身高2.13米的前锋;斯卡尔·拉比西埃(Skal Labissiere),一名身高2.10米的前锋,来自海地太子港;穆查尔·穆尔德(Mychal Mulder),身高1.93米的后卫,来自加拿大温莎;还有来自加拿大基钦纳的身高1.93米的后卫贾马尔·穆雷(Jamal Murray)。对于卡利帕里来说,招募外国出生的运动员来接替肯塔基七星①的任务不再那么艰巨。

事实上,由于外国出生的球员有能力在一级联赛中竞争,招募的人数已经增加到了一定水平,在这个水平上,几乎不变的更替率并不具有破坏性。随着全世界都能观看NCAA的比赛,外国运动员可以学习和模仿那些在精英队伍中比赛的国际球员,这表明那些拥有必要技能的人是有机会的。也就是说,在哈基姆·奥拉朱旺来到休斯敦大学30多年后,同样来自尼日利亚拉各斯的伊克纳·奥克瓦拉比泽(Ikenna Okwarabizie)加入了加州大学洛杉矶分校(UCLA)富有传奇色彩的篮球队。

女子比赛

表16.2列出了参加2015年女子甜蜜十六强的国际运动员。正如表格所示,运动员来自以下国家:澳大利亚、加拿大、克罗地亚、法国、德国和西班牙。外国出生的球员在戴顿大学、佛罗里达州立大学和贡萨加大学等球队中出现的频率最高,与表16.1中的男性球员名单的情况相似。虽然很少有人会否认这些球队的成就,但在球队常年夺冠的康涅狄格大学、田纳西大学和圣母大学的花名册上,除了康涅狄格的后卫吉雅·讷斯,并没有外国出生的运动员。在球员位置方面,在7支拥有外籍人才的球队中,有5支球队的国际运动员担任中锋或大前锋,表16.2中的16名运动员中有10个人身高不低于1.83米。戴顿大学的3名球员分别高1.88米、1.93米和1.95米。

表16.2 NCAA 2015赛季女子篮球甜蜜十六强中的国际运动员名单

所在队	球员
亚利桑那州立大学	伊西多拉·普尔科维奇(Isidora Purkovic),1.80米,后卫,加拿大卡尔加里 奎因·多恩斯陶德(Quinn Dornstauder),1.93米,中锋,加拿大萨斯喀彻温省里贾纳

① 指可能进入NBA的7名球员。——译者注

续表

所在队	球员
贝勒大学	克里斯蒂·华莱士(Kristy Wallace),1.80 米,后卫,澳大利亚昆士兰州洛根霍尔姆
佛罗里达州立大学	阿杜特·布尔加克(Adut Bulgak),1.93 米,中锋,加拿大埃德蒙顿 阿玛·德格比昂(Ama Degbeon),1.88 米,中锋,德国格伦伯格 莱迪希亚·罗梅罗(Leticia Romero),1.72 米,后卫,西班牙拉斯帕尔马斯
贡萨加大学	卡西埃·波什(Kacie Bosch),1.75 米,后卫,加拿大阿尔伯特省莱斯布里奇 乔治亚·斯特顿(Georgia Stirton),1.72 米,后卫,澳大利亚墨尔本 艾玛·沃尔弗拉姆(Emma Wolfram),1.95 米,中锋,加拿大卑诗省坎卢普斯 桑尼·格雷纳切尔(Sunny Greinacher),1.90 米,前锋,德国埃森 艾玛·斯塔赫(Emma Stach),1.76 米,后卫,德国巴克霍兹
康涅狄格大学	吉雅·讷斯(Kia Nurse),1.83 米,后卫,加拿大汉密尔顿
戴顿大学	安德里亚娜·切维科维奇(Andrijana Cvitkovic),1.88 米,前锋,克罗地亚克拉列维察 约迪·科尔内里-西格蒙多娃(Jodie Cornelie-Sigmundova),1.93 米,中锋,法国斯特拉斯堡 赛查·格兰特-阿伦(Saicha Grant-Allen),1.95 米,中锋,加拿大汉密尔顿
爱荷华大学	克里斯蒂娜·巴特汉姆(Christina Buttenham),1.83 米,前锋,加拿大汉密尔顿

备注:杜克大学、斯坦福大学、路易斯维尔大学、马里兰大学、北卡罗来纳大学、圣母大学、南卡罗来纳大学、田纳西大学和得克萨斯大学没有将其国际球员列入球队花名册。

在接下来的一个赛季中,佛罗里达州立大学考察了 2015 年甜蜜十六强球队的名单,增加了来自西班牙马德里的玛丽亚·康德(Maria Conde)和来自澳大利亚维多利亚里普利布鲁克的瑞秋·安东尼娅杜(Rachel Antoniadou),使该队拥有了 5 名国际球员。此外,2015 年的锦标赛中没有外国出生的运动员参赛的 4 支球队——杜克大学、南卡罗来纳大学、斯坦福大学和得克萨斯大学——都至少增加了 1 名国际球员。因此,总的来说,虽然国际球员中女性的人数较少,但第一级别联赛的教练们显然对外国出生的人才感兴趣,尤其是来自澳大利亚、加拿大和德国的人才。

结　语

本章将“疯狂 3 月”定位为重大媒介事件,认为对 NCAA 大学篮球联赛的国际报道是这项运动在全球扩张的一个因素。本章提出,“疯狂 3 月”影响了国际运动员对美国大学篮球的看法,他们中的一些人最终将在美国打球,并因此影响了电视体育节目的内容。那些出色的国际运动员会暗中(有时是明确地)鼓励更多在其他国家出生的运动员来到美国追求大学篮球的梦想,这种循环仍在继续。本章在媒介化的语境下讨论了这一过程,媒介化被概念化为一个过程,在这个过程中,媒体对一个事件的处理影响了人们对围绕它的社会现实的认知,进而影响事件本身的未来发展。

当然,人们应该意识到,教练和其他招聘人员要到世界各国访问数千英里以外的球员,大学篮球事业也并不仅仅依赖于 NCAA 赛事的媒体报道。球探之旅仍然很受欢迎,教练们可以亲自对球员进行评估。尽管如此,随着国际球员在油管上发布精彩集锦片段,教练们通过脸书和推特等社交媒体与球员保持联系,媒体对大学篮球招募和实际表现的影响似乎是显而易见的。在招募方面,媒体渠道为新兵和他们未来的教练都提供了交流的机会,就像梅德卡尔夫(Medcalf,2012)在给 ESPN 的一篇文章中指出的:“一个害羞的孩子可能不喜欢打电话。另一个孩子更喜欢打电话,因为他讨厌写信。有些孩子只是想在他们的推特收件箱里看到直接的信息。”

总而言之,大学篮球的国际参与度的提升扩大了招募的范围,并有可能提高竞争的公平性。一些没有机会招募到美国国内顶尖球员的大学也许可以在海外找到适合的球员,如表 16.1 和表 16.2 中列出的令人印象深刻的球员人数所示。这些国际球员中有不少人在 2015 年的 NCAA 锦标赛中扮演了关键角色,成为其他球员的榜样。这样的循环仍在继续。

参考文献

Associated Press(2015).Kentucky breaks record with seven players declaring for NBA draft.Fox Sports,April 9.Retrieved from www.foxsports.com/college-basketball/story/ kentucky-wildcats-break-record-with-seven-players-declaring-for-nba-draft-040915(accessed 24 November 2016).

Auriemma,G.and MacMullan,J.(2006).*Geno*:*In pursuit of perfection*.New York:Warner Books.

Baade,R.A.and Sundberg,J.O.(1996).Fourth down and gold to go? Assessing the link between athletics and alumni giving.*Social Science Quarterly*,77,789-803.

Berri,D.J.,Brook,S.L.,Frick,B.,Fenn,A.J.and Vicente-Mayoral,R.(2005).The short supply of tall people:Competitive imbalance and the National Basketball Association.*Journal of Economic Issues*,39,1029-1041.

Brady,R.(2015).UConn freshman charges way to the top.*The Globe and Mail*,April 4,p.56.

Bremmer, D. S. and Kesselring, R. G. (1993). The advertising effect of university athletic success: A reappraisal of the evidence. *Quarterly Review of Economics and Finance*, 33, 409-421. doi: 10.1016/1062-9769(93)90006-6

Bukszpan, D. (2015). Guess how much money employers lose during March Madness. *Fortune*, March 13. Retrieved from http://fortune.com/2015/03/13/march-madness-employers-lost-productivity (accessed 24 November 2016).

Butterworth, M.L. (2014). Public memorializing in the stadium: Mediated sport, the 10th anniversary of 9/11, and the illusion of democracy. *Communication and Sport*, 2, 203-224. doi: 10.1177/2167479513485735

Depken, C.A., II. (2010). Is March Madness contagious? Post-season play and attendance in NCAA Division I basketball. In L.H. Kahane and S. Shmanske (eds), *The Oxford handbook of sports economics, Volume I: The economics of sports* (pp.373-399). Oxford: Oxford University Press.

Eschker, E., Perez, S.J. and Siegler, M.V. (2004). The NBA and the influx of international basketball players. *Applied Economics*, 36, 1009-1020. doi: 10.1080/00036840420002 46713

Feinstein, J. (1998). *A march to madness: The view from the floor in the Atlantic Coast Conference*. Boston, MA: Little, Brown & Company.

Feinstein, J. (2006). *Last dance: Behind the scenes at the Final Four*. New York: Little, Brown & Company.

Fitzpatrick, F. (1999). *And the walls came tumbling down: Kentucky, Texas Western, and the game that changed American sports*. New York: Simon & Schuster.

Fitzpatrick, F. (2003). Texas Western's 1966 title left lasting legacy. *ESPN Classic*, November 19. Retrieved from http://espn.go.com/classic/s/013101_texas_ western_fitzpatrick.html (accessed 24 November 2016).

Frandsen, K. (2014). Mediatization of sports. In K. Lundby (ed.), *Mediatization of communication* (pp.525-543). Berlin: Mouton de Gruyter.

Getz, M. and Siegfried, J. (2010). What does intercollegiate athletics do to or form colleges and universities? In L. H. Kahane and S. Shmanske (eds), *The Oxford handbook of sports economics, volume I: The economics of sports* (pp.349-372). Oxford: Oxford University Press.

Giulianotti, R., Armstrong, G., Hales, G. and Hobbs, D. (2015). Sports mega-events and public opposition: A sociological study of the London 2012 Olympics. *Journal of Sport and Social Issues*, 39, 99-119. doi: 10.1177/01937235l4530565

Greer, J. (2013). Foreign-born players becoming more commonplace in college basketball. *Louisville Courier-Journal*, December 25. Retrieved from www.courier-journal.com /story/sports/college/louisville/2013/12/25/foreign-born-players-becoming-more-commonplace-in-college-basketball/4201751 (accessed 24 November 2016).

Hersh, P. (2015). Northwestern, DePaul, Notre Dame into women's NCAA basketball tournaments. *Chicago Tribune*. Retrieved from www.chicagotribune.com/sports/college/ ct-ncaa-womens-tournament-spt-0317-story.html (accessed 24 November 2016).

Horne, J. and Manzenreiter, W. (2006). An introduction to the sociology of sports mega-events. *Sociological Review*, 54, 1-24. doi: 10.1111/j.1467-954X.2006.00650.x

Humes, M. (2015). ESPN live from Indianapolis for men's Final Four beginning April 2. *ESPN MediaZone*, March 31. Retrieved from http://espnmediazone.com/us/press-releases/2015/03/espn-live-indianapolis-mens-final-four-beginning-april-2 (accessed 24 November 2016).

Idaho Athletics (2015). International flavor: Idaho roster covers five countries, three continents. News release, January 30. Retrieved from www.ncaa.com/news/basketball-women/article/2015-01-30/international-flavor (accessed 24 November 2016).

Kazadi, S.M. (2013). Hoops dreams; two athletes bring their talent from Congo to the American court. *Newsweek*, March 1, p.1.

Kosmider, N. (2014). College basketball becoming global. *Denver Post*, December 28, p.1CC.

Lee, Y.H. and Berri, D. (2008). A re-examination of production functions and efficiency estimates for the National Basketball Association. *Scottish Journal of Political Economy*, 55, 51-66. doi: 10.1111/j.1467-9485.2008.00443.x

Maennig, W. and Zimbalist, A. (2012). What is a mega sporting event? In W. Maennig and A. Zimbalist (eds), *International handbook on the economics of mega sporting events* (pp. 9-14). Northampton, MA: Edward Elgar Publishing.

Maguire, J. (2006). Sports and globalization: Key issues, phases, and trends. In A.A. Raney and J. Bryant (eds), *Handbook of sports and media* (pp.435-446). Mahwah, NJ: Erlbaum.

Martin, C.H. (1993). Jim Crow in the gymnasium: The integration of college basketball in the American South. *International Journal of the History of Sport*, 10, 68-86. doi: 10.1080/09523369308713814

McCormick, R. E. and Tinsley, M. (1987). Athletics versus academics? Evidence from SAT scores. *Journal of Political Economy*, 95, 1103-1116.

Medcalf, M. (2012). The revolution will be recruited. August 5. Retrieved from http://espn.go.com/mens-college-basketball/story/_/id/8229423/recruiting-social-media-effect-men-college-basketball (accessed 24 November 2016).

Mixon, F.G. (1995). Athletics versus academics? Evidence from SAT scores. *Education Economics*, 3, 227-234. doi: 10.1080/09645299500000025

Mondello, M. (2006). Sports economics and the media. In A. A. Raney and J. Bryant (eds), *Handbook of sports and media* (pp.277-294). Mahwah, NJ: Erlbaum.

Mulkey, K. and May, P. (2007). *Won't back down: Team, dreams, and family*. Philadelphia, PA:

Da Capo Press.

Olajuwon,H.and Knobler,P.(1996).*Living the dream.*Boston,MA:Little,Brown & Company.

Pallotta,F.(2015).March Madness is a TV slam dunk:Highest ratings in 22 years.*CNN Money*,April 7.Retrieved from http://money.cnn.com/2015/04/07/media/march-madness-tv-ratings (accessed 24 November 2016).

Paulsen(2015).Six-year low for UConn's latest coronation.*Sports Media Watch*,April 8.Retrieved from www.sportsmediawatch.com/2015/04/womens-final-four-ratings-uconn-notre-dame-viewership-down-espn-semifinals-up-ncaa-tournament(accessed 24 November 2016).

Pope,D.G.and Pope,J.C.(2009).The impact of sports success on the quantity and quality of student applications.*Southern Economic Journal*,75,750-780.

Pope,D.G.and Pope,J.C.(2014).Understanding college application decisions:Why college sports success matters.*Journal of Sports Economics*,15,107-131.doi:10.1177/1527002512445569

Price,J.L.(1991).The Final Four and final judgment:The cultural significance of the NCAA basketball championship.*Journal of Popular Culture*,24(4),49-58.doi:10.1111/j.0022-3840.1991.2404_49.x

Purdum,D.(2015).Estimated 40 million fill out brackets.March 12.Retrieved from http://espn.go.com/chalk/story/_/id/12465741/estimated-70-million-brackets-9-million-bets-ncaa-tournament(accessed 24 November 2016).

Real,M.(2013).Reflections on communication and sport:On spectacle and mega-events.*Communication and Sport*,1,30-42.doi:10.1177/2167479512471188

Rishe,P.J.(2003).A reexamination of how athletic success impacts graduation rates:Comparing student-athletes to all other undergraduates.*American Journal of Economics and Sociology*,62,407-421.doi:10.1111/1536-7150.00219

Roche,M.(2000).*Mega-events and modernity.*London:Routledge.

Rowe,D.(2004).*Sport,culture and the media*(2nd ed.).Maidenhead:Open University Press.

Schulz,W.(2004).Reconstructing mediatization as an analytical concept.*European Journal of Communication*,19,87-101.doi:10.1177/0267323104040696

Siegal,R.M.(2015).ESPN 2015 NCAA women's Final Four fact sheet-April 5 and 7.*ESPN MediaZone*,April 3.Retrieved from http://espnmediazone.com/us/press-releases/ 2015/04/espn-2015-ncaa-womens-final-four-fact-sheet-april-5-7(accessed 24 November 2016).

Smith,D.R.(2008).Big-time college basketball and the advertising effect:Does success really matter? *Journal of Sports Economics*,9,387-406.doi:10.1177/1527002507310805

Smith,D.,Kilgo,J.and Jenkins,S.(1999).*A coach's life.*New York:Random House.

Thamel,P.(2011).Coaches' new friends.*New York Times*,August 9.Retrieved from www.nytimes.com/2011/08/10/sports/facebook-and-twitter-become-the-norm-in-recruiting.html? _r=0 (accessed 24 November 2016).

Toma, J. D. and Cross, M. E. (1998). Intercollegiate athletics and student college choice: Exploring the impact of championship seasons on undergraduate applications. *Research in Higher Education*, 39, 633-661.

Trenkamp, B.A. (2009). Does the advertising effect of athletics impact academic rankings? *Applied Economic Letters*, 16, 373-378. doi: 10.1080/13504850601018585

Tucker, I.B. (2004). A reexamination of the effect of big-time football and basketball success on graduation rates and alumni giving rates. *Economics of Education Review*, 23, 655-661. doi: 10.1016/j.econedurev.2004.03.001

Washburn, G. (2015). Dikembe Mutombo a true pioneer en route to the Hall of Fame. *Boston Globe*, September 13. Retrieved from www.bostonglobe.com/sports/2015/09/12/dikembe-mutombo-true-pioneer-route-hall-fame/B0dhdXBxPUwvkIdvbYmdbL/story.html (accessed 24 November 2016).

第十七章　极限运动会

——重新想象青年与体育

霍利·索普[①],贝琳达·惠顿[②]

“动作体育”(action sports)一词广义上指的是一系列范围广泛且大多个性化的活动,譬如小轮车(BMX)、风筝冲浪(kite－surfing)、滑板、冲浪和滑雪板——这些活动至少在其发展的早期阶段与受传统规则约束、竞争激烈、受监管的西方“成就”体育文化不同。在20世纪60年代和70年代的新休闲趋势中,许多动作体育运动开始在北美兴起,并吸引了越来越多的另类年轻人,他们推崇这些活动,并将一套享乐主义和无忧无虑的哲学与亚文化风格注入其中。虽然每项运动都有其独特的历史、身份和发展模式,但早期参与者追求冒险和刺激,宣扬反体制和自己动手DIY的理念;核心成员认为他们的文化“不同于”受传统规则约束的、竞争的、规范的西方制度化的体育文化(Beal,1995;Booth & Thorpe,2007;Humphreys,1997;Thorpeand Wheaton,2013;Wheaton,2004)。

自20世纪60年代以来,动作体育在参与度和媒介化空间的可见度方面都经历了前所未有的增长(Booth & Thorpe,2007;Rinehart,2000;Thorpe,2011;Wheaton,2004)。当美国有线电视网络ESPN〔娱乐和体育节目网络,隶属于沃

① 新西兰怀卡托大学健康学院教授。她的研究涉及动作体育、青年文化、媒介和新技术、性别、体育的批判发展等领域,已发表期刊论文和专书论文60多篇,她的著作有《动作体育文化中的跨国运动》(*Transnational Mobilities in Action Sport Cultures*)和《理论与实践中的滑雪板身体》(*Snowboarding Bodies in Theory and Practice*),她也是《劳特里奇身体文化研究手册》(*Routledge Handbook of Physical Cultural Studies*)和《动作体育文化中的女性》(*Routledge Handbook of Physical Cultural Studies and Women in Action Sport Cultures*)的联合作者。

② 新西兰怀卡托大学健康学院教授。她主要从事体育和休闲领域的研究工作,最著名的研究是生活方式运动中的身份政治。她的代表作为《生活方式运动的文化政治》(*The Cutural Politics of Lifestyle Sports*,2013),她还编辑出版有《了解生活方式运动》(*Understanding Lifestyle Sport*,2004)以及《生活方式运动的消费与表现》(*The Consumption and Representation of Lifestyle Sports*,2012)。

尔特·迪士尼集团旗下的美国广播公司(ABC)]看到这些活动有潜力进入难以接触到的年轻男性消费群体时,不少活动已经开始流行起来。ESPN 在 1995 年转播了第一届夏季极限运动会。首届运动会分别在纽波特、普罗维登斯、罗德岛的米德尔顿以及佛蒙特州的斯诺山举行,选手们在 9 个类别的 27 个项目上展开较量:蹦极、生态挑战、轮滑、滑板、空中冲浪、攀岩、街头雪橇、自行车和水上运动(Booth & Thorpe,2007)。12 个月后,第二届极限运动会吸引了大约 20 万名观众。1997 年年初,ESPN 在加利福尼亚州雪峰山度假村举办了第一届冬季极限运动会(Pickert,2009)。极限运动会很快吸引了国际观众,到 2002 年,夏季极限运动会在 ABC 和 ESPN 播出,观众人数达到创纪录的 6300 万(Wong,2013)。在一系列跨国公司赞助商的支持下,极限运动会——自诩为动作体育领域的"全球领袖"——在动作体育产业和文化的全球传播与扩张方面发挥了重要作用(Rinehart,2000),并重新定义了体育重大事件如何吸引年轻观众。

作为一个"反复出现的且颇为壮观的商业媒体节日"(Smart,2007,p.130),我们认为极限运动会是一个以动作体育为中心的"重大事件"。为了考察极限运动对当代体育媒体产业综合体的影响,本章将由两部分组成。我们首先讨论 ESPN 为争取新观众而精心设计极限运动会的努力,以及动作体育文化受众对这一赛事的反应是如何从最初的抵制转变为接受,甚至庆祝的,我们还将探讨极限运动会对其他体育重大事件,尤其是奥运会的影响。其次,我们讨论全球扩张的极限运动会政治;在寻找新观众和在国际语境下制作极限运动会赛事中所运用的策略和经历的挑战。最后,我们强调了极限运动作为一项体育重大事件与传统的体育重大事件的不同之处。

受众:搜索/创造 X 一代

20 多年来,极限运动会一直是动作体育产业和文化的中流砥柱(尤其在北美),但必须回顾的是,动作体育参与者对 ESPN 最初利用他们的自创和 DIY 活动及文化的努力持强烈批判态度(Beal & Wilson,2004)。前几届极限运动会的出现引发了草根从业者的激烈争论,他们对 ESPN 将其生活方式纳入电视定制"体育"节目提出质疑(ibid.;Rinehart,2008)。不可避免的是,不管动作体育参与者持何种观点,融合、制度化和商品化仍在继续。在此过程中,动作体育文化日益受到跨国媒体公司的控制和定义,如 ESPN 的极限运动会,以及包括 NBC 在内的其他公司于 1999 年至 2006 年举办的地心引力运动会。美国职业滑雪

板运动员托德·理查兹(Todd Richards)认为:

> 极限运动会标志着一个时代的结束,但同时也催生了一个充满无限可能的全新世界。告别被误解为另类的日子有点儿令人难过。朋克摇滚精神带来了很多欢乐,一旦大众加入你的行列……一切就结束了。形象已经开始改变,但极限运动确实给主流蛋糕锦上添花。
>
> (Richards & Blehm,2003,p.182)

然而,如今,大多数动作体育运动员认识到,像极限运动会这样的大众媒介化事件是21世纪动作体育的特有现象,他们正在拥抱新机遇,以获得更多的媒体曝光、赞助和名人效应(Beal & Wilson,2004)。在许多动作体育选手和名人的支持下,极限运动会已经成为一个为国际观众创造纪录、表演更有技术性和创造性动作的重要平台。

极限运动会模糊了音乐节和体育赛事之间的界限(Rinehart,2008),因而其在抓住利润丰厚的青年市场方面取得了巨大成功。1998年,ESPN的不同体育频道用21种语言向198个国家和地区转播了极限运动会(Rinehart,2000)。与日益老龄化的奥运会观众形成鲜明对比的是,这些观众的平均年龄是20岁(Thorpe & Wheaton,2011a,p.833)。自第一届极限运动会举办以来的15年间,该赛事的参赛人数、电视和网络观众人数都呈指数级增长。2012年冬季极限运动会是收视率最高的一届,估计有3540万美国观众收看了ESPN的转播,数字媒体观众比上一年增长了147%(Hargrove,2012)。然而,最近有证据表明,极限运动会的美国观众数量正在下降(Paulsen,2016)。例如,2016年美国冬季极限运动会的国内收视率比上一年下降了11%(Karp,2016),一些人将其归因于滑雪板人气的下降,而滑雪板历来是冬季极限运动会的支柱项目(Higgins,2016)。因此,在竞争日益激烈的体育—媒体—文化语境下,极限运动会继续投资于不断创新的战略,以吸引动作体育参与者和主流观众,并在全球市场上吸引新的观众。在此过程中,他们正在影响着其他同样寻求年轻(男性)观众的体育重大事件的制作和表现形式。

极限运动会的影响力:搭建吸引年轻受众的舞台

罗切(Roche,2000,p.227)认为,体育重大事件是“不断发展的全球文化经济”的重要组成部分。极限运动会在ESPN2的推出方面发挥了重要作用,并帮助促成了数十项授权交易,包括 IMAX 电影、极限运动滑板场、极限游戏 DVD 和玩具。如今,极限运动会继续在大型活动管理和媒体表现方面展现创新性,继续努力与(相对)年轻的(男性目标)受众保持相关性。例如,分别在奥斯汀(Austin)(得克萨斯州)和阿斯彭(Aspen)(科罗拉多州)举办的年度夏季和冬季运动会继续以庆祝音乐节的氛围进行,前者在 2014 年举办的为期 4 天的活动中,吸引了超过 16 万名观众(Mickle,2014)。2015 年奥斯汀夏季极限运动会获得了广泛报道,内容分布在多个电视频道和数字平台。在美国,ESPN 和 ABC 共直播了 20 个小时的比赛,ESPN3 独家直播了 6.5 个小时的比赛,ESPN 数字平台(包括 XGames.com、极限运动会奥斯汀 App)和极限运动会官方社交平台〔包括推特、脸书、照片墙(Instagram)、油管和阅后即焚(Snapchat)〕也提供了支持。此外,奥斯汀极限运动会还在超过 215 个国家和地区进行电视转播和联合播出,覆盖了4.39亿个家庭(Baron,2015)。

在过去 5 年中,极限运动会在开发和使用社交媒体方面尤为积极主动,并推出了专为 iPhone、iPad、安卓手机和安卓平板电脑设计的应用程序。例如,这些应用程序提供即时比赛结果、新闻、日程安排、场馆信息(如通风口和停车场信息)、运动员信息和赛事现场音乐。这些应用程序具有很强的互动性。例如,其中一个应用程序推广了“睡眠仪”(Hypemeter),这是一款“内置游戏,让你通过推文、脸书帖子或设备互动(摇晃手机或轻触平板电脑)来为极限运动会的整体热度作出贡献”(Foss,2014)。他们还不断开发新兴技术,以获得更精彩的媒体报道。例如,2015 年首次使用无人机从高空报道滑雪和滑雪板比赛(Alvarez,2015;Thorpe,2016)。由于内容、表现形式和媒体平台的不断发展,夏季和冬季极限运动会观众的平均年龄——分别为 33 岁和 34 岁——仍然比本书讨论的其他体育重大事件的观众要年轻(Ourand & Karp,2012)。相比之下,奥运会观众的平均年龄——55 岁及以上——是国际奥委会非常关注的问题(Thorpe & Wheaton,2011a,2011b)。

奥运会年轻观众的减少促使国际奥委会将一系列面向年轻人的动作体育项目纳入夏季奥运会(如帆板、山地自行车、自行车越野赛)和冬季奥运会(如滑雪板、越野滑雪)。为了进一步吸引年轻观众,国际奥委会和一些附属媒体集团也开始大量借鉴极限运动会开发的风格。2010 年冬季奥运会的动作体育赛事包括以年轻人为重点的特色活动,如现场涂鸦艺术展、看台上的霹雳舞表演,以及比赛间歇时的 DJ 和乐队表演(Thorpe,field notes,February 2010)。评论员将温哥华冬奥会的成功归功于赛事的一些比赛项目(如单板滑雪 U 型池和越野滑雪)的“充满活力的形式”,这些赛事借鉴了“极限运动会的狂野和街头魅力”,将“有时沉闷的奥运场馆”转变为“派对氛围”(Booth,2010,para 3,11)。这些创新似乎取得了成功,2010 年冬奥会的观众数据显示,18 至 24 岁的观众增加了 48%(Bauder,2010)。NBC 对男子单板滑雪 U 型池决赛的转播仅在美国就吸引了约 3000 万名观众(Dillman,2010)。2012 年伦敦奥运会的一位女发言人认识到温哥华冬奥会采用的策略取得了成功,她解释道:“滑雪和越野滑雪在温哥华的受欢迎程度证明,体育运动的举办方式可以帮忙抓住公众的想象力。”(Booth,2010,para.8)。她接着补充道:“我们正在为 2012 年的每项运动制订详细的市场营销和体育展示计划,以确保它们能够吸引和激励……[并]将年轻人与体育联系起来。”(Booth,2010,para.8)

国际奥委会继续从极限运动会中汲取灵感,并于 2016 年 8 月宣布,冲浪、滑板和攀岩这 3 项新的动作体育项目将成为 2020 年东京夏季奥运会 5 个新项目的一部分(Wheaton & Thorpe,2016)。虽然滑板、冲浪和攀岩的体育文化界和产业对消息反响热烈,但每项运动都有支持和反对的派别,以及基于独特的后勤和政治问题的竞争议程(Thorpe & Wheaton,2015)。虽然每项体育运动中的文化政治仍在继续,但对国际奥委会来说,纳入这些活动的动机主要是吸引年轻观众,从而吸引赞助资金。然而,这样做意味着将在表演和表现形式上引入新的参与方式和审美风格。我们还可能会看到极限运动会的影子,特别是音乐节式的氛围,以及更多地使用社交媒体来吸引观众参与和互动的做法。

极限运动会的(再)生产:全球扩张的政治

洛弗(Rowe,2003,p.281)曾说过:“体育现象一直被认为是全球化力量聚集的一个主要实例。”极限运动会当然也如此(Thorpe,2014)。它最初是美国的一项赛事,ESPN 一直在国际上稳步扩大极限运动,以在当地寻求新的市场和赞助商。第一届亚洲极限运动会于 1998 年在泰国普吉岛举行,之后又在吉隆坡、首尔和上海举行。2010 年 3 月,首届欧洲冬季极限运动会在法国蒂涅(Tignes)举行。超过 66 200 名观众、150 名来自世界各地的运动员和 370 名国际记者参加了为期 3 天的比赛,并向 166 个国家和地区转播(直播和集锦)(OnBoard,2010)。极限运动会还在巴西、加拿大、日本、韩国、马来西亚、墨西哥、新加坡、西班牙、菲律宾和阿联酋等地举办了规模较小的运动赛事、资格赛和表演赛。2012 年,全球极限运动系列赛包括 6 场比赛,其中包括在巴塞罗那(西班牙)、慕尼黑(德国)和福斯杜伊瓜苏(巴西)的新赛地进行的比赛。这一部分,我们将讨论在国际背景下举办极限运动会的政治问题,首先关注 ESPN 试图进军亚洲的情况,以及随之而来的一些文化冲突,尤其是中国极限运动协会(CESA)与以企业为中心的 ESPN 之间的冲突。然后,我们考察他们最近制作全球极限运动会系列的尝试,以及他们在这个过程中遇到的政治、经济和文化方面的困难。

在中国举办亚洲极限运动会:文化冲突

在政府的支持和中西方企业赞助商的投资下,中国正越来越多地举办大型国际极限运动赛事[如上海重力赛(Showdown Gravity Games)、南山滑雪板公开赛、720 中国冲浪公开赛]。之前分别于泰国普吉岛(1998—2001 年)、马来西亚吉隆坡(2002—2004 年)及韩国首尔(2005 年)举办的亚洲极限运动会,于 2007 年首次在中国举办。上海主办了为期 3 天的比赛,吸引了来自五大洲 20 多个国家的 200 多名世界顶级动作运动员参赛。2007 年至 2012 年,起亚极限运动会由 ESPN、ESPN 明星体育频道和中国极限运动协会主办,上海市体育总会、杨浦区政府和江湾体育场承办。起亚汽车公司自 2005 年以来一直是亚洲极限运动会的二级赞助商,此次再次提供为期 3 年的一级赞助不仅是为了在中国打造这一赛事,同时也是为了获得宝贵的产品曝光机会。事实上,据起亚汽车公司估计,仅 2005 年一年,亚洲极限运动会的媒体曝光价值就约为 1400 万美元(Hyundai,2005)。

然而,2011 年亚洲极限运动会期间出现的情况,凸显了中国动作体育发展背后的一些复杂关系(Thorpe,2014)。与奥运会和许多其他传统体育赛事不同,极限运动会并不强调国籍(如不为获胜者演奏国歌,运动员不穿国家队运动服)(Thorpe & Wheaton,2011a)。然而,在亚洲极限运动会上,中国极限运动协会做出了只允许"国家运动员"参加比赛的决定。这给中国顶级小轮车车手申剑带来了困难,他最近与万斯(Vans)签订了独家代言协议。中国极限运动协会禁止申剑参加比赛,除非他穿着印有中国官方赞助商标志的运动服,这与他和万斯的合同相冲突。中国极限运动协会并不训练或资助动作体育运动员,申剑的生计依赖于他与万斯的代言协议。申剑不愿意在他与万斯公司的关系上妥协,因此被禁止参加比赛。申剑直言不讳地表达了自己的不满:"中国极限运动协会什么也没教给我。我不需要穿他们的衣服。我们车手创造了这个群体,而不是中国极限运动协会。"(Levin,2011,para.36)虽然亚洲极限运动会的美国组织者在赛事期间遵循了中国极限运动协会的决定,但当 ESPN 赛事管理集团的副总裁被问及此事时,他认为这种安排不符合极限运动会的理念,即"永远保持开放的竞争环境"和"按照排名制度进行资格审查"(Harvey Davis,David,2011,part 2)。很难确定中国极限运动协会和 ESPN 之间的冲突是否导致了 2012 年之后中国不再举办亚洲极限运动会。然而,与中国团体和组织合作过程中的经验教训,无疑为 ESPN 2013 年推出全球极限运动会系列赛提供了借鉴。

全球极限运动会系列赛:基于在地语境的政治产品

2011 年 5 月,ESPN 宣布极限运动会将向全球扩展,每年将举办 6 个主要赛事,包括在美国举办夏季和冬季极限运动会,在蒂聂举办欧洲冬季极限运动会,以及其他 3 个年度赛事(通过正式的申办程序确定)。正如负责节目制作和极限运动会的 ESPN 高级副总裁斯科特·古格里埃尔米诺(Scott Guglielmino)的评论所透露的,ESPN 意识到了动作体育国际市场上的发展潜力:

> 我们认为,动作体育是一项在全球范围内都非常受欢迎的活动。我们在这里所做的是,为动作体育运动员创造了一个巨大的舞台,现在我们正在将这个舞台推向全球。我们为他们提供了一个更大的平台,让他们参与其中,在这个平台上表演,自我成长。
>
> (O'Neil,2012,para.2)

与棒球和美式橄榄球等未被世界各地观众广泛接受的其他美国体育项目相比,ESPN 将动作体育视为"我们在全球的发展不可或缺的一部分……由当地的相关性驱动,并在体育迷、我们的品牌和我们的合作伙伴之间建立热情的联系"[ESPN 国际执行总裁兼董事总经理拉塞尔·沃尔夫(Russell Wolff),Supercross,2012,para.3]。全球极限运动会系列赛不仅具有接触新观众的潜力,还能吸引新的赞助商。用 ESPN 负责多媒体销售的执行副总裁埃里克·约翰逊(Eric Johnson)的话来说:"我们的目标是让全球赞助商参与特定类别的赛事,并根据我们所处的世界上的任何一个地区创造在当地销售的机会。"(Mickle,2011,para.13)

颇具讽刺意味的是,正式的申办过程仿效了国际奥委会采用的高度政治化(而且经常是腐败的)的方法(Bale & Krogh-Christensen,2004),即感兴趣的城市必须先提交一份申办意向书,然后才被列入候选名单,接受更密集的一轮审查以及组委会的考察。极限运动会的官网大力宣传成为主办城市的机会,将极限运动会作为一个全球品牌进行推广,声称主办城市最好能与之建立联系:

这是一个在世界舞台上向数百万人展示青春、活力和能量的盛会。作为极限运动会的主办方,您的场馆、您的社区和您的城市都将成为一个充满活力的品牌的一部分,这个品牌体现了体育运动的无限激情和无畏精神。作为极限运动会的主办方,您的城市将成为X品牌所代表的青春、生活方式、创造力和社区的代名词。

(Thorpe,2014,p.56)

来自21个国家的40多个申办意向城市,让ESPN"对来自世界各地城市的响应感到非常兴奋"(Wolff,Supercross,2012,para.3)。2011年8月,其中近20个城市参加了在洛杉矶举行的为期2天的极限运动会研讨会,研讨会旨在"让合格的申办城市了解极限运动会的愿景和长期战略"(Supercross,2012,para.2)。最后,2011年12月,3个新的极限运动会主办城市从9个入围城市中脱颖而出,分别是巴塞罗那(西班牙)、慕尼黑(德国)和福斯杜伊瓜苏(巴西),并达成协议,它们将每年主办一次。"我们决定选择哪些城市,很大程度上是基于它们(主办城市和国家)的动作体育文化,以及我们对其强大程度的看法",古格里埃尔米诺说。他补充表示,新的主办城市还将引入本地区特有的其他体育和文化元素(O'Neil,2012,para.4)。ESPN很清楚"全球本土化"在每个地方的重要性:根据沃尔夫的说法,"这一扩张最令人兴奋的部分之一",是"汲取每个主办城市的地方特色"的可能性(Thornton,2011,para.5)。

然而,与奥运会的申办过程并无二致的是,决定哪些城市将获得极限运动会的主办权深深植根于更广泛的社会、政治和经济权力关系。尤其是,ESPN有兴趣进入拥有强大的动作体育社群和巨大增长潜力的新市场。例如,拒绝惠斯勒(加拿大)作为冬季极限运动会的主办地,很可能是因为ESPN认为加拿大极限运动会不会提供一个全新的市场(Thorpe,2014)。与巴西、德国和西班牙相比,加拿大的市场增长机会要小得多。

为了有效地记录和传播媒体对这6项年度赛事的报道,ESPN设计了一种新的"国际广播中心"模式。比赛报道在赛事现场制作,然后通过布里斯托尔(美国康涅狄格州)的ESPN数字中心控制室进行整合。极限运动会副总裁托里·史蒂文斯(Tori Stevens)表示:

我们创造了一个前所未有的模式,在这个模式中,我们将同时创建至少6种独特的电视转播(有赞助商的全球公用信号、无赞助商的全球免费公用信号、美国定制公用信号、西班牙定制公用信号、巴西定制公用信号和德国定制公用信号)。无赞助商的全球订阅源将使我们能够到达许多之前由于该国家和地区的限制而无法直播极限运动会的国家和地区。我们做出了创造性的努力,在世界各地的网络上和网络外扩大这些内容的传播,这些订阅源让我们能够做到这一点。

(Tobias,2013,para.6)

据估计,这6项赛事将在美国和世界各地的ESPN电视网上进行总计130小时的电视直播,并辅之以数字平台的报道,包括主办城市的平台和由ESPN常年运营的动作体育网站。

当然,形象管理一直是像ESPN这样的公司最关心的,因此,人们很少发现ESPN的员工对这项庞大的工程表示怀疑和畏难。然而,ESPN运营经理塞沃恩·桑德特(Severn Sandt)写给极限运动会员工的一封电子邮件却泄露了高层管理人员在财务和文化方面的一些担忧。在邮件中,桑德特公开向参与在福斯杜伊瓜苏组织第一届新的极限运动会的工作人员写道:

我要完全诚实地告诉大家:全球极限运动会系列赛远不是一个长期的确定的事情。经济上,情况极其困难。我个人已经无数个小时把头撞在预算墙上,尤其是在这项赛事上。每一次谈判都令人筋疲力尽,想尽一切办法从预算中挤出多余的雷亚尔①。

(Koblin,2013,para.2)

他鼓励员工在赛事期间尽可能地降低成本,然后尝试让年轻的美国员工为他们在巴西工作期间可能遇到的文化差异做好准备。"不要嘲笑这里的人或他们做事的方式,"他警告说,"你可能会发现,你在这里看到的东西落后、可笑,甚至愚蠢""不要笑,直到你回到家里。我们需要这些人来开展活动,所以不要侮辱他们"(Koblin,2013,para.6)。他还要求员工"保持耐心",因为"许多巴西人的工作节奏与我们大多数人的不同"。虽然这封邮件使用的语言没有体现出对文化差异的尊重,但桑德特可能是为他的读者群写的,他们大多是年轻的男性动作体育爱好者、媒体和体育赛事工作者,熟悉在美国制作赛事,但对他们在国外工作时可能经历的文化差异知之甚少,也漠不关心。

正如朱里亚诺蒂和布朗内尔(Giulianotti & Brownell,2012,p.206)所解释的

① 巴西货币。——译者注

那样，体育重大事件“提供了一个政治空间，在这个空间中，地方问题的跨国化和跨国动态的本土化同时发生”。事实上，当福斯杜伊瓜苏的当地组委会在为接待数百名到访的国际官员、体育选手和媒体以及数千名当地观众做准备时，他们正在处理自己的内部政治问题，而总部设在美国的极限运动会组委会则在制订计划，以平衡极限运动会全球系列赛的整体经济利益和当地的考虑因素。如上所述，这些挑战包括文化差异和赞助方面的困难，以及在两地组织工作人员共同为全球观众制作一场体育奇观。正如这个例子所示，像极限运动会这样的重大动作体育事件“充当了国内和国际政治进程的传播者，促进了两个层面之间的相互影响”（Giulianotti & Brownell，2012，p.206）。

几乎就在宣布 3 个新的国际极限运动会主办城市的同时，ESPN 透露，他们将为渴望主办 2014 年夏季和冬季极限运动会的美国城市开启一个新的申办程序。因此，极限运动会再次确认了美国作为全球极限运动奇观的中心地位，同时也表明了当地（美国）公众和企业对支持此类赛事持续成功和可持续性发展的重要性。在洛杉矶举办了 10 年之后，由于极限运动会和安舒茨（Anschutz）娱乐集团（拥有斯台普斯中心和洛杉矶多家体育俱乐部的洛杉矶体育和娱乐巨头）之间的合同问题，夏季极限运动会开始转移阵地。洛杉矶体育和娱乐委员会的一项研究表明，举办 2010 年极限运动会的经济效益约为 5000 万美元，为洛杉矶增加了多达 5.8 万个日参观游客（Gardner，2013，para.8）。有 4 个城市从 20 多个初步申办城市中脱颖而出，入围 2014 至 2016 年美国夏季极限运动会的主办城市，包括奥斯汀（得克萨斯州）、芝加哥（伊利诺伊州）、底特律（密歇根州）和夏洛特（北卡罗来纳州）。最终，得克萨斯州奥斯汀市赢得了 2014 年至 2018 年美国夏季极限运动会的主办权。

古格里埃尔米诺表示，极限运动会全球扩张背后的推动力是，人们意识到“动作体育运动的传播效果很好。并不是很多运动都能获得良好的传播效果”（Thornton，2011，para.12）。动作体育为 ESPN 提供了一个进入当地市场的机会，这是传统的美国体育项目无法实现的。尽管 ESPN 努力将赛事本地化，并充分利用每个新的主办城市的独特文化，但极限运动会仍然牢牢控制在以美国为基地的媒体集团 ESPN 手中。极限运动会的全球扩张显然是更广泛的美国化进程的一部分。然而，由于赛事缺乏相关的国家符号意义，以及全球媒体的曝光，一家美国媒体集团伪装成了一个全球品牌，“X 品牌成为庆祝青年、生活方式、创造力和社区的代名词”（X Games，2013）。

虽然 ESPN 宣扬全球极限运动会系列赛为动作体育运动员提供了“一个更

大的平台……让他们参与和表演,并自我成长”(Guglelmini,引自 O'Neil,2012,para.2),但支持这些发展的动机主要是经济上的:吸引新的全球和国家级的赞助商,将电视和网络媒体的覆盖范围扩大到以前接触不到的受众。

然而,ESPN 最终未能充分考虑这些努力的代价和遇到的困难。尽管计划在巴西、德国和西班牙举办为期 3 年的全球极限运动会,但在 2013 年之后,该计划被取消,理由是“这些赛事的整体经济效益无法提供一条可持续的未来发展道路”(Chi,2013,para.1)。很明显,体育媒体的受众并不是同质的,不同的地方、地区、国家对体育赛事的兴趣是不同的,在评估潜在的扩张时需要仔细考虑。

终极思考:极限运动会与其他体育重大事件的不同

最后,我们将总结极限运动会与其他体育重大事件的异同点,并着重阐述体育名流、企业和国家在其中所扮演的角色。根据斯玛特的观点(Smart,2007),体育重大事件是“消费文化事件”,其中的体育明星:

> 被提升到全球标志性的名流地位,代表当地和/或国家。名流既是人们崇拜和认同的榜样,也越来越多地成为现场观众和电视受众向往的消费生活方式的典范。
>
> (Smart,2007,p.130)

参加极限运动会的动作体育明星已成为国际公认的名流,他们或明或暗地引导着消费者的生活方式。和其他体育明星一样,他们也主要是体格健壮、异性恋的年轻男性,他们宣扬并重申了体育领域作为男性社交空间的自然属性。然而,正如库茨(Kusz,2004)令人信服地论证的那样,它也是一个媒介化的空间,尤其是在北美,它成了构建白人性的重要文化场域。虽然像极限运动会这样的极限/动作体育空间经常被描述为“过度白人化的文化空间”,但它“很少被想象成一个种族专属的空间”(ibid.,p.207)。尽管在许多动作体育项目中,女性体育明星的数量以及参赛者的种族和文化多样性在不断提高,但体育媒体仍在复制性别和种族化的刻板印象,“与白人性的特权形式相关联”(Comer,2010,p.21)。这样一来,极限运动会继续强化了西方(年轻)白人男性动作体育英雄身份的霸权地位。

与大多数传统体育“重大事件”再现了“体育对制造民族差异的强迫性依

恋”(Rowe,2003,p.292)不同,参加极限运动会的动作体育运动员并不代表国家。事实上,在极限运动会的赛事中,几乎看不到民族主义或国家认同的符号。虽然有时比赛中会公布运动员的国籍,但观众不会挥舞国旗,运动员不会穿代表国家的运动服,运动员站在领奖台上时也不会奏国歌。因此,极限运动会似乎比大多数体育重大事件更适合“承载全球化项目”,正如洛弗所说,大多数体育重大事件“深度依赖于差异的产生,从而否定了全方位全球化的可能性”(ibid.,p.282)。事实上,运动员领取极限运动会奖牌时,通常会成为从能量饮料到信用卡公司等跨国公司的“行走的广告牌”(Messner,2002);他们的装备上贴满了赞助商的贴纸,他们的帽子、T 恤、夹克和裤子上都印有多个商标。有些人甚至会在领取奖牌时手持或饮用软饮料或能量饮料赞助商的饮料。这样,运动员代表的是国家级和全球级企业,而不是他们的国家。尽管许多当代体育重大事件已日益成为“企业赞助商提升品牌全球形象的理想工具”(Smart,2007,p.127),但极限运动会和动作体育运动员与商业赞助商的关系始终是这些体育赛事生产和消费不可或缺的一部分。随着极限运动会试图拓展到新的领域,在不同政府和体育结构以及文化价值体系下,企业与国家之间的关系变得尤为复杂,甚至具有政治色彩。

本章业已说明,尽管存在挑战,但极限运动会仍然在重新定义体育重大事件方面扮演着不可或缺的角色,特别是在吸引年轻男性观众的风格和策略层面。我们还强调了一些与专注于更传统(通常是男性)的体育项目的体育重大事件的重要异同点,值得学术界进一步关注。然而,我们不能脱离其他体育重大事件的发展以及更广泛的体育媒体领域的趋势来理解此类文化现象。特别是极限运动会对奥运会的影响,在赛事形式(即更加关注年轻人的新运动项目)、表现风格的形式和接受媒体受众参与的不同方式等方面,它都将是体育重大事件发展的一个有趣阶段。

参考文献

Alvarez,E.(2015).ESPN is bringing camera drones to the X Games.Retrieved from www.engadget.com/2015/01/21/espn－is－bringing－camera－drones－to－the－x－games(accessed 24 November 2016).

Bale,J.and Krogh－Christensen,M.(eds)(2004).Post－Olympism? *Questioning sport in the twenty-first century*.Oxford:Berg Publishers.

Baron,S.(2015).ESPN releases X Games Austin 2015 television schedule.Retrieved from http://tvbythenumbers.zap2it.com/2015/05/26/espn-releases-x-games-austin-2015-television-schedule(accessed 24 November 2016).

Bauder, D. (2010). Olympics prove popular with TV viewers. *Associated Press*, February 16. Retrieved from www.newsday.com/sports/olympics/olympics-prove-popular-with-tv-viewers-1.1764361(accessed 6 January 2017).

Beal, B. (1995). Disqualifying the official: An exploration of social resistance through the subculture of skateboarding. *Sociology of Sport Journal*, 12(3), 252-267.

Beal, B. and Wilson, C. (2004). "Chicks dig scars": Commercialisation and the transformations of skate boarders", identities. In B. Wheaton (ed.), *Understanding lifestyle sports: Consumption, identity and difference*(pp.31-54). London: Routledge.

Booth, D. and Thorpe, H. (2007). The meaning of extreme. In D. Booth and H. Thorpe (eds), *The Berkshire encyclopedia of extreme sports*(pp.181-197). Great Barrington, MA: Berkshire.

Booth, R. (2010). Formats jazzed-up to draw crowds at London 2012 Olympics. *The Guardian*, March 1. Retrieved from www.theguardian.com/uk/2010/mar/01/olympics-2012-bmx-shanaze-read(accessed 6 January 2017).

Chi, D. (2013). X Games Announcement. October 3. Retrieved from http://espnmedia zone.com/us/press-releases/2013/10/x-games-announcement(accessed 24 November 2016).

Comer, K. (2010). *Surfer girls and the new world order*. Durham, NC: Duke University Press.

David. (2011). At 2011 X Games Asia, China's best talents were missing: Part 2. *China Sports Review*, May 13. Retrieved from www.chinasportsreview.com/2011/05/13/at-2011-x-games-asia-china's-best-talents-were-missing-pt22(accessed 24 November 2016).

Dillman, L. (2010). Snowboarding's "X Games vibe" an unlikely but profitable fit with Olympics tradition. *LA Times*, February 21. Retrieved from www.cleveland.com/ olympics/index.ssf/2010/02/snowboardings_x_games_vibe_an.html(accessed 24 November 2016).

Foss, J. (2014). New year-round X Games app launches. Retrieved from http://xgames.espn.go.com/xgames/article/8849915/new-mobile-apps-launch-x-games-2013 (accessed 24 November 2016).

Gardner, K. (2013). X Games names Chicago as host finalist. *DNAinfo Chicago*, April 30. Retrieved from www.dnainfo.com/chicago/20130430/chicago-citywide/x-games-names-chicago-as-host-finalist(accessed 24 November 2016).

Giulianotti, R. and Brownell, S. (2012). Olympic and world sport: Making transnational society? *The British Journal of Sociology*, 63(2), 199-215.

Hargrove, K. (2012). X Games 2012 ratings soar. Transworld Business, 9 February. Retrieved from http://business.transworld.net/86566/news/x-games-2012-ratings-soar(accessed 24 November 2016).

Higgins, M. (2016). Snowboarding, once a high flying sport, crashes to earth. *The New York Times*, March 6. Retrieved from www.nytimes.com/2016/03/07/sports/snowboarding-once-a-high-flying-sport-crashes-to-earth.html? _r=0(accessed 24 November 2016).

Humphreys, D. (1997). Shredheads go mainstream? Snowboarding an alternative youth. *International Review for the Sociology of Sport*, 32(2), 147-160.

Hyundai(2005). Kia Motors bolsters brand image through Asian X Games 2005 sponsor ship. Retrieved from www.hyundaimotorgroup.com/MediaCenter/News/Press-Releases/ Press-release-0265-2005-0530.hub#.VtI794x94y4(accessed 24 November 2016).

Karp, A. (2016). Audience analysis: UFC/Fox sees January decline; Winter X Games lowest since' 04. *Street and Smith's Sports Business*, February 5. Retrieved from www.sportsbus inessdaily.com/Daily/Issues/2016/02/05/Media/Audience.aspx(accessed 24 November 2016).

Koblin, J. (2013). ESPN X Games memo asks staffers to work for free and not make fun of Brazilian people. Retrieved from http://deadspin.com/espn-x-games-memo-asks-staffers-to-work-for-free-and-no-471205365(accessed 24 November 2016).

Kusz, K. (2004). "Extreme America": The cultural politics of extreme sports in 1990s America. In B. Wheaton(ed.), *Understanding lifestyle sports: Consumption, identity and difference*(pp. 197-213). London: Routledge.

Levin, D. (2011). Chinese athletes say no to the system. *The New York Times*, August 18. Retrieved from www.nytimes.com/2011/08/19/sports/chinese-athletes-begin-to-challenge-governments-tight-grip.html? pagewanted=all(accessed 24 November 2016).

Messner, M. (2002). *Taking the field*. Minneapolis, MN: University of Minnesota Press.

Mickle, T. (2011). Global expansion plans, Red Bull partnership boost X Games sponsorship revenue. *Smith and Smith's Sports Business Journal*, July 25. Retrieved from www. sports businessdaily.com/Journal/Issues/2011/07/25/Marketing-and-Sponsorship/X-Games.aspx(accessed 24 November 2016).

Mickle, T. (2014). Austin delivers crowds to X Games; TV mixed. *Street & Smith's Sports Business*. Retrieved from www.sportsbusinessdaily.com/Journal/Issues/2014/06/16/ Events-and-Attractions/X-Games-Austin.aspx(accessed 24 November 2016).

OnBoard(2010). Euro X Games 2011 dates released. *On Board Magazine*. Retrieved from https://onboardmag.com/news/euro-games-2011-dates-released.html#geSDOxgRJ Mk4atMj.97 (accessed 24 November 2016).

O'Neil, D. (2012). X Games expands globally. *ESPN*, Dec. 10. Retrieved from http://xgames.espn.go.com/xgames/cities/article/7862758/x-games-grow-three-six-events-2013(accessed 24 November 2016).

Ourand, J. and Karp, A. (2012). Which sport can say: We are young. *Street and Smith's Sports*

Business. Retrieved from www.sportsbusinessdaily.com/Journal/Issues/2012/03/19/ Media/Sports-demos.aspx (accessed 24 November 2016).

Paulsen (2016). Ratings roundup: Australian Open, College Hoops, Winter X Games. *Sports Media Watch*, February. Retrieved from www.sportsmediawatch.com/2016/02/sports-ratings-australian-open-serena-djokovic-viewership-college-hoops-cbs-overnights-x-games (accessed 24 November 2016).

Pickert, K. (2009). A brief history of the X Games. Time. Retrieved from http://content.time.com/time/nation/article/0,8599,1873166,00.html (accessed 24 November 2016).

Richards, T. with Blehm, E. (2003). *P3: Pipes, parks and powder*. New York: HarperCollins.

Rinehart, R. (2000). Emerging arriving sport: Alternatives to formal sport. In J. Coakley and E. Dunning (eds), *Handbook of sport studies*. London: Sage.

Rinehart, R. (2008). ESPN's X games, contests of opposition, resistance, co-option, and negotiation. In M. Atkinson and K. Young (eds), *Tribal play: Subcultural journeys through sport* (vol. IV "Research in the Sociology of Sport) (pp. 175-196). Bingley: Jai.

Roche, M. (2000). *Mega-events and modernity*. Routledge: London.

Rowe, D. (2003). Sport and the repudiation of the global. *International Review for Sociology of Sport*, 3(38), 81-94.

Smart, B. (2007). Not playing around: Global capitalism, modern sport and consumer culture. *Global Networks*, 7(2), 113-134.

Supercross (2012). Nine cities advance to final phase of X Games global expansion bid process. *Supercross*, January 26. Retrieved from http://supercross.com/nine-cities-advance-to-final-phase-of-x-games-global-expansion-bid-process (accessed 24 November 2016).

Thornton, P. (2011). Boosting the X factor in the X Games. *The New Zealand Herald*, May 28. Retrieved from www.nzherald.co.nz/sport/news/article.cfm? c_id = 4&objectid = 1 0728655 (accessed 24 November 2016).

Thorpe, H. (2011). *Snowboarding bodies in theory and practice*. Basingstoke: Palgrave Macmillan.

Thorpe, H. (2014). *Transnational mobilities in action sport cultures*. Basingstoke: Palgrave Macmillan.

Thorpe, H. (2016). Action sports, social media and new technologies: Towards a research agenda. *Communication and Sport*. doi: 10.1177/2167479516638125

Thorpe, H. and Wheaton, B. (2011a). "Generation X Games", action sports and the Olympic Move ment: Understanding the cultural politics of incorporation. *Sociology*, 45(5), 830-847.

Thorpe, H. and Wheaton, B. (2011b). The Olympic movement, action sports, and the search for generation Y. In J. Sugden and A. Tomlinson (eds), *Watching the Olympics: Politics, power and representation* (pp. 182-200). London: Routledge.

Thorpe, H. and Wheaton, B. (2013). Dissecting action sports studies: Past, present and beyond. In D. Andrews and B. Carrington (eds), *A companion to sport* (pp.341–358). Oxford: Blackwell.

Thorpe, H. and Wheaton, B. (2015). Why are the Olympics in search of the X factor? *The Conversation*. Retrieved from https://theconversation.com/why-are-the-olympics-in-search-of-the-x-factor-48565 (accessed 24 November 2016).

Tobias, R. (2013). X Games VP Tori Stevens discusses global "X" pansion, challenges and successes. *ESPN Front Row*, March 21. Retrieved from www.espnfrontrow.com/2013/03/x-games-vp-tori-stevens-discusses-global-xpansion-challenges-and-successes (accessed 9 May 2013).

Wheaton, B. (2004). Mapping the lifestyle sport-scape. In B. Wheaton (ed.), *Understanding lifestyle sports: Consumption, identity and difference* (pp.1–28). London: Routledge.

Wheaton, B. and Thorpe, H., 2016. *Youth perceptions of the Olympic Games: attitudes towards action sports at the YOG and Olympic Games*. Funded by an International Olympic Committee (IOC) Advanced Research Programme Grant. https://library.olympic.org/Default/doc/SYRACUSE/165853/youth-perceptions-of-the-olympic-games-attitudes-towards-action-sports-at-the-yog-and-olympic-games- (accessed 10 January 2017).

Wong, G. (2013). *The comprehensive guide to careers in sports* (2nd ed.). Burlington, MA: Jones & Bartlett Learning.

译后记

这本论文集从开始翻译到正式出版的时间的确有点儿过长了,个中缘由甚多,不足为道。但从得到这本书的电子版开始,笔者就立志把这本书译介给国内同人。理由有三。其一,通过多年的接触,笔者发现国内从事体育新闻传播研究的学者和初学者,近半数人要么几乎不懂体育,要么基本不懂传播。这本论文集是入门的绝佳介质。它将目前国际体育重大事件几乎一网打尽,而且多从历史学、政治经济学、社会学等视角作探讨,既适合浅尝辄止地浏览,也适合逐章精读,既可以从头到尾通读,也可以随时乱入撷取一章,对症抓药。各章几乎自成体系,但都与体育媒介化与体育重大事件息息相关。

论文集的25位作者来自全世界6个国家和地区,笔者在2023年冬天更新了他们的状况,发现半数以上发生了重大变化。有的去了新的学校,甚至新的国家,有的从助理教授、副教授晋升为教授,有的成为体育与传播领域最高荣誉奖的命名学者,有的成为双料院士,还有的已经故去。由于身份各异,学术背景千差万别,各自对于体育媒介化和体育重大事件的理解不尽相同。因此,在校对的过程中,笔者发现要整合学者们的思想和译者们的译法难度很大。例如,书中的核心词"mediation""mediatization""mediatized""mediated"在美国、英国以及欧洲、大洋洲体系中的意义是有区别的,笔者不得不结合上下文以及多年来对于体育的理解来区别对待。再比如,笔者在提交翻译计划时,曾将论文集标题中的mega-events翻译为"重大赛事"。但是随着对全文的通译和对内容理解的深入,笔者发现,mega-events一词不仅仅包括体育赛事,世博会、APEC峰会、欧洲文化之都项目等国际政治和文化事件也被囊括其中。"重大事件"无疑是更加合乎逻辑的译法。因此,笔者在全文中都将其译为“重大事件”。书中很多章节的内容,正如主编文内尔和比林斯在中文版序言中所言,我们中国学者目前只能达到“核心规则的初始阶段”。这是事物发展的必然规律。

在体育传播这个双重“边缘”的学术领域,西学东渐之势与母学科体育学和传播学的情形几无二致。回想 2011 年创办首届国际体育传播高端论坛之时,笔者被恩师郝勤教授指定在世界范围内寻找“真正”的国际专家。4 个月的时间里,笔者检索了可以搜到的绝大部分学术图书和论文,希望能够找到那些真正的“领路人”。命运不负我们。第一届论坛请到的劳伦斯·A.文内尔、大卫·洛弗、安德鲁·C.比林斯、阿瑟·雷尼等全世界最顶尖的学者把当时的前沿学术带到中国,我们惊异地发现预想中的“中西对话”几乎无法展开,尽管我们单方面从一开始就铆足了劲儿。这个双年论坛在接下来的 10 年中举办了 5 次,一些非英语国家和地区的佼佼者也先后来到中国传经送宝。渐渐地,中西之间开始形成对话,中国学者开始有目的地出国访学、合作发表论文、参加国际学术会议,国内其他国际体育新闻传播学术会议也接踵而至。一切正如我们开始想象的那样,我们需要了解世界,世界需要中国语境。

笔者自然也是这场中西对话的受益人。十余年间,笔者与许多国际学者建立了深厚的友谊和紧密的学术联系。雷尼后来成为笔者的博士后合作导师,洛弗和德国学者托马斯·霍尔基曾邀请笔者到其办公室访问,比林斯的课笔者听过很多次,还从他的书架上得到不少专业书,文内尔邀请笔者担任他主编的《传播与体育》的编委会委员,笔者曾经邀请近 20 位国际学者参与笔者主理的课题研究,他们无一例外愉快地接受了邀请。即便在疫情期间,在中西方文化、东西方文明发生重要变革之时,笔者依然可以从这场对话中找到可以反思和批判的视角。

笔者深知必须继续这一工作。从事学术研究的人都很清楚,学术翻译这一工作费时费力又不讨好。它需要一种精神,幸运的是具备这种奉献精神的同人还算不少。本书的翻译就是团队合作的结果。其中,宗争完成了第二章、第九章和第十章的翻译工作,冯瑞完成了第四章的翻译工作,贾佳完成了第六章、第七章、第八章和第十五章的翻译工作,张灏滟完成了第十一章、第十二章和第十四章的翻译工作,彭泺完成了第五章、第十三章、第十六章和第十七章的翻译工作。笔者完成了其余章节的翻译工作和全书的校对工作。笔者很享受与他们的这次合作,在此对所有同人的付出表示感谢。

时至今日,笔者也带着一群求知欲强烈的硕博士生,我们共同经营的“国际体育传播与外交研究”学术公众号和“爱思博特”读书会也初露锋芒。他们如同笔者当年一样对国际前沿学术如饥似渴。笔者希望他们在“拿来”的同时,特别要学会辩证地思考这些理论与中国语境的结合是否“过敏”的问题。在这样一个大变局的大时代,唯有独立而充满批判性地思考,才能让我们在各种前所未见的新鲜事物到来时处变不惊。

魏伟

2023 年 12 月 20 日

图书在版编目(CIP)数据

体育、媒介与重大事件 / (美) 劳伦斯 · A.文内尔,(美) 安德鲁 · C.比林斯主编 ; 魏伟主译. -- 北京 : 中国传媒大学出版社, 2023.12
ISBN 978-7-5657-3615-5

Ⅰ. ①体… Ⅱ. ①劳… ②安… ③魏… Ⅲ. ①体育文化—文化传播—研究 Ⅳ. ①G80-054

中国国家版本馆 CIP 数据核字(2024)第 025683 号

Sport, Media and Mega-Events 1st Edition / by Lawrence A. Wenner, Andrew C. Billings / ISBN: 978-1-138-93039-1

体育、媒介与重大事件
TIYU、MEIJIE YU ZHONGDA SHIJIAN

主　　编	[美]劳伦斯 · A.文内尔　[美]安德鲁 · C.比林斯		
主　　译	魏　伟		
责任编辑	沈　悦		
封面设计	风得信设计 · 阿东		
责任印制	李志鹏		
出版发行	中国传媒大学出版社		
社　　址	北京市朝阳区定福庄东街 1 号	邮　　编	100024
电　　话	86-10-65450528　65450532	传　　真	65779405
网　　址	http://cucp.cuc.edu.cn		
经　　销	全国新华书店		
印　　刷	唐山玺诚印务有限公司		
开　　本	710mm×1000mm　1/16		
印　　张	20.5		
字　　数	391 千字		
版　　次	2024 年 6 月第 1 版		
印　　次	2024 年 6 月第 1 次印刷		
书　　号	ISBN 978-7-5657-3615-5/G · 3615	定　　价	98.00 元

本社法律顾问: 北京嘉润律师事务所　郭建平